厚德博學
經濟匡時

经济学系列 新形态

|第2版|

土地经济学

王克强 王洪卫 刘红梅 主 编
金 杰 叶 方 副主编

上海学术·经济学出版中心

图书在版编目(CIP)数据

土地经济学 / 王克强, 王洪卫, 刘红梅主编.
2版. -- 上海:上海财经大学出版社, 2025.6.
(匡时). -- ISBN 978-7-5642-4504-7

Ⅰ. F301
中国国家版本馆 CIP 数据核字第 2024XM8515 号

责任编辑:吴　腾
封面设计:张克瑶
版式设计:朱静怡
投稿邮箱:jiangyu@msg.sufe.edu.cn

土地经济学(第2版)

著 作 者:王克强　王洪卫　刘红梅　主　编
　　　　　金　杰　叶　方　副主编
出版发行:上海财经大学出版社有限公司
地　　址:上海市中山北一路369号(邮编 200083)
网　　址:http://www.sufep.com
经　　销:全国新华书店
印刷装订:上海华教印务有限公司
开　　本:787mm×1092mm　1/16
印　　张:24.25(插页:2)
字　　数:474 千字
版　　次:2025 年 6 月第 2 版
印　　次:2025 年 6 月第 1 次印刷
定　　价:78.00 元

前　言

从经济学的角度研究土地问题意义重大。其意义主要表现在两个方面：从宏观方面讲，土地的稀缺越来越明显，在运用行政手段、法律手段和技术手段的同时，运用经济手段进行土地资源的优化配置显得特别需要；从微观方面讲，在市场经济条件下，土地的资产特性日益凸显，运用经济手段优化配置土地资产是优化配置土地资源的基础。市场经济越完善，对土地经济学的研究、学习和运用越重要。

土地资产与一般生活中的资产相比有许多特性。例如，就土地的自然物质特性而言，有土地物质的自然性、土地位置的固定性、土地面积的有限性、土地质量的差异性、土地功能的有条件永久性；就土地的经济特性而言，有土地供求的矛盾性、土地利用方式的相对分散性、土地利用方向变更的困难性、土地报酬递减的可能性。这些特点决定了作为资产的土地有其特殊性。这也是在学习研究一般经济学理论的基础上继续学习研究土地经济学的原因之一。在本书的编写过程中，我们始终坚持一个思想——土地不仅是资源，也是资产，同时可进行资本运作。不仅要把土地当作一种资源，更重要的是把它当作一种资产，同时要清楚其可通过资本运作，只有这样，才能更好地理解土地经济学的内容。

在以往的土地经济研究中，重视土地的经济价值，对土地的生态价值、社会价值重视不够。党的十八大、十九大、二十大提出了生态文明建设和绿色化以及城乡统筹发展，党的二十大报告指出要推进美丽中国建设，坚持山水林田湖草沙一体化保护和系统治理，统筹产业结构调整、污染治理、生态保护、应对气候变化，协同推进降碳、减污、扩绿、增长，推进生态优先、节约集约、绿色低碳发展。需要我们重视土地的生态价值和社会价值。

党的二十大报告指出要全面推进乡村振兴。如全面建设社会主义现代化国家，坚持农业农村优先发展，坚持城乡融合发展，畅通城乡要素流动。加快建设农业强国，全方位夯实粮食安全根基，牢牢守住十八亿亩耕地红线，逐步把永久基本农田全部建成高标准农田，健全种粮农民收益保障机制和主产区利益补偿机制，确保中国人的饭碗牢牢端在自己手中，统筹乡村基础设施和公共服务布局，建设宜居宜业和美乡村。巩固和完善农村基本经营制度，发展新型农村集体经济，发展新型农业经营主体和社化服务,发展农业适度规模经营。深化农村土地制度改革,赋予农民更加充分的财产权益。保障进城落户农民合法土地权益,鼓励依法自愿有偿转让。

本书得到上海财经大学研究生重点课程建设项目支持。在编写过程中,我们参考了许多前人的成果,在此表示诚挚的感谢!本书的出版得到了上海财经大学出版社的支持,在此一并致谢。

本书在第一版的基础上修订而成。本次编写修订由王克强、王洪卫、刘红梅提出修订提纲产并完成最终统稿。参加本书本次编写、修订以及资料收集工作的主要人员有:王克强、王洪卫、刘红梅、金杰、叶方、宗磊、李炆颖、林春鑫、朱祎、杨金华、杨亚炫、李秀娟等。感谢曾参与以前版本编写修订或资料收集整理的黄智俊、马克星、郑策、陈玲娣、宫景璧、张晶、唐姚、喻媛、佘安兴、刘利锋、熊振兴、周倩、段季伟、王国洪等。

由于水平和时间等的限制,书中难免有不妥之处,恳请读者批评指正!

编　者

2025 年 1 月

扫码进入上海财经大学出版社数字教材服务平台"上财云津"本书专区

本书数字资源专区

教师用微信扫码(请注明姓名、院校、教材名称及版本)验证教师身份后,可入群获取丰富的教学资料

教学资料获取通道

目 录

第一章 导论 / 1
- 第一节 土地的概念和特性 / 1
- 第二节 土地的功能和分类 / 8
- 第三节 土地经济学的研究对象与研究方法 / 9
- 第四节 土地经济学的产生和发展 / 13

第二章 土地产权与土地制度 / 17
- 第一节 土地产权 / 17
- 第二节 承包地三权分置和宅基地三权分置 / 25
- 第三节 土地制度的内涵及功能 / 26
- 第四节 中国农村土地制度的演变和完善 / 29
- 第五节 中国城市土地制度的演变和完善 / 35
- 第六节 土地征收与征用 / 42
- 第七节 国外几国的土地制度 / 47

第三章 土地的集约利用和规模利用 / 51
- 第一节 土地利用概论 / 51
- 第二节 土地报酬递减规律思想的形成及演变 / 56
- 第三节 土地报酬变化阶段的定量分析 / 63
- 第四节 土地的集约利用 / 67
- 第五节 土地规模利用原理 / 72
- 第六节 农业土地的规模利用 / 76
- 第七节 城市土地的规模利用 / 79

第四章 土地的分区利用 / 85
- 第一节 区位论概述 / 85

第二节　农业区位理论与农业土地的分区利用　/ 89
第三节　工业区位论与工业土地的分区利用　/ 95
第四节　城市区位论和城市土地的分区利用　/ 99
第五节　国土空间规划与用途管制　/ 107
第六节　其他土地的分区利用　/ 116

第五章　地租理论　/ 124
第一节　地租理论概述　/ 124
第二节　马克思的地租理论　/ 132
第三节　地租理论在中国的应用　/ 139

第六章　土地市场　/ 149
第一节　土地市场概论　/ 149
第二节　中国土地市场概论　/ 158
第三节　我国土地市场的管理　/ 174
第四节　城市土地市场的完善　/ 180
第五节　系统推进农村土地市场建设　/ 182
第六节　城乡土地市场一体化建设　/ 193
第七节　西方发达国家的土地市场模式　/ 196

第七章　土地的供给与需求　/ 201
第一节　土地的供给　/ 201
第二节　农业土地的需求　/ 211
第三节　城市土地的需求　/ 214
第四节　土地的供求平衡　/ 219

第八章　土地价格理论及应用　/ 224
第一节　土地价格的形成与变动　/ 224
第二节　土地价格的评估　/ 234
第三节　城市土地价格评估的理论与方法　/ 238
第四节　农用土地价格评估的理论与方法　/ 249
第五节　农村集体建设用地评估　/ 252
第六节　地价指数　/ 257

第七节　土地价格的管理　/ 261

第九章　土地金融　/ 272

第一节　土地金融概论　/ 272
第二节　中国土地金融的发展　/ 279
第三节　国外土地金融概述　/ 289
第四节　住房抵押贷款证券化　/ 296
第五节　土地资本市场　/ 299

第十章　土地税收　/ 310

第一节　税收与土地税收　/ 310
第二节　中国土地税制的演变与发展　/ 317
第三节　中国港台地区以及国外现行的土地税制　/ 332
第四节　中国内地的土地税制改革　/ 342

第十一章　土地可持续发展的利用与承载力和耕地保护　/ 347

第一节　可持续发展理论概述　/ 347
第二节　土地可持续利用　/ 353
第三节　土地人口承载力　/ 363
第四节　资源环境承载能力和国土空间开发适宜性评价　/ 368
第五节　耕地的保护　/ 371

参考文献　/ 378

第一章 导 论

思维导图

学习目的

了解土地的广义和狭义的概念,掌握土地的特性,理解土地的功能和分类,熟悉土地经济学的研究对象和研究方法,并对全书的内容有个框架性的了解,熟悉土地经济学的产生和发展历程。

关键概念

土地　土地功能　生产功能　土地经济学

第一节　土地的概念和特性

一、土地的概念

土地经济学研究的物质客体是土地,因此,研究土地经济问题,首先应明确土地的概念。

关于土地,经常有以下一些观点:(1)土地即土壤,也就是地球陆地表面疏松的、有肥力的、可以生长植物的表层部分;(2)土地即地球的纯陆地部分,不包括陆地的水面;(3)土地即陆地及其水面,也就是地球表面除海洋之外的陆地及其江河、湖泊、水库、池塘等陆地水面;(4)土地即地球表面,也即地球的陆地部分和海洋部分都包括在内。"土"字的结构如图 1-1 所示。

前面只是从横向方面说明了土地包含的范围,实际上还有一个纵向包含内容的问题。澳大利亚的克里斯钦(Chrestin)在 1968 年与澳大利亚联邦科学及工业组织土地利用研究所的同事们合作编写的《综合考察方法论》一书中,把土地看作是一个自然综合体。他认为:"土地是地表上的一个立体垂直剖面,从空中环境到地下的物质层,并包括动植物群体,以及过去和现在与土地相联系的人类活动。"这一观点后来被反映到

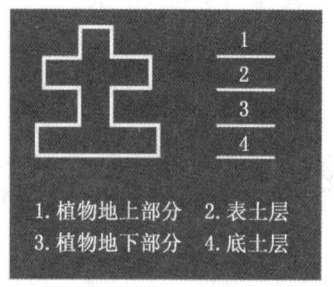

图 1-1 "土"字的结构

1976 年出版的由 FAO（联合国粮农组织）编写的《土地评价纲要》（*A Framework for Land Evaluation*，FAO，Rome，1976）中："土地是比土壤更为广泛的概念，它包括影响土地用途潜力的自然环境，如气候、地貌、土壤、水文与植被，还包括过去和现在的人类活动成果。"英国著名经济学家马歇尔（A. Marshall）认为："土地是指大自然为了帮助人类，在陆地、海上、空气、光和热各方面所赠予的物质和力量。"[①]美国土地经济学家伊利（R. T. Ely）认为："经济学家所使用的'土地'这个词指的是自然的各种力量，或自然资源……经济学上的土地是侧重于大自然所赋予的东西。"[②]马克思在《资本论》第一卷中指出，经济学上所说的土地是指未经人的协助而自然存在的一切劳动对象……土地在经济学上包括水……这里的水是指覆盖在地球表面的水，它表现为土地的附着物，与地球陆地部分一样，水域也有一个归谁占有、归谁使用的问题。因此，马克思又指出："只要水流等有一个所有者，是土地的附属物，我们也把它作为土地来理解。"[③]根据以上所述，水面应当包括在土地范畴之列。

除此之外，土地还是社会关系的客体。在土地利用过程中，人与人之间发生的相互关系是社会发展的重要基础。

土地不仅是资源，也是资产，其资产特性是土地的社会关系在市场经济条件下的重要表现。

表 1-1 列示了各种不同的土地定义，很难说哪个概念绝对准确。实际上，根据解决问题的不同和所处的环境，各个定义都有其存在的合理性。但有以下几点需要注意：现在谈到的土地，都是以自然物质为基础（横向的内容和纵向的内容），同时包含了一定的人和人之间的关系，并且随着社会的演进，土地物质本身和土地关系都在发生变化。在理解土地时，既要把自然物的土地和社会经济关系的土地结合起来，也要把

---

① [英]A. 马歇尔：《经济学原理》，商务印书馆 1991 年版，第 157 页。
② [美]伊利等：《土地经济学原理》，商务印书馆 1982 年版，第 19 页。
③ 《马克思恩格斯全集》（第 25 卷），人民出版社 1974 年版，第 695 页。

某一时间的静态的土地与随着时间演化的动态的土地结合起来。

表 1-1　　　　　　　　　　　　　　土地的定义

项　目		狭义土地	广义土地
土地资源	土地平面观	地球上陆地表面（含内陆水域）面积 $1.49×10^8$ 平方千米，占 29.2%	整个地球表面（包括陆地和海洋）面积 $5.1×10^8$ 平方千米，其中海洋面积为 $3.61×10^8$ 平方千米，占 70.8%
	土地立体观	地球上陆地表面上下组成的立体垂直剖面（国土、环境一部分）	整个地球表面上下组成的立体垂直剖面（地球表层、国土、环境）
土地资产	土地平面观	陆地资产价格 陆地所有权价格 陆地使用权价格 地役权价格	陆地、海洋资产价格 陆地、海洋所有权价格 陆地、海洋使用权价格
	土地立体观	不动产（房、地）价格 陆地空间权价格 陆地地下权价格	陆地、海洋立体价格 陆地、海洋空间权价格 陆地、海洋地下权价格

二、土地的特性

土地的特性可以从四个方面进行讨论：自然特性、经济特性、法律特性、社会特性。

土地的自然特性是土地所固有的特性，与人类对土地的利用与否没有必然的联系，而土地的经济特性、土地的法律特性、土地的社会特性都是在对土地利用过程中产生的，在人类诞生以前尚未对土地进行利用时，这些特性并不存在。

（一）土地的自然特性

1. 土地物质的自然性

土地是自然产物，不是人类劳动的产品。地球的存在已有46亿年，人类的发展相对来说历史很短，人类是地球上的后来者，人类劳动无法创造土地。

2. 土地位置的固定性

在一定时期内，土地在地球上的相对空间位置是固定的，不能移动。地球是运动的，相对于天体，每一地块都在运动，但就地球本身作为参照系，地球表面的各块土地之间的相对位置在一定时期内是相对固定不变的。每块土地都具有特定三维（长、宽、高）空间，位置不可移动（不动产），土地只能在其所处空间因地制宜地加以利用。

同时，这种位置的固定性又是相对的，在地球形成发展史上，出现过大规模的"沧海桑田"的变迁。然而，大陆漂移、岛屿隐现等对陆地面积和位置的影响，即使在几十年、几百年间也微不足道，没有很大的实际意义。虽然从理论上说部分土地表层的移动是可能的，但这不仅数量有限，而且代价高昂，因而也没有很大的实际意义。所有这些变化都不能从根本上改变土地位置固定性的特点。

3. 土地面积的有限性

地球是自然历史形成的,因此从总体上说,地球陆地面积具有不可再生性。地球表面的总面积为5.1亿平方千米,其中海洋的面积为3.61亿平方千米,占地球总面积的70.8%;陆地面积为1.49亿平方千米,占地球总面积的29.2%(海洋:陆地的面积比为2.4:1)。上述总面积数字自地球形成之日就是如此,虽然历经多次地质变化(如火山、地震、造山运动、风雨的侵蚀以及人力的搬动等)而改变了土地的形态,但其总面积基本保持不变,这就是我们在后面要讲到的土地的自然供给缺乏弹性。人类可以改良土地、改变土地形态、提高土地质量(由贫瘠变为肥沃),以至在沿海地区通过填海少量扩大陆地面积,但一般不能无限扩大土地面积。也就是说,土地的经济供给虽然有弹性,但又受制于土地自然供给缺乏弹性的规律。因此,土地有限是一种普遍现象。土地面积有限,迫使人们必须节约、集约地利用土地资源。

我国土地总面积为960万平方千米,折合144亿亩,约占亚洲大陆陆地面积的22.1%,占世界陆地面积的6.4%,仅次于俄罗斯、加拿大,居世界第三位。加上我国管辖的海域面积约300万平方千米(所谓"海洋国土"),我国国土总面积应为1 260万平方千米。

4. 土地质量的差异性

所谓土地质量,就是土地能够满足某种需要的能力。农业生产需要土地有较好的肥力,建设用地需要土地有较好的地质条件。

土地位置是固定的,土地自身的条件(地质、地貌、土壤、植被、水文等)及相应的气候条件(光照、温度、雨量等)存在差异,因而造成土地的巨大自然差异性。这种差异性在国家之间、一国的不同地区之间、同一地区内部都是客观存在的。土地质量的差异是产生级差收益的前提。需要说明的是,土地质量的差异性要根据用途来说明,即根据不同的用途来确定土地质量的高低。比如,农业生产条件很好的土地(作为农业用途时质量高),并不适宜于建设(对建设用途而言,该地的质量不高)。有些土地质量的差异可通过人为的改良而减小。比如,有些缺水的地方不能种水稻,但可通过修建灌溉设施,使之能通过灌溉种植水稻。土地质量的改良需要付出代价,也就是说,通过土地改良提高土地质量是要计入土地成本的。质量是土地的客观属性。地球上没有两块质量相同的土地。不同质量的土地使投入资本的生产率产生差别,是形成土地级差地租的重要条件。

5. 土地功能的有条件永久性

土地有多种功能,如植物生产功能等。以土地的植物生产功能为例,一块土地用于农业生产,只要使用适当,本代人及后代均可以使用。土地的这种特点即为土地功能的永久性,也称土地的永续利用性。土地的这一特性区别于人类日常生活中使用的许多经磨损后可能不能使用的资产。人类祖先使用过的土地至今仍在周而复始地使用,正如美国学者 King 写的一部关于中国土地问题的著作——《Farmers of Forty Centuries》中指出,中国最大的奇迹是它的土地耕种了五千年而没有被破坏。这是中国的祖先们给后代子孙留下的最宝贵的遗产。

需要强调的是,土地使用的永续利用性是有条件的。比如,农业生产中可以使用一定量的化肥提高土地的肥力,但如果过量使用,会造成土壤结构破坏、植物生产能力下降,只有适当使用才不至于造成破坏作用。因此,土地功能的永久性是有条件的。在人类利用土地的过程中,由于破坏行为也导致了土地利用的不可持续性。例如,在中国有 300 多万平方千米的土地基本上无法居住和生存,这部分土地是原始荒漠及彻底荒漠化的国土,如冰川、石山、高寒荒漠、沙漠、戈壁等,它们的面积约占国土总面积的 1/3。半个世纪以来,荒漠化及严重水土流失使中国丢失了 200 多万平方千米可以生存的空间。

(二)土地的经济特性

土地的经济特性,是以土地的自然特性为基础,在人类对土地的利用中表现出的经济特性。

1. 土地供求的矛盾性

首先,由于土地面积的有限性,因此土地的自然供给是稀缺的。例如,由于中国国土面积有限,而人口增长很快,因此社会经济发展对土地产生了巨大的需求。中国在使用土地的过程中,发现新增用地越来越难,新增用地的成本越来越高,而且受到自然供给面积有限性的制约,土地的供给已经严重地制约着社会经济的发展。2018 年 9 月,国务院统一部署开展了第三次全国国土调查(以下简称"三调"),以 2019 年 12 月 31 日为标准时点汇总数据。结果如表 1-2 所示。可以看出,我国林地和草地面积占比最大,各占 35.46% 和 33.01%,合计占 68.47%,其次较多的是耕地,占比约 16%;水域面积占比不到 5%。

表 1-2 "三调"中各类型土地面积及占比

类型	面积 单位:万公顷	面积 单位:万亩	占比
耕地	12 786.19	191 792.79	15.96%
园地	2 017.16	30 257.33	2.52%
林地	28 412.59	426 188.82	35.46%
草地	26 453.01	396 795.21	33.01%
湿地	2 346.93	35 203.99	2.93%

续表

类　　型	面　积 单位:万公顷	面　积 单位:万亩	占　比
城镇村及工矿用地	3 530.64	52 959.53	4.41%
交通运输用地	955.31	14 329.61	1.19%
水域及水利设施用地	3 628.79	54 431.78	4.53%
合计	80 130.62	1 201 959.1	100.00%

其次,土地供给的稀缺性,不仅表现在土地供给总量与土地的需求总量的矛盾上,还表现在由于土地位置固定性和质量差异性导致的某些地区(城镇地区和经济文化发达、人口密集地区)和某种用途(如农业用地)的土地供给尤其稀缺上。

最后,土地的供求矛盾会引发其他的矛盾。比如,由于土地供给稀缺,在土地私有、自由买卖、出租的条件下,就可能出现地租、地价猛涨以及土地投机泛滥等现象,从而导致社会经济发展成本的上升。因此,土地的供求矛盾引起了世界各国的重视。

2. 土地利用方式的相对分散性

由于土地位置的固定性和质量的差异性,只能因地制宜地利用土地,因而,土地利用方式是相对分散的。

农业用途、矿产用途的分散性表现得最突出,工业用地和居住用地利用方式的分散性次之。农业(种植业)是利用绿色植物从土地中吸取营养物质,将太阳的光和热能转化为生物能生产农产品。开采矿产就是开采地下的矿藏,矿藏是分散分布的,因此矿产土地利用也是分散的。工业用地和居住用地分布在适宜的地方,利用资源进行生产并服务于社会。

各类土地利用的分散程度,除了受到资源本身分散的影响,还受到生产规模性和集聚性等的影响。当然,土地资源的分散程度、生产的规模化程度和集聚程度,对土地的生产率有重大的影响。

为了解决土地分散带来的问题,要求人们在利用土地时要进行区位选择,并注意搞好地区间的交通及通信联系,以提高土地利用的综合区位效益。

3. 土地利用方向变更的困难性

土地有多种用途,可用于农业、工业、居住、交通、生态景观等。当土地一经投入某项用途之后,欲改变其利用方向,一般来说是比较困难的。首先,一块土地的利用方式是社会经济发展过程中历史选择的结果,有其自然的适宜性和社会经济的合理性,如果变更用途就可能面临不适宜的危险。其次,由于土地在利用中与周围环境已经形成一定的协调关系,如果改变用途就可能引起社会经济链、生态生物链等的不稳定。再次,在土地利用过程中已经进行了大量的投入,如果改变用途,就可能造成大量的投资无法收回。最后,有些用途会造成难以将土地用于其他用途。例如,一个地方建设成高层建筑后,很难再用于农业生产。

当然,从理论上讲,土地的用途是可以改变的,但用途的改变是有成本的,有时成本是相当高昂的;有的可逆转性好,有的可逆转性差。

土地利用方向变更困难这一特性,要求人们在确定土地利用方向时,一定要进行详细勘察,作出长期周密的规划,绝不能朝令夕改,任意改变土地用途。正是基于该特性,国家实行用途管制,防止随意改变土地用途。

4. 土地报酬递减的可能性

土地供给具有稀缺性,因此要求人们集约地利用土地。但是,在生产过程中存在"土地报酬递减规律",即在技术不变的条件下,对单位面积土地的投入增加,初期边际报酬快速递增,但到一定程度后边际报酬出现递减,甚至出现边际报酬小于零的后果。这对土地使用有以下的启示:首先,在技术一定的条件下,要求人们在利用土地增加投入时必须寻找投资的适合度,确定适当的投资结构;其次,要不断改进技术,以便提高土地利用的经济效果,防止出现土地报酬递减的现象。

(三)土地的法律特性

由于土地供给有限,不同利益主体就对土地产生了强烈的占有欲,设法占有更多的土地,于是形成了多种矛盾。为了解决这些矛盾,减少占有土地的成本,政府通过制定法律的形式,对土地的占有、使用、收益和处分等权利作出规定,这就形成了法律上不同主体对土地的权利。因此,在阶级社会,土地也具有法律特性。法律的规定性是土地经济利益实现的前提,土地的经济利益是土地法律规定性的具体体现。随着社会法制的健全,土地的法律特性体现得越来越明显。因此,有关土地的法律成为各国法律的重要组成部分。

(四)土地的社会特性

在土地利用过程中,形成各种各样的土地生产关系。土地生产关系是社会关系的重要组织部分,其他社会关系会影响土地生产关系,土地生产关系也会影响其他社会关系;土地生产力作用于土地生产关系,土地生产关系也会反作用于土地生产力。在这种交互作用中,土地的社会特性表现得很明显。例如,在一块土地上建造一座会产生污染的工厂,就会给周围地区带来环境污染;在一个城市中心的繁华地段建造一座占地很多而单位面积效益较低的仓库,不仅使该地段的土地效益不能充分发挥,而且影响城市繁华地段综合效益的提高。再如,从积极方面来说,家庭承包土地生产关系的确立,极大地调动了农民的生产积极性,促进了农村社会经济的发展。

正是由于土地的社会特性,任何国家都会以社会代表的身份,对全部土地的利用进行宏观的规划管理、监督和调控。例如,对于农业用地变更为建设用地,各个国家都进行了严格的管理,其目的就是保证农业能够满足社会经济的可持续协调发展。

第二节　土地的功能和分类

一、土地的功能

人类诞生于土地,长期生存于土地上,并将在土地上继续生存和发展。因此,没有土地就没有人类,也就没有人类的生存和发展。马克思曾指出:土地即"一切生产和一切存在的源泉",是人类"不能出让的生存条件和再生产条件"[1]。威廉·配第(W. Petty)也曾说过:"劳动是财富之父,土地是财富之母。"[2]

具体来说,土地具有以下几种基本功能:

(一)承载功能

土地是非农业部门如建筑业的地基、场所和操作基础,是一切建筑物的载体,为人类提供居住、休闲、娱乐、第二和第三产业的场所。居民点用地、交通用地和水利用地都是土地承载功能的具体体现。"皮之不存,毛将焉附"在一定意义上比喻了土地对于人类的这种承载功能。

(二)生产功能

生产功能,也称养育功能。在土地的一定深度和高度内,附着着许多滋生万物的生产能力,如土壤中含有各种营养物质以及水分、空气,还可以接受太阳照射的光、热等,这些是地球上一切生物生长、繁育的基本条件。如果没有这些环境与条件及其功能,地球上的生物就不能生长繁育,人类也就无法生存和发展。土地的养育功能充分体现于第一性和第二性生产之中,为人类生存提供必需的农畜产品。地球上的生物链构成了生物的循环,在生物循环过程中,动植物获得了营养供应,这些动植物养育了世界生物的过去,也将继续养育世界生物的现在和未来。

(三)资源(非生物)功能

资源功能,也称仓储功能,是指土地是矿产资源(如铜、铁、石油、煤等)的仓储场所。一个国家的矿产资源对一个国家的发展有着重要的意义。矿产资源储量对一个国家和地区的发展都有着重要的作用。

人类要进行物质资料生产,除了需要生物资源外,还需要大量非生物资源,如建筑

---

[1] 《马克思恩格斯选集》(第2卷),人民出版社1995年版,第24页。
[2] 《马克思恩格斯全集》(第23卷),人民出版社1972年版,第57页。

材料、矿产资源和动力资源等。这些自然资源蕴藏于土地之中。没有土地,没有这些丰富的自然资源,人类就无法进行采矿业和加工业生产。同样,没有这些资源,人类也无法生存和发展。可见,土地的资源功能对于人类也是绝对不可缺少的。矿产资源是自然资源的重要组成部分,是人类社会发展的重要物质基础。新中国成立70多年来,矿产资源勘察开发取得了巨大成就,探明了一大批矿产资源,建成了比较完善的矿产品供应体系,为中国经济的持续快速协调发展提供了重要保障。目前,中国92%以上的一次能源、80%的工业原材料、70%以上的农业生产资料来自矿产资源。中国现已发现171种矿产资源,查明资源储量的有158种。其中,石油、天然气、煤、铀、地热等能源矿产10种,铁、锰、铜、铝、铅、锌等金属矿产54种,石墨、磷、硫、钾盐等非金属矿产91种,地下水、矿泉水等3种。矿产地近18 000处,其中大中型矿产地7 000余处。

(四)土地的生态景观功能

土地是一种环境资源,表现为舒适性和美学价值。自然保护地和风景旅游地是土地景观功能得以发挥的土地利用方式。

二、土地的分类

为了全面、准确地掌握土地的状况,除了要了解土地总量以外,还必须掌握土地的结构即要对土地进行科学的分类,了解各类土地的数量及结构,以便对各类土地分别进行合理的开发、利用与管理。

可以按照其共性和差异性,根据一定的标准,把千差万别的土地划分为各种类别。土地分类的标准有多种,不同的分类标准满足不同的分类需要。按地貌特征可以把土地划分为山地、高原、丘陵、盆地、平原;按土壤质地可以划分为黏土、壤土、沙土等;按土地所有权的性质可以划分为国有土地、集体所有土地等。此外,还可以按土地的实际用途分类。

根据第三次全国土地调查的土地分类体系,我国的土地利用现状一级类包括耕地、园地、林地、草地、商服用地、工矿仓储用地、住宅用地、公共管理与公共服务用地、特殊用地、交通运输用地、水域及水利设施用地、其他土地共12类。

第三节 土地经济学的研究对象与研究方法

一、土地经济学的研究对象

土地经济学就是研究土地利用过程中的经济问题的学科。土地经济学是土地学科和经济学科的交叉学科。土地经济学的研究领域主要包括两个方面:一是土地与人的关系;二是研究土地利用过程中的土地关系,即人与人的关系。

土地与人的关系的经济问题,就是从经济学的角度研究人们在使用土地过程中应该遵循的规律,通过对这些规律的发现、认识和传播,协调人与土地的关系,也就是研究土地利用的经济问题。换句话说,就是研究土地在国民经济各部门的分配与使用,具体包括土地资源的勘察,土地的技术经济评价,土地规划,土地开发、利用、保护与整治等方面的经济问题。在土地经济学中,并不是对土地物理学的、化学的和生物学的性质和特征进行研究,这些研究是地质学、土壤化学和土壤生物学等自然和技术科学的任务。在土地经济学中,是把土地作为生产力的一个基本要素,对在一定的社会生产关系下投入生产过程之后所发生的一系列经济问题进行研究,诸如土地与劳动力及其他生产要素在时间、空间及数量上如何相互结合,建立土地利用的合理结构和空间布局;土地集约利用中的投资适合度及合理投资结构、布局;等等。

在人们利用土地的过程中,形成了各种各样的关系,即土地关系。在这些关系中,各主体对土地的占有关系是基础,因此,土地制度是土地经济学中的重要研究领域。在初始土地产权分配的基础上,为了促进土地资源的优化配置,需要建立土地流转机制,因此,土地的价值是土地经济学研究的又一重要领域。

土地制度是指人们在占有、使用土地过程中对土地的占有权、使用权等权利关系的制度规定,包括土地所有制、土地使用制,以及土地国家管理制度的建立、演变及其实施等方面的问题。

土地价值是指土地在权属转移及其收益分配中的价值形式及其量化表现。该领域涉及地租、地价的确定和分配,国家利用土地税收对土地利用关系的调整,土地金融等。

以上几个方面是互相联系的有机整体。合理地利用土地是人类社会生存与发展的需要,是土地经济学研究的出发点和归宿点,而从经济学的角度研究如何提高土地的利用率和土地生产率是土地经济学的研究目的。为达到此目的,建立并维护合理的土地制度,是合理利用土地的根本保证。为突破初始产权的固化和不合理性、优化土地资源配置,土地利用中必然发生土地权属的转移及土地收益的分配问题,因此,正确确定土地权属转移的条件和方式,合理分配土地收益,即合理确定土地价值形式并使其恰当量化是正确处理土地关系、保证土地合理利用的重要手段与措施。土地制度和土地价值贯穿于解决土地与人的矛盾关系的始终,土地与人的矛盾关系的存在需要建立健全的土地产权制度和土地价值制度。

概而言之,土地经济学的研究对象是:土地利用中的生产力组织与土地所有、使用与管理中的生产关系及其调节。因此,土地经济学就其性质来说,是一门研究土地利用中人与土地及人与人之间关系的科学,是经济科学的一个独立分支。

二、土地经济学的研究方法和研究内容

土地经济学是一门跨度很大、综合性很强的学科,涉及土地科学、农业科学等自然科学,也涉及社会科学的诸多领域,如政治经济学、财政学、金融学、税收学、市场学、政策学、社会学及法学等一系列学科。对土地经济问题,必须以马克思主义的辩证唯物主义、历史唯物主义和政治经济学为理论指导,采用多种方法进行研究。其中,最主要、最常用的有以下几种方法。

(一)观察法

观察法就是以感官活动为先决条件,与积极的思维相结合,在不干涉对象自然状态的前提下,系统地运用感官对客观事物进行感知、考察和描述的一种研究方法。当观察的事物超越了感官后,人们发明了相关仪器作为感官的延伸用于观察。

(二)历史研究法

历史研究就是以过去为中心的探究,它通过对已存在资料的深入研究,寻找事实,然后对这些信息加以描述、分析和解释,同时揭示当前关注的一些问题,或对未来进行预测。只要是追根求源,追溯事物发展的轨迹,探究发展轨迹中某些规律性的东西,就不可避免地会采用历史研究法。历史研究的记录一般有两个方面:一是书面记录,如书籍、报纸、期刊、日记、信件、文稿、会议记录等;二是遗迹、遗物或遗骸。

土地问题是古老的问题,自从有了人类历史就有了对土地问题的记载,用历史方法研究土地问题,是土地经济学的基本方法之一。对土地经济问题横断面的深入剖析有助于细致把握其某些特征。然而,土地经济问题是发展着的,如果从其发展历程来认识它,就更有助于较为全面深刻地认识、理解土地经济问题。

(三)调查法

调查研究是收集第一手数据用以描述一个难以直接观察总体的最佳方法。精心设计的概率抽样可以提供一个能够反映总体的样本;精心设计的标准问卷可以从不同的研究对象那里获得具有同样形式的数据。当然,我们也可以利用他人收集的调查数据进行分析,即所谓的二手资料分析的方法。研究土地经济问题,尤其是对缺乏实践经验和系统知识的人员而言,通过调查方法,既能加深对理论的理解,又能发现新的规律性的事物。

(四)系统分析方法

土地作为地球的一个特定部分,是整个地球生态系统的子系统,是自然生态系统、社会系统和经济系统的有机统一体。对土地经济问题的研究,要运用系统的观点,对土地经济问题研究不能孤立进行,必须将其纳入整个自然生态系统和社会经济系统中进行系统全面的研究与分析,探索其规律性及其运行机制。

(五)比较分析方法

比较分析法也称对比分析法,是通过对两个或两个以上事物的一些特性进行对比,确定事物之间差异的一种分析方法。

实际上,不同国家的土地经济问题之间、同一国家不同地区的土地经济问题之间、同一区域不同时期的土地经济问题之间,都会存在一定的相同点和不同点。通过比较研究,有助于学习掌握经验和发现解决新问题的办法。

(六)定性分析与定量分析相结合的方法

任何一个土地经济问题都是质与量的统一,质的规定性通过量的规定性加以体现,而量的变化归根到底取决于事物质的变化。研究和解决任何一个土地经济问题都必须同时研究它的质与量两个方面。例如,研究农民对土地投资积极性的问题,既要从定性方面分析影响农民投入积极性的因素,又要从定量方面进行实证的证明。这样,研究结论才有说服力。对土地经济问题的定性研究相对比较容易,定量研究需要大量的调查资料,因而比较费时费力,但定量研究往往更精确。在实际研究中,只有把两者密切结合起来,才能找出解决问题的正确途径。

(七)静态分析与动态分析相结合的方法

事物运动都是绝对的、无条件的,而事物静止是相对的、有条件的。土地经济问题也是如此。因此,要全面地认识土地经济问题,研究解决问题的方法,就必须把静态分析和动态分析密切结合起来。例如,研究和判断一个国家或地区的土地制度是否合理、是否有利于土地资源的优化配置、是否有利于社会经济的发展,首先需要对影响和决定土地制度的诸多因素和条件进行静态分析,同时还必须从动态角度分析研究这些因素和条件的发展变化,并把两种分析辩证地结合起来,才能对该国家或地区的土地制度作出最终的判断和选择。

(八)微观分析与宏观分析相结合的方法

首先,土地经济问题既有微观方面的问题,也有宏观方面的问题。微观主体基层的土地经济问题属于微观方面;全国的或某一较大地区的土地经济问题属于宏观方面。对于微观方面的土地经济问题,适合着重进行微观分析;对于宏观方面的土地经济问题,适合着重进行宏观分析。

其次,只有把土地经济问题的微观分析和宏观分析相结合,才能得出正确的结论。比如,对土地制度的研究就应该如此。土地制度是一个宏观的问题,因为它是从宏观角度对土地关系作出规定,其制定和出台要充分考虑社会经济中相关的宏观因素;同时,土地制度又必须从微观主体角度进行分析,因为制度的出台会影响微观主体的行为,微观可行性好坏是影响该制度绩效的关键因素。因此,在对土地经济问题研究的过程中,要注重微观分析与宏观分析相结合的方法。

三、本书内容

全书共分为11章。

第一章是全书的导论,介绍土地的相关概念、特性功能和分类。并对土地经济学的研究对象和研究方法进行了介绍,并对土地经济学的发展历程进行了梳理。

第二章介绍土地产权与土地制度。土地产权是进行土地经济学分析的重要基础。本章首先对产权的演变过程进行了简要的介绍,接着介绍承包地与宅基地三权分置,并对土地制度的内涵与功能进行了详细的阐述,针对我国具体情况,分别介绍了我国农村和城市土地制度的演变,介绍了土地征收和征用。最后介绍了国外现行土地制度。

第三章和第四章介绍土地的利用,包括集约利用、规模利用和分区利用。第三章介绍了土地利用的相关概念及相关理论,然后结合我国的土地利用现状,分析我国目前的土地集约利用和规模利用情况。

第四章介绍区位理论与我国土地利用区位情况,国土空间规划和用途管制。

第五章是地租理论。在介绍地租的概念后,分三个时期来介绍地租理论,分别是古典政治经济学的地租理论、新古典经济学的地租理论和现代的地租理论,接着重点介绍了马克思的地租理论,最后介绍了我国的地租理论及其意义。

第六章至第十章介绍土地市场及价格决定机制、土地税收和土地金融。其中,第六章介绍土地市场,第七章对土地的供给与需求进行了分析,第八章介绍土地价格的理论及应用。第九章和第十章介绍土地金融和土地税收。

第十一章介绍土地可持续发展的利用与承载力和耕地保护。

第四节 土地经济学的产生和发展

一、早期国际的土地经济学

土地经济问题是一个古老的问题。从有史料记载以来,就有关于土地经济问题的记述,但大多为一些分散的土地经济问题的研究心得。奴隶社会、封建社会的劳动生产率比较低,生产关系与土地经济问题联系得非常紧密,因此对土地经济问题的研究也比较多。到了近代,资本主义生产关系的建立,极大地推动了土地经济学的发展。17世纪末,资产阶级古典经济学家威廉·配第提出了级差地租的概念,并对级差地租、土地价格等作了初步的阐述。此后,杜尔阁(A. R. J. Turgot)、亚当·斯密(A. Smith)、大卫·李嘉图(D. Ricardo)等相继对若干土地经济问题进行了探讨。其中,李嘉图对级差地租理论作了完整而系统的研究,为现代资产阶级土地经济学的建立奠定了理论基础。19世纪中叶,马克思与恩格斯在批判和继承资产阶级古典经济学理论的基础上,创立了科学的人口和土地肥力理论及地租地价理论,这实际上成为马克思主义土地经济理论的核心部分。

土地经济学成为一门独立的学科是在20世纪20年代。前述的关于土地经济理论的研究,虽然取得了巨大的成就,但这些研究大部分依附于政治经济学或其他学科。1924年,美国经济学家伊利(Richard T. Ely)和莫尔豪斯(Edward Morehouse)合著的《土地经济学原理》的出版,标志着土地经济学开始成为一门独立的学科。从此,一些大学也陆续开设了土地经济学课程,土地经济学的研究不断深入。继伊利和莫尔豪斯之后,国外相继出版了一些有代表性的土地经济学著作。例如,雷纳的《土地经济学》(1940)、拉特克利夫(R. U. Rateclff)的《城市土地经济学》(1949)、巴洛维(R. Barlowe)的《土地资源经济学》(1978)、加拿大学者歌德伯戈(M. Goldberg)及钦洛依(P. Chinloy)合著的《城市土地经济学》(1984)、英国学者鲍尔钦(Paul N. Bachin)和克威(J. I. Kieve)合著的《城市土地经济学》(1977)、韩国金奉圭的《土地经济学》(1991)、日本野口悠纪雄的《土地经济学》(1997),等等。

二、中国的土地经济学

中国土地开发历史悠久。早在2000多年前,管子在《乘马篇》中就曾精辟地指出:"地者,政之本也……地不平均和调,政不可正也。"在中国历代的一些重大文献中,都可以找到关于土地经济问题研究的影子。当然,当时对土地经济问题的研究还是分散、不系统的。

中国对土地经济问题的系统的、专门的研究始于20世纪30年代。民国政府成立以后,未设专门的地政机构,关于全国土地行政事宜,都归内务部设司主管,后来设立全国经界局。在民国政府定都南京后,又在内政部专设土地司,主管土地行政及土地调查、测量、登记、估价等事务。民国政府于1931年成立地政署,1947年地政部正式成立。为了解决当时的土地问题,一些学者曾经创办《地政月刊》《地政通讯》等专门期刊,有力地推进了土地经济问题的研究。值得一提的是,1930年,章植的《土地经济学》出版,这是中国第一本土地经济学研究著作。之后有张丕介的《土地经济学导论》(1944)、朱剑农的《土地经济学原理》(1946)等。这一时期,主要是在介绍国外土地经济学理论的基础上逐步创立中国的土地经济学,处于启蒙和初创阶段。

中华人民共和国成立后,对土地经济问题的研究走过了一段弯路。新中国成立以后,逐步消灭了土地私有制,建立起社会主义土地公有制。改革开放以后,中国的土地经济学研究进入了复苏和发展阶段。1980年中国土地学会在北京成立;1981年中国国土经济研究所成立,并相继出版了《国土经济研究》(1982)和《国土经济学》(1986);

1982年商务印书馆出版了伊利和莫尔豪斯合著的《土地经济学原理》的中译本；1986年周诚主编的《土地经济学初版》印行，同年成立了国家土地管理局，颁布了《中华人民共和国土地管理法》（试行本），并于1988年、1998年、2004年、2019年先后进行了四次修订；1987年中国土地学会土地经济研究所成立。中国于1980年后在一些大学逐渐设立了土地资源管理等相关专业，为了繁荣土地经济与管理科学，也创办了《中国土地科学》《中国土地》等刊物，张熏华、刘书楷、周诚、张跃庆、毕宝德、王克强等人编写的土地经济学教科书先后问世，由张朝尊、宋启林、高映轸、杨重光、张维新、张月落、黄贤金、朱道林、王克强等编著的有关专著陆续出版。1987年后，中国土地经济学研究呈现繁荣之势。

近些年来，一些专家学者对土地经济与管理学科的建设作出了很大的贡献，土地经济与管理学科体系建设日臻完善。土地经济学、土地管理学、土地利用规划学、土地资源学、土地法学等土地学科的发展逐渐成熟，形成了相对独立且完整的研究对象、目的、内容及研究理论、方法和手段。随着土地管理实践的发展和深入，土地科学分支学科建设也不断地系统化和专业化。对土地生态和资源环境问题的研究，使土地生态学应运而生。土地统计学、土地社会学、土地政策学等也随着实践得到了一定程度的发展。土地经济学作为土地资源与管理专业的基础课，为其他专业课的学习奠定了基础，而其他专业课程的学习也深化了土地经济学的理论并使之不断更新。

 本章小结

本章介绍了土地的概念、功能、分类，以及土地经济学的研究对象与研究方法。土地有广义和狭义之分。土地的功能包括土地的承载功能、生产功能、资源（非生物）功能和生态景观功能。我国的土地利用现状一级类包括耕地、园地、林地、草地、商服用地、工矿仓储用地、住宅用地、公共管理与公共服务用地、特殊用地、交通运输用地、水域及水利设施用地、其他土地共12类，并对各分类的含义进行了详细说明。土地经济学的研究方法有观察法、历史研究法、调查法、系统分析方法、比较研究方法、定性分析与定量分析相结合的方法、静态分析与动态分析相结合的方法。

 **复习题**

一、名词解释

土地　生产功能　土地经济学

二、选择题

1. 土地的特性包括(　　)。

   A. 土地的自然特性　　　　　　　　B. 土地的经济特性

   C. 土地的法律特性　　　　　　　　D. 土地的社会特性

2. 土地的功能包括(　　)。

   A. 承载功能　　　　　　　　　　　B. 生产功能

   C. 资源功能　　　　　　　　　　　D. 生态景观功能

3. 根据2011年国土资源部的土地利用调查统计,我国耕地约有(　　)亿亩。

   A. 1.73　　　　B. 35.36　　　　C. 3.83　　　　D. 18.31

三、判断题

1. 土地是自然产物,不是人类劳动的产品,所以土地不属于资产。　　　(　　)

2. 地球的表面积为5.1亿平方千米,其中海洋的面积为3.61亿平方千米。

　　　　　　　　　　　　　　　　　　　　　　　　　　　　　　(　　)

3. 土地经济学的研究领域主要包括两个方面:一是土地与人的关系;二是研究土地利用过程中的土地关系,即人与人的关系。　　　　　　　　　　(　　)

四、简答题

1. 简述土地的功能。

2. 简述土地的分类。

3. 简述土地的特性。

4. 简述土地经济学的发展历程。

第二章　土地产权与土地制度

思维导图

学习目的

了解产权的内涵,掌握土地产权的权能构成;理解土地所有权制度的内涵及功能;熟悉我国农村和城市土地制度的演变过程,并掌握我国城市土地使用权流转的五种主要形式;掌握土地征收与土地征用的基本概念、相互关系、异同以及其在法律法规上的演变过程,熟悉我国征地制度的沿革与现状。

关键概念

土地产权　地上权　地役权　土地发展权　土地所有制　土地征收　土地征用

第一节　土地产权

一、土地产权的内涵

罗纳德·科斯的产权理论提出以后,逐渐引起人们对产权问题的关注,特别是到20世纪70年代之后,这种关注越来越多,对产权的定义也越来越多样化。

"产权"虽然是科斯定理中的两个核心概念之一(另一个概念是"交易成本"),科斯本人却未对产权作出过明晰的定义。其后,西方经济学家对产权的概念作出了种种界定。西方产权理论的代表人物之一德姆塞茨对"产权"的内涵提出了论述。他说:"所谓产权,就是指使自己或他人受益或受损的权利。"他提出:"产权是早在古代就有的一个经济观念,它是在人口膨胀,当共有资源不足以充分满足一切人的需要时产生的,劳动产品可用于交换并且从交换中得益,加速了产权的发展;产权与所有权有联系,但不完全等于所有权;产权是与物权有关的一组行为性权利。"[1]

---

[1] 哈罗德·德姆塞茨:《关于产权的理论》,载《经济社会体制比较》1990年第6期,第49-55页。

《牛津法律大辞典》把"产权"定义为："产权是指存在于任何客体之中或之上的完全权利,包括占有权、使用权、出借权、转让权、用尽权、消费权和其他与财产有关的权利。不要把产权视作单一的权利,而应当把它视作若干独立权利的集合体。"《现代实用民法词典》把"产权"定义为："'人身权'的对称。指具有物质财富内容,直接和经济利益相联系的民事权利。属于这一类的权利有所有权、其他物权、债权、继承权、版权和专利权、商标权等。"①

土地产权是指存在于土地之中的排他性的完全权利。它包括土地所有权、土地使用权、土地租赁权、土地抵押权、土地继承权、地役权等多项权利。生产资料的所有制决定着生产关系的性质,同样,土地的所有制决定着土地制度的基本性质。②

土地产权是土地制度的一个核心问题。土地产权的排他性是指土地产权主体对土地产权客体的垄断性。土地产权的某特定权利只能有一个主体,这个主体一旦被确定,就会阻止别的主体进入该特定权利的领域。在我国,土地是公有的,但这并不能否认我国的土地产权的排他性。公有产权是一个整体概念,它作为一个整体,是排斥任何个人成员侵占公有产权的。因此,在我国公有土地产权内部要特别注意阻止个人"化公为私"。公有产权的排他性还表现在外部,即不同的公有主体之间、公有主体与私有主体之间具有排他性。只要存在多元产权主体(不管是公有产权主体还是私有产权主体),不同主体间的物质利益是不同的,这种利益上的分立就是相互间的排他性。③

二、土地产权的权能构成

在各个国家或地区之间由于社会经济与政治制度的差异和法律体系的不同,各自具有不同的土地产权体系和构成,但一般包括以下各项基本权能。

(一)土地所有权

《经济大词典·农业经济卷》把土地所有权定义为："'土地所有权',简称为'地权'。土地所有者在法律规定的范围内自由使用和处理其土地的权利,受国家法律的保护。"④

土地所有权是物权的一种,其主体是土地所有者,客体是土地。土地所有权是土地所有制的法律表现,土地所有制是土地所有权的经济基础。土地所有权属于法权制度,反映上层建筑方面的关系；土地所有制属于经济制度,反映经济基础方面的关系。

---

① 江平、巫昌祯:《现代实用民法词典》,北京出版社 1988 年版,第 31 页。
② 毕宝德:《土地经济学》,中国人民大学出版社 2020 年版,第 139 页。
③ 杨钢桥、陆红生:《土地产权的理论探析》,载《华中农业大学学报(社会科学版)》2000 年第 1 期,第 46-48 页。
④ 《经济大词典·农业经济卷》,上海辞书出版社、农业出版社 1983 年版,第 103 页。

土地所有权是在一定的土地所有制的基础上产生的,是对既定的土地所有制的规范、确认和保护,是为一定的土地所有制服务的。土地所有权的确立又具有一定的独立性,会反作用于土地所有制。名义上的土地所有制和实际上的土地所有制,名义上的土地所有权与实际上的土地所有权,都可能发生背离。例如,国家所有制的土地制度可能蜕变为土地的单位所有制、个人所有制,土地的国家所有权可能蜕变为土地的单位所有权、个人所有权。这些情况在我国目前还比较常见,我们在完善土地制度、加强法制等方面还有许多工作要做。①

1. 我国土地所有权的类型

依照我国现行法律的规定,我国实行社会主义土地公有制,土地属国有和集体所有,集体所有的土地的主体可以是乡(镇)、村或村民小组。

(1)国家所有的土地包括:①城市的土地,即除法律规定属于集体所有以外的城市市区土地;②依照法律规定被征用的土地;③依照法律属于国家所有的名胜古迹、自然保护区内的土地;④依照法律被没收、征收、征购、收归国家所有的土地;⑤法律规定由集体所有的森林和山岭、草原、荒地、滩涂以外的全部矿藏、水流、森林、山岭、草原、荒地、滩涂等土地资源;⑥国营的农场、林场、牧场、渔场等农业企业和事业单位所使用的土地;⑦国家拨给国家机关、部队、学校和非农企业、事业单位使用的在农村的土地;⑧国家拨给农村集体和个人使用的国有土地。

(2)集体所有的土地包括:①农村和城市郊区的土地,除由法律规定属于国家所有的以外的土地;②宅基地和自留地、自留山;③法律规定属于集体所有的森林和山岭、草原、荒地、滩涂等。②

2. 土地所有权的基本属性③

(1)土地所有权的排他性。排他性意味着其他人不得干涉土地所有者行使土地所有权。马克思说:"土地所有权的前提是,一些人垄断一定量的土地,把它作为排斥其他一切人的、只服从自己个人意志的领域。"④对于土地所有权来说,这种排他性同时也就意味着土地所有权的垄断性。

(2)土地所有权的全面性。土地所有权是一种充分的、全面的物权,包括土地的占有、使用、收益和处分的权利。而土地的使用权、地上权、地役权、抵押权等物权都是土地部分权利,是土地所有权的派生权利。土地所有权是土地其他权利的源泉和出发点。

(3)土地所有权的绝对性。债权的行使必须以债务人履行债务为条件,而土地所有

---

① 周诚:《土地经济学原理》,商务印书馆 2003 年版,第 184 页。
② 谭峻:《房地产产权产籍管理》,中国人民大学出版社 2002 年版,第 45 页。
③ 周诚:《土地经济学原理》,商务印书馆 2003 年版,第 185 页。
④ 《马克思恩格斯全集》(第 25 卷),人民出版社 1972 年版,第 695 页。

权与一切财产所有权一样,不需要他人的协助即可实现。法学上把债权称作相对权,把所有权称作绝对权。但在这里,"绝对"并不意味着土地所有权是不受任何限制的。

(4)土地所有权的社会性。土地所有权虽然是一种完全的排他性权利,但是,土地所有者在行使其权利时,会受到社会的限制。土地是一种稀缺的宝贵资源,国家对土地的使用和开发给予了诸多限制。例如,国家对耕地转化为非农产业用地作出了许多限制。土地是人类生活的基础,国家必须对土地利用作出规划和管理,对土地所有者的权利作出限制。

3. 现阶段中国土地所有权的特点①

我国的土地产权制度是国家基本制度的组成部分。现阶段,我国的土地所有权以民法和宪法中的土地条款为直接依据,以维护符合社会利益的土地归属秩序、利益秩序和流转秩序为目的,具有以下四个特点:

(1)土地所有权的主体的特定性。在我国,城市土地所有权归国家所有,农村土地所有权归农民集体所有,其他民事主体不能成为土地所有权的主体。

(2)土地所有权交易的限制性。我国法律规定,土地所有权不能以任何形式交易,交易的只能是土地的使用权。

(3)土地所有权权属的高度稳定性。我国土地所有权主体在短期内不能变动,土地所有权在短期内不能交易,以上两点决定了我国土地所有权的高度稳定性。

(4)土地所有权与土地使用权的相对独立性。在我国土地所有权具有以上诸多特点,这就导致土地使用权必须相对独立于土地所有权,能够进行交易,以适应社会主义市场经济建立和完善的需要。②

(二)土地使用权

土地使用权是依法对一定土地加以利用并取得收益的权利,是土地使用制的法律表现形式。土地使用权有狭义和广义之分。在传统的物权范畴内,使用权不是一种独立的物权,它仅仅是所有权的一项权能。狭义的土地使用权是指包括在土地所有权之内,与土地占有权、收益权和处分权并列的一种权能。目前实行的土地使用权的出让和转让制度中的"土地使用权"是一种广义的土地使用权,是指独立于土地所有权能之外的含有土地占有权、狭义的土地使用权、部分收益权和部分处分权的集合。③

在我国,实行的是土地公有制,土地所有权的主体是国家和集体经济组织,而使用土地产权主体比较分散。为此,我国法律将土地使用权作为独立的物权确定下来,所有权和使用权两权分离。实际上,在我国土地所有者只保留了部分收益权(收租权)和

---

① 周诚:《土地经济学原理》,商务印书馆2003年版,第188页。
② 周诚:《土地经济学原理》,商务印书馆2003年版,第189页。
③ 毕宝德:《土地经济学》,中国人民大学出版社2020年版,第141页。

部分处分权(回收权)。保留了部分收益权意味着土地所有权在经济上得以实现;保留了回收权意味着已出让的全部产权得以复归,不会丧失所有权。

1. 我国土地使用权的类型

(1)城镇国有土地使用权。国有土地使用权是经过划拨、出让、出租、入股以有偿方式获得的。有偿取得的土地使用权可以依法转让、出租、抵押和继承。划拨土地使用权在补办出让手续、补交土地使用权出让金之后,才可以转让和出租。国有土地的使用者依照法律规定或合同规定,享有使用土地并取得收益的权利,负有保护和合理利用土地的义务。

(2)集体土地使用权。集体土地使用权是指使用农村集体土地的使用者依照国家法律规定或合同规定,享有使用土地并取得收益的权利,负有保护和合理利用土地的义务。农村集体土地使用权又可以分为农用土地使用权、农村居民宅基地使用权和农村集体非农建设用地使用权。农用土地使用权主要是指联产承包地的使用权,即由集体或者个人承包经营从事农、林、牧、渔业生产所取得的使用权。农村居民宅基地使用权是指农村居民建住宅依法批准取得的使用集体所有土地的权利。集体非农建设用地使用权是指乡(镇)村集体企业和农村集体事业单位进行非农业建设(除建住宅外),依法取得使用集体所有土地的权利。[①]

2. 土地使用权的特性

(1)土地使用权的派生性和独立性。土地使用权是土地所有权派生出的一种土地权利。广义的土地使用权包括土地占有权、使用权、收益权和不完全的处分权,由此可知土地使用权具有相对独立性。

(2)土地使用权的直接支配性。土地的所有权人不一定是土地的直接占有者和使用者,在"两权分离"的情况下,土地所有权人就不是土地的占有者和使用者。土地使用权是直接附属于土地的,土地使用权人能够直接占有和使用土地。

(3)土地使用权的可转让性。土地使用权具有相对的独立性,土地使用权人可以自行支配作为标的物的土地,而且可依法将土地使用权转让给他人。

(4)土地使用权的有限期性。在"两权分离"的情况下,土地使用权所拥有的土地使用期限并不是无限的,而且在特殊的情况下,土地的使用权可以被依法提前收回。[②]

(5)土地使用权的可继承性和可转让性。土地使用权与地上建筑物或其他工作物的所有权或经营权具有不可分性,随着后者的转让与或继承,土地使用权也发生转移。

(三)土地租赁权

土地租赁权是指土地所有权人或土地使用权人通过契约将土地占有权、狭义的土

[①] 谭峻:《房地产产权产籍管理》,中国人民大学出版社 2002 年版,第 47-48 页。
[②] 周诚:《土地经济学原理》,商务印书馆 2003 年版,第 198 页。

地使用权和部分收益权转让给他人。它与广义的土地使用权的最根本的区别是土地租赁权人不拥有对土地的部分处分权。在一般情况下,土地租赁人未经出租人同意不能将自己承租的土地再以任何方式转让出去。土地承租者获得租赁权的目的是以支付租金为代价,利用他人的土地开发地上物并从中获益。

土地租赁权有以下几个特点:一是土地租赁是民事法律行为。出租人须将土地按时提供给承租人使用,而承租人须按约定缴纳租金。二是土地租赁权中的出租人必须对土地享有所有权或使用权。承租人取得的只是土地的使用权,而不是所有权。三是土地租赁权具有期限。我国农村和城市的土地租赁权不管时间长短,都有时间期限。①

国土资源部1999年印发的《规范国有土地租赁的若干意见》指出:国有土地租赁可根据情况实行短期租赁和长期租赁。短期租赁一般不超过5年。国有土地租赁,承租人取得承租土地使用权。承租人在规定支付土地租金并完成开发建设后,经土地行政主管部门同意或根据租赁合同约定,可将承租土地的使用权转租、转让和抵押。承租人将承租土地转租或分租给第三人的,承租土地使用权仍由原承租人持有,承租人与第三人建立了附加租赁关系,第三人取得土地的其他权利。承租人转让土地租赁合同的,租赁合同约定的权利义务随之转给第三人,承租土地使用权由第三人取得,租赁合同经更名后继续有效。

(四)土地抵押权

1. 土地抵押权的概念

抵押权是指抵押人(债务人或第三人)以不转移占有的方式向抵押权人(债权人)提供债务履行担保的不动产,在债务不能履行时,抵押权人对其处分被抵押的不动产所得的价款享有受清偿的权利。土地抵押权是土地受押人对于土地抵押人不转移占有并使用收益而提供担保的土地,在债务不能履行时可将土地的拍卖价款作为受清偿的担保物权。②

2. 土地抵押权的法律规定

依法通过出让、转让方式取得的土地使用权可以抵押。抵押当事人签订合同,并经土地部门登记后,抵押人即取得土地使用权的抵押权。设定土地抵押权时,作为标的物的土地并不发生转移,它仍为土地抵押人占有使用,只以其代表经济价值的某项权利(如所有权、使用权)作担保。抵押终止,抵押权即告消灭。抵押人破产的,抵押人可以从土地使用权拍卖收益中优先得到补偿。③ 抵押人如果按规定的方式和期限偿还债务,则土地如期回到抵押人手中,抵押权则自动消失。同一土地上设定两个或两

---

① 张红:《土地租赁权权属性质分析》,载《农场经济管理》2003年第5期,第33—34页。
② 毕宝德:《土地经济学》,中国人民大学出版社2020年版,第142—143页。
③ 林增杰:《地籍管理》,中国人民大学出版社2001年版,第293页。

个以上的抵押权是被允许的。《中华人民共和国担保法》规定:"抵押人所担保的债权不得超出其抵押物的价值。财产抵押后,该财产的价值大于所担保债权的余额部分,可以再次抵押,但不得超出其余额部分";"以依法取得的国有土地上的房屋抵押的,该房屋占用范围内的国有土地使用权同时抵押。以出让方式取得的国有土地使用权抵押的,应当将抵押时该国有土地上的房屋同时抵押。乡(镇)、村企业的土地使用权不得单独抵押。以乡(镇)、村企业的厂房等建筑物抵押的,其占用范围内的土地使用权同时抵押"。

3. 土地抵押权的特征

(1)土地抵押权的优先受偿性。优先受偿的效力是指在同一物上同时设立物权和债权时,如同时设有抵押权和债权时,抵押权人有优先于债权人接受清偿的权利。土地抵押权是一种担保物权,在与土地租赁同时存在时,可以在清偿债务时不考虑租赁权。

(2)土地抵押权的附属性。抵押权是一种从物权,不能独立存在。因为抵押权的设立是为了确保债务的清偿,即以债权的存在为前提,一旦债务得以清偿,则抵押权也随之消失,抵押权随债权的消灭而消灭。

(3)土地抵押权的不可分性。土地抵押权不会因债务的部分清偿而分割,而应继续以全部土地来清偿。只有在债务全部清偿时,土地抵押权才会消灭。[①]

(五)地上权

地上权是以在他人所有的土地上设立建筑物、其他工作物或营造竹木为目的而使用的土地权利。地上权可以处分,如让与他人、作为抵押权标的物等。地上权的主要义务是向土地所有人支付地租。地上权依法律或合同设立,地上权可以有偿取得,也可以无偿取得。

地上权的特点有:(1)地上权的标的物是他人的土地,因而地上权并不因为地上物的灭失而丧失,如房屋灭失,地上权并不因之丧失;(2)地上权是以保有建筑物、工作物为目的的他物权;(3)由于建筑物、工作物的长期存在,地上权也具有长久存续性;(4)地上权具有可继承性和可转让性,这与一般土地租赁不同。[②]

(六)地役权

地役权是指因自己所有或使用的土地受环境所限而必须使用他人土地的权利。受到便利的土地称为需役地,给予他方以便利的土地称为供役地。地役权主要包括:建筑支持权、采光权、眺望权、取水权、道路通行权等。地役权制度源于罗马法。在罗马,役权是他物权的最古老的形态,而役权的原始形态便是地役权。近代各国民法,如

[①] 毕宝德:《土地经济学》,中国人民大学出版社 2020 年版,第 143 页。
[②] 谭峻:《房地产产权产籍管理》,中国人民大学出版社 2002 年版,第 53 页。

法国、德国、日本、瑞士等,都继承了罗马法中地役权的概念。

地役权具有以下特点:(1)地役权是使用他人土地的权利。地役权的客体为土地,其成立以需役地和供役地的存在为必要条件。(2)地役权是一种从物权,不得与需役地分离而让与。(3)地役权可以有偿设立,也可以无偿设立。(4)地役权不可分割为两个以上的权利,也不得使其一部分灭失;在需役地分割时,地役权就分割后各部分的利益而存在;在供役地分割时,地役权仍就分割后的各部分而存在。

(七)土地发展权

土地发展权,也称土地开发权,这一构想最初源于采矿权可与土地所有权分离而单独出售和支配。土地发展权就是发展土地的权利,是一种可与土地所有权分割而单独处分的财产权。具体来说,土地发展权就是变更土地使用性质之权,如农用土地变更为城市建设用地,或城市建设用地改变现状用途及利用强度的权利。土地发展权是为适应土地使用管制和多元化立体开发利用的需要而设立的,改变土地现状用途与利用强度等利用方式的权利,是一项可以独立支配的财产权。土地发展权的内涵包括以下四个层次:

(1)土地发展权的设立,需要以相关法律制度的规定为前提,否则,任何改变土地利用方式的行为,仅是一种客观的存在,不能成为一项独立的权利。

(2)因土地使用管制,土地开发的可能性和规定性之间往往存在差异,其中普遍的"可能"超过"规定"的部分构成虚拟的发展权。

(3)土地用途的改变是指未利用土地和农用土地向非农建设用途转换,以及非农建设用途之间的转换。

(4)建立土地发展权制度的一个重要目的是保护农地资源,因此,从农地向非农建设用地转化受到严格限制,该种土地性质转化的权利被称为农地发展权,受到特别关注。

土地发展权的归属,有两种主要处理方式:一是土地发展权同地上权、抵押权等一样,自动归属于土地所有人,政府保护农地,需事先向所有人购买发展权。二是土地发展权一开始就属于国家或政府所有,土地所有人或使用人若想改变用途或利用强度,必须向政府申请或购买土地发展权。美国的土地发展权是土地所有权的一部分。对需要保护耕地的郊区土地,政府向土地所有者购买发展权。已出售土地发展权的土地可以继续耕作,但不能改变用途。对于中国的土地发展权归属问题,大部分学者认为属于国家,少数观点认为中国的土地发展权归属要体现对产权的尊重,分别归属国家所有和农民集体所有,农地发展权归农地所有者。[1]

第二节　承包地三权分置和宅基地三权分置

一、承包地三权分置

2016年10月,中共中央办公厅、国务院办公厅印发了《关于完善农村土地所有权承包权经营权分置办法的意见》,2017年中央1号文件又指出:"落实农村土地集体所有权、农户承包权、土地经营权'三权分置'办法"。现阶段深化农村土地制度改革,将土地承包经营权分解为承包权和经营权,实行所有权、承包权、经营权分置并行,土地"所有权"仍归集体、土地"承包权"归农户、土地"经营权"则归经营主体,是继"两权分离"家庭承包制后中国土地制度改革的又一次重大创新,是农村基本经营制度的自我完善,符合生产关系发展的客观规律。

推行承包地"三权分置",农村土地集体所有的法定属性不会改变,承包经营权的权能将得到丰富和拓展。土地承包权是典型的用益物权,在没有发生权利分离的前提下,拥有法定的占有、经营、收益、处置等完整的权利形态;在承包权和经营权发生分离之后,承包权则更多表现为占有和处置权,以及在此基础上衍生出的继承权、退出权等多重权益,相应的经营权更多地表现为耕作、经营、收益,以及入股权、抵押权等其他衍生的多重权益,使得权利特性凸显出来。[2]

二、宅基地三权分置

新中国成立以来我国农村宅基地权属经历了从"两权合一"到"两权分离",最终演进到"三权分置"的产权格局。1949年新中国成立初期,我国通过大规模土地制度改革,实现了宅基地所有权和使用权都归农民,且允许农民宅基地和房屋自由流转。1950年《土地改革法》规定,保障农民土地及其财产不受侵犯,一切土地所有者有自由经营、买卖及出租土地的权利。这一时期农村宅基地制度呈现"两权合一、自由流转"的特征。从1958年开始,我国在农村地区实行了集体土地所有制。1963年中共中央下发的《关于对社员宅基地问题作一些补充规定的通知》中首次提出"宅基地使用权"概念,从而确立了农村宅基地所有权与使用权"两权分离"的权能架构。在这一权能架构下,宅基地所有权归生产队,而使用权则归农户。2007年《中华人民共和国物权法》

---

[1] 孙弘:《中国土地发展权研究:土地开发与资源保护的新视角》,中国人民大学出版社2004年版,第11-12页、第39-40页。
[2] 杨庆媛:《土地经济学》,科学出版社2018年版,第52-53页。

(以下简称《物权法》)的颁布,首次明确了农村宅基地使用权的"用益物权"性质,从而开启了国家层面的农村宅基地"三权分置"探索。2015年中央办公厅和国务院办公厅联合印发了《关于农村土地征收、集体经营性建设用地入市、宅基地制度改革试点工作的意见》,标志着宅基地改革进入了新的历史时期。2018年中央一号文件要求扩大宅基地制度改革试点,探索宅基地所有权、资格权、使用权'三权分置',落实宅基地集体所有权,保障宅基地农户资格权和农民房屋财产权,适度放活宅基地和农民房屋使用权。这就正式确立了农村宅基地"三权分置"的权利配置格局。[1]

农村宅基地制度改革能促进乡村人口、土地、产业、资金等要素的重新配置与优化组合,可成为乡村振兴的有力抓手。"三权分置"丰富了宅基地产权体系,2007年颁布的《物权法》赋予了宅基地用益物权,但只规定了占有、使用权,与土地承包经营权相比少了收益权,且规定宅基地使用权不得抵押。实行宅基地的所有权、资格权、使用权的三权分置是在坚持所有权的管理功能,确保资格权的保障功能的基础上,通过适度放活宅基地的使用权,盘活农村闲置宅基地资源,增加农民收入,释放出使用权的财富功能。

第三节 土地制度的内涵及功能

一、土地制度的内涵

土地制度的概念有狭义和广义之分。狭义的土地制度是指土地所有、使用与管理的土地经济制度及相应的土地法权制度;广义的土地制度是指与土地所有、土地使用、土地管理及土地利用技术等有关的一切制度。

土地经济制度是指人们在一定的社会制度下对土地的占有、使用、收益、分配等方面的经济关系以及国家与土地所有者、使用者经济关系的基本行为规范或基本规则。它包括土地所有制、土地使用制,是国家经济基础的重要组成部分。土地法权制度是指在土地利用中形成的土地关系的法权体现,是社会上层建筑的组成部分。

土地经济制度是土地法权制度形成的基础,土地经济制度决定土地法权制度;土地法权制度具有反映、确认、保护、规范和强化土地经济制度的功能。[2]

---

[1] 李怀:《农村宅基地"三权分置":历史演进与理论创新》,载《上海经济研究》2020年第4期,第75-82页和127页。

[2] 周诚:《土地经济学原理》,商务印书馆2003年版,第156页。

二、土地所有制

(一)土地所有制的内涵

土地所有制是指人们在一定社会制度下拥有土地的经济形式。它是整个土地制度的核心,是土地关系的基础,主要解决土地归属问题。

生产力决定生产关系,生产关系反作用于生产力,土地所有制作为社会生产关系的重要组成部分,归根结底也是由生产力决定的。但一个国家土地所有制的具体形式还会受到社会经济条件和历史发展特点的影响,即使社会制度相同的国家,其土地所有制的具体形式也不完全相同。

(二)土地所有制的产生和演变

在人类社会初期,人们以采集、渔猎为生,谈不上土地所有制。到了游牧时代后期,形成了循环轮牧的天然草地利用制,各个部落之间形成了自己使用土地的范围,出现了土地所有制的萌芽,即原始社会的氏族公社土地所有制。这种土地所有制的特征是:在每一个部落范围内的土地,归该氏族全体成员共同所有,由该氏族的全体成员共同使用。这是一种土地公有制的土地所有制。

在氏族土地所有制瓦解后,出现了奴隶主土地所有制。这种土地所有制的特征是:奴隶主占有土地并占有奴隶及其绝大部分劳动成果。中国奴隶主土地所有制的特点是土地归奴隶主阶级所有,其具体形式是"井田制"。井田制的内容是:土地为最高统治者"天子"所有,对其皇亲贵族实行分封,各级统治者再将每块地分成"井"字型的九区,设有"私田"和"公田"。"私田"由奴隶自行经营;"公田"是奴隶主的田,由奴隶共同耕作,收获物全部归奴隶主。[1]

封建主义土地所有制是以封建剥削关系为基础的土地所有制。在欧洲,封建土地所有制的主要形式是封建领主所有制。在这种制度下,作为最高土地所有者的国王,把土地分封给各级封建领主,受封的领主没有土地所有权,但有使用权和收益权,土地不准买卖,可以世袭占有和征收地租。我国的封建土地所有制多是封建地主直接占有土地,对自己占有的土地拥有较完整的土地产权,可以出租、买卖、抵押、赠送、自己经营等。

资本主义土地所有制的核心是一种典型的、完整的土地私有制,土地高度商品化,土地可以相对自由地使用和处置。与其他社会形态的土地制度一样,在资本主义社会中也存在着其他土地所有制成分,不同程度地存在着土地公有制和自耕农阶层。

社会主义土地所有制是一些国家无产阶级取得革命政权后实行的一种土地公有

---

[1] 周诚:《土地经济学原理》,商务印书馆 2003 年版,第 176-180 页。

制,土地归国家所有或归部分劳动者共同所有,社会主义土地公有制最早是在苏联无产阶级取得革命胜利后实现的。十月革命后,苏维埃政府颁布了《土地法》,将全国土地收归国有,消灭了土地私有制。

土地所有制按其性质可分为土地私有制和土地公有制。土地私有制是指土地的所有权归私人占有;土地公有制是指土地的所有权归国家或集体占有。原始社会的氏族公社土地所有制和社会主义土地所有制属于公有制。奴隶主土地所有制、封建土地所有制及资本主义土地所有制属于土地私有制。以上只是针对各种社会制度下的典型土地所有制而言,在一种社会形态下,可能存在多种土地所有制。[1]

三、土地使用制

(一)土地使用制的含义

土地使用制是人们在使用土地中形成的制度性经济关系,是土地制度中的另一个重要组成部分。土地使用权是依法对一定土地进行占有、使用并取得部分土地收益的权利,是土地使用制的法律形式。

(二)土地所有制与土地使用制的关系

土地所有制决定土地使用制。土地使用制是土地所有制的反映和体现,是土地所有制借以实现和巩固的重要途径。土地使用制也具有相对的独立性,同一种土地所有制可以有不同的使用制及其形式。不同的使用制会对土地资源的利用带来不同的作用和影响,我国已经进行的或正在进行的土地使用制度改革都是为了寻找更能适合现有土地所有制要求且更能促进土地资源合理配置和利用的土地使用制度。土地所有制和土地使用制之间的关系是否协调,要看是否能更好地促进经济效益的提高,促进生产力的发展。[2]

(三)土地使用制的分类

按土地所有权和使用权能否分离,土地使用制可以分为"两权合一"和"两权分离"两类。前者包括自耕农、经营地主、实行集体经营的农村社区集体经济等;后者包括农村家庭联产承包责任制等。[3]

在"两权分离"的情况下,按照土地使用是否有偿,土地使用制又可分为有偿使用制和无偿使用制两类。一般来说,土地无偿使用制只存在于土地公有制的情况下,在土地私有制情况下,不可能出现土地的无偿使用。但在土地公有制的情况下,却可能出现土地有偿使用的情况,例如,目前我国城市土地使用制就是一种在公有制下的有

---

[1] 毕宝德:《土地经济学》,中国人民大学出版社 2001 年版,第 325 页。
[2] 周诚:《土地经济学原理》,商务印书馆 2003 年版,第 191 页。
[3] 周诚:《土地经济学原理》,商务印书馆 2003 年版,第 191 页。

偿使用的土地使用制。

土地私有制情况下的自耕农属于典型的"两权合一";"两权分离"土地使用制中极端的形式是永佃制。永佃制是一种佃农拥有永久租佃某块土地权利的土地使用制度。永佃制的基本特征是土地所有权与土地使用权彻底、永久分离,是一种土地有偿使用制度。

现阶段,我国农村中实行的家庭联产承包责任制属于"两权分离"。土地的所有权属于国家,使用权属于农民。目前,我国农村长达30年不变的土地承包制,并不具有永佃制的特征,只能是一种"长佃制"。

第四节　中国农村土地制度的演变和完善

一、中国农村土地制度的演变

新中国成立后,从总体上来看,我国农村土地制度先后进行了四次重大变革:第一次是20世纪50年代初期的土地改革,实现了农村土地从封建地主所有制向农民所有制的转变;第二次是20世纪50年代中期的初级农业合作化,实行的是农民所有、初级社集体经营的土地制度;第三次是20世纪50年代中后期至20世纪70年代末期的高级农业合作化和人民公社化,农村土地由农民所有、集体经营转变为集体所有、集体统一经营;第四次是20世纪70年代末期以来的家庭联产承包责任制,在不改变土地集体所有的基础上,将集体统一经营改变为农户家庭经营。

(一)20世纪50年代初期的土地改革(1949—1953年)

开展土地改革运动,没收、征收地主富农阶级的土地,无偿分给无地少地的农民,废除封建土地制度,实行耕者有其田,这是我国新民主主义革命的主要任务和目标之一。早在20世纪20年代,中国共产党就领导劳动人民在各根据地进行过土地改革运动,新中国成立后,又在全国范围内广泛进行。1950年6月28日,中央人民政府委员会第八次会议通过的《中华人民共和国土地改革法》(以下简称《土地改革法》)规定:"废除地主阶级封建剥削土地所有制,实行农民的土地所有制,借以解放生产力,发展农业生产,为新中国的工业化开辟道路。"《土地改革法》颁布后,规模空前的土地改革运动在新解放区轰轰烈烈地开展起来。

土地改革之后,占全国农业人口总数60%~70%的无地或少地的农民,获得了约7亿亩土地和大量的农具、耕畜、房屋等生产、生活资料。农村土地制度由此发生了根本的变革,农民土地所有制取代了封建地主土地所有制,真正实现了耕者有其田。这段时期,农村土地制度的特点是:土地所有权和经营权高度地统一于农民,农民既是土地的所有者,又是土地的自由经营者;土地产权可以自由流动,允许买卖、出租、典当、赠与等交易行为；国家通过土地登记、发证、征收契税等对土地进行管理。新的农村土地制度安排，不仅使农村土地占有状况发生了根本变化——原来地主占有大部分土地的不合理局面得到根本的改变，农民成为土地的真正权利人，而且使农村的社会阶级状况也发生了根本变化——在政治上农民成为新国家的主人，在经济上农民的地位得到很大的提高。这些根本变化极大地解放了长期被封建剥削制度束缚的农业生产力，广大农民的积极性空前高涨，农业生产快速发展，超过了此前的最好水平。[1]

(二)20世纪50年代中期的初级农业合作化(1953—1956年)

1951年，鉴于土地改革后农民中存在发展个体经济和实行互助合作的积极性以及农村中出现新的两极分化的情况，中共中央召开全国第一次互助合作会议，讨论起草了《关于农业生产互助合作的决议》，要求各级党委根据生产发展的需要和可能的条件，按照积极发展、稳步前进的方针和自愿互利的原则，逐步引导农民走集体化道路。在这种情况下，农村初级农业合作社迅速发展。

初级农业合作化的基本做法是：在允许社员有小块自留地的情况下，社员的土地必须交给农业生产合作社统一使用；合作社进行有组织的共同劳动，按照生产的需要和社员条件，实行以劳动日为计算单位的评分计工，逐步实行生产中的责任制；农民的生产资料由合作社统一使用，分别付给适当报酬；合作社按照社员的入社土地和劳动，按比例分红，主要是实物和现金。初级农业合作社建立后，入社农民仍然拥有土地的所有权，以入股土地分红成为农民在经济上实现其土地所有权的基本形式；土地经营使用权成功地从所有权中分离出来，统一由合作社集体行使，合作社集体对土地进行统一规划、统一生产、统一收获；农民还拥有土地的处分权，退股自由，退社时可以带走入社时带来的土地；如果原土地不能退出，则可以用其他土地代替，或给予经济补偿。初级农业合作化的直接后果是推动了农村土地制度的再一次变革，土地由农民所有、农民经营转变为农民所有、集体经营。绝大多数的农民在实行农业生产合作社后增产、增收了。这次变革是在不改变土地私有制基础上的土地使用制度变革，农民保留土地所有权，符合当时的愿望。把土地和劳动按比例分配的制度，把农民对个体经济的积极性和互助合作的积极性有机地结合起来，有利于生产的发展。[2] 但由于以劳动日为计算单位的评工记分的计酬方法，实行起来难以做到准确，难免产生平均主义的倾向。另外，劳动管理过于集中，经营决策权集中在少数干部手中，社员缺乏一定的自主权。

---

[1] 陈海秋：《建国以来农村土地制度的历史变迁》，载《南都学坛(人文社会科学学报)》2002年第9期，第70－79页。

[2] 陈海秋：《建国以来农村土地制度的历史变迁》，载《南都学坛(人文社会科学学报)》2002年第9期，第70－79页。

(三)20世纪50年代中后期至20世纪70年代末期的高级农业合作化和人民公社化(1956—1978年)

1. 高级农业合作社(1956—1958年)

高级农业合作社废除了土地私有制,使土地由农民所有转变为农业合作社集体所有。这是农村土地所有制度的又一次重大变革,标志着农民土地私有制改造的成功和农村集体土地所有制的确立。在高级农业合作社里,除社员原有宅基地不必入社外,社员私有的土地及土地上附属的私有的塘、井等水利设施,都无偿地转归合作社集体所有。全国人大常委会于1956年6月制定了《高级农业生产合作社示范章程》,规定:"入社的农民必须把私有的土地和耕畜、大型农具等主要生产资料转为合作社集体所有。社员土地上附属的私有的塘、井等水利设施,随着土地转为合作社集体所有。如果这些水利设施是新修的,本主还没有得到收益,合作社则适当地偿付本主所费的工本。如果修建这些水利所欠的贷款没有还清,则由合作社负责归还。社员私有的藕、鱼、苇塘等转为合作社集体所有的时候,对于塘里的藕、鱼、苇子等,合作社则付给本主以合理的代价。社员私有的耕畜、大型农具和社员经营家庭副业所不需要而为合作社所需要的副业工具转为合作社集体所有,并按照当地的正常价格议定价款的数目,由集体分期付给本主。社员私有的成群的牲畜,一般由合作社按照当地的正常价格作价收买,转为合作社集体所有。社员私有的大量成片的经济林、用材林以及幼林和苗圃,作价归合作社集体所有。社员私有的生活资料和零星的树林、家禽、家畜、小农具、经营家庭副业所需要的工具,仍属社员所有。农业生产合作社抽出当地每人平均土地数5%左右的土地分配给社员,作为自留地。"

土地由集体统一经营使用,全体社员参加集体统一劳动。取消了土地分红,按工分(劳动日)进行分配。高级农业合作社是生产资料为部分劳动群众所共同所有的公有制经济。[①] 从土地农民所有、集体经营到集体所有、集体经营的变革,农村土地制度完全具有了社会主义的性质。

高级农业合作社的实行,使生产关系的变革超越生产力发展的需要,挫伤了农民的生产积极性,因此不仅没有推动生产力的进步,反而阻碍了生产力的发展,导致我国在高级农业合作社期间的农产品单位面积产量和牲畜头数的下降。[②]

2. 人民公社化(1958—1978年)

1958年,各地农村掀起了合并高级社办大社的高潮,后又进一步发展成大型的、综合性的人民公社运动,在两三个月时间内,全国农村普遍实现了人民公社化,实行了

---

① 王琢、许滨:《中国农村土地产权制度论》,经济管理出版社1996年版,第97-99页。
② 陈海秋:《建国以来农村土地制度的历史变迁》,载《南都学坛(人文社会科学学报)》2002年第9期,第70-79页。

土地等生产资料的公社所有制。公社所有制超越了当时的生产力水平,导致生产力的极大破坏。为了纠正人民公社运动所造成的农业经济滑坡,而逐步对农村土地制度进行了调整,形成了"三级所有、队为基础"的经营管理体制。1962年的《关于改变农村人民公社基本核算单位问题的指示》正式确立了"三级所有,队为基础"的土地制度体系,其主要内容是:生产队的规模相当于初级合作社的规模,大队则相当于高级农业合作社;原来固定到生产队使用的土地基本不动,个别进行调整;原来生产队所固定使用的耕畜,其所有权一般归生产队所有;使用的土地和其他主要生产资料归生产队所有,生产队统一组织社员集体使用。

"三级所有,队为基础"是纠正人民公社化运动下所作出的一种应急措施,其特点是:土地为生产队、大队、公社三级所有;农民在以生产队为基本单位的集体里劳动;农民是一个劳动主体,不是经营主体;劳动报酬按劳动工分分配。这种对于稳定和恢复农业发展起到一定效果的土地制度一直延续到1978年实行家庭联产承包责任制。

(四)20世纪70年代末期以来的家庭联产承包责任制(1978年至今)

1978年,安徽省凤阳县小岗村农民为了生存,实行分田到户,拉开了我国农村家庭联产承包责任制的序幕。在小岗村包产制试行成功的情况下,家庭联产承包责任制开始先在安徽推广,后在全国范围内推广。

农村家庭联产承包责任制的实现,突破了人民公社体制下生产资料所有制、经营方式、分配原则等方面的旧模式,实现土地所有权和经营权的分离,即土地所有权仍然归集体所有,土地的经营权归农民所有。1984年1月1日,中共中央发布《关于1984年农村工作的通知》,提出要稳定和完善生产责任制,土地承包期一般延长到15年以上,生产周期长的和开发性的项目,如果树、林木、荒山等,承包期应当更长一些。1986年6月25日,颁布的《中华人民共和国土地管理法》(以下简称《土地管理法》)规定:"集体所有的土地依照法律属于村农民集体所有,由村农业生产合作社等农业集体经济组织或村民委员会经营、管理。已经属于乡(镇)农民集体经济组织所有,可以属于乡(镇)农民集体所有。"1993年11月5日,针对第一轮15年承包期即将先后到期的情况,新发布的《中共中央、国务院关于当前农业和农村经济发展的若干政策措施》提出:"在原定的耕地承包期到期之后,再延长30年不变。开垦荒地、营造林地、治沙改土等从事开发性生产的承包期可以更长。"

在我国,农村除了集体所有的土地外,还存在部分国家所有的土地。1950年出台的《土地改革法》规定:"大森林、大水利工程、大荒地、大荒山、大盐田和矿山及湖、沼、河、港等,均归国家所有。"1954年9月颁布的新中国第一部《中华人民共和国宪法》(以下简称《宪法》)规定:"矿藏、水流,由法律规定为国有的森林、荒地和其他资源,都属于全民所有。"1982年通过的《宪法》和1996年颁布的《土地管理法》对农村和郊区的国有土地作了进一步的明确规定。

二、中国农村土地制度改革的探讨

我国现行的农村土地制度存在一些争议,有人认为现行农村土地制度造成了土地产权的不清晰,提出了多种农村土地所有制的改革主张。

(一)实行单一的土地国有制

1. 赞成变农村土地集体和国家所有为国家所有的理由

(1)现行我国农村土地集体所有制实际上是一种村社共同所有制,即自然村全体农户的共有,它虽然不同于土地的私人占有,但私人在一定程度上拥有部分土地所有权,这造成土地经营权的排他性与我国农村出现的劳动力转移、土地转包和集中趋势极不适应,造成土地集中限制在一个自然村中,不利于土地的跨村、组、乡集中,不利于土地的合理配置和利用。

(2)实行土地国有化,有利于国土的综合整治,有利于土地管理的法律化、制度化,避免克服土地管理的无政府状态,避免造成土地投机。

(3)现在的集体土地所有制在使用、收益和处分等方面受到国家的限制,中国农村土地集体所有制名存实亡,实际上是不完全的土地国有制,土地国有化没有大的障碍,只不过把现有的不完全的土地关系完全化、明确化。土地国有化后,国家可以继续维护农村现有土地的承包关系,保证目前的农业生产,对收回的农民承包地,可进行招标承包。

2. 反对土地国有化的理由

(1)土地国有实际上并不能真正加速土地集中,形成土地规模经营。短期内分散的农户不可能因土地的国有化而放弃土地的耕作经营,土地使用权分散于各个农户的现状将继续存在,土地集体所有制情况下存在的问题将继续存在。

(2)我国农村幅员辽阔,各地农民与土地已有多年的感情,贸然把土地收归国有,会割断农民与土地的感情,会影响农民的生产积极性,不利于生产力的发展。

(3)现阶段的农村土地集体所有权虽然在很多方面受到国家的限制,但不能就此认为它是不完全的国有制。国家征用集体土地都给予一定补偿,农民承包集体土地也付出一定代价,这都证明了集体土地所有制的存在。

(4)土地收归国有虽有利于土地的宏观管理,但土地国有化需要大量的财力,国家管理的任务非常重,如果国家的管理不到位,就会造成更大的损失。

(二)实行土地私人所有制

1. 赞成土地私有制的理由

(1)要真正保护好耕地、消除贫困,就必须解决好产权不确定、不清问题。只有确立了明晰的土地私有产权,资源的流动、配置才能以市场为导向,产生最优的资源配置,使土地利用达到合理化。国家和集体统得越死,土地的潜力就越小。放弃土地集体所有权,采取土地私有制,适应我国现有的生产力水平。

(2)土地私有制不会造成长期的两极分化。土地私有化后,只要用法律形式规定不同地区农户占有土地和雇工的最高限额,就可以防止土地的大面积垄断,防止资本主义剥削制度的产生,防止两极分化。

2. 反对土地私有制的理由

(1)目前广大农民并没有恢复土地私有制的要求,他们要求的是土地的自主经营权而不是土地私有权。

(2)鼓励农民向土地投资不一定非实行土地私有制不可。在实行家庭联产承包责任制的情况下,土地承包期的长短只是影响农民进行土地投资的一个因素,但不是唯一的因素,且目前不是主要的因素。目前,农作物价格不高,农民难以从土地的投资中得到理想的收益是农民不愿进行土地投资的主要因素。

(3)把现有的集体土地私有化,是一场巨大的社会和经济变革,弄不好会造成社会动荡,造成难以预料的损失。

(三)实行农村土地集体所有制

1. 赞成农村土地集体所有制的理由

(1)我国农村目前实行的土地集体所有制是我国在长期的曲折路途中摸索出来的,是我国农民长期选择的结果,在我国农村实行了几十年,已被广大农民所接受,顺应民心。

(2)我们不能把集体所有与产权不清等同,集体所有作为一种所有制形式,它的内涵和外延是明确的,要解决的是它的实现形式和谁对财产负责的问题。

2. 反对农村土地集体所有制的理由

(1)现行的土地集体所有制,对农民家庭经营、对农民利益并不起保护作用。从农业经营上来看,以土地为纽带的集体经济组织的存在是压在农民心上的一块石头,农民担心家庭经营权被剥夺,农地得不到很好的保护。集体土地所有制并无实质性意义,不是农民经营土地需要的土地所有制。

(2)在城市化不断发展的过程中,越来越多的农民将会脱离农业生产进入非农产业,原有的作为土地占有者的集体发生变化,有些集体可能完全失去农业生产单位的意义而成为占有农地却不从事农业生产的单位。[①]

[①] 钱忠好:《中国农村土地制度变迁和创新研究》,中国农业出版社1999年版,第18页。

(四)实行多种所有制

主张实行多种所有制的观点认为,全国各地因条件而异,根据各地的条件实行国有制、私有制和集体所有制,符合当前中国农村的实际情况,有利于分层次进行土地管理。例如,有的观点提出,在经济发达的地区,可实行国有制,而经济落后地区实行私有制,其他地区则维持土地集体所有制。①

第五节 中国城市土地制度的演变和完善

一、中国城市土地所有制的演变

新中国成立以前,我国是一个半封建半殖民地国家,土地制度畸形,城市土地的所有权也呈现各种形式,主要有:外国帝国主义、殖民主义所有;以蒋、宋、孔、陈四大家族为代表的官僚资本主义所有;民族资本家所有;政府所有;城市个体业主和城市市民所有。

新中国成立后,我国开始分阶段采取不同形式实施土地所有权国有化。

(一)接管和没收帝国主义、官僚资本主义等占有的城市土地,无偿变为国有

在1949年3月,毛泽东在中国共产党第七届中央委员会第二次全体会议上的报告中指出:要接管帝国主义在中国的资产,没收官僚资本,一切收归国有。此后,随着政府相关法令、法规的颁布实施,中国共产党对已解放城市的国民党的土地、帝国主义的土地、官僚资本家和反革命分子的土地进行了接管和没收。②

(二)对民族资本主义工商业、私营房地产公司和私人所拥有的土地通过赎买政策变为国有

新中国成立以后,中国共产党采取不同的态度对待土地所有者,对民族资本主义性质的地产是通过社会主义改造,用赎买的办法转变为国有的。

对民族资本主义工商业的地产,从1950年开始,随着对民族资本进行的加工订货、经销代销到公私合营的改造中一起收归国有。1956年后,在全行业的公私合营中,私营企业的房地产估价以后,由国家每年支付5%的定息。在这种情况下,资本家对土地的占有和使用实际上已转归国家,资本家的土地收益仅仅表现在少量的定息上,与企业的利润没有多少关系。1966年9月23日,中央有关规定提出取消资本家的定息,民族资本家所有的土地完全归国家所有。

---

① 周诚:《土地经济学原理》,商务印书馆2003年版,第248页。
② 靳共元:《中国城市土地使用制度探索》,中国财政经济出版社2004年版,第19页。

私营房地产公司和私人所拥有的土地随着土地上的房屋在社会主义改造中一起收归国有。其中,大部分房产通过采取国家经租的方式由国家统一租赁、统一分配使用和统一修缮维护,还有少部分采取公私合营的方式。对采用国家经租的房地产,国家按房地产总租金的20%～40%付给房地产主以作为定租。这种方式一直持续到1966年停止付租,私营房地产公司和私人所拥有的土地的所有权已全部收归国有。

(三)将城乡非国有土地以土地征用的方式转变为国有

新中国成立后,随着国家城市建设的推进,城市的规模不断扩大,原有的国有土地已不能适应发展的需要。国家就以城市建设征用土地的方式,将城市郊区和近郊的非农用地强制性征为国有。1982年以前征用的土地有私人和集体所有的土地,1982年以后征用的土地仅限于农村集体所有的土地。国家对土地的征用虽是强制性的,但其征用受到国家法律限制。1953年颁布的《国家建设征用土地办法》和1958年颁布施行的新《国家建设征用土地办法》对国家征用土地的原则、程序、审批权限以及各项补偿费的标准等,给予严格的规定。

(四)将城市中非国有化的土地变为国有

我国城市中有一部分土地是无主的荒地和空地,1953年12月5日颁布的《国家建设征用土地办法》中规定"市区内的空地无偿征用",将这部分土地转变为国有土地。

1982年以前,我国城市土地中的绝大部分土地已转为国有,但仍有很少一部分土地属集体或个人所有。其中,属于集体的土地主要是当时在城市中的个体劳动者组成合作社,将他们的作业场所变为合作社的作业场所所占有的土地。属于个人所有的城市土地,主要是当时个人的自住房屋和个人的出租房屋在改造起点以下的那部分。1982年颁布的《宪法》第十条规定:"城市的土地属于国家所有。"于是,原来属于集体和个人的极少数城市土地被无偿划归为国家所有。[1]

二、中国城市土地使用制的形成

(一)改革开放前我国城市土地使用制度概述

1. 改革开放前我国城市土地使用制度的形成

新中国成立初期,我国城市土地存在国有和私有两种所有制形式。1949—1956年,私有土地可以买卖、出租、入股、典当、赠与或交换,但应缴纳契税。1950年颁布的《契税暂行条例》第八条规定:"各机关与人民相互间有土地房屋之买卖、典当、赠与或交换行为者,均应缴纳契税。"私人使用私人的土地是有偿的。1952年上海市的土地

---

[1] 毕宝德:《土地经济学》,中国人民大学出版社2020年版,第150页;靳共元:《中国城市土地使用制度探索》,中国财政经济出版社2004年版,第19—21页。

税收收入占全市财政收入的 38%。①

1953 年 12 月以前,甚至国家机关、部队、学校、国有企业等国家性质的土地使用者在使用私人土地时也须通过购买和租赁,同时支付地价和地租。1953 年 12 月颁布的《国家建设征用土地办法》规定,国家机关、部队、学校、团体、公私合营企业、私营企业或私营文教企业等土地使用者使用私人土地,须经批准采用征用的方式取得。1954 年 7 月,国家不允许国家性质的土地使用者使用私人土地,过去已经租用的私人土地,援用《国家建设征用土地办法》办理征用手续。②

新中国成立后,国家机关、部队、学校在使用国有土地时,采用政府无偿划拨的形式。而国有企业、公私合营企业使用国有土地时,采取政府有偿划拨,须缴纳租金或土地使用费。直到 1954 年 2 月 24 日,中央人民政务院关于对国有企业、机关、部队、学校等占用市郊土地征收使用费或租金问题的批复中又作出指示:"国营企业经市人民政府批准占用的土地,不论是拨给公产或出资购买,均应作为该企业的资产,不必再向政府缴纳使用费;机关、部队、学校经政府批准占用的土地,亦不缴纳租金和使用费。" 1954 年 4 月 27 日,中央人民政府内务部"关于执行国家建设征用土地办法中几个问题的综合答复"中规定:"国家机关、企业、学校、团体及公私合营企业使用国有土地时,由当地政府无偿划拨给使用,均不必再缴纳租金","保证土地合理使用的决定性关键在于政府批准土地使用时严格掌握使用原则,按照企业、单位、机关、部队、学校的实际需要与发展情况确定其使用土地的面积,不必采取征收土地使用费或租金的办法。同时,收取使用费或租金并非真正增加国家收入,而是不必要地提高企业生产成本和扩大了国家预算,并将增加不少事务手续"。到 1955 年,在城市土地使用上基本上形成了无偿的、无限期的和无流转性的"三无"土地使用制度,且一直持续到改革开放才告结束。③

自新中国成立之日起,任何使用者对其使用的国有土地都不得自行转让。政务院于 1953 年颁布的《国家建设征用土地办法》中规定:"凡征用之土地,产权属于国家。用地单位不需要时,应交还国家,不得转让。"1982 年颁布的《宪法》第十条明确规定:"任何组织或者个人不得侵占、买卖、出租或者以其他形式非法转让土地。"④

2. 我国城市传统土地制度的弊端⑤

(1)城市土地利用和配置的效率低下。在传统的土地使用制度下,土地的使用靠

---

① 毕宝德:《土地经济学》,中国人民大学出版社 2001 年版,第 373 页。
② 毕宝德:《土地经济学》,中国人民大学出版社 2020 年版,第 170 页。
③ 毕宝德:《土地经济学》,中国人民大学出版社 2020 年版,第 170 页。
④ 毕宝德:《土地经济学》,中国人民大学出版社 2020 年版,第 171 页。
⑤ 毕宝德:《土地经济学》,中国人民大学出版社 2020 年版,第 170 页。

行政划拨,行政划拨是无偿的,不存在价格机制,使得价格这一经济生活中的有效的传递信号失去作用,土地供给方难以知道土地需求方的确切需要程度,土地配置不能以效率原则进行。有些土地使用者从政府那里得到土地后,并不能充分利用,但由于传统土地使用制度不允许土地有偿转让,土地荒芜现象比较严重,大量土地被闲置,土地利用效率十分低下,而另一方面许多土地需求者却得不到土地,城市土地短缺。

(2)不利于我国城市的建设和发展。在传统土地制度下,土地无偿使用,土地价值得不到体现,可通过土地得到的应有的收益得不到实现,城市建设缺乏资金,城市的发展不能通过土地的开发利用来支持。

(3)造成不公平的企业竞争环境。土地是三大基本生产要素之一,其数量和质量的差异都会带来企业生产结果的差异。在传统土地使用制度下,土地无偿使用,土地的使用不作为成本计入。每个企业所占有的土地无论是数量还是质量都有所不同,这样,占有较多和较优质的土地的企业就会相对占有一定的竞争优势。

(4)土地违法事件屡见不鲜。在传统土地使用制度下,土地的取得不是通过市场引入竞争,而是通过各级行政部门的审批。这种带有浓厚计划经济色彩的土地流转必然导致大量寻租行为的出现,土地需求者为了获得土地,用各种手段贿赂、收买各级相关主管部门人员,土地违法犯罪事件屡见不鲜。

(二)改革开放后我国城市土地使用制度的改革

1. 征收城市土地使用费

1982年,深圳特区率先开始向城市土地使用者征收土地使用费。根据1982年施行的《深圳特区土地管理暂行规定》,按土地不同等级,征收土地使用费,每年每平方米1~21元,年收费额约1 000万元。

广州市从1984年下半年开始征收土地使用费,征收范围是:经济技术开发区、新建项目用地、"三资"项目用地。其面积相当于广州市区面积的10%。[1]

2. 城市土地使用权出让转让试点阶段[2]

深圳市率先在全国进行土地使用权有偿出让和转让的试点。1987年9月9日,经过双方协议,深圳市人民政府将5 321.8平方米的住宅地使用权,以200元/平方米总价106.4万元,出让给中国航空技术进出口公司深圳工贸中心,使用期限50年。这是中国城市土地使用制度的根本性改革,打破了土地长期无偿、无限期、无流动的使用制度,引入了市场机制配置土地资源的新制度。

1987年11月26日,深圳市政府首次公开招标出让土地使用权。招标出让土地

---

[1] 毕宝德:《土地经济学》,中国人民大学出版社2020年版,第170页。
[2] 靳共元:《中国城市土地使用制度探索》,中国财政经济出版社2004年版,第61页。

使用权的出现是城市土地有偿使用制度迈出的又一步,它体现了公开性,体现了一种市场配置土地资源的透明性,更有利于体现土地的价值。

1988年4月12日,七届人大第一次会议通过《宪法》有关修正案,将《宪法》中规定的"不得出租土地"改为"土地使用权可以依照法律的规定转让"。《土地管理法》也作出相应调整,规定"国家依法实行国有土地的有偿使用制度"。至此,城市土地使用制度改革有了法律的依据。1988年9月27日国务院颁布了《城镇土地使用税暂行条例》,从1988年11月1日开始,对城市土地征收使用费改为征收土地使用税。

3. 城市土地使用权有偿使用制度的深化阶段①

经过前一阶段土地有偿使用的试点,国家总结了经验与教训,对土地使用的审批程序、出让年限等作出了统一的规范。与此同时,城市土地有偿使用制度的改革开始在全国范围内逐步推行。

1990年5月19日,国务院发布了《城镇国有土地使用权出让和转让暂行条例》,对城市土地使用权出让、转让、出租、抵押、终止以及划拨土地使用权等问题作了明确的规定。同时,要求各地应根据有关规定结合当地情况,逐步开展城镇国有土地使用权的出让和转让的试点和推行。国有土地以有偿出让方式进入土地市场的数量开始激增。到1992年年底,全国除西藏外的29个省(区、市)都已开展土地出让。

4. 城市土地有偿使用制度的完善阶段②

我国在1992—1993年的"房地产热"期间,全国各地大搞开发区,土地投机十分严重,炒卖土地比较盛行。

1993年7月,国家土地管理局发布《关于加强宏观调控管好地产市场的通知》。1994年全国人大常委会通过《城市房地产管理法》,对土地使用权的出让和转让作出了许多规定。1999年颁布的《土地管理法》对新增的建设用地实行严格的总量控制,对用途管制、占补平衡、土地有偿使用费中央分成等作了规定。③

2006年5月31日,国土资源部关于印发《招标拍卖挂牌出让国有土地使用权规范》(试行)和《协议出让国有土地使用权规范》(试行)的通知,要求以下六类情形必须纳入招标拍卖挂牌出让国有土地范围:①供应商业、旅游、娱乐和商品住宅等各类经营性用地以及有竞争要求的工业用地;②其他土地供地计划公布后同一宗地有两个或者两个以上意向用地者的;③划拨土地使用权改变用途,《国有土地划拨决定书》或法律、法规、行政规定等明确应当收回土地使用权,实行招标拍卖挂牌出让的;④划拨土地使用权转让,《国有土地划拨决定书》或法律、法规、行政规定等明确应当收回土地使用

---

① 靳共元:《中国城市土地使用制度探索》,中国财政经济出版社2004年版,第63页。
② 靳共元:《中国城市土地使用制度探索》,中国财政经济出版社2004年版,第63页。
③ 靳共元:《中国城市土地使用制度探索》,中国财政经济出版社2004年版,第63页。

权,实行招标拍卖挂牌出让的;⑤出让土地使用权改变用途,《国有土地使用权出让合同》约定或法律、法规、行政规定等明确应当收回土地使用权,实行招标拍卖挂牌出让的;⑥依法应当招标拍卖挂牌出让的其他情形。[①]

三、中国城市土地使用权流转的几种主要形式

(一)土地使用权出让

土地使用权出让是指国家以城市土地所有者的身份,将从土地所有权中分离出来的土地使用权在一定年限内让渡给土地使用者,并由土地使用者向国家支付土地使用权出让金的行为。

土地使用权出让的年限、用途、地块和其他条件,由市、县级人民政府土地管理部门会同城市规划和建设管理部门、房产管理部门共同拟订方案。地面以下的自然资源、埋藏物不在土地使用权出让范围。土地使用权出让合同应当按照平等、自愿、有偿的原则,由市、县人民政府土地管理部门(以下简称"出让方")与土地使用者签订。[②]

土地使用权出让的方式可以采取协议、招标、拍卖、挂牌四种方式。协议出让方式是有意取得某块城市土地使用权的受让方,直接向国家土地管理部门提出有偿使用土地的愿望。然后,由土地管理部门的代表和土地有意受让人进行"一对一"的谈判,具体协商出让土地使用权的有关事宜。招标出让国有土地使用权,是指市、县人民政府土地行政主管部门发布招标公告,邀请特定或者不特定的公民、法人和其他组织参加国有土地使用权投标,根据投标结果确定土地使用者的行为。拍卖出让是指以一种公开的方式,在指定的时间、地点,符合条件的欲取得土地使用权的一方对某块土地进行公开叫价,按照"价高者得"的原则,确定土地使用权受让方的一种方式。拍卖出让是富有竞争性的一种土地使用权出让方式,拍卖地价完全是市场竞争的产物。挂牌出让国有土地使用权,是指出让人发布挂牌公告,按公告规定的期限将拟出让宗地的交易条件在指定的土地交易场所挂牌公布,接受竞买人的报价申请并更新挂牌价格,根据挂牌期限截止时的出价结果确定土地使用者的行为。[③]

土地使用权出让年限直接关系到出让方与受让方的利益分配。年限过短,土地利用者会担心期限的到来影响生产,对投资者缺乏吸引力;年限过长,会使国家收益受到影响。我国结合吸引外资的实际需要,土地使用权出让的最高年限按下列用途确定:(1)居住用地70年;(2)工业用地50年;(3)教育、科技、文化、卫生、体育用地50年;(4)商业、旅游、娱乐用地40年;(5)综合或者其他用地50年。土地使用权期满后,土

---

① 国土资源部:《招标拍卖挂牌出让国有土地使用权规范》,2006年。
② 《中华人民共和国城镇国有土地使用权出让和转让暂行条例》,自1990年5月19日起施行。
③ 《招标拍卖挂牌出让国有土地使用权规定》,自2002年7月1日起施行。

地使用者可以申请续期。

(二)土地使用权转让

土地使用权的转让是指土地使用者将通过土地出让的方式获取的土地的使用权再转移的行为。土地使用权出让的土地必须是按照土地使用权合同规定的期限和条件投资开发、利用的土地,未按合同规定的期限和条件投资开发、利用的土地,土地使用权不得转让。

土地使用权转让时,土地使用权出让合同和登记文件中所载明的权利、义务随之转移。土地使用者通过转让方式取得的土地使用权,其使用年限为土地使用权出让合同规定的使用年限减去原土地使用者已使用年限后的剩余年限。土地使用权转让时,其地上建筑物、其他附着物所有权随之转让。地上建筑物、其他附着物的所有人或者共有人,享有该建筑物、附着物使用范围内的土地使用权。土地使用者转让地上建筑物、其他附着物所有权时,其使用范围内的土地使用权随之转让,但地上建筑物、其他附着物作为动产转让的除外。土地使用权和地上建筑物、其他附着物所有权转让,应当按照规定办理过户登记。土地使用权和地上建筑物、其他附着物所有权分割转让的,应当经市、县人民政府土地管理部门和房产管理部门批准,并依照规定办理过户登记。

土地使用权转让的形式主要有出售、交换、赠与、继承、破产拍卖等形式。(1)出售。是指土地使用者按照一定的方式将土地使用权转移给买方,而买方为此支付价款的法律行为。(2)交换。是指当事人双方约定互相转移土地使用权或一方转移土地使用权,另一方转移金钱以外标的物的行为。(3)赠与。是指赠与人自愿把自己的土地使用权无偿转移给受赠人,受赠人表示接受的行为。它一方面需要赠与人把自己拥有的土地使用权无偿转移给受赠人的意思表示,另一方面又需要受赠方表示接受赠与,其基本特征是无偿。(4)继承。是指在业主死后,死者的遗产承办人或管理人按照遗嘱或依法将物业转至遗产受益人或法定继承人名下。土地使用者死亡后,如果土地使用权未期满,则可以由其亲属继承。(5)破产拍卖。是指当原土地使用者的经营状况恶化,申请破产时,其拥有的地产被强迫破产拍卖,土地使用权将被转让给新的使用者。

(三)土地使用权出租

土地使用权出租是指土地使用者作为出租人将土地使用权随同地上建筑物、其他附着物租赁给承租人使用,由承租人向出租人支付租金的行为。未按土地使用权出让合同规定的期限和条件投资开发、利用土地的,土地使用权不得出租。土地使用权出租,出租人与承租人应当签订租赁合同。租赁合同不得违背国家法律、法规和土地使用权出让合同的规定。土地使用权出租后,出租人必须继续履行土地使用权的出让合同。土地使用权和地上建筑物、其他附着物出租,出租人应当依照规定办理登记。

(四)土地使用权抵押

土地使用权抵押是指使用权人(抵押人)以其合法的土地使用权以不转移占有的方式向抵押权人提供债务履行担保的行为。土地使用权抵押时,其地上建筑物、其他附着物随之抵押。地上建筑物、其他附着物抵押时,其使用范围内的土地使用权随之抵押。土地使用权抵押,抵押人与抵押权人应当签订抵押合同。抵押合同不得违背国家法律、法规和土地使用权出让合同的规定。土地使用权和地上建筑物、其他附着物抵押,应当按照规定办理抵押登记。抵押人到期未能履行债务或者在抵押合同期间宣告解散、破产的,抵押权人有权依照国家法律、法规和抵押合同的规定处分抵押财产。因处分抵押财产而取得土地使用权和地上建筑物、其他附着物所有权的,应当依照规定办理过户登记。处分抵押财产所得,抵押权人有优先受偿权。抵押权因债务清偿或者其他原因而消灭的,应当依照规定办理注销抵押登记。[①]

(五)土地使用权终止

土地使用权终止,是指土地使用权因土地使用权出让合同规定的使用年限届满、提前收回及土地灭失等原因而终止。土地使用权期满,土地使用权及其地上建筑物、其他附着物所有权由国家无偿取得。土地使用者应当交还土地使用证,并依照规定办理注销登记。土地使用权期满,土地使用者可以申请续期。需要续期的,应当依照《城镇国有土地使用权出让和转让暂行条例》第二章的规定重新签订合同,支付土地使用权出让金,并办理登记。国家对土地使用者依法取得的土地使用权不提前收回。在特殊情况下,根据社会公众利益的需要,国家依照法律程序提前收回,并根据土地使用者已使用的年限和开发、利用土地的实际情况给予相应的补偿。[②]

第六节 土地征收与征用

一、《宪法》和《土地管理法》对相关概念的修订

2004年十届全国人大二次会议通过的《中华人民共和国宪法》修正案中,将《宪法》第十条第三款"国家为了公共利益的需要,可以依照法律规定对土地实行征用"修改为"国家为了公共利益的需要,可以依照法律规定对土地实行征收或者征用并给予补偿"。为与《宪法》相适应,《土地管理法》也作出了相应的修改,第二条第四款修改为

---

① 《中华人民共和国城镇国有土地使用权出让和转让暂行条例》,自1990年5月19日起施行。
② 《中华人民共和国城镇国有土地使用权出让和转让暂行条例》,自1990年5月19日起施行。

"国家为了公共利益的需要,可以依法对土地实行征收或者征用并给予补偿"。在十三届人大十二次会议审议通过《中华人民共和国土地管理法》修正案,自 2020 年 1 月 1 日起施行。进一步完善了土地征收的范围、流程和补偿原则,并对"公共利益"用地范围进行了列举说明。

二、土地征收

(一)土地征收概述

在中国,土地征收是指国家为了公共利益,依法将农民集体所有土地转为国有土地,并给予补偿的行为。[①] 2004 年前我国的《宪法》和《土地管理法》并没有区分这两种情况,统称为"征用"。但是从实际内容看,《土地管理法》既规定了农民集体所有的土地"征用"为国有土地的情形,实质上是征收;又规定了临时用地的情形,实质上是征用。为了理顺市场经济条件下因征收、征用而发生的不同的财产关系,2004 年国家立法机关对《宪法》做了修正,紧接着又对《土地管理法》进行了修改。除个别条文外,《土地管理法》中的"征用"全部修改为"征收"。除了《宪法》之外,《中华人民共和国民法典》(以下简称《民法典》)和《土地管理法》也都明确规定,国家为了公共利益的需要,可以依照法律规定对土地实行征收。《民法典》第二百四十三条规定:"为了公共利益的需要,依照法律规定的权限和程序可以征收集体所有的土地和组织、个人的房屋以及其他不动产。"《土地管理法》第二条规定:"国家为了公共利益的需要,可以依法对土地实行征收或者征用并给予补偿。"[②]

(二)土地征收的法律特征

从征收的内涵可见其法律特征:首先,土地征收具有法定性,根据行政合法性原则,必须符合法律和行政法规的规定,遵循一定的法律程序;其次,土地征收具有强制性,征收是国家强制取得他人土地所有权的行为,并不以取得征得被征地人的同意为必要条件;最后,土地征收具有公益性,即土地征收必须符合公共利益。

(三)土地征收的条件

土地征收的条件包括以下方面:

(1)国家建设征收土地的主体必须是国家,具体来讲就是国家授权县级以上人民政府行使征收权,土地征收本身就是政府的一种具体行政行为,具有明显的行政强制性。

(2)征收标的只能是农民集体所有的土地。

[①] 毕宝德:《土地经济学》,中国人民大学出版社 2020 年版,第 155 页。
[②] 毕宝德:《土地经济学》,中国人民大学出版社 2020 年版,第 155 - 156 页。

(3)土地征收的目的和前提是为了国家公共利益的需要,并以土地补偿为必备条件;新《土地管理法》增加第四十五条,对公共利益的范围进行了列举;并且新法规定的建设活动,应当符合国民经济和社会发展规划、土地利用总体规划、城乡规划和专项规划;第(四)项、第(五)项规定的建设活动,还应当纳入国民经济和社会发展年度计划;第(五)项规定的成片开发并应当符合国务院自然资源主管部门规定的标准。[1]

(四)土地征收的基本原则

根据现行法律规定,实行土地征收应遵循三项原则:一是公共利益需要的原则,二是依照法定程序征收的原则,三是依法给予补偿的原则。[2]

(五)土地征收的工作程序

根据现行《土地管理法》和有关规定,土地征收的一般程序为:

(1)开展拟征收土地现状调查和社会稳定风险评估。

(2)拟定土地征收方案并公告。市、县人民政府在申报征收土地前,应当拟定土地征收方案,确定拟征收土地的面积、位置、边界、用途、补偿标准、安置途径等内容,在被征地的农村集体经济组织所在地进行公告,就土地征收补偿安置事项听取意见。

(3)复核土地现状调查结果和组织听证。被征地的农村集体经济组织及其成员对拟征收土地的现状调查结果有异议的,自然资源主管部门应当及时复核;对土地征收补偿安置事项提出听证申请的,自然资源主管部门应当依照有关规定组织听证。

(4)征收土地报批和审查。征收农用地的,应当依法先行办理农用地转用审批。超过征地批准权限的,应依法另行办理征地审批。

(5)拟征收土地所有权人和使用权人办理补偿登记。征收土地方案经法定程序批准后,由市、县人民政府予以公告,并组织实施。被征地的土地权利人应当在公告规定期限内,持土地权利证书到当地人民政府自然资源主管部门办理征收土地补偿登记。

(6)征收土地补偿争议裁决。被征地的农村集体经济组织或其成员对征收土地方案中确定的补偿方案有争议的,由市、县人民政府协调,协调未果的,由实施征收土地的人民政府或被征地的农村集体经济组织及其成员向省、自治区、直辖市人民政府申请裁决或者向人民法院起诉。对裁决有异议的,可以自接到裁决决定之日起15日内,向人民法院起诉。征收土地补偿争议不影响征收土地方案的实施。

(7)支付征收土地补偿费,妥善安置被征地农民。[3]

---

[1] 引自《中华人民共和国土地管理法》,网址见 http://www.npc.gov.cn/npc/c30834/201909/d1e6c1a1eec345eba23796c6e8473347.shtml.

[2] 张裕凤:《土地经济学》,科学出版社2019年版,第195页。

[3] 毕宝德:《土地经济学》,中国人民大学出版社2020年版,第157页。

三、土地征用

（一）土地征用概述

《民法典》第二百四十五条规定：因抢险救灾、疫情防控等紧急需要，依照法律规定的权限和程序可以征用组织、个人的不动产或者动产。被征用的不动产或者动产使用后，应当返还被征用人。组织、个人的不动产或者动产被征用或者征用后毁损、灭失的，应当给予补偿。

四、土地征收与土地征用差异

2004年以前，中国在法律上没有区分土地征收和土地征用两种不同情形，统称为"土地征用"。2004年3月14日第十届全国人民代表大会第二次会议通过《中华人民共和国宪法修正案》，将《宪法》第十条第三款修正为"国家为了公共利益的需要，可以依照法律规定对土地实行征收或者征用并给予补偿"。这是首次在法律上将"土地征收"和"土地征用"区分开来。土地征收和土地征用既有相同之处，又有不同之处。相同之处在于，都是为了公共利益的需要，都具有强制性，都要依照法定的权限和程序，都应给予公平、合理的补偿。不同之处在于，土地征收是土地所有权的改变，是国家将集体土地征为国有，不存在土地返还的问题；而土地征用只是土地使用权的改变，是国家使用集体土地，被征用的土地使用后应当返还被征用人。[1]

五、中国征地补偿

（一）征地补偿费用项目

根据新《土地管理法》征地补偿费用从原来的四项增加至六项，为被征地农民权益增加的保障。补偿项目分别为：①土地补偿费，用地单位依法对被征地的农村集体经济组织因其土地被征用造成经济损失而支付的一种经济补偿。②青苗补偿费，用地单位对被征用土地上的青苗因征地受到毁损，向种植该青苗的单位和个人支付的一种补偿费用。③附着物补偿费，用地单位对被征用土地上的附着物，如房屋、其他设施，因征地被毁损而向该所有人支付的一种补偿费用。④安置补助费，用地单位对被征地单位安置因征地所造成的富余劳动力而支付的补偿费用。⑤农村村民住宅补偿费，应按照先补偿后搬迁、居住条件有改善的原则，尊重农村村民意愿，采取重新安排宅基地建房、提供安置房或货币补偿等方式给予公平、合理的补偿，并对因征收造成的搬迁、临时安置费用予以补偿，保障农村村民居住的权利和合理的住房财产权益。⑥被征地农

---

[1] 毕宝德：《土地经济学》，中国人民大学出版社2020年版，第155页。

民社会保障费用,该费用的筹集、管理和使用办法,由省、自治区、直辖市制定。①

(二)补偿费用的管理和归属

申请征收土地的县级以上地方人民政府应当及时落实土地补偿费、安置补助费、农村村民住宅以及其他地上附着物和青苗等的补偿费用、社会保障费用等,并保证足额到位,专款专用。有关费用未足额到位的,不得批准征收土地。②

各项补偿费用由被征地单位收取后,按以下方式处理:①土地补偿费、依法应支付给集体的安置补助费、集体所在的青苗补偿费和附着物补偿费,由被征地单位管理和使用。②青苗补偿费和附着物补偿费归青苗和附着物的所有者所有。③安置补助费的归属、使用:由农村集体经济组织安置的,支付给农村集体经济组织,由其管理和使用;由其他单位安置的,支付给安置单位;不需要统一安置的,发放给安置人员个人或经被安置人员同意后用于支付被安置人员的保险费用。

集体所有的补偿费用的使用、收益及分配办法:①在当地金融机构设立专户存放;②使用情况公开,接受村民监督;③分配办法经村民会议或村民代表会议过半数通过,报乡镇政府备案。

(三)征地补偿纠纷及解决方式

征收土地补偿争议裁决。被征地的农村集体经济组织或其成员对征收土地方案中确定的补偿方案有争议的,由市、县人民政府协调;协调未果的,由实施征收土地的人民政府或被征地的农村集体经济组织及其成员向省、自治区、直辖市人民政府申请裁决或者向人民法院起诉。对裁决有异议的,可以自接到裁决决定之日起 15 日内,向人民法院起诉。征收土地补偿争议不影响征收土地方案的实施。③

(四)土地征收的补偿标准

2019 年修订的《中华人民共和国土地管理法》中将第四十七条改为第四十八条,修改为征收土地应当给予公平、合理的补偿,保障被征地农民原有生活水平不降低、长远生计有保障。

征收农用地的土地补偿费、安置补助费标准由省、自治区、直辖市通过制定公布区片综合地价确定。制定区片综合地价应当综合考虑土地原用途、土地资源条件、土地产值、土地区位、土地供求关系、人口以及经济社会发展水平等因素,并至少每三年调整或者重新公布一次。

征收农用地以外的其他土地、地上附着物和青苗等的补偿标准,由省、自治区、直

---

① 毕宝德:《土地经济学》,中国人民大学出版社 2020 年版,第 157-158 页。
② 《中华人民共和国土地管理法实施条例》(自 2021 年 9 月 1 日起施行)。
③ 毕宝德:《土地经济学》,中国人民大学出版社 2020 年版,第 157 页。

辖市制定。对其中的农村村民住宅,应当按照先补偿后搬迁、居住条件有改善的原则,尊重农村村民意愿,采取重新安排宅基地建房、提供安置房或者货币补偿等方式给予公平、合理的补偿,并对因征收造成的搬迁、临时安置等费用予以补偿,保障农村村民居住的权利和合法的住房财产权益。

县级以上地方人民政府应当将被征地农民纳入相应的养老等社会保障体系。被征地农民的社会保障费用主要用于符合条件的被征地农民的养老保险等社会保险缴费补贴。被征地农民社会保障费用的筹集、管理和使用办法,由省、自治区、直辖市制定。[①]

第七节 国外几国的土地制度

一、美国

美国的土地所有制主要有两类,即土地公有制和土地私有制。其中,土地公有制又分为联邦政府所有和州及地方政府所有。在美国,大部分土地为私人所有,只有少部分土地为政府所有。

美国政府所有的土地主要是不能耕作的森林、草原、泽地、水域等土地。州政府的土地主要是政府部门用地以及政府部门可以出租的土地,用以支持州政府财政支出。美国土地权属非常清晰,大部分土地是实行有偿使用的,即使是联邦政府为了国家、社会和公共事业需要用州政府或私人的土地,也要通过用其他土地交换或购买取得。联邦政府的土地,包括地下矿产、水资源的使用也是有偿的,该类土地的出卖、出租收入,是联邦政府第二大财政来源,可见,美国联邦政府没有我国所说的划拨国有土地使用权,其土地的使用主要是有偿的。

二、日本

日本在明治维新以前,土地为封建领主所有,土地所有权掌握在幕府、大名和家臣手中,土地不得自由买卖。明治维新以后,土地可以自由买卖,私人可以拥有土地。现行日本土地所有制度以个人私有制为主体,国家所有、公共所有、个人与法人所有并存的一种土地所有制。从土地所有制结构来看,私有土地占主导,且大部分城市土地、肥沃的农田等都为私人所有。日本的土地交易制度比较完善,当发现某区域土地价格上涨过快时,政府就将此区域确定为"限制区域",当限制区域的土地交易规模超过一定

---

① 引自《中华人民共和国土地管理法》,网址见 http://www.npc.gov.cn/npc/c30834/201909/d1e6c1a1eec345eba23796c6e8473347.shtml。

的限额后,就必须获得政府的许可方可进行土地交易,日本土地交易制度的目的在于稳定日本的土地价格、抑制土地投机和地价过度上涨。日本大部分土地为森林,人均可用土地面积较少,但日本以私人土地所有制为基础的土地利用方式,通过建立高效的土地交易制度、土地税收制度和土地评估制度,实现了土地的高效率利用,这对中国下一步土地制度的制定有一定的借鉴意义。[①]

三、加拿大

(一)土地所有制

加拿大现行土地所有制为联邦公有、省公有和私人所有三种形式。联邦和省公有的土地共占国土面积的90%,私人所有的土地占国土面积的10%,但全国的城市土地、优质农田、牧场等经济效益较高的土地,基本上都被私人占有。

(二)土地使用制

加拿大规定个人对私有土地拥有充分自由的支配权及继承权,私有土地可以自由买卖,任何个人都可以通过买卖或租赁方式从政府手中得到新的土地,并通过对所得土地的投资开发和转移来获得利润。政府使用私人土地需向土地所有权人购买。联邦政府为了公用事业,有权使用各省公有土地,但使用土地是有偿的。对于省公有土地,一般经过规划后进行土地使用权处理、所有权处理或通行权处理。[②]

本章小结

本章首先简要介绍了产权的起源和产权的内涵,并详细阐明了土地产权的权能构成,即包括土地所有权、土地使用权、土地租赁权、土地抵押权、地上权、地役权和土地发展权。其次介绍了土地制度的内涵,土地制度是指人们在一定社会制度下拥有土地的经济形式;它是整个土地制度的核心,是土地关系的基础,主要解决土地归属问题。再次分别介绍了中国农村和城市土地制度的演变过程。最后介绍了美国、日本、加拿大等国的现行土地制度。国外的土地制度基本以私有制为基础,土地可以在市场上自由买卖,土地的利用效率较高。

土地征收是指国家为了公共利益,依据法律规定的程序和权限,批准将农村集体所有土地所有权收归国有并给予农村集体经济组织和农民补偿的行政行为。土地征

[①] 沈晓敏、张娟、贺雪梅:《中外土地征收制度的比较与借鉴》,载《经济研究导刊》2007年第6期,第44-46页。

[②] 汪应宏:《土地经济学》,中国矿业大学出版社2008年版,第213-218页。

用是国家或政府为了公共目的或公共利益需要,依照法律程序,强制性地取得原土地权利人的土地权利,并给予一定经济补偿的行政行为。两者最主要的区别是土地征收是土地所有权的改变,而土地征用是临时的使用土地,之后继续归还土地所有者,实质是使用权的改变。

复习题

一、名词解释

土地产权　地上权　地役权　土地发展权　土地所有制　土地征收　土地征用　征地补偿标准　土地补偿费　安置补助费　青苗补偿费　附着物补偿费

二、选择题

1. 土地产权的核心是(　　)。
   A. 土地所有权　　　　　　　　B. 土地使用权
   C. 地上权　　　　　　　　　　D. 土地收益权

2. 我国土地所有制的形式是(　　)。
   A. 集体所有制　　　　　　　　B. 全民所有制
   C. 私有制　　　　　　　　　　D. 公有制

3. 土地产权的权能构成包括(　　)。
   A. 土地使用权　　　　　　　　B. 土地所有权
   C. 地上权　　　　　　　　　　D. 土地发展权

4. 我国城市土地使用权流转的形式不包括(　　)。
   A. 土地所有权出让　　　　　　B. 土地所有权转让
   C. 土地使用权出让　　　　　　D. 土地使用权出租

5. 土地所有权的基本属性包括(　　)。
   A. 土地所有权的排他性　　　　B. 土地所有权的全面性
   C. 土地所有权的绝对性　　　　D. 土地所有权的社会性

6. 国家建设征收某农村集体经济组织的耕地面积10公顷,在除土地补偿费、安置补助费和附着物补偿费外,农民还可获得(　　)
   A. 青苗补偿费　　　　　　　　B. 农村村民住宅补偿费用
   C. 被征地农民社会保障费用　　D. 租赁权损失补偿

三、判断题

1. 依照我国现行的法律规定,我国实行的是土地公有制和土地私有制的结合。
(　　)

2.国家所有的土地包括城市的土地、国营的农场、国家拨给农村集体和个人使用的国有土地等。（ ）

3.地上权是指因为自己所有或使用的土地受环境所限而必须使用他人土地的权利。（ ）

4.土地产权的基础是土地使用权。（ ）

5.中国与美国的土地所有制是完全不同的，而中国与新加坡的土地所有制是一致的。（ ）

四、简答题

1.简述现阶段我国土地所有权的特点。

2.简述土地产权的权能构成。

3.简述实行土地私有制的优点与不足。

4.简述美国、日本、加拿大土地制度的特点。

5.简述我国土地征用的流程。

五、论述题

试论述中国与日本现行的土地所有制。

第三章　土地的集约利用和规模利用

学习目的

通过对本章的学习,要求了解土地利用的内容,熟悉土地报酬递减规律的形成与演变,掌握土地集约度的确定方法、农业用地集约利用的途径以及城市土地集约利用的途径。

关键概念

土地利用　土地利用规划　土地开发　土地报酬递减规律　土地的集约利用
复种指数　　土地规模报酬　　土地规模经济　　土地规模不经济
土地集聚经济　　土地集聚不经济　　土地适度规模经营

第一节　土地利用概论

一、土地利用的含义

土地利用是人类通过与土地结合获得物质产品和服务的经济活动过程,这一过程是人类与土地进行的物质、能量和价值、信息的交流与转换过程。土地利用的方式与结果,一般依土地的自然因素、社会经济条件的不同而不同。土地是大气、土壤、水分、海拔高度、地形、地貌、生物等多种自然因素的综合体。地形、土壤、气候等条件优越地区的土地比那些条件差的地区的土地在用途上要广泛,在经济效果上也要好。人们利用土地,要因地制宜,充分利用各种自然因素,充分发挥土地的潜力。土地利用与社会经济条件有很大的关系。随着社会的进步、经济的发展、科学技术水平的提高,土地利用也发生了很大的变化。因而,土地利用是一个动态概念。人类早期对土地的利用是直接从土地上获取植物果实等作为食品,随着社会的进步,人类开始通过播种来获得粮食等农作物产品。随着人口的增长和经济的发展,人们对土地的利用不仅局限于对农业用地的开发,建设用地、交通用地等比例也不断提高。由于土地资源的有限性,一些比较优越的土地已不能满足人类的需求,人们必须不断地利用先进的技术开发新的土地,不断提高土地的利用效率。但由于人们的不合理开发利用土地,土地也逐渐遭到了严重的污染和破坏,因此,人类逐步认识到在利用土地的同时,必须保护好土地,只有保护好土地才能更好地利用土地①。

二、土地利用的内容

土地利用的内容十分复杂,主要包括以下几个方面。

(一)土地资源的调查、分类、统计

土地资源的调查是进行土地规划、开展土地利用的一项基础性工作。要合理利用土地,首先要对土地资源进行调查。人类实践表明,盲目利用土地会受到自然的惩罚。土地资源的调查,是对土地资源的类型、数量、利用程度、权属状况、空间分布、生产潜力、适宜性和限制性等进行综合考察。通过对土地资源的调查,能够全面摸清土地资源的家底,为科学、合理地利用土地提供科学的依据。在土地调查的基础上还要对土地分等定级,进行分类统计。土地资源的调查、分类、统计是科学利用土地的前提。

(二)土地利用现状分析

土地利用现状分析的目的,在于全面评价土地利用的经济效果和合理程度,挖掘提高土地利用率的潜力,为今后更合理地利用土地指明方向。土地利用现状分析不仅是土地资源调查的继续,而且是利用调查成果进行土地规划利用的前提条件。土地利用现状分析通常采用指标对比分析法,具体要进行以下几方面的分析。

1. 土地开发程度

土地开发程度是指人们利用土地的程度。在农业上,一般用垦殖系数、森林覆盖率和水面利用率等指标来反映土地利用程度。

$$垦殖系数 = \frac{耕地面积}{土地总面积} \times 100\% \qquad (3-1)$$

$$森林覆盖率 = \frac{林地面积}{土地总面积} \times 100\% \qquad (3-2)$$

$$水面利用率 = \frac{已利用水面积}{水面总面积} \times 100\% \qquad (3-3)$$

在城市,一般用建筑密度、容积率、土地利用系数等来反映城市土地利用程度。这些指标越高,表明土地利用程度越高;反之,则越低。

---

① 毕宝德:《土地经济学》,中国人民大学出版社2020年版,第15-16页;崔太康:《土地经济学》,中国广播电视出版社1991年版,第25页。

$$建筑密度 = \frac{建筑物占地面积}{用地总面积} \times 100\% \qquad (3-4)$$

$$容积率 = \frac{建筑面积}{用地总面积} \times 100\% \qquad (3-5)$$

$$土地利用系数 = \frac{已利用土地面积}{土地总面积} \times 100\% \qquad (3-6)$$

2. 土地利用结构

土地利用结构是指各类用地在整个土地面积中所占的比重。如土地的农业利用率，即农业土地占土地总面积的比重。农业内部各业用地所占比重，种植业内部粮食作物、经济作物等各自用地所占比重。通过对土地利用结构的分析，可以了解土地利用结构是否与需求结构相吻合，了解现有的利用结构是否与土地的自然性状相适应。

3. 土地利用效益

土地利用效益包括技术效益、经济效益、生态效益、社会效益四大方面。就经济效益而言，可用单位面积土地所提供的产品（价值）、服务来表示，它反映了人类利用土地目标实现的程度。在农业，往往用单位面积的粮食产量、经济作物产值、水果产量、鱼产量等来表示。常用的有以下一些指标：

$$单位耕地面积粮食产量 = \frac{粮食总产量}{耕地面积} \qquad (3-7)$$

$$单位面积农业用地总产值 = \frac{农、林、牧、渔总产值}{农业用地面积} \qquad (3-8)$$

$$单位面积土地纯收入 = \frac{农产品产值 - 生产成本}{土地面积} \qquad (3-9)$$

(三) 土地利用规划

土地利用规划就是在总结过去土地利用经验的基础上，对土地资源进行合理开发、利用和保护的总体设计。它既包括对未利用土地的开发利用设想，也包括对已利用土地的合理调整及挖掘土地潜力的措施。它是以对土地资源进行全面调查为前提，站在全局的宏观高度，因地制宜地制定出一定时期内合理开发土地资源、保护和整治生态环境等工作的一种综合性规划。土地利用规划是土地利用的总体性、战略性、指导性的长期计划，为土地资源开发利用指明方向。

(四) 土地开发

土地开发是指对尚未利用的土地经过清理、整治，使其可投入利用的行为。按开发后土地用途来划分，土地开发可分为农用地开发和建设用地开发两种形式。其中，农用地开发包括对耕地、林地、草地、养殖水面等的开发；建设用地开发包括对各类建筑物、构筑物用地的开发。从总体上看，我国待开发土地资源不足，对土地的开发要做到开源节流,合理、科学地利用土地资源。

（五）土地保护

所谓土地保护,是指依据自然生态规律采取各项保护措施或在利用土地时,停止采用原来的破坏性措施,保持、维护土地的环境效能,保护、提高土地的生物生产能力,使之能持续为人类所利用。近年来,我国土地利用存在的问题是:土壤沙化严重,水土流失严重,土地次生盐积化面积扩大,土地肥力下降,土地污染严重,采矿毁地严重,土地利用不当,耕地面积迅速减少。这些问题已严重影响土地的可持续利用,社会各方面需要共同努力切实保护好土地。[①]

三、土地利用的基本原则

土地利用的基本原则,是指人们在利用与管理土地中必须遵守的基本准则。应当体现国家政策的要求,体现土地的重要性,充分考虑土地利用的性质和特征、影响土地利用的条件。

土地利用的基本原则包括以下几个方面。

（一）先调查、评价、规划,后开发利用

在利用土地时,人们不能仅从主观意愿出发,盲目地开发、利用土地。不搞调查、评价、规划,会给土地开发利用带来无穷的后患。所谓调查、评价,就是要查清土地资源的数量、质量、种类、分布和潜力,并对这些资源的特性、功能作出科学的分类和评价。通过对这些资源进行生态、自然、经济等方面的评价,就可确定这些资源的开发利用方向、利用措施及所要达到的目标。把上述调查、评价所得的结论形成规划,就可以组织人力、物力、财力实现规划,即开发利用这些资源。只有这样才能做到因地制宜、优地优用,发挥土地资源的最大效用。

（二）以集约利用为主与保证适量的耕地面积相结合

我国耕地的严峻形势可概括为"一多三少",即耕地总量多、人均耕地少、耕地后备资源少、优质耕地少。目前,我国人均耕地不到世界人均耕地的一半,只有1.59亩。耕地资源是经济发展中不可替代的生产要素,是农业生产中最重要的生产资料。农业是国民经济的基础,耕地则是基础的基础。但在我国城市化进程中占用了太多的耕地,长此以往,必将伤及农业的发展,影响国民经济的基础,影响农村社会的稳定和我国的粮食安全。因此,我国必须保证适量的耕地面积。城市化是人类历史上最为重要和最为全面的社会变革,具有深刻的历史必然性和社会必要性。世界各国、各地区都

[①] 崔太康:《土地经济学》,中国广播电视出版社1991年版,第26-34页;毕宝德:《土地经济学》,中国人民大学出版社2020年版,第18页。

把推进城市化作为加快经济、社会发展和科技进步的重要战略任务。城市化不能不用土地,实现城市化必然要付出耕地被占用的代价,但必须要适度。不顾土地资源稀缺状况的"城市化",是不符合我国国情的。在城市化进程中,要处理好保护耕地与发展城市化两者的关系,既要保证城市化进程的顺利进行,又要保护耕地。因此,我们在利用土地时必须节约用地,提高土地的集约化利用程度。

(三)在农业优先的前提下,统筹安排用地比例

所谓农业优先,就是要首先保证粮食等农业生产的用地,其实质就是优先保证人民的生活资料生产。虽然国民经济各部门都需要土地,但土地在各个部门所处的地位和起的作用有着本质的区别。农业生产所利用的土地是具有一定生产能力(即土地肥力)的土地,土层的厚度、肥力状况以及气候条件都是农业用地的限制性因素。而其他部门对土地的自然条件、土壤状况就没有这么严格的要求。农业用地利用的是土地的生产能力,而其他部门主要利用土地的承载能力。土地资源是非常有限的,而能够用于农业生产的土地更为稀缺。因此,为了满足人们对生活资料增长的需要,必须坚持农业用地优先安排的原则。当然,除了保证粮食等农作物用地外,还要安排足够的土地用于发展交通运输业、工业、建筑、能源、商业、文教、卫生、邮电等非农行业。只有这些行业都发展了,才能为农业的发展提供充足的资金、机械、化肥、动力、技术,人民物质文化生活的内容才能更加丰富。

(四)开发利用与合理保护相结合

土地的利用过程,实质上是人们改造自然的过程。在这个过程中涉及人与自然两个实体。人们为了一定的经济目的而去利用土地。在人地关系中人是主体,是主导的、能动的、起决定作用的因素,但人类在长期利用土地中过多地强调了人的主观能动作用,在开发利用土地时,"投入太少,获取太多;协调太少,'征服'太多"。人们毁林开荒、围湖造田,往往使生态条件恶化,造成水土流失、土壤沙化等一系列问题。所以,人们在利用土地时,不能只考虑经济效益,更重要的是要考虑生态效益和社会效益。要改变人们的观念,消除人地对立局面,建立协调的人地关系,改善生态环境。这就要求人们在开发利用土地时,必须注重对土地的保护,把土地的开发利用与合理保护结合起来,以提高土地利用的社会经济效益和生态环境效益。[①]

(五)切实保护耕地的原则

《土地管理法》第三条中规定:"十分珍惜、合理利用土地和切实保护耕地是我国的基本国策。各级人民政府应当采取措施,全面规划,严格管理,保护、开发土地资源,制

---

① 崔太康:《土地经济学》,中国广播电视出版社1991年版,第38-40页;毕宝德:《土地经济学》,中国人民大学出版社2020年版,第22-23页。

止非法占用土地的行为。"因此,在努力建设美丽中国,实现中华民族永续发展的大前提下,切实保护耕地的原则在土地利用中显得尤为重要,我国以占世界总数不足7%的土地,支持了经济的迅速发展,并使占世界总数20%以上人口的生活水平不断提高,[1]这是一项具有世界意义的伟大成就。但我国人均耕地面积少,耕地后备资源不多,在这种情况下,耕地资源日显短缺,土地资源短缺的问题显得更加尖锐。并且在《土地管理法》第十九条中也提到"严格保护基本农田,控制非农业建设占用农用地",只有切实保护耕地,才能更好地实现土地的综合利用。

第二节 土地报酬递减规律思想的形成及演变

土地报酬递减规律是土地经济学的基本原理之一。对土地的经营,必须考虑到土地投入的报酬。研究土地报酬变化的规律是合理开发利用土地首先要解决的问题。

一、土地报酬递减规律的早期表述

土地报酬递减规律,是18世纪法国重农学派后期代表人物杜尔阁和英国农场主安德森(J. Arderson)分别提出的。杜尔阁在1768年写的《对于佩瑞韦先生关于间接税的评论》中谈道:"撒在一块天然肥沃的土地上的种子,如果没做任何土地的准备工作,这将是一种几乎完全损失的投资。如果只添加一个劳动力,产品产量就会提高;第二个、第三个劳动力不是简单地使产品产量增加一倍或两倍,而是增加五倍或九倍,这样,产品产量增加的比例会大于投资增加的比例。直到产量增加与投资增加的比例达到它所能达到的最大限度时为止","超过这一点,如果我们继续增加投资,产品产量也会增加,但增加得较少,而且总是越来越少,直到土地的肥力被耗尽,耕作技术也不会再使土地生产能力提高时,投资的增加就不会使产品产量有任何提高了"。[2] 虽然杜尔阁没有使用"边际"一词,但他的分析方法和思维方式是典型的边际主义。他已经比较清楚地表述了土地报酬递减规律的基本内容。

英国农场主安德森在1777年发表的《谷物法性质的研究》中有这样的描述:"在合理的经营制度下,土地的生产率可以无限制地逐年提高,最后一直达到我们现在还难以设想的程度。"[3]但他又认为,在一定的科学技术条件下,这种提高是有限的,从而引

---

[1] 汪应宏:《土地经济学》,中国矿业大学出版社2008年版,第135页。
[2] 杜尔阁:《对于佩瑞韦先生关于间接税的评论》,《杜尔阁著作集》(第4卷),巴黎1808年版,第316-318页。
[3] 毕宝德:《土地经济学》,中国人民大学出版社2001年版,第209-210页。

证土地肥力会递减，一定量的土地能供养的人口是有限的。安德森也没有明确提出什么"规律"，但他首先注意到了科学技术因素的影响作用，在其表述土地肥力递减时，加上了"在一定的科学技术条件下"。

中国经济学界的研究认为，首次使用"土地报酬递减规律"这一概念的是英国的威斯特(E. West)。他在1815年所著的《资本用于土地》一书中写道："劣等土地之所以必须日渐耕垦，就在于'土地报酬递减规律'之故。"他认为在农业中投入土地的每一份资本增量所带来的收益增量与投入资本之比是越来越少的。他还对土地报酬递减规律给了一个明确的内涵："在耕作改进的过程中，原生产物数量的增加将耗费日益增大的费用，或者换句话说，土地纯产品和它的总产品的比例是持续递减的。"在前半句，威斯特指的是边际产量，在后半句，则指的是平均产量，但他没有明确提出这些概念。

在这一阶段的代表人物包括威廉·配第(1623—1687)、弗朗索瓦·魁奈(Francois Quesnay,1694—1774)、亚当·斯密(1723—1790)、杜尔阁(1727—1781)、詹姆斯·安德森(1739—1808)，对土地报酬递减规律的初步形成起到了重要的作用。这一阶段土地报酬递减规律的初步提出，主要是从农业角度提出问题和观点。

早期资产阶级经济学家对土地报酬递减规律的表述可概括为：在保持科学技术水平不变的条件下，在一定面积的土地上连续追加某种要素的投入，而其他要素的投入量固定不变，那么这种要素单位投入量的报酬增量是递减的。[①]

二、土地报酬递减规律思想的中期演变

土地报酬递减规律提出后，得到了广泛的应用。英国资产阶级经济学家马尔萨斯(T. B. Malthas)用土地报酬递减规律引证其著名的人口论。他的观点主要表现在这几方面：(1)土地肥力递减。马尔萨斯认为："在土地垦种的进程中土地上的劳动的生产性有一个减少的正常趋势。"[②]这就是说，在农业发展过程中，土壤的肥力是逐渐降低的。(2)在已耕地上追加投入的收益递减。马尔萨斯在《人口原理》中写到："扩大耕种面积和资本的大量增加只会带来较小比例的报酬。"[③]"当资本一再投入土地时，它的利润最后总会渐次递减的。"[④]"按耕作进展的比例而增加的年产量，和以前的平均增加额比较起来，必然是逐渐地并不变地减少下去的。"[⑤](3)土地的耕种次序是从优

---

① 毕宝德：《土地经济学》，中国人民大学出版社2020年版，第64-65页；崔太康：《土地经济学》，中国广播电视出版社1991年版，第65页。
② 马尔萨斯1815年10月16日致李嘉图的信，引自《马尔萨斯发动言论选辑》，商务印书馆1960年版，第172页。
③ [英]马尔萨斯：《人口原理》，商务印书馆1961年版，第394页。
④ [英]马尔萨斯：《人口原理》，商务印书馆1961年版，第418页。
⑤ [英]马尔萨斯：《人口原理》，商务印书馆1961年版，第5-6页。

等地到劣等地不断推移的。马尔萨斯认为,人们最先耕种的总是土地肥力最高和位置最优越的土地。但为了满足对粮食的不断增长的需求,"每年都必须将土质低劣的新土地投入耕种",土地的耕种次序随着对农产品需求的增加而顺次向劣等地推移。(4)农业生产递减。马尔萨斯认为土地肥力递减、在已耕地上追加投入的收益递减和投入耕种土地肥力等级的不断下降,决定了整个农业生产率的绝对递减。他断言:"在耕种和财富的自然发展过程中,要增加一份谷物产量,就要更多的劳动","从土地上获得粮食越来越困难"。① 他说:"养活子女的力量的递减乃是一个国家向它的人口的最高限度发展,是绝对不可避免的后果。"②在马尔萨斯的"土地收益递减"论中,既没有技术水平不变的前提,也没有超过一定限度后才递减的条件。正因为对这一规律认识的片面性,导致了马尔萨斯后来的"人口论"的出笼。

资产阶级古典经济学家大卫·李嘉图把土地报酬递减作为产生级差地租理论的依据。他在1817年出版的《政治经济学及赋税原理》一书中写道:"如果优良土地的存在量远多于日益增加的人口所需要的生产粮食量,或者是在旧有地上可以无限地使用资本,且无报酬递减现象,那么,地租便不会上涨,因为地租总量是由于追加的劳动量所获报酬相应减少而产生的"③"因为土地的数量并非无限,质量也不是相同的,并且因为在人口的增长过程中,质量和位置较差的土地也投入耕种了"④,"在社会发展过程中,当次等肥力的土地投入耕种时,头等的土地马上就开始有了地租,而地租额取决于这两份土地在质量上的差别"⑤。实际上,级差地租并不是耕作顺序由好地向劣地扩展造成的,而是由于同量的投资所产生的收获量不同而产生的。李嘉图是在绝对化的土地报酬递减论的基础上建立他的地租理论的。

英国现代经济学家埃里克·罗尔(Eric Roll)在其《经济思想史》一书中有这样一段话:"马尔萨斯的人口学说和李嘉图的地租学说所引以为据的'土地报酬递减规律'肯定是不适用于变化的情况的。正如以后经济学者所表明的,这个规律表达了在一种理想化了的静止的平衡状态中的正常关系,它只有在极为罕见的技术不发生变化的情况下才具有历史真实的成分。况且,级差地租学说不是要求土地的肥沃程度必定不断下降,只是基于土地肥沃程度不同的客观存在。一般肥沃程度上升而不改变不同土壤

---

① [英]马尔萨斯:《人口原理》,商务印书馆1961年版,第435页。
② [英]马尔萨斯:《人口原理》,商务印书馆1961年版,第480—481页。
③ [英]李嘉图:《政治经济学及赋税原理》,引自《李嘉图著作和通信集》(第1卷),商务印书馆1977年版,第59页。
④ [英]李嘉图:《政治经济学及赋税原理》,引自《李嘉图著作和通信集》(第1卷),商务印书馆1977年版,第57页。
⑤ [英]李嘉图:《政治经济学及赋税原理》,引自《李嘉图著作和通信集》(第1卷),商务印书馆1977年版,第57页。

的性质的相对肥沃程度是可能的。"①

在这一阶段的代表人物有对土地报酬递减规律进行修正的纳索·威廉·西尼尔（Nassau William Senior,1790—1864）、约翰·斯图亚特·穆勒（John Stuart Mill,1806—1873）,从不同角度给予反驳的理查德·琼斯（Richard Jones,1790—1885）、弗里德里克·巴师夏（Frederic Bastiat,1801—1850）、亨利·查尔斯·凯里（Henry Charles Carey,1793—1879）等,以及对土地报酬递减规律给予系统批判与清算的马克思（Karl Marx,1818—1883）、恩格斯（Friedrich Engels,1820—1895）。他们对土地报酬递减规律的中期演变起到了重要的作用。

三、土地报酬递减规律思想的发展和完善

19世纪初叶以前,西方经济学者把土地报酬递减规律局限在农业范围内,再加上当时的实验手段和认识手段有限,对土地报酬递减规律的认识是比较片面的。19世纪初,随着其他领域科学技术的迅猛发展,为全面认识这一规律提供了实验上、数学上、经济学上的条件。西方经济学家将这一规律推广到更广泛的经济领域,出现了一般的报酬递减规律。

西尼尔分析了"收益递减"与"收益递增"在要素投入方面的原因,他并不把土地报酬递减视为规律,而看作是一种可以避免的倾向。他给这个规律的内涵添加了"农业生产技术保持不变"这一重要条件。这一条件可以说是土地报酬递减规律得以成立的最基本条件。"农业生产技术保持不变"这一条件的提出,使土地报酬递减从普遍的绝对的规律,变成了有条件的相对的原则。西尼尔的土地报酬递减理论,开始在威斯特、马尔萨斯、李嘉图的基础上向正确的方向发展。这是收益递减理论进入转折时期的标志。

美国经济学家克拉克（J. B. Clark）明确提出,"收益递减"并不是土地的特征,它是各种生产要素的比例平衡问题。在1900年出版的《财富的分配》一书中,克拉克把生产中的要素分为不变类和可变类,而可变类只是一种（这样便于分析问题）。在边际报酬达到最高点以前,不变要素的比重大于变动要素的比重,也就是说,变动要素的功能全发挥出来了,而不变要素的功能只是有效地发挥了相应的一部分。所以,随着变动要素投入的增加,变动要素的总体生产率就大幅度上升,其边际生产率是递增的,直到边际生产率达到最高。边际生产率达到最高点后,变动要素和不变要素的比重就趋于平衡,也就是说,不变要素的功能逐渐发挥殆尽。所以,尽管总产量是上升的,但变动要素的边际产量是递减的。当边际产量为零时,总产量也正好达到最高点,如果还要

---

① ［英］埃里克·罗尔：《经济思想史》,商务印书馆1981年版,第184页。

增加变动要素,因其增加过多,与不变要素不成比例,妨碍不变要素发挥作用,总产量反而下降。他把报酬递减规律从农业领域推广到一般生产领域。克拉克在《财富的分配》中说:"这个规律是无所不包的,整个经济生活都受到它的支配。在古典著作中对于所谓农业报酬的研究,给我们指出了有关这个规律的一个狭小部分……这个原则有广泛应用的范围。"[①]

在相当长的时间里,人们说到报酬递增或递减时,都是指总产量或者单位面积产量而言。当时,研究者们还没有意识到研究可变生产要素的生产率的重要意义。后来,布莱克(J. D. Black)在他的《生产经济学导论》一书中,提出了总产量曲线、平均产量曲线,特别是边际产量曲线的概念和图解,突出了变动要素生产率曲线,使报酬运动曲线趋于完整,为合理配置资源提供了理论依据,将报酬作为不变生产要素的生产率(如单位面积产量)演变成可变生产要素的生产率。

美国当代著名经济学家萨缪尔森(Paul A. Samuelson)在其《经济学》一书中说:"收益递减规律是一个经常观察到的经济和技术的重要规律。但是,它并不是普遍适用的,往往在你加入相当多相等分量的可变因素之后,它才生效。在这点以后,我们说收益递减规律开始生效了。"[②]他对该规律的定义为:"相对于其他不变量而言,在一定技术水平下,增加某些投入量将使总产量增加;但是,在某一点之后,由于增加相同的投入量而增加的产量多半会变得越来越少。增加的收益之所以减少是由于新增加的同一数量的可变资源只能和越来越少的不变资源在一起发生作用。"[③]

这一阶段的主要代表人物有英国的阿尔弗雷德·马歇尔(Alfred Marshall, 1842—1924)、美国的约翰·贝茨·克拉克(John Bates Clark, 1847—1938),列宁也继承和发展了马克思和恩格斯的有关思想。美国的约翰·D. 布莱克(John D. Black, 1883—1960)、英国的琼·罗宾逊(Joan Robinson, 1903—1983)等,对土地报酬递减规律思想的发展和完善起到了重要的作用。[④]

四、马克思主义关于土地肥力和土地报酬变化规律的观点

马克思、恩格斯、列宁都对土地报酬递减规律进行了细致的理论分析,做了大量的论述。

在马克思主义经典作家中,最早注意到土地报酬递减规律并进行批判分析的是恩

---

① [美]克拉克:《财富的分配》,商务印书馆1959年版,第157页。
② [美]萨缪尔森:《经济学》(上册),商务印书馆1979年版,第40页。
③ 毕宝德:《土地经济学》,中国人民大学出版社2001年版,第211-212页;杨欢进:《收益递减理论研究》,中国经济出版社1990年版,第81、147、175页;崔太康:《土地经济学》,中国广播电视出版社1991年版,第66页。
④ 董潘:《土地经济学》,北京师范大学出版社2010年版,第98页。

格斯。恩格斯在《政治经济学批判大纲》中批驳马尔萨斯在《人口论》中对土地肥力递减律的解释,他指出:"我们可以假定耕地面积是有限的。但是,在这个面积上使用的劳动力却随着人口的增加而增加;即使假定收获量并不是永远和花费的劳动量同比例增加;但是,我们还有第三个要素,一个对经济学家来说当然是毫无意义的要素——科学,它的进步和人口的增长一样,是永无止境的,至少也是和人口增长一样快。而对科学来说,又有什么是做不到的呢……当地球上的土地才耕种了三分之一,而这三分之一的土地只要采用现在已经是人所共知的改良耕作方法,就能使产量提高五倍甚至五倍以上。"①恩格斯用科学技术进步的巨大作用批驳马尔萨斯观点的错误,抓住了问题的关键。同时,恩格斯并不否认这样的观点:在不考虑技术因素时,在同等面积的土地上不断增加劳动,其收获量并不是永远和增加的劳动量同比例增加。

马克思在《资本论》中阐述了自己正确的地租理论,并以此推翻了马尔萨斯等人加在地租理论上的错误前提,同时也提出了自己的土地耕作次序观和土地肥力观。马克思在论述地租问题时曾明确指出:"在转到越来越好的土地时,能产生级差地租。当较好土地代替以前的较坏土地而处于最低等级时,也能产生级差地租;级差地租可以和农业的进步结合在一起。它的条件不过是土地等级的不同。"②马克思在谈到耕作序列问题时,也说:"毫无疑问,随着文明的进步,人们不得不耕种越来越坏的土地。但是,同样毫无疑问,由于科学和工业的进步,这种较坏的土地和从前的好的土地比起来,是相对好的。"③马克思还认为:"只要处理得当,土地就会不断改良。土地的优点是,各个连续的投资能够带来利益,而不会使以前的投资丧失作用。不过,这个优点同时也包含着这些连续投资在收益上产生差额的可能性。"④

继马克思、恩格斯之后,列宁也对土地肥力递减规律做了大量研究。列宁在批判德国的大卫时说:"大卫却继续把这个规律奉为农业的特征。这就产生了不可思议的糊涂观念,因为在'科学技术'条件不变的情况下,就是在工业中追加投资也要受到极大的限制。"⑤列宁在批判俄国布尔加科夫(Михаил Афанасьевич Булгаков)宣扬土地肥力递减规律是"永恒规律"时指出:此规律"抛开了技术水平和生产力状况这些最重要的东西。事实上,'追加的(或连续投入的)劳动和资本'这个概念本身,就是以生产方式的改变和技术的革新为前提的。要大规模地增加投入土地的资本的数量,就必须发明新的机器、新的耕作制度、新的牲畜饲养方法和产品运输方法等。当然,较小规模

---

① [德]恩格斯:《政治经济学批判大纲》,《马克思恩格斯全集》(第1卷),人民出版社1972年版,第621页。
② [德]马克思:《资本论》(第3卷),人民出版社1972年版,第743页。
③ [德]马克思:《致恩格斯(1851年1月)》,《马克思恩格斯全集》第27卷,人民出版社1972年版,第175页。
④ [德]马克思:《资本论》(第3卷),人民出版社1976年版,第880页。
⑤ [俄]列宁:《土地问题和"马克思"的批评家》,《列宁全集》(第5卷),人民出版社1986年版,第209页。

地'投入追加劳动和追加资本'可以在原有的、没有改变的技术水平的基础上实现(而且正在实现)。在这种情况下,土地肥力递减规律在某种程度上倒是适用的,这就是说,如果技术情况没有改变,能够投入的追加劳动和追加资本就是非常有限的。可见,我们得出的并不是普遍的规律,而是极其相对的'规律',说不上是一种'规律',甚至说不上是农业的一个重要特征"[①]。列宁也明确承认土地肥力递减规律在一定范围内的适用性,他所批判和反对的是说土地肥力递减规律具有普遍意义,并以这种自然的技术现象作为主要原因来代替社会的、历史的、阶级的分析。列宁还指出一定技术条件下投资收益递减对手工业和工业的适用性。[②]

五、正确理解土地报酬递减规律

正确理解土地报酬递减规律,要注意以下问题:

(一)土地报酬递减规律并没有准确表达该规律的本质

土地报酬递减规律是说在一定技术水平下,保持其他要素投入量不变,增加一种可变要素而增加的报酬是递减的。对一个生产单位而言,土地面积是一定的,作为生产要素之一的土地是不变要素,其增加的报酬并不是土地变化带来的,而是可变要素的变化带来的,所以土地报酬递减规律其实是变动要素报酬递减规律。

(二)土地报酬递减规律是有一定的前提条件的

土地报酬递减规律的前提条件是在一定技术水平下,即保持科学技术水平不变。我们不能把"土地报酬递减规律"绝对化,在考虑到科学技术水平进步下,土地报酬递减规律不一定成立。如果像马尔萨斯等人那样,认为在社会的长期发展过程中,技术进步也改变不了土地报酬递减的趋势,无疑是错误的。

(三)土地报酬是在追加投入超过一定限度后才表现为递减

在可变要素投入前期其报酬有一个递增阶段,当可变要素超过一定限度其报酬才表现为递减。这是由生产要素投入比例的固定性决定的。在刚开始可变要素投入量比较少,不变要素的潜力并没有充分发挥出来,这个时候表现为可变要素报酬的递增。随着可变要素的继续投入,可变要素和不变要素将达到一个最佳比例,这时如果继续投入可变要素,就会造成可变要素的过多投入,不变要素发挥的作用将会越来越小。所以,可变要素和不变要素之间达到一个合理的比例是非常重要的。

(四)土地报酬递减规律研究的是单一可变要素投入变化而产生的变化

在研究土地报酬递减规律时,保持其他要素投入量都不变,而只改变一种可变要

---

① [俄]列宁:《土地问题和"马克思"的批评家》,《列宁全集》(第5卷),人民出版社1986年版,第88页。
② 毕宝德:《土地经济学》,中国人民大学出版社2001年版,第213-214页;杨欢进:《收益递减理论研究》,中国经济出版社1990年版,第201-202页、234页、254页。

素的投入量。通过改变追加投入的生产要素的种类或组合方式带来的报酬可能并不会递减。比如,各生产要素以相同的比例同时增加或减少时,所带来的产量的变化就可能表现为报酬递增、报酬不变、报酬递减。但这并不是对土地报酬递减规律的否定,而是改变了它发挥作用的条件。

(五)要注意其适用的时间范围

因为土地报酬递减规律的前提条件是在一定技术水平下,所以土地报酬递减规律并不适用于人类生产的历史过程。为了研究这一问题,科学家们是通过横向对比得出结论的,而不是按时间序列对比。也就是说,把同一块土地不同投入所产生的报酬,用各种自然条件相同的不同田块,在相应的不同投入的情况下所取得的报酬来表示。这样就把要100年才能收集的100个数据在一年内就完成了。通过这些数据,人们可以看出土地报酬的变化规律,从而找出一个最合适的投入量。正因为这样,把只对一个具体的生产过程适用的规律扩大到时间任意长、范围任意广的时空中,当然是不适合的。[①]

第三节　土地报酬变化阶段的定量分析

一、一些基本概念

生产的本质就是投入和产出的关系,通过一定的投入得到一定的产出。农业生产通过对土地、劳动、种子、化肥等的投入收获粮食,粮食的产量取决于土地、劳动、种子、化肥等的投入量,可以用函数关系表示为:

$$y = f(x_1, x_2, \cdots, x_n) \quad (3-10)$$

式中,y 为粮食产量,f 为函数关系,x_n 为投入的各种生产要素数量。为了研究生产要素的最佳投入量,人们常采用边际分析方法,把其他生产要素固定在某一水平上,而只研究其中一种生产要素与总产量的关系。这时这种关系的函数表达式为:

$$y = f(x) \quad (3-11)$$

式中,x 为某一可变生产要素的投入量。以上函数式表明,当某一变动生产要素的投入量为 x 时,所生产出的产量为 y。

通过这一函数式可以表示出生产要素的总产量(TP)、平均生产量(APP)、边际生产量(MPP)以及生产弹性(EPP)。

总产量是指与一定的可变要素的投入量相对应的产量。公式为:

[①] 毕宝德:《土地经济学》,中国人民大学出版社2020年版,第65页。

$$TP = f(x) \quad (3-12)$$

平均产量是指总产量与所用的可变要素的投入量之比,表示平均每单位生产要素所生产出来的产量。公式为:

$$APP = \frac{y}{x} \quad (3-13)$$

边际产量是增加一单位可变要素的投入量所增加的产量,研究土地报酬变化规律主要是研究边际产量。公式为:

$$MPP = \frac{dy}{dx} \quad (3-14)$$

生产弹性表示报酬的变化强弱及变化方向。公式为:

$$EPP = \frac{MPP}{APP} \quad (3-15)$$

二、土地报酬变化规律

假定土地面积固定不变,化肥为可变生产要素,举以下例子来研究土地报酬变化规律,如表3-1所示。

表3-1　　　　　　　　　　土地报酬变化情况

化肥的投入量	粮食产出量	化肥的平均报酬量	化肥的边际报酬量
1	1.00	1.00	—
2	3.00	1.50	1.00
3	5.20	1.73	2.20
4	9.60	2.40	4.40
5	14.80	2.96	5.20
6	19.70	3.28	4.90
7	23.90	3.41	4.20
8	27.60	3.45	3.70
9	31.16	3.46	3.46
10	33.60	3.36	2.44
11	35.70	3.25	2.10
12	37.50	3.13	1.80
13	38.90	2.99	1.40
14	40.00	2.86	1.10
15	40.75	2.72	0.75

续表

化肥的投入量	粮食产出量	化肥的平均报酬量	化肥的边际报酬量
16	41.10	2.57	0.25
17	41.10	2.41	0
18	41.00	2.27	-0.10
19	40.50	2.13	-0.50
20	39.80	1.99	-0.70

根据表 3-1 中的数据,我们可以绘制出总产量、平均产量和边际产量的变化趋势,如图 3-1 所示。

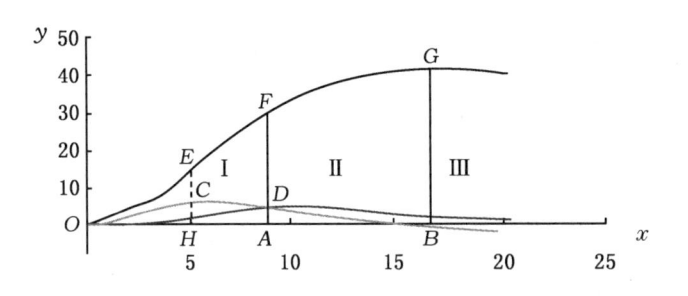

图 3-1 土地报酬变化三阶段

三、土地报酬变化三阶段

在图 3-1 中,横轴表示可变要素的投入量,纵轴表示产出量。我们可以把土地报酬变化分成三个阶段。

1. 第一阶段处在投入 x 从原点 O 到点 A 之间

在此阶段内,边际产量在点 C 达到最大值,与之对应的点 E 是总产量曲线的拐点,在 A 点前,边际产量大于平均产量,平均产量递增,在点 D 边际产量等于平均产量,平均产量达到最大值。用数学式表示为:

当 $0<x<H$ 时,

$$\frac{dy}{dx}>0, \frac{d^2y}{dx^2}>0 \qquad (3-16)$$

当 $x=H$ 时,

$$\frac{dy}{dx}>0, \frac{d^2y}{dx^2}=0 \qquad (3-17)$$

当 $H<x<A$ 时,

$$\frac{\mathrm{d}y}{\mathrm{d}x}>0, \frac{\mathrm{d}^2 y}{\mathrm{d}x^2}<0 \tag{3-18}$$

在第一阶段内,边际产量大于平均产量,总产量和平均产量都处在递增的阶段,每增加一单位要素投入都能使产量急剧增加。但是,生产要素的最佳投入点不在本阶段。由于本阶段投入的可变生产要素与不变生产要素在配合数量上的不足,不变生产要素的潜力不能充分发挥出来,如果可变生产要素投入量停留在此阶段,土地资源就没有得到充分利用。此时不是最佳要素投入量,应该继续增加要素投入。

2. 第二阶段处在投入 x 从点 A 到点 B 之间

在此阶段内,边际产量小于平均产量,边际产量和平均产量均随可变生产要素的增加而减少,在点 B 边际产量递减为 0,与之对应的总产量在点 G 达到最大值。用数学式表示为:

当 $A<x<B$ 时,

$$\frac{\mathrm{d}y}{\mathrm{d}x}>0, \frac{\mathrm{d}^2 y}{\mathrm{d}x^2}<0 \tag{3-19}$$

当 $x=B$ 时,

$$\frac{\mathrm{d}y}{\mathrm{d}x}=0, y=y_{\max} \tag{3-20}$$

在第二阶段内,边际产量和平均产量均随可变生产要素的增加而减少,总产量随着可变生产要素的增加而不断增加,以至最后达到最高点。如果不考虑价格因素,只考虑实物形态的报酬,那么 B 点就是最佳投资点,因为这时的总产量最高。如果考虑生产要素的价格和产出物的价格,最佳的投入点可在第二阶段内获得。

3. 第三阶段在投入 x 超过点 B 的范围

在此阶段内,边际产量小于 0,总产量和平均产量都随着可变生产要素的增加而递减。在第三阶段内,可变要素的增加导致了总产量的减少。如果超过 B 点以后,再追加投资,只会增加损失,一旦总产量达到最高点后就不应该继续增加投入。用数学公式表示为:

当 $x>B$ 时,

$$\frac{\mathrm{d}y}{\mathrm{d}x}<0, \frac{\mathrm{d}^2 y}{\mathrm{d}x^2}<0 \tag{3-21}$$

如果只考虑到产量问题,B 点就是最佳投资点,得到最高产量 G 点。但是,在增加产量的同时成本也会增加,我们要考虑的应该是何点的投入能带来最大收益,增产不增收是没用的。设要素价格为 P_x,产出品价格为 P_y,当 $P_x=MPP \cdot P_y$ 时,即 $\Delta y/\Delta x=P_x/P_y$,可获得最大净收益,即每增加一单位要素投入量增加的成本等于它所带来的收益。能带来最大收益的投入量肯定在第二阶段内。假设每单位化肥价格为3元,产出粮食价格为4元,再根据表3-1的数据,可得到如表3-2所列示的收益变量。

表3-2　　　　　　　　　　可变要素投入量与净收益计算

化肥投入量	投入成本	产出数量	产出总价值	边际报酬	净收益
9	27	31.16	124.64	3.46	97.64
10	30	33.60	134.40	2.44	104.40
11	33	35.70	142.80	2.10	109.80
12	36	37.50	150.00	1.80	114.00
13	39	38.90	155.60	1.40	116.60
14	42	40.00	160.00	1.10	118.00
15	45	40.75	163.00	0.75	118.00
16	48	41.10	164.40	0.40	116.40
17	51	41.10	164.40	0	113.40

当投入量为15单位时,$P_x=3$,$MPP=0.75$,$P_y=4$,$P_x=MPP \cdot P_y$,生产的净收益为118时达到最大。无论从实物量考虑,还是从价值量考虑,投入量都不应该超过B点。[①]

第四节　土地的集约利用

土地的集约利用,是指合理投入劳动、资本和技术,充分挖掘土地潜力,以获得土地最高报酬的一种经济行为。通常以集约度来衡量土地集约利用的程度。集约度就是指单位土地面积上所投入资本和劳动的数量,所投入资本和劳动越多,集约度越高;反之,则越低。

从人类经济发展的历史来看,在农业社会阶段,在经营土地时以追加劳动投入为主,即为劳动集约型;当人类实现工业革命之后,经营土地时转而以追加资本投入为主,即资本集约型。在土地利用的具体过程中,到底采用哪种集约利用形式,是由投入要素的比较成本决定的。如果劳动力的比较成本较低,就会主要采用劳动集约型;反之,如果资本的比较成本较低,就会更多地采用资本集约型。[②]

---

① 毕宝德:《土地经济学》,中国人民大学出版社2020年版,第65-67页;崔太康:《土地经济学》,中国广播电视出版社1991年版,第67-71页;高鸿业:《西方经济学》,中国人民大学出版社2001年版,第144-151页。

② 毕宝德:《土地经济学》,中国人民大学出版社2020年版,第60页。

一、农业土地集约利用概念

所谓农业土地集约利用,是指在一定面积土地上,集中投入较多的生产资料和活劳动,使用先进的技术和管理方法,以求在较小面积的土地上,获得高额产量和收入的一种农业经营方式。根据土地报酬递减规律,在要素投入第一阶段,增加土地投入会引起报酬的递增,但在此阶段内,可变要素投入不足,不变要素潜力没有充分挖掘,没有达到土地的集约利用,是一种粗放经营的形式。在第三阶段,增加土地投入会引起总报酬的减少,可变要素投入过多,超出了土地的承受能力,是一种土地的过度利用。只有在第二阶段,可变要素投入与不变要素投入比例在数量上协调,发挥了土地的潜力,才是集约经营。

我们还必须看到,土地报酬递减规律的前提条件是保持技术水平不变,但在现实中科技进步和技术创新是提高土地利用集约度,从而提高土地的利用效率和效益的首要推动力量。科学技术或社会制度的重大变革,使土地利用在生产资源组合上进一步趋于合理,从而提高土地的利用效率和效益。只有不断发展科学技术,并在土地利用的实践中进行技术创新,才能不断提高土地集约利用的适合度,从而不断提高集约化水平,促进各类用地利用效率和效益的不断提高。[①]

二、我国实现农业用地集约利用的途径

实现农业用地集约利用主要有如下一些途径。

(一)提高复种指数

复种指数是指一年内农作物播种面积与土地面积之比。它能体现一年内单位土地面积上的平均种植次数,反映复种程度的高低。据中国种植制度区划,全国一年三熟制地区的耕地面积占全国耕地总面积的21.5%,一年二熟制地区的耕地面积占全国耕地总面积的51.7%,则全国平均复种指数理论上可达到195%,然而目前全国耕地平均复种指数仅为156%左右。可见,在理论上,全国耕地复种水平仍有40%的增加潜力。复种指数每增加1%,相当于增加2 000万亩(133万公顷)的播种面积,如能切实增加5~10%,则能增加1亿~2亿亩(0.067亿~0.13亿公顷)的播种面积。[②]

(二)加快中低产田改造

中低产田改造不单纯要提高当年产量,是要着眼于根本性的土壤改良,提高耕地特别是提高综合生产能力的基本建设。要针对不同类型中低产田采取综合措施,清除

---

① 毕宝德:《土地经济学》,中国人民大学出版社2020年版,第68-69页。
② 王志敏、王树安:《集约多熟超高产——21世纪我国粮食生产发展的重要途径》,载《农业现代化研究》2000年第4期,第193-196页。

或减轻制约产量的土壤障碍因素,提高耕地基础地力等级,改善农业生产条件。在改造中低产田中,应通过调整种植业结构,增加养地作物,增施有机肥,并进行生态农业建设,进行水、土、田、林、路综合治理,提高土地的可持续生产能力。[①]

(三)加强农田水利建设

水利是农业的命脉,水资源缺乏严重制约了农业的发展。农田水利基本建设,要以永久性基本农田的水利建设为重点,健全和完善农田排灌系统,加大中低产田改造力度,建设高产稳产的基本农田。重点完善防洪、除涝工程体系,增强农田灌溉、排涝能力,有计划地修建水库和大中型引水工程,增加蓄引水能力。要加强节水灌溉设施建设,积极推广旱作农业。我国东部、中部、西部、东北地区拥有的灌溉设施情况如表3-3所示。

表3-3　我国东部、中部、西部、东北地区有灌溉设施和无灌溉设施的耕地占各自耕地面积的比重　　单位:%

地　　区	有灌溉设施耕地比重	无灌溉设施耕地比重
东部地区	68.9	31.1
中部地区	60.8	39.2
西部地区	39.7	60.3
东北地区	15.2	84.8

资料来源:《关于第二次全国土地调查主要数据成果的公报》,http://www.gov.cn/jrzg/2013-12/31/content_2557453.htm。

(四)加大对农业的科技投入

现代农业是建立在全面应用科学技术基础上的高效农业。我国农业科技水平较低,降低了农业的潜在发展能力。农业科技成果转化率、利用率低。目前,科技成果转化率只有37%左右,推广率只有20%。农业科技进步贡献率低。科技进步对农业增长的贡献份额,发达国家在20世纪70年代就达到60%~80%,而1996年,我国种植业、畜牧业、渔业科技进步贡献率分别为39%、50%和40%。[②]要加大科技的投入,加强农业科研力量,提高农业机械化水平,发展农业物联网,加强农产品质量安全监管,加强农村信息化建设。

三、我国城市土地集约利用的概念

丘金峰主编的《房地产法辞典》在解释城市土地利用的集约程度时指出:"城市土

---

① 李志田、高三基:《试论我国集约持续农业发展的对策》,载《作物杂志》2000年第3期,第1—3页。
② 李志田、高三基:《试论我国集约持续农业发展的对策》,载《作物杂志》2000年第3期,第1—3页。

地利用的集约程度指单位面积城市土地上的投资和使用状况。衡量城市土地利用集约程度的指标有：①资金集约度，即单位面积城市土地上的土地投资额，表现为土地上的土地投资占土地面积之比。②技术集约度，即土地之上建筑物或设施在施工中和落成后所应用的先进技术程度，这往往可通过资金集约度反映。③人口集约度。"①

肖梦认为，城市土地集约化使用，"可以多维地利用城市土地的立体空间，并使城市土地一地多用。城市土地立体空间的多维利用，就是利用土地的地面、上空和地下进行各种建设。一地多用则是在同一块土地上根据需要安排各种不同用途的多种建设项目。这也就是提高城市土地利用率的集约化利用"②。

龚义、吴小平、欧阳安蛟等人认为城市土地集约利用第二个层面的含义，就是城市整体必须在合理布局、优化用地结构的前提下，通过增加存量土地投入、改善经营管理等途径，不断提高土地的使用效率。城市土地利用是一个动态的过程，土地的集约利用应充分考虑城市现代化过程功能的扩展，考虑土地集约利用的动态发展趋势。③

四、实现城市土地集约利用的途径

提高容积率。我国大陆城市住房建设区的容积率一般只有 0.7～0.9，大大低于发达国家和地区的水平。根据我国城市情况，整体容积率一般可规划到 0.40～0.45，最高可达 0.6，但目前，我国城镇总体用地的平均容积率仅为 0.3。

优化用地结构是提高土地集约利用水平的重要途径。目前，我国大多数城市的布局形式采用一元化单中心结构，而且大多在市区地理中心位置，城市发展以"摊大饼"方式扩展，城市土地开发呈外延平面式扩张趋势，忽视了内涵式立体综合开发与利用，同时城市土地的使用也没有按经济效益、社会效益和环境效益的统一来选择产业配置。

城市土地集约利用并不等于土地利用率越高，负荷越大越好。在追求单位土地产出的高效性时，还要考虑生态效益和社会效益，将当代人的利益和后代人的利益恰当地结合起来，谋求土地的可持续利用与人类的永恒发展是集约用地的最终目标。土地利用的负荷以生态经济平衡为前提的，在保持城市良好生态环境的前提下适当提高建筑密度和高度。我们不能单靠片面增加建筑密度、人为缩小建筑间距、降低人均占地标准等一些简单做法来提高土地利用率，必须保持一定的绿化覆盖率、水体覆盖率、市政设施覆盖率，以保证城市良好生态环境。要利用城市三维空间，加强城市立体式开发，增强城市空间利用强度。要充分认识土地的稀缺性，盘活土地存量，挖掘土地资源

---

① 丘金峰：《房地产法辞典》，法律出版社 1992 年版，第 61 页。
② 肖梦：《城市微观宏观经济学》，人民出版社 1993 年版，第 393 页。
③ 龚义、吴小平、欧阳安蛟：《城市土地集约利用内涵界定及评价指标体系设计》，载《浙江国土资源》2002 年第 2 期，第 46-49 页。

的潜力,向空中要地,向地下要地,充分发挥土地资源的空间价值。

五、土地集约利用评价

按评价对象的不同,土地集约利用评价可分为农业用地集约利用评价,城市土地集约利用评价。

农用土地集约利用评价包括单指标评价法和多指标综合评价法。集约度是最为常见的反映农业用地集约利用程度评价指标。多指标综合评价法则从多个方面对农用土地集约利用程度进行综合评价[1],如刘新卫等(2006)从投入强度、利用程度、产出效果和持续状况方面构建指标体系,对我国耕地集约利用水平进行综合评价,具体评价指标如表 3-4 所示。[2]

表 3-4　　　　　　　　　耕地集约利用水平评价指标体系

目标层	准则层	指标层	指标计算
耕地集约利用水平	投入强度	单位资金投入	区域种植业资金投入总额/耕地总面积
		单位劳力投入	区域种植业就业人口总数/耕地总面积
		单位化肥投入	区域种植业投入化肥总量/耕地总面积
		单位动力投入	区域种植业投入机械动力/耕地总面积
	利用程度	负重指数	农作物总播种面积/耕地总面积×100%
		灌溉指数	有效灌溉面积/农作物总播种面积×100%
		机械化率	1/3(机械率+机播率+机收率)
		稳产指数	(1-成灾面积/播种面积)×100%
	产出效果	地均产值	种植业总产值/耕地总面积
		产投比例	种植业总收入/种植业总投入
		劳动产值	种植业总产值/种植业就业人口
		安全系数	人均粮食产量/400Kg
	持续状况	治理指数	1/2(治碱率+除涝率)×100%
		非农指数	非农业人口总数/地区人口总数
		平衡指数	年末耕地总量/年初耕地总量×100%
		人均耕地	耕地总面积/地区人口总数

城市土地集约利用评价,从研究对象尺度的不同,可分为宏观、中观、微观三个层面。宏观层面以整个城市的土地集约利用状况为评价对象;中观层面以工业区、商业

---

[1] 张裕凤:《土地经济学》,科学出版社 2019 年版,第 260 页。
[2] 刘新卫、张丽君:《中国土地资源集约利用研究》,地质出版社 2006 年版,第 96-99 页。

区、居住区和开发区为的土地集约利用状况为评价对象;微观层面则以单块宗地为研究对象,评价土地的集约利用状况。2014年国土资源部印发的《国土资源部关于部署开展全国城市建设用地节约集约利用评价工作的通知》是我国城市土地利用评价实践深化的重要体现。同年发布的《城市建设用地节约集约利用评价操作手册》将城市土地集约利用评价分为区域建设用地节约集约利用状况评价和中心城区建设用地集约利用潜力评价两部分。

六、中国土地集约利用的特点[①]

中国土地的集约利用这些特点主要是:

(1)土地集约利用还没有形成一种普遍的、自觉的行为,还需要从经济上、法律上、行政上和技术上采取更多措施,激发人们集约利用土地的观念和技术。

(2)土地总体集约利用度不高,挖掘潜力很大。

(3)土地集约利用发展不平衡。农村土地的集约度弱于城市土地的集约度;集体土地的集约度弱于国有土地的集约度,经济落后地区土地的集约度弱于经济发达地区土地的集约度;新开发区、城乡接合部土地的集约度弱于老城区土地的集约度;中小城市土地的集约度弱于大城市土地的集约度。

(4)土地集约利用的形式在不少地区、特别是经济落后的农村地区,仍以劳动密集型为主,今后发展趋势是逐步从劳动集约型向资本集约型转变。

(5)我国大陆城市住房建设区的容积率低,大多数城市的布局形式采用一元化单中心结构,旧城改造潜力巨大。

第五节 土地规模利用原理

一、土地利用规模的内涵

土地利用(经营)规模,是指经济活动中相对独立的经营实体(如企业、城市等)所占用土地面积的大小,它是反映土地生产要素集中程度的一个指标。[②] 简单来讲,规模具有范围、形式、格局的含义。土地具有承载、生产、资源等功能,既是生产资料,又是生产工具、操作基地。

---

① 毕宝德:《土地经济学》,中国人民大学出版社2020年版,第60-61页。
② 毕宝德:《土地经济学》,中国人民大学出版社2020年版,第71页;董藩、徐青、刘德英、秦凤伟:《土地经济学》,北京师范大学出版社集团、北京师范大学出版2010年版,第120页;汪应宏:《土地经济学》,中国矿业大学出版社2008年版,第150页。

二、土地规模报酬规律

规模报酬变化是指在其他条件不变的情况下,各生产要素以相同的比例同时增加或减少时,所带来的产量的变化。在生产经济学中,只有各生产要素同比例变化才是严格意义上的规模变化,称为纯粹规模的变动。但在现实中,纯粹规模变动是很少见的。我们考察土地规模报酬时,研究的是土地规模变化与土地报酬变化之间的关系。土地规模报酬变化可以分为土地规模报酬递增、土地规模报酬不变和土地规模报酬递减三种情况。当土地规模扩大的幅度小于规模报酬的增长幅度时,称为土地规模报酬递增。当土地规模扩大幅度等于规模报酬的增长幅度时,称为土地规模报酬不变。当土地规模扩大的幅度大于规模报酬的增长幅度时,称为土地规模报酬递减。

一般来说,土地规模报酬的变化呈现如下规律:当土地从很小的规模开始逐步扩大时,往往处在土地规模报酬递增的阶段。继续扩大土地规模,会经历土地规模报酬不变的阶段。这个阶段可能比较长,也可能比较短甚至不出现。在这一阶段以后,若继续扩大土地规模,就会进入土地规模报酬递减的阶段。这种现象反映在单位产品成本的变化上,就有如图 3-2 所示的变化。LAC 曲线是一条随着土地经营规模变动而变动的长期平均成本曲线,在 AM 阶段曲线向右下倾斜,说明平均成本随着土地经营规模的扩大而下降,属于规模经济阶段;在 MB 阶段曲线向右上倾斜,说明平均成本随着经营规模的扩大而上升,属于规模不经济阶段。

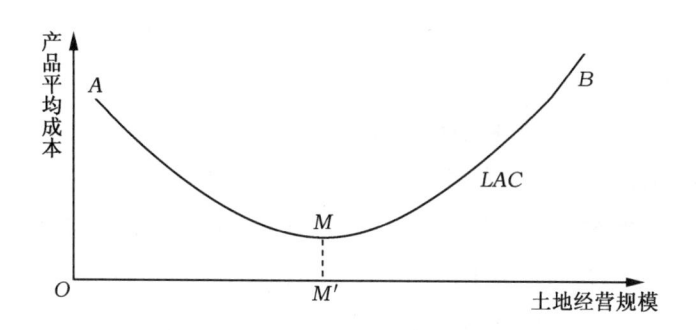

图 3-2 土地规模经济和土地规模不经济

在图 3-2 中,当土地规模小于 OM' 时,应该扩大土地经营规模来提高收益水平;当规模大于 OM 时,则应该适当缩小土地经营规模才能提高收益水平,因此,与产品平均成本最低点 M 相对应的经营规模 OM,就是最佳土地经营规模或者适度土地经营规模。[①]

[①] 毕宝德:《土地经济学》,中国人民大学出版社 2020 年,第 73 页;高鸿业:《西方经济学》,中国人民大学出版社 2001 年版,第 166-167 页。

三、土地规模经济的来源

规模经济来源于企业内部与外部两个方面,分别称为内部规模经济和外部规模经济。

(一)内部规模经济和内部规模不经济

内部规模经济,是指企业经营实体规模扩大而在企业内部产生的效益。内部规模经济主要与成本不可分性、单个生产设备的不可分性、专业化、大规模资源等相关。

成本的不可分性是指有些成本与规模关系不大,甚至是独立于规模之外的,即这些成本相对于产出规模而言,是部分或完全不可分的。

单个生产设备的不可分性使得大规模生产能够提高生产设备的利用率和利用效率。农业机械必须在一定面积土地上才能进行正常作业,当土地经营规模较小时,农业机械往往得不到充分的利用。而且,对于资本性设备而言,初始成本和营运成本的增长速度一般低于设备生产能力的增长速度。

大规模生产有利于进行分工协作,进行专业化生产,从而提高劳动效率。

大规模生产为充分利用产品生产的互补性、副产品的综合利用等创造条件,从而提高效益。在购销阶段,规模经济是因为企业规模的扩大可以降低平均交易成本。

内部规模不经济是指一个生产经营单位在规模扩大时由自身内部所引起的收益下降。内部规模不经济产生的原因主要有:①管理的有效性随着规模的扩大而下降。②销售成本的增加。随着经营规模的增大,销售和分销成本也能成为规模不经济的来源。

(二)外部规模经济和外部规模不经济

所谓外部性,是指经济主体(个人或企业)生产或消费活动受到其他经济主体活动的直接影响,使其生产函数或消费函数的值发生了改变。外部规模经济是指整个行业的规模扩大和产量增加而使得个别生产经营单位得到的经济利益。外部规模不经济是指因整个行业或者整个区域的规模扩大和产量增加而使得个别生产经营单位成本增加。①

四、集聚经济

经济学认为,集聚经济是指各种产业和经济活动在空间上集中产生的经济效果,以及吸引经济活动向一定地区靠近的向心力,是促使城市形成和不断扩大的基本因

---

① 毕宝德:《土地经济学》,中国人民大学出版社 2020 年版,第 74 页;宁文斌:《集聚规模经济促进产业集群的形成》,http://www.jjxj.com.cn/news_detail.jsp? keyno=5516。

素。集聚经济总是与规模联系在一起,但其与企业的规模经济是不同的,因为后者发生于单个企业内部,而集聚规模经济则产生于众多企业在局部空间上呈一定规模的集中,以及由此带来的交互外部性。

韦伯(Alfred Weber)在1909年出版的《工业区位论》中第一个提出了集聚和集聚效应的概念。韦伯的工业区位论的核心是"成本决定论"。韦伯理论的核心是通过对交通、劳动力和集聚因素相互作用的分析和计算,找出工业产品生产成本最低的点,以此作为工业企业布点的理想区位,探讨工业区位选择的基本原则和工业区位移动规律。所谓集聚效应,是指某些工业部门向某地域集中所产生的一种大于所追加的运费或劳动力费用,从而使产品成本降低的效果。韦伯的集聚效应只考察了成本节约,因而只是产生于厂商内部的一种规模经济。

马歇尔在1920年出版的《经济学原理》中提出外部经济的概念,马歇尔在韦伯的基础上更进了一步,表明行业内厂商的集中产生外部性,可以降低该行业的成本,带来整个行业的优势。马歇尔认为产业空间集聚的作用是:第一,促进专业化投入和服务的发展;第二,为具有专业化技能的工人提供了集中的市场;第三,使公司从技术溢出中获益。

俄林(Bertil Ohlin)在1933年出版的《地区间贸易和国际贸易》中第一次将贸易和产业布局理论联系起来。俄林认为国际贸易理论只是产业布局理论的一小部分,他充分讨论了运输成本和规模经济对于作为贸易替代品之要素流动的重要性,以及对于影响区际贸易和国际贸易的经济活动布局的重要性。在其他条件不变时,一个地方的运输成本决定了该地方的产业布局,但是生产活动集中的趋势之大,可以使布局从遵循运输条件的轨道上偏离。

克鲁格曼(P. B. Krngman)的空间经济理论强调历史和偶然事件在经济活动的区位决定方面的重要作用。空间经济理论认为在初始禀赋条件相类似的地方之间,产业分布不均衡是由于积累循环因果关系和路径依赖所导致的。克鲁格曼进一步发挥了俄林的思想,认为不仅是运输成本和规模经济,市场潜力也是集聚发生的一个重要原因。[1]

五、农业土地适度规模经营的组织形式

农业用地适度规模经营的形式,是指在农业用地上农业生产力各要素的合理的具体组合方式,是农业用地适度规模经营的关键。具体的组织形式有:家庭经营模

---

[1] 毕宝德:《土地经济学》,中国人民大学出版社2001年版,第231-233页;李小建、李二玲:《产业集聚发生机制的比较研究》,http://www.hnass.com.cn/zzk/200204/4-1.htm;宁文斌:《聚集规模经济促进产业集群的形成》,http://www.jjxj.com.cn/news_detail.jsp?keyno=5516。

式——种植专业户和家庭农场;集体经营模式——村办集体农场、厂办集体农场;联合经营模式——联户农场;规模服务模式——公司＋农户。

第六节 农业土地的规模利用

一、我国农业土地规模利用现状

我国农业发展总体水平还处在传统农业阶段,以人力和畜力为主要动力的耕种方式仍居主体地位,农业劳动生产率低下,农产品的商品率低,科技发展总体来说对农业发展贡献不大。目前,土地经营规模过小是农业效益比较低的一个重要原因。我国是一个典型的人多地少的发展中国家,无论是农业人口人均占有耕地面积,还是农户经营耕地面积,都严重偏少。

据农村固定观察点办公室对分布在全国的29个省(市、区)的274个村庄的调查,完全按人口平均分配土地的村庄占74.3%;口粮田按人均分、责任田按全部劳动力均分占5.5%;口粮田按人均分、责任田按农业劳动力均分占11%;有76.5%的村在分配土地时又采取了好、中、差地搭配的办法。因而,土地耕种细碎化、小规模。全国人均耕地面积不到1.2亩,我国有1/3以上的省份人均耕地低于1亩,有660个县的人均耕地低于联合国确定的0.8亩的警戒线,463个县的人均耕地低于人均0.5亩,北方单熟地区虽人均3亩,产量却相当于南方的1亩。我国户均7~8亩,不到0.5公顷,而美国家庭农场规模为2 000~3 000亩;法国家庭农场规模为400~500亩;日本、韩国户均耕地达18亩。由于人多地少的实际国情和土地承包中的平均化倾向,形成了一种以农户为经营实体的、普遍的小规模状况。[①]

二、农业土地适度规模经营的必要性

实行适度规模经营,是推进农业市场化、产业化、专业化、现代化和国际化的内在要求。

(一)土地适度规模经营是实现农业现代化的必由之路

所谓农业现代化,就是把建立在感性经验和手工工具基础上的传统农业转变为现代科学技术、现代工业装备和现代管理方法为基础的现代农业。只有实现农业现代化,才能最终使农业由弱质产业变为强势产业。高度分散、过小规模的生产经营方式

[①] 毕宝德:《土地经济学》,中国人民大学出版社2020年版,第77页;李宝强:《谈农业适度规模经营与农业机械化》,载《辽宁行政学院学报》2001年第4期,第53-54页;方浩:《土地规模经营的障碍及其出路》,载《巢湖学院学报》2003年第4期,第37-41页。

不利于吸纳先进技术方面和采用现代设备。一方面,土地过于狭小影响了机械作用的效率,使用机械耕作很困难,无用武之地;另一方面,地块过于狭小使得多种机械作业难以施展,从而限制了农业机械类型的增加。实现农业规模经营,将会增强农户的经济实力,促使经营者更加重视农业科学技术成果的采用,降低劳动强度和生产成本,千方百计地购置和利用农机具,使机械化操作水平提高,促进农业现代化的实现。

(二)适度规模经营是增加农民收入的内在要求

现阶段我国正在全面建设小康社会,如何增加农民的收入是个至关重要的问题。我们要千方百计地增加农民的收入,但是小块分散的经营方式解决不了增收问题,满足不了农民致富的要求。近几年,党和政府为了帮助农民增收,虽然召开了许多会议,出台了不少政策,采取了许多措施,如调整产业结构,但仅在"一亩三分地"上做文章收效甚微。事实表明,农户靠几亩承包地要想致富是不可能的。如何使农民增收、致富?根据工业化国家的经验,当一个农村劳动力占有20亩耕地时,耕地的收入方可能达到一个城市居民的收入水平。只有通过适度规模经营,才能促进农业的分工分业和农业专业化的发展,提高农产品商品率,提高农业的规模效益和比较效益。

(三)走规模经营是保护我国农业、提高农业国际竞争力的根本途径

加入WTO后,我国农业是面临冲击最大的一个行业,无论是农产品市场占有率、市场竞争力,还是国际市场竞争中的地位都是低下的,处于劣势。我国目前农村中的一家一户的分散经营的传统经营方式根本不能与国际规模社会化大生产竞争。出路之一是改变我国目前分散经营的传统经营方式,走规模经营之路。规模经营有利于增加对农业生产的资金投入和设备投入,强化农业内部的积累机制,提高农业的自我发展能力,将我国的传统农业改造为现代化农业。积极推进规模经营,提高农业国际竞争力,真正使我国农业在国际市场中站稳脚跟。[①]

三、实现农业土地适度经营规模的途径

(一)建立合理的土地经营流转机制,实现土地集中

土地流转可以解决家庭联产承包经营中平均分配土地造成的土地规模过小问题,打破原有一家一户分散经营的小农经济格局,实现土地规模经营,产生规模效益。土地流动的基础条件就是在坚持土地公有制的前提下,通过明晰产权,恢复土地的商品属性和资本属性,实行集体经济组织最终所有权与农户法人资产权分离。

---

① 陈世启:《农村土地规模经营必要性探析》,载《襄樊学院学报》2003年第6期,第25-30页;曹芳明:《农村土地规模经营问题初探》,载《湖北社会科学》2002年第1期,第35-36页;王良群:《关于农村土地规模化经营必要性的思考》,载《科技情报开发与经济》2004年第7期,第89-90页。

1. 尊重农民意愿,坚持自愿原则,就是要充分尊重农民的经营自主权

在土地家庭联产承包责任制下,土地流转的主体只能是农户,只有坚持自愿原则,保障农民在自愿的前提下使土地使用权合理流转起来,才能切实维护农民群众的利益。

2. 必须注意实现农业土地规模经营的条件

农业土地适度规模经营实现条件的形成是不平衡的。我国地区间自然、经济、文化等各方面的差异较大,各地在推行规模经营的工作中,要从实际出发,在条件成熟的时候,就应该不失时机地采取相应的对策和措施,促进农业土地经营规模的扩大,条件不具备的,应努力创造条件,待条件成熟后再搞,不能搞一刀切。

(二)大力发展非农产业,实施小城镇战略,转移农村剩余劳动力

发展农业规模经营,促进农村土地的合理流转是基础,而要促进土地的合理流转就要使农村剩余劳动力向非农产业转移。农村剩余劳动力转移了,土地流转也就水到渠成了。目前,我国现有大城市已经面临人口过多、就业困难、交通堵塞、住房拥挤、空气污染等一系列弊病,不能成为农村大量劳动力转移的主要出路。而中等城市与农村距离依然过远,在城市经济发展缓慢、社会保障机制尚未健全的情况下,同样难以吸纳大量农村劳动力。相比之下,小城镇数量众多,分布最广,具有距离农村近,可以兼顾二、三产业和农业,可以充分利用民间投资等优势,可以有效地降低城市化进程中的风险和成本,能够容纳最大数量的农村剩余劳动力并创造就业机会。按照"弱化户籍制度,加强户口管理"的思路,放宽农民进入城镇的户口管理,鼓励有一技之长、能够在城镇稳定生活的农民进城镇,从事非农产业,促进农村富余劳动力进入城镇安居乐业。

(三)加大对农业的投入,切实保护农民的积极性

1. 规范政府投入行为,加大财政对农业投入力度

农业是弱质产业,在市场经济条件下,政府对农业扶持是世界各国发展农业普遍采取的措施。政府对农业扶持主要是通过财政拨款及其投向进行的。应通过建立财政对农业投入的制度规范和法律约束,以法律形式规定政府对农业投入份额及其递增比例。地方财政每年对农业投入的增长幅度要高于财政经常性收入的增长幅度。在财政拨款的投向上:一是要向农业基本建设倾斜,改变农业生产的物质条件,增强农业发展后劲;二是增加农业教育、科研和技术推广方面的投资,提高农业科技水平;三是用于农产品价格补贴及农业风险基金等方面,以促进农业市场化。

2. 改善农业投资环境,吸引外资和工商企业对农业增加投入

加强优势特色农产品基地建设,改善中西部地区农业投资环境,争取外商和国内工商企业进入农业市场开发,增加农业投入,并充分利用世行、亚行、世界粮农组织等对我国农业支持性项目,增加中西部地区的农业投入。

3. 规范农民经济行为,引导农民投入

一是必须完善农产品保护价政策,提高农业生产的比较利益。二是进一步完善农资价格与质量监测制度,采取农用生产资料最高限价政策,使农民购买到质优价低的农资产品。三是完善农产品储备制度,提高农民增加农业投入的积极性。[①]

第七节 城市土地的规模利用

一、城市规模

城市规模则是指城市人口总数、城市占地以及各项基础设施的范围等特征的量的表现和概括,反映的是城市各要素集中和扩散的程度,是一个含有社会经济和环境意义的数量概念。城市规模一般可分为自然规模和经济规模两种:自然规模多用城市人口规模或占地规模来表示;经济规模则是指城市的经济实力的具体表现,多用单指标和复合指标来表示;世界上大多数国家衡量城市规模都是以人口数量为标准,城市人口的多少常常能体现出城市的社会、经济及城市化水平。一个城市用地面积的大小、建筑类型的选择、住宅建设的规模、公共建筑的项目和规模、城市交通的运量和交通方式的选择、城市道路的标准和等级、市政公用设施的组成和标准、城市的布局结构形式等,都与城市的人口规模有密切关系。

是什么力量促进了城市的形成呢?恩格斯在描述当时全世界商业首都伦敦时写道:"这种大规模的集中,250万人这样集聚在一个地方,使这250万人的力量增加了100倍。"恩格斯对城市化能够发挥这种高集聚、高效益功能的论述称为"集聚效益"。由于城市的集聚效应,城市经济具有规模经济递增的特点,城市规模越大,经济效益就越高。大城市的人们往往可以享受到比较发达的物质文明。越来越多的人挤进大城市,大城市成了许多人梦寐以求的地方。

随着城市规模的扩大,集聚经济效果不断增强,这反过来又带动了城市规模的进一步扩大。但是,集聚效应的作用是双重的。随着城市规模的扩大也产生了集聚不经济,其外部成本也会上升,包括由于人口密集导致的居住、交通、生产成本和管理成本增加,生产环境恶化等。为此,需要付出巨额的公共基础设施投资以及环境治理成本。城市太大,带来了"城市病"。城市病是一种"综合征",其实质是以城市人口为主要标志的城市负荷量超过了以城市基础为主要标志的城市负荷能力,使城市呈现出不同程

[①] 《农业产业化进程中的问题与对策》,http://database.cpst.net.cn/popul/farms/hotsp/artic/40517144948.html。

度的"超载状态","城市病"的"病情"与超载程度成正比。

二、适度城市规模的确定

从经济学角度讲,城市适度规模即城市合理规模,是指城市的发展规模必须符合城市人口增长的自然规律与经济规律,能够使城市各方面活动做到低消耗、高效率,为生产事业的发展和居民各项活动提供方便与良好的条件和环境,并取得良好的经济效益、社会效益和生态效益。显然,由于各国自然环境、人口密度、产业结构和经济发展水平不同,并不存在一个适用于所有国家和所有历史时期的最适城市规模。

如何来确定最适城市规模呢?从理论上讲,如果一个城市规模扩大带来的效益大于规模扩大带来的成本,则认为城市规模还可以继续扩大,应该吸收更多的人口,充分发挥集聚经济的效益;如果一个城市规模扩大带来的效益小于规模扩大带来的成本,则认为城市规模不应扩大,应采取措施控制人口;当城市规模扩大带来的效益等于规模扩大带来的成本时,则认为城市达到了最适规模。

王小鲁、夏小林在《优化城市规模,推动经济增长》这篇文章中对我国城市规模收益与城市外部成本进行了实证研究。城市外部成本可以大致分解为由政府负担和由居民负担两个部分。政府负担部分主要包括非营利性城市公共基础设施投资和管理成本、城市社区和公共事务管理成本、环境治理投资等。居民负担部分主要包括因人口集中而导致的居民生活费用的增加,以及因环境恶化引起的居民生活质量的下降。计量分析使用全国 666 个城市 1989、1991、1992、1993、1994 和 1996 年数据(1996 年以前城市数较少),分别采用横断面数据模型和 panel 数据模型,得到了城市规模净效益随城市规模的扩大而变化的情况,如表 3-2 所示。

表 3-2　　　　　　　　　城市规模效益和外部成本

城市规模(万人)	规模总效益(%)	外部总成本(%)	政府负担外部成本(%)	居民负担外部成本(%)	规模净效益(%)
1	0.00	17.00	13.00	4.00	-17.00
10	11.25	11.79	4.87	6.29	-0.54
20	18.28	12.94	4.30	8.64	5.34
30	22.92	14.14	4.18	9.96	8.78
50	29.13	16.32	4.24	12.08	12.81
100	37.95	20.77	4.72	16.05	17.18
200	46.83	27.66	5.75	21.91	19.17
300	51.91	33.31	6.70	26.61	18.60

续表

城市规模（万人）	规模总效益（%）	外部总成本（%）	政府负担外部成本（%）	居民负担外部成本（%）	规模净效益（%）
400	55.41	38.29	7.58	30.71	17.12
600	60.18	47.07	9.18	37.89	13.11
800	63.41	54.87	10.65	44.22	8.54
1000	65.82	62.04	12.04	50.00	3.78
1200	67.73	68.76	13.36	55.40	-1.03
1500	69.98	78.23	15.26	62.97	-8.25

资料来源：王小鲁、夏小林：《优化城市规模，推动经济增长》，载《经济研究》1999年第9期。

表3-4显示，城市规模低于10万人时，规模收益很低而负担的成本很高，经济效益较差。在城市的总规模收益和外部成本两者相抵后，大致城市规模在100万～400万人间时，可以获得较大的规模净效益，占城市GDP的17%以上；城市规模为200万人时，规模净效益最大，大约相当于城市GDP的19%；城市规模小于200万人，则规模净效益随着城市规模的扩大而递增，超过200万人之后，则规模净效益随着城市规模的扩大而递减。[①]

三、城市规模与土地利用效率

城市化不可避免要占用大量耕地，但城市化与耕地保护不仅仅是占用与被占用的关系，从长期发展来看，城市规模越大，土地利用越集约，经济效益越高，公共设施的利用率也就越高。这实质上是城市集聚效应作用的结果。从市场经济的效益评价标准来看，相对于其他城市类型，大城市的效益更具有比较优势。统计分析表明，大城市的经济效益、社会效益、土地利用等综合效益一般都比较高，如表3-3所示。

表3-3　　　　　　城市规模与经济、社会、土地利用效益分析

城市规模（万人）	人均用地（平方米）	人均GNP（元）	百元固定资产实现利税（元）
>200	52.2	5 894	17.7
100～200	71.2	4 329	15.3
50～100	74.5	4 386	12.9
20～50	79.5	3 035	10.2

[①] 毕宝德：《土地经济学》，中国人民大学出版社2020年版，第88页；陈伟民、蒋华园：《城市规模效益及其发展》，载《政策财经科学》2000年第4期，第67—70页；王小鲁、夏小林：《优化城市规模，推动经济增长》，载《经济研究》1999年第9期，第22—29页。

续表

城市规模（万人）	人均用地（平方米）	人均GNP（元）	百元固定资产实现利税（元）
<20	87.5~111.75	1 769	13.4
合　计		3 057	13.7

资料来源：陈伟民、蒋华园：《城市规模效益及其发展》，载《政策财经科学》2000年第4期。

集聚意味着在单位面积土地上的资本、技术、人力投入的增加，土地集约利用强度增大；分散则意味着单位土地上资本、技术、人力的分流。从人均用地面积来看，城市规模的扩大存在明显的规模效益。这是因为，城市规模的扩大，人口的集中造成对土地需求的增加，使城市土地的价格上升。在市场机制的作用下，企业会作出尽可能节约土地的经营决策。土地价格的上升，意味着相对于资金、劳动等其他生产要素而言，土地变得越来越昂贵。一方面，为了追求利润最大化，企业会选择技术方案，尽量以其他相对更为便宜的生产要素来代替越来越昂贵的土地。也就是说，要在一定量的土地上投入更多的资金、劳动等其他生产要素，实行土地的集约化经营。另一方面，为了获得收益的平衡，单位建筑密度会提高，建筑层数会增加。20世纪20年代，芝加哥学派的重要人物柯布西耶（Le Corbusier）提出了城市集中建设思想，掀起了城市建筑高密度建设的高潮。因此，城市规模越大，土地经营集约度就越高，人均土地的利用也就越节约。从表3-4可以看出，城市规模与人均所需的建设用地面积之间呈密切的相关性。

表3-4　　　　　　　　　各类型居民点人均建设用地

居民点类型	特大城市	大城市	中等城市	小城市	建制镇	村庄
人均建设用地（平方米）	74.6	88	107.9	142.7	149	155

资料来源：王筱明、吴泉源：《城市化建设与土地集约利用》，载《中国人口、资源与环境》2001年第11期。

本章小结

本章重点对土地报酬递减规律、土地报酬变化阶段的定量分析、土地的集约利用、土地规模利用进行了深入的阐述，并对农业土地的规模利用和城市土地的规模利用做了详细的介绍，由于人口的增长和经济的发展，土地的集约利用刻不容缓。本章首先阐述了土地报酬递减规律思想的形成及演变，并对土地报酬变化阶段的定量分析的三个阶段做了详细的说明。在土地的集约利用中，分别从农业土地集约利用和城市土地集约利用两方面具体说明，并从我国实现农业用地集约利用和实现城市土地集约利用两个方面阐述了我国土地集约利用的两种途径。对于土地规模利用，则从土地规模报酬规律讲起，并对土地规模经济的来源、集聚经济做了解释和说明，分别从农业土地的规模利用和城市土地的规模利用两个方面进行说明，在农业土地的规模利用方面，因为我国土地经营规模过小，农业劳动生产率低下，所以实行适度规模经营，这是推进农业市场化、产业化、专业化、现代化和国际化的内在要求，是实现农业现代化的必由之路，是增加农民收入的内在条件，是保护我国农业、提高农业国际竞争力的根本途径。同时，提出了"合理的土地经营流转机制，实现土地集中、大力发展非农产业、实施小城镇战略、转移农村剩余劳动力、加大对农业的投入、切实保护农民的积极性"的方法来实现农业土地适度经营规模。在城市土地的规模利用方面，合理扩展城市规模，提高土地经营集约度，使人均土地的利用更加节约。

复习题

一、名词解释

土地利用　土地利用结构　土地利用规划　土地开发　土地保护
土地报酬递减规律　土地的集约利用　集约度

二、填空题

1. 土地利用效益包括_____、_____、_____、_____四大方面。

2. 在农业上，一般用_____、_____、_____等指标反映土地利用程度。

三、选择题

1. 可以用单位面积土地所提供的产品（价值）、服务来表示，反映人类利用土地目标实现的程度属于（　　）。

　　A. 技术效益　　　B. 经济效益　　　C. 生态效益　　　D. 社会效益

2. 下列属于反映城市土地利用程度的是（　　）。

　　A. 垦殖系数　　　B. 水面利用率　　　C. 森林覆盖率　　　D. 土地利用系数

3. 在土地报酬变化阶段中，最佳的投入点在（　　）阶段获得。

　　A. 第一　　　B. 第二　　　C. 第三　　　D. 第四

4. 在土地规模的扩大与规模报酬之间的相互变化关系中，递增土地规模报酬指（　　）。

　　A. 土地规模扩大的幅度小于规模报酬的增长幅度

　　B. 土地规模扩大的幅度等于规模报酬的增长幅度

C. 土地规模扩大的幅度大于规模报酬的增长幅度

D. 土地规模扩大的幅度不小于规模报酬的增长幅度

四、计算题

某县 15 个粮食专业户的调查资料如下表所示：

劳均土地面积 x(公顷)	粮食亩产量 y(万千克/公顷)	劳均土地面积 x(公顷)	粮食亩产量 y(万千克/公顷)	劳均土地面积 x(公顷)	粮食亩产量 y(万千克/公顷)
0.50	0.50	0.73	0.55	1.09	0.60
0.53	0.53	0.80	0.58	1.15	0.60
0.59	0.54	0.85	0.60	1.20	0.60
0.64	0.54	1.00	0.57	1.27	0.58
0.67	0.55	1.07	0.55	1.33	0.58

请用直接生产函数分析的方法，直接在土地经营规模与评价指标之间建立生产函数模型，利用边际平衡原理进行分析。最后求得在土地经营规模多大时，粮食产量最大？（假设粮食平均价格 P_y＝1.50 元/千克，粮食生产成本 P_x＝2 000 元/公顷）

五、简答题

1. 土地利用的内容主要包括哪几个方面？

2. 如下图所示，横轴表示可变要素的投入量，纵轴表示产出量，请简要说明土地报酬变化的三个阶段。

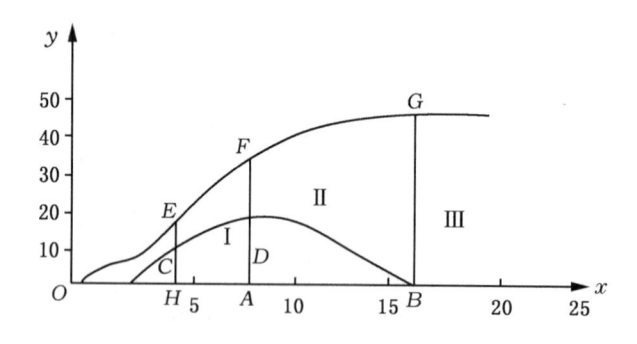

3. 简要分析土地规模报酬变化的三种情况。

4. 简述土地规模经济的产生。

六、论述题

1. 简述土地集约利用的概念，并谈谈我国土地集约利用的途径。

2. 通过对本章的学习，我们知道土地规模利用和土地的集约利用是密不可分的，请简要阐述两者之间的关系。

第四章　土地的分区利用

学习目的

通过对本章的学习,了解区位的概念、特征、分类,掌握区位理论的概念和区位选择的原则,掌握区位理论在土地分区利用中的实际应用。学会结合具体问题灵活运用区位理论,解决具体的土地分区利用问题。

关键概念

区位　　区位理论　　区位选择　　屠能农业区位理论　　农业布局理论
韦伯工业区位理论　　原材料指数　　劳动系数　　中心地理论

第一节　区位论概述

土地的分区利用即土地区位利用。"区位"一词源于德语的"standort",英语译为"location",汉语译为"分布的地点和区域"。区位是一个综合的概念,除解释为地球上某一个事物的空间几何位置外,还强调自然界的各种地理要素和各类社会经济活动之间的相互联系和相互作用在空间位置上的反映。人类的行为活动总要占据一定的空间,而且这种空间的占据具有排他性。在封闭的自然经济生产方式下,土地的空间位置只是一种自然现象,经济意义不大。但随着经济的发展,在当代社会,其作用表现得日益明显,已经成为决定土地利用价值的一个基本要素,人们越来越重视对土地区位的选择。因此,区位是土地利用中一个非常重要的因素。

一、区位概念及特征

(一)区位的概念

区位是指某一经济事物或经济活动所占据的空间场所,以及该场所与其周围事物之间的经济地理关系。

(二)区位的特征

1. 区位的双重性

区位既是一个地理学概念,以自然地理位置为依托,又是一个经济学概念,以人类经济活动、经济联系以及人类对经济活动的选择和设计为内容。

2. 区位的层次性

区位可分为宏观区位和微观区位。宏观区位是指关于一国总体生产布局或一个地区综合布局的优化方案;微观区位是指关于具体生产部门或经济设施分布地点的优化选择。

3. 区位的稀缺性

区位的稀缺性是指对某一类经济活动或不同的经济活动而言,对优良区位的需求总是大于它的供给,因而是稀缺的。

4. 区位的相对性

区位的相对性有两层含义。第一,随着时间的推移和条件的改变,区位的质量会发生变化,原先的劣势区位可能会变成优势区位;同样,原先优势区位的质量也可能下降成为劣势区位。第二,对不同的经济活动,区位的作用不同,其质量的好坏也具有相对性。例如,适合工业活动的区位对住宅开发也许就不是优良区位,适合住宅开发的区位也不一定适合商业活动。

5. 区位的差异性

对某一类经济活动而言,区位质量的好坏因地点的不同而呈现出差异性。这一点在房地产中十分明显,房价和所处地段之间的紧密联系充分展现了区位的这一特征。

二、区位的分类

以人类主要的区位经济活动内容为标准,区位可分为以下几类:

1. 农业区位

农业区位是指以农业经济活动为基本内容或以土地的农业利用为特征的区位。

2. 工业区位

工业区位是指以工业经济活动为基本内容或以土地的工业利用为特征的区位。

3. 城市区位

城市区位是指以城市经济活动为基本内容或以土地的城市利用为特征的区位。

4. 其他区位

其他区位是指包括住宅、交通运输业等经济性产业的区位。

本章主要研究前三种区位。

三、区位理论

区位理论(location theory)就是研究自然物质及人类活动的空间分布及其在空间中的相互关系的理论,是指导土地分区利用的基本原理。[①] 区位理论作为一种学说是19世纪二三十年代开始出现的,其标志是 1826 年德国农业经济和农业地理学家屠能(J. H. V. Thünen)的著作《农业和国民经济中的孤立国》(简称《孤立国》)。与区位的分类相对应,关于经济活动的区位理论主要有农业区位论、工业区位论、城市区位论等。

四、区位选择原则

土地的分区利用是在充分了解区域内土地的自然条件和经济社会条件演变及发展规律的基础上,根据土地的地域性差异和社会发展的要求、规划,对区域内土地利用的方向、结构和布局进行的分区工作。土地利用分区是按照地域分异规律和土地利用条件、土地利用现状、土地开发利用方向与途径的相似性和差异性对土地进行区域划分。所以,合理的区位选择是当今土地资源利用时不可忽视的重要问题。优化的区位选择可以更好地完成土地资源的合理配置,从而实现对有限土地资源的利用最大化。区位选择时应该遵循以下几个原则。

(一)因地制宜原则

区位理论发展到今天,虽然历经改善,但依然存在许多不完善的地方。比如,假设条件过于理想化,与实际情况相差较大等。土地的自然属性,使得不同区域的土地资源具有地域差异性。在选择区位时,应该结合具体的经济活动和区位条件,考虑当地影响区位活动的各种因素,如地形地貌、水文、气候等自然因素以及交通、市场、劳动力等社会经济因素,以便充分合理地利用当地有限的土地资源。总之,在进行区位选择时,结合实际、因地制宜,才能合理有效地利用有限的土地资源。

(二)动态平衡原则

区位选择时要考虑的影响因素很多,从运动变化的角度来看,影响区位选择的因素包括静态因素和动态因素。静态因素主要是指自然因素,如地形地貌、水文、气象、矿产资源等;动态因素则主要是指社会经济因素,如人口、交通、市场、劳动力、科学技术水平等。在这些影响因素中,动态因素因为会时刻发生变化,对区位选择的影响明显强于静态因素,所以区位选择时应该更多地考虑动态因素。

影响区位选择的区位因素随着时空而不断地发展和变化着。例如,区域内的地形

---

① 毕宝德:《土地经济学》,中国人民大学出版社 2020 年版,第 30 页。

地貌、水文、气象等自然条件会不断发生变化。随着社会经济的发展,交通条件也在发生着变化,这在农产品的生产销售上影响比较明显。所以,在进行具体的区位选择时,应该坚持用联系的、发展的、全面的观点看问题,也就是说,要从发展变化的角度来思考,选择各种因素动态平衡的区位方案。

同时,从系统论的角度来看,区位是一个异常复杂的系统。在区位选择时,为了能够针对具体问题作出细致、全面、合理的分析,更应该考虑各种影响因素的动态平衡。

(三)整体性原则

土地既是一个自然综合体,由组成它的各自然地理因素构成一个系统,相互联系、相互作用、相互影响,同时它是一个经济综合体。[1] 简单来说,土地可以分为农用地和非农用地。农用地和非农用地既是相对独立的,又是相互联系的。在进行土地的分区利用和土地资源的配置时,应该坚持从整体的角度,全面地考虑方案。区位理论是区域经济理论的重要来源和核心理论基础,是社会经济发展的产物,在区域经济发展中发挥着重要的作用。[2] 土地作为一个整体、一个系统,它的良性利用来自内部各组成要素的相互协调与统一。同时,在区域经济活动中要综合考虑经济效益、社会效益和环境效益,"三效合一"是最理想的追求,因此更要求土地利用达到协调统一。在进行区位选择时,保持这个系统内部的协调与统一显得尤为重要。

(四)效益最优原则

从区位理论诞生开始,效益便是其最关注的对象。企业为了解决寻找最佳区位,减少生产成本,而寻求更进一步的利润最大化。在当前阶段,土地利用分区的目的就是实现土地资源的用途管制,实现土地资源的合理配置,使得有限的土地资源可以产生最优的经济效益、社会效益、环境效益。因此,在当前的自然、社会环境条件下,如何在有限的土地资源上获取最优的效益,便成为土地分区利用不得不考虑的问题。

(五)可持续原则

土地资源对于人类来说无疑是至关重要的。土地的自然特性说明土地是自然产物,土地具有不可再生性。土地是人类赖以生存和发展的物质基础,是社会生产的劳动资料,是农业生产的基本生产资料,是一切生产和一切存在的源泉,是不能出让的存在条件和再生产条件。对于非农业行业,土地可以提供生产、操作的场所和基地,是其他操作行为发生的空间基础,如交通运输、水利电力、采矿等。土地具有地基作用,而且在其他行业更是被当作生产原料、运力、生产工具。而农业生产对土地的需求更甚于其他产业。在农业生产中,土地是劳动的第一对象,而且土地自身又是劳动资料,可

---

[1] 毕宝德:《土地经济学》,中国人民大学出版社2020年版,第38页。
[2] 徐阳、苏兵:《区位理论的发展沿袭与应用》,载《商业经济研究》2012年第33期,第138-139页。

以说没有土地就没有农业生产。所以，在土地的分区利用时要遵循可持续利用的原则，走生态发展道路，珍惜每一寸土地。

(六)现状＋规划原则

土地利用现状是长时间以来土地利用的历史产物，是地域差异的结果。土地资源的自然空间结构和千百年来土地经济利用的结果，形成了土地区位的差异，同时也形成了各项用地特定的区位要求。[①] 由于历史的作用，土地的这种特性具有稳定性，在短时间内难以改变，对区域内未来的土地利用起着一定的约束性。土地利用规划则是指在社会经济条件下，未来区域内土地利用的预期目标、利用模式，对区域内未来的土地利用起着向导性作用。所以，区域土地的分区利用既要结合土地利用现状，又要结合土地利用规划。

第二节 农业区位理论与农业土地的分区利用

一、屠能的《孤立国》

屠能在《孤立国》中首次提出了农业区位论，该理论的产生与19世纪德国乃至整个欧洲的社会历史背景和生产力状况是分不开的。屠能写作《孤立国》一书的时期可以说是农业企业化发展的时期，追求合理的新农业是当时的时代要求；此外，当时德国农村发生着巨大的变革，德国某些地区的封建领主以比较优惠的条件把土地出租给农民，导致了领主庄园制、农奴制的瓦解以及以自然经济为主的农业体制逐步由庄园制向租佃制的转变。屠能就是在这样的背景下，探索如何能够带来最大收益的农业经营方式、农业的空间配置和组合原理，试图揭示围绕城市市场的农业类型，寻求地区集约化经营方式规律，探讨郊区农业空间的合理组织机构。

屠能的《孤立国》的中心内容是：农业土地利用类型和农业土地经营集约化程度，不仅取决于土地的天然特性，更依赖于当时的经济状况和生产力发展水平，尤其是从农业生产用地到农产品消费地(市场)的距离。他从农业土地利用角度阐述了对农业生产的区位选择问题进行经济分析的途径。

为了阐明农产品生产用地到农产品消费地(市场)的距离对土地利用类型产生的影响，屠能提出的"孤立国"模式基于以下的假设：

1.在一个大面积的区域内，有一个圆形范围的"国家"，其中有人居住和耕地，而在这个"国家"的外围是大片荒凉的土地；这个"国家"的土地是有限的，并且被完全加以

---

① 毕宝德：《土地经济学》，中国人民大学出版社2020年版，第37-38页。

经营;人民按当时的中欧方式经营农业和林业,并考虑要获得尽可能多的纯收入。

2. 在"孤立国"中只有一个城市,它位于中心,其他都是纯农业利用的土地。城市是农产品(除去自身消费的)的消费中心。农业区域靠城市供应工业品和手工业品;完全排除来自其他市场的竞争关系。

3. 城市和农作区只有陆上交通,马车是唯一的交通工具,所有在城市中销售的农产品都沿大道运往市场。

4. 平原土地是均质的,即土地的自然肥力处处相等,气候、水文等自然条件处处一样,土地均适宜于农业耕作。

5. 运费与农产品的质量和产地到市场的距离成正比例。

根据以上理论前提,屠能认为市场上的产品销售价格决定经营产品的种类和经营方式,运输费用决定产品的生产成本。一个经营者所期待得到的利润与三个变量有直接关系。这种关系可表达为:

$$P = V - (E + T) \tag{4-1}$$

式中,P 为利润,V 为销售的商品价值,E 为总生产费用,T 为运输费用。

可见,利润是随着运输距离的远近发生变化的,运输距离增加,利润减少。所以,农民所选择的经营范围与距离城市的远近相关,随着距离城市市场里程的增加可选择的经营范围就缩小。[①] 在距城市最近的郊区,可以生产易腐烂的、不适于长途运输或者是重量大、单位重量价值低的产品;如果在距城市较远的地方生产这些产品,生产费用加运输费之和就会超过其销售价格,是不划算的。但是,当靠近消费中心的农业产品不能全部满足市场需求时,市场价格就会提高,结果会扩展农产品的生产范围。相反,距离市场远一些的地方就应种植单位重量价值较大的产品,并相应降低生产资料和劳动费用,结果,随着到消费地距离的增加,土地经营愈加粗放,而距市场近的郊区,经营最为集约。[②]

由以上分析可以得到一个结论:每种经营方式向外部延伸的距离是由运输费用的减少来决定的,市场周围土地的利用类型以及农业集约化程度都是以一个距离带一个距离带地发生变化,即围绕消费中心形成一系列同心圆,称作"屠能圈":

1. 第一圈为自由农作圈。主要生产蔬菜、水果、牛奶等不适宜长途运输的鲜货,比如种植园艺作物,饲养奶牛(其产品容易腐烂),种植饲料、土豆、甜菜等。

2. 第二圈为林业圈。由于木材的产量大,运费高,若运距太远,运费上升会使地租量趋于零而不可能运往城市销售,因此决定了林业适宜于配置在距城市不远的第

---

① 张军涛、刘锋:《区域地理学》,青岛出版社 2000 年版,第 147 页。
② 毕宝德:《土地经济学》,中国人民大学出版社 2020 年版,第 31 页。

二圈。

3. 第三圈以非常集约的方式种植农作物，并实行两年轮作。

4. 第四圈种植粮食、牧草及放牧，不实行集约生产。

5. 第五圈实行粗放的三年轮作制，土地利用方式有种植牧草、放牧等。

6. 第六圈为放牧区，也可以实行粗放的种植业，其产品价值高，而运输费用相对较低。第六圈以外的边缘地区由于距离市场消费地太远，只能供作狩猎（如图4-1所示）。

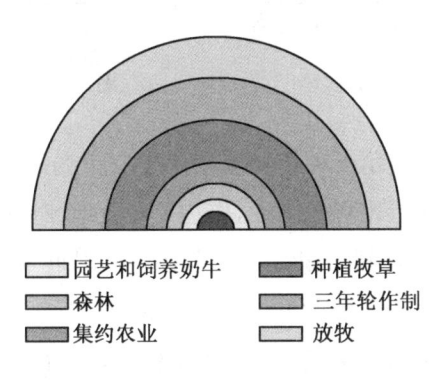

图4-1 屠能的农业圈

屠能发表农业区位论距今已有近两个世纪，其基本前提是建立在中世纪生产和交通方式基础上的，所以存在很大的局限性。随着社会的进步和经济技术的发展，屠能的理论模型与现实存在的农业区位之间出现了差异，因为屠能的理论本身只讨论了产品由产地到市场的运输成本，没有涉及燃料、原料和劳动力问题。新的农业布局区位论认为，任何农业模式都是多个因子综合作用的产物，在不同的历史条件下，不同的因子所起的作用也会随之发生变化。

二、农业布局理论[①]

屠能认为决定土地利用的主要因素是地租，区位地租就是指经营不同区位土地所获得的收益差额。美国学者达恩（S. Dunn）把生产单一生产物的地租用距离函数表示为

$$R = E(p-a) - Efk \qquad (4-2)$$

式中，R 为区位地租，E 为单位面积产量，p 为农作物的市场价格且假定其取决于市场供求关系，a 为单位作物的生产成本，f 为单位作物单位距离的运费，k 为作物产地与市场的距离。在式中，R 是因变量，k 是独立变量，其他是常数或参数。根据公式可以作出表示各种农作物的区位地租曲线，如图4-2所示。

---

① 张文忠：《经济区位论》，科学出版社2000年版，第66页。

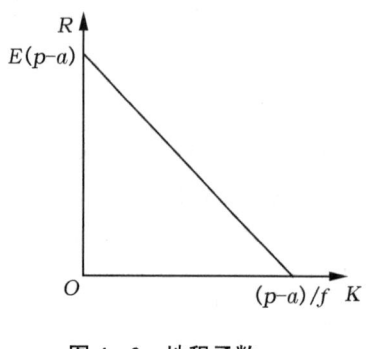

图 4-2 地租函数

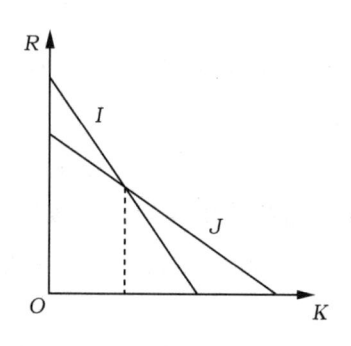

图 4-3 两种作物的区位选择

在图 4-3 中,每条线表示一种作物分布距中心市场的距离与它所能提供的区位地租间的函数关系。在接近市场的附近,作物 I 在各地域每单位面积的地租增加额比作物 J 的地租增加额要大,因此,作物 I 适合在市场附近生产,而作物 J 在远离市场的区位生产较为有利。两条区位地租线交叉点的横坐标为两种作物的合理分布范围的分界线。而 I 线与横轴的交叉点为 I 的种植极限,因为当作物 I 与城市距离稍一增大,其所获得的区位地租会急剧减少。

三、与现实接近的农业区位理论[①]

(一)自然条件对区位的影响

屠能的孤立国中假设各地土壤质量和气候条件都是相同的,然而,现实存在的国家中找不到孤立国所设想的自然条件完全相同的土地。对农业区位来说,自然条件的差异往往会造成土地生产力和经营方式的差异,会影响地租的大小,从而影响土地利用的空间形态。

一方面,自然条件的差异会影响作物的收入,生产力高的土地上,农作物所带来的收入也会增加。如产量变化,地租函数就会发生变化,表现在图 4-4 上就是地租曲线的截距增大或减小。也就是说,自然条件的差异会对产量产生影响,而产量变化所造成的地租差异会随着远离市场而逐渐减少,直到消失。原因在于,纯收入在增加的同时,运费 Efk 也在增加。因此,在不同自然条件下,农作物的空间区位竞争在市场附近最为激烈。

另一方面,自然条件差异还会带来生产费用的差异。在作物产量和价格不变时,生产费用的涨落会使地租曲线上下平行移动。在自然条件好的区域,即使收入相同,但由于所付出的费用少,地租就会高,生产区位空间也会扩大,如图 4-5 所示。

---

① 张文忠:《经济区位论》,科学出版社 2000 年版,第 83 页。

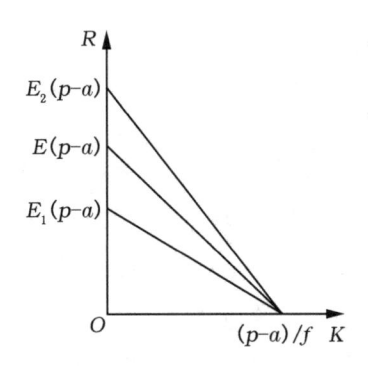

图 4-4 自然条件的差异与作物区位空间竞争

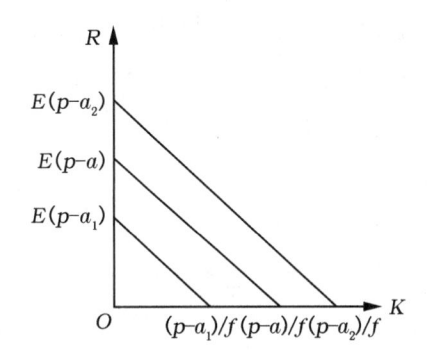

图 4-5 生产费用的差异与作物区位空间竞争

(二)交通条件与区位选择

屠能所处的时代交通方式是单一的,所以他的区位论假设运输方式相同且地域均质,把距离作为空间选择的主要因素。然而,在交通工具飞速发展的今天,这种假设显然不能成立,运输方式的不同会影响运费,从而造成不同的区位选择。由图 4-6 可以看出,运费增加,地租曲线的横轴截距就会减少,即作物的区位空间会缩小;反之,区位空间就会扩大。因此,作物的区位空间竞争还取决于以怎样的方式运输到市场。

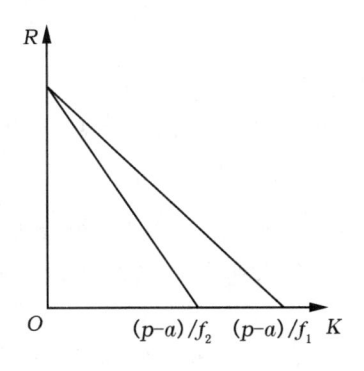

图 4-6 运费差异与作物之间的区位空间竞争

四、农业土地的分区利用

(一)农业生产的地域性

农业,包括作物栽培、树木种植、畜禽饲养、桑蚕和水产养殖等,是人们利用生物特有的生长机能,把自然界的物质和能量转化为人类所需要的有机物质资料的社会生产部门。作为一个特殊的物质生产部门,农业具有区别于其他物质生产部门的显著特点。其中重要的一点就是农业生产的地域性。

首先,农业的地域性表现为农业与自然环境的统一性。各种作物、林果、家畜、水产等,均具有特殊的生物学和适生环境,即使同一作物或畜禽因其不同品种,也有不同的生态适宜性。有的喜暖湿,有的喜冷凉;有的耐阴,有的向阳;有速生的,也有慢长的等等。同时,由于各地区的气候、地形、土壤等自然条件不同,其生产利用方式也有区别,在农业分布上出现巨大的地域差异。应当指出,生物与环境的统一关系是相对的,不是固定不变的。有些作物和畜禽品种经过人类历史长期选育驯化,也可以在原来不太适宜的环境条件下顺利发育成长。

其次,农业的地域性,不但反映在自然条件的差异上,而且也是由于在不同的社会经济条件下,技术水平和生产力发展不平衡造成的。[①]

农业土地分区利用是要以土地适宜性为基础,充分发挥各地区的优势,在合理进行农业区划的基础上,因地制宜地利用土地,达到合理利用土地的目的。

(二)我国土地利用分区[②]

由于我国土地的自然特性及社会经济条件的复杂多样,地区分布不平衡,土地利用状况的地区差异性明显,因此,根据土地开发利用的自然和社会经济条件,土地开发利用现状、开发利用方向与途径等的相对一致性,将全国划分为北方土地利用区、南方土地利用区、西北土地利用区和青藏高原土地利用区。

1. 北方土地利用区

该区位于秦岭、淮河以北,乌鞘岭以东,包括东北、华北及黄土高原地区,土地总面积占全国的21.97%。耕地分布广,主要集中于东北平原、华北平原等。林地主要分布于东北地区大、小兴安岭和长白山地区等,是我国最大的天然用材林基地。牧草地主要分布于本区西部的黄土高原及内蒙古交界的地区。

由于该区南北跨度大,北部属温带,南部属暖湿带地区,因此南北土地利用有差异。燕山以北的北部,平原地区以农业为主,作物可以一年一熟,山地、丘陵地区以林

[①] 周立三:《中国农业地理》,科学出版社2000年版,第4页。
[②] 周立三:《中国农业地理》,科学出版社2000年版,第108-113页。

为主;燕山以南的南部,平原地区以农业为主,作物可以二年三熟,部分地区可以一年二熟;西部的黄土高原及长城沿线地区以牧业为主,农、林、牧综合发展。

2. 南方土地利用区

该区位于青藏高原以东,秦岭、淮河以南,包括华东、华中、西南及华南地区,属亚热带和热带地区。全区总面积占全国土地总面积的 25.98%。在农业土地利用中,林地比重大,耕地次之,牧草地比重稍小。

该区水资源丰富,土地开发利用程度较高。由于该区地处亚热带和热带范围,水热条件好,土地开发利用重复较高,土地利用率多在 90% 以上。农业生产为一年二熟至三熟。耕地多为水田,以水稻为主,是我国重要的粮食生产基地。

该区土地利用应以农、林、牧、渔并举,因地制宜,按一定原则合理安排各业用地。

3. 西北土地利用区

该区位于大兴安岭以西,大青山、乌鞘岭、祁连山、昆仑山以北,包括内蒙古地区和西北地区。本区土地面积占全国的 30.83%。全区土地开发利用程度低,未利用土地面积大。

由于该区大部分属于温带及暖温带干旱、半干旱气候,气候温暖干燥,年降水量多在 400 毫米以下,光照充足,但光、温、水、土条件配合较差,耕地以旱作为主,经营粗放,广种薄收,产量低而不稳,土地生产水平较低。草场退化及土地沙化严重。由于超载放牧、樵采及滥垦等不合理的经济活动,致使地表草本植被被破坏,草场质量下降,后备耕地资源相对较低。该区土地开发利用方向应以牧业为主,牧农林结合,全面发展。

4. 青藏高原土地利用区

该区位于昆仑山、祁连山以南,横断山地以西,包括整个青藏高原地区,全区土地面积占全国土地总面积的 23.1%。该区土地利用以牧草地为主,林地次之,耕地比重小,分布相对集中。该区土地利用应以牧业为主,牧农林综合发展。

第三节 工业区位论与工业土地的分区利用

一、韦伯的工业区位论

1909 年德国经济学家阿尔弗雷德·韦伯的《论工业区位》的发表标志着工业区位论的问世,成为世界上第一部关于工业区位的比较系统和完整的理论著作。韦伯运用了"区位因素"的概念,除了保留了屠能对运输因素的分析外,进一步对劳动力因素和集聚因素进行了研究,其理论核心就是区位因素的合理组合,通过对运输、劳动力、集聚因素相互关系的分析和计算,找出工业产品生产成本最低的点作为工业企业的理想区位。与屠能农业区位论建立在中世纪交通工具基础上不同的是,韦伯理论是以现代交通运输方式为前提的。

(一)韦伯工业区位论的假设

(1)所要分析的对象是一个单一的单位、一个孤立的国家或一个特定的地区。在讨论工业区位的过程中,只考虑经济因素,假设这个国家或特定地区的气候条件、种族、地质条件及技术熟练程度都相同。

(2)一些自然资源一般遍布各地,而其他一些自然资源包含能源在内的原料的分布只能在一些地点存在。

(3)劳动力并不是无处不在,其分布已预先确定。工资是固定的,但每个地区的工资水平不一定相同。获得固定工资的劳动力供应是无限的。

(4)消费地点已经预先确定。生产分布状况影响消费者的分布状况。

(5)运输费用是重量和距离的函数,运输费用的增加与运行里程及载重量是成正比的。

韦伯理论认为,在配置工业企业时要把运输费用降到最低限度,以实现产品的最佳销售。韦伯认为运输费用对工业区位的基本定向起着决定性作用,劳动力费用则是对运输定向的工业区位系统的"第一次"变形,集聚因素是工业区位系统的"第二次变形"。[1]

(二)运输费用对工业区位选择的影响

运输费用除了受到运输距离的影响外,还与原材料的性质有关。[2] 韦伯把工业中需要的原料分为两种类型:地方性原材料和常见性原材料。地方性原材料是指在特定地点贮存的或开采的;常见性原材料是指到处都有的原材料。常见性材料对工业区位影响很小,因此在研究中一般只考虑地方性原材料,按照地方性原材料转到产品过程中重量的变化,又分成纯重原材料(在生产过程中,全部进入到制成品中去)和失重原材料(在生产过程中,有一部分重量损失)。产品不同,原料的组合也不同。生产每单位产品的原料投入中,如果失重原材料所占比重高,那么,因重量的损失在原料地的布局就可以节约费用。根据原材料这些特点,韦伯设计了相应的原材料系数公式:

$$原材料系数 = (纯重原材料重量 + 失重原材料重量)/制成品总重量 \quad (4-3)$$
$$= 地方性原材料总重量/制成品总重量$$

由此可以得出以下关于一般区位选择的原则:

---

[1] 张军涛、刘锋:《区域地理学》,青岛出版社2000年版,第152页。
[2] 毕宝德:《土地经济学》,中国人民大学出版社2020年版,第32—33页。

（1）当原材料系数<1时，即运进工厂的物质总重<运出工厂的总重，在消费地布局比在原料地布局运费节省要多，因此，工厂应设在产品的消费中心，属于消费地指向性区位。适于这一条件的工业，其所用物质大多是随地物质，如啤酒工业、面包工业等。

（2）当原材料系数>1时，即运进工厂的物质总重>运出工厂的总重，为节省运费，工厂应设在地方性原材料产区，属于原料地指向性区位。属于这一类的产业有水泥工业、食品加工业等。

（3）当原材料系数=1时，即运进的物质与运出的产品重量相等，原料地、消费地以及两者之间的任何一点其运费都相同，工厂区位可以自由选择，属于自由指向性区位。

（三）劳动成本对工业区位选择的影响①

韦伯这里提到的劳动成本是指生产每单位重量产品所需支付的平均工资，体现了劳动能力的差距，属于地区性差异因子，主要反映在地区间的差异性上。由于它在空间上不像运输费用那样具有明显的空间变化规律，所以，劳动成本是使运费形成的区位发生变形的因子之一。

韦伯对两种布局的思考遵循这样的思路：是在运输费用最小点的布局还是在劳动成本低廉地点布局，主要看这两种费用的节约程度。如果在劳动成本低廉地点布局带来的劳动成本节约额大于最小运费点移动产生的费用，那么，劳动成本指向就占主导地位。他提出了劳动系数、劳动成本、地域质量的概念。其中，地域质量指每生产一单位产品所需运输的重量，劳动系数是劳动成本与地域重量的两者之比。

$$劳动系数 = 劳动成本 / 地域质量 \qquad (4-4)$$

根据公式的分析，劳动系数大，即劳动成本大、地域质量小的工业，其厂址选择应离开运费最低点，而偏向于劳动成本较低点。概括地说，劳动系数大表示远离运费最小区位的距离就大；劳动系数小则表示运费最小区位的指向强。也可以说，劳动系数越高，依照劳动力指向的倾向就越强烈，即工业会更加向劳动成本低廉地点集中。②

（四）集聚因素对工业区位选择的影响③

韦伯进一步研究了集聚因素对运费指向或劳动成本指向区位的影响。集聚因素可使运输和劳动力指向的区位产生偏离。韦伯通过对实际情况的总结提出，一个企业可以通过三种方法获得集聚的经济效益：①扩大生产规模，增加生产的集聚程度，从而可以降低产品成本；②通过选择与其他工厂紧密相连的配置，获得企业外部的利益，如

---

① 毕宝德：《土地经济学》，中国人民大学出版社2020年版，第33页。
② 郭裕凤：《土地经济学》，科学出版社，2019年版，第242页。
③ 张文忠：《经济区位论》，科学出版社2000年版，第110页。

每个企业可以使用专用设备,共同利用劳动力市场等,可以降低各有关工厂的生产成本;③同一个工业部门中企业之间的协作。

同时,集聚又可分为纯粹集聚和偶然集聚两种类型。纯粹集聚是由技术性和经济性的集聚利益产生的集聚,也称为技术性集聚;偶然集聚是纯粹集聚之外的集聚。韦伯认为,运费指向和劳动成本指向的结果带来的工业集中就属于偶然集聚。一个工厂如果因集聚所节省的费用大于因离开运费最小或劳动力成本最小的位置需要追加的费用,则区位由集聚因素决定。

(五)韦伯工业区位论的总结及评价

韦伯是第一个系统建立工业区位理论体系的经济学者,他的理论是经济区位论的重要基石之一,不仅是理论研究的经典著作,而且对现实工业布局具有非常重要的指导价值。

韦伯在综合分析了工业区位形成的诸因素后认为,工业区位的形成主要与运费、劳动成本和集聚因素有关。运费具有把工业企业吸引到最小运输费地点的趋势,而劳动成本和集聚因素具有使区位发生变动的可能。韦伯的分析结构属于完全竞争,即假定所有的买方都集中在给定的消费地,所有的卖方都具有无限的市场,当价格给定时,对一个企业产品的需求与其供给相比是无限的,因此,从区位不可能派生出垄断利益。也就是说,韦伯假定了一种在区位决定中需求因子不发生作用的市场类型。

韦伯工业区位论的最大特点就是最小费用区位原则,即费用最小点就是最佳区位点,他之后的许多学者都脱离不了这一经典法则的影响,仅仅是在他的理论基础上的修补而已。然而,韦伯的理论不仅仅局限于工业布局,对其他产业布局也具有指导意义。当然,由于所处时代的限制,韦伯理论也有一定的局限性。比如,当今世界由于技术和交通运输的发展,带来了原料使用量和劳动成本以及运费大幅度削减,本来属于原料地和劳动供给地指向型区位现在已变成消费地指向型区位,特别是一些尖端技术工业布局受地域约束极小,工业区位的选择范围更广。在这种条件下,工业区位出现了新的指向型,这些类型的工业区位不能直接套用韦伯的理论,但换一个角度还是可以说明和解释的,至少也可以提供一种思维方法。

二、工业土地的分区利用

一般来讲,工业用地布局的一个总原则就是要注意节约用地。在现实中,工业企业门类繁多,不同的工业部门生产特点也不同,因此,应根据各行业的生产特点和各地的建设条件,分别提出具体企业的用地规划和布局。不同性质的企业可以归纳为以下类型。

(一)原料导向型企业

原料导向型企业一般是以农产品、矿产品为原料的初次加工企业。其特点是:占地面积大,消耗材料、燃料量大,从原料到成品的失重程度大,有些产品的原料在运输、贮藏过程中损失比较大。根据韦伯理论中运输费用对工业布局的影响,这类企业应尽量建在原料产地,而把产品运往消费区,如造纸厂、水泥厂、钢铁厂等。这样既可以减少原料运输,又可以节约大量城市土地,从而可以提高城市土地的利用效益。

(二)市场导向型企业

市场导向型企业一般是对土地产品的初加工品进行进一步加工的企业,其产品一般运输比较困难或运输过程中损耗大。其特点是:占地面积小,原料消耗小,成品重量大于原料的重量。对这类企业应布局在消费区或技术条件和协作条件较好的中心城市,如玻璃厂、食品厂、家具厂等。这类企业一般应趋向于消费地,但在规划时应注意安排在城市的下风区和水源的下游区,制定治理"三废"的措施,注意保护环境。

(三)能源导向型企业

能源导向型企业在进行生产时往往需要大量的能源,如耗电量大的企业,由于单位产品电能消耗大,产品成本中电费占较大比重,所以厂址一般选择在动力基地,特别是能提供廉价电能的大型水电站附近,而且一般情况下以减少电能输送损失所获得的收益,往往可以弥补原料、半成品运输中的耗费。这类企业包括铜、镁等有色金属的冶炼厂、人造纤维厂等。

(四)技术导向型企业

技术导向型企业是"知识密集型""技术密集型"的工业,其产品多为各种精密仪表、电子产品等,一般占地面积小,且可集中在高层建筑生产,因此,这类企业可集聚在大城市的科学技术中心、高等院校和科研机关。

第四节 城市区位论和城市土地的分区利用

一、克里斯塔勒的中心地理论

中心地理论也称为城市区位论,是由德国地理学家克里斯塔勒(W. Christaller)在20世纪30年代提出来的。这个理论深刻揭示了城市中心居民点发展的区域及其等级规模体系的地域关系,为城镇土地分等定级、城镇规划和区域规划等提供了重要的依据,是近代区位理论的核心。该理论中有一个主要概念中心地,是指区域内向其周围地域居民点的居民提供各种货物和服务的中心城市或中心居民点。克里斯塔勒认为,中心地和中心地周围区域是相互依赖、相互服务的,有着紧密的联系。它们之间的关系具有一定的客观规律,一定的生产地必将产生一个适当的中心地,而且这个中心地是周围区域的中心,向周围区域提供所需要的货物和服务,并且也是与外部联系的商业集散中心。①

（一）中心地的空间均衡

与其他区位论相同,克里斯塔勒建立模型时也提出以下几个假设条件:①一块均质的平原上人口均匀分布,居民的收入水平和消费方式完全一致;②统一的交通系统,同一等级规模的城市的便捷性相同,交通费用和距离成正比;③厂商和消费者都是经济人,消费者都利用离自己最近的中心地,即就近购买,以减少交通费;④平原上货物可以完全自由地向各方向流动,不受任何关税或非关税壁垒的限制;⑤相同的货物和服务在任何一个中心地价格都相等,消费者购买货物和享受服务的实际价格等于销售价格加上交通费。②

在上述假设条件下,中心地均匀分布在平原上,同类中心地的距离也相同,且每个中心地的市场地域都为半径相等的圆形地域。如图4-7所示,任何一个中心地都与6个和自己相同等级的中心地为邻。进一步来说,我们假定这些中心地位于比自己更高的具有同样性质的中心地组成的平面中,那么,同样每个中心地与6个和自己相同的中心地为邻。但不管是哪一级的中心地,每3个相邻的中心地的市场地域之间都存在一个空白区,空白区得不到该级主中心地的服务,这时就会在空白区出现一个低一级别的消费中心。以此类推,不同等级的中心地就会逐渐形成。③

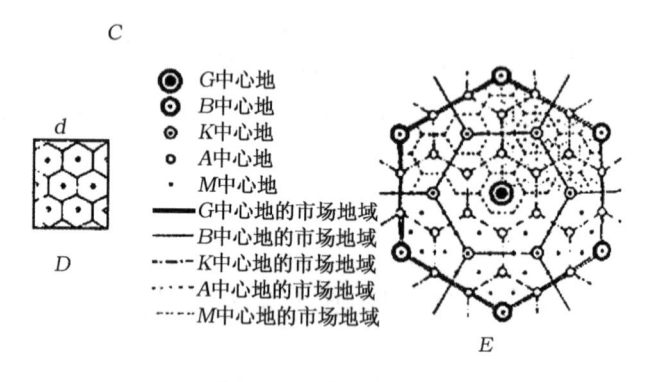

图 4-7 中心地理论

同时,竞争使新的中心地厂商不断进入,各厂商经营某类商品的最大销售范围就会逐渐缩小,直到能维持最低收入水平的门槛范围为止。这样,某类商品的供给在均

---

① 张文忠:《经济区位论》,科学出版社2000年版,第252页。
② 韩立英:《土地使用权评估》,中国人民大学出版社2003年版,第26页。
③ 郭裕凤:《土地经济学》,科学出版社2019年版,第244页。

质平原上最终达到饱和状态,而每个中心地的市场区都成为圆形,且彼此相切。事实上,由于各等级中心地之间的相互竞争,每两个中心地的市场区域必定出现重叠。这样,居住在重叠区内的居民就有两个可供选择的区位,按照消费者到最近供应地购物的假设,消费者将选择接近自己的中心地,最终相邻的两中心地会把重叠区平分,其中位于平分线上的居民到两个相邻的中心地的距离是相等的,故这条线被称为无差别线。重叠区被无差别线分割,使圆形的市场区被六边形的市场区所取代,从而推导出正六边形市场区,各级中心地组成一个有规律递减的多级六边形空间模型,此时所有中心地达到了空间均衡①,如图4-8所示。

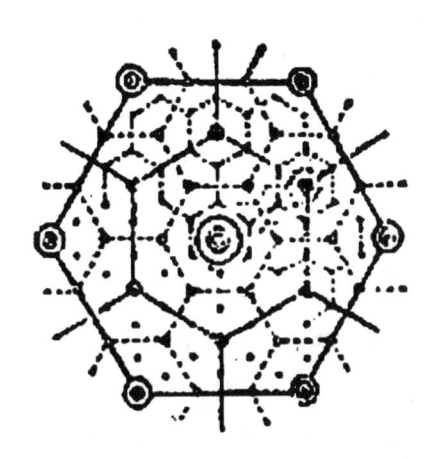

图4-8 正六边形城市空间分布模型

(二)三原则与中心地系统的空间模型②

克里斯塔勒从城市中心居民点的物品供应、行政管理、交通运输等主要职能的角度,论述了城镇居民点的结构和形成过程。交通是城市经济发展中独立的经济因素,它起着"中间介质"的作用,使得物质的空间交换得以进行,但由于运输必须克服一定的距离,付出高低不等的代价,因此在很大程度上影响中心货物到达的范围,进而影响城市规模、居民点之间的距离及空间分布等。另外,行政管理因素也是影响乃至决定城市分布的重要因素,行政职能位于某一城市或居民点,依靠处理行政事务及颁布法令等管理其管辖区。任何一个确定级别的中心地生产的某一级产品或提供的某级水平的服务,都有大致确定的经济距离及能达到的范围,中心地的规模与其所影响区域的大小、人口规模,是通过对产品和服务的需求这个环节而建立起相关关系的。

1. 市场原则

市场原则也称供给原则,就是从最有利于组织商品的供销、保证商品和服务的供

---

① 韩立英:《土地使用权评估》,中国人民大学出版社2003年版,第26页。
② 韩立英:《土地使用权评估》,中国人民大学出版社2003年版,第27页。

应范围最大的角度出发,在均等机会下配置各级中心地及市场区的数目。按市场原则的中心地等级体系是以 $K=3$ 来组织的（K 值表明在不同的空间组织原则下,中心地相对于由它服务、供应及管辖的市场区排列关系和数量关系）,$K=3$ 可称为三倍制,在中心地数目方面,最高中心地一个,第二级中心地有两个,以下各级以 3 倍增加。每一个较大的中心地的市场区总包含 3 个比它低一级的市场区,依此逐级类推,可得到市场区域的等级序列为 1,3,9,27,81,…。

由于高一级中心地包含低一级中心地的所有职能,即一级中心地同时也是二级中心地,因此,一级中心地下属的 3 个二级市场区内,已经有了 1 个一级中心地,2 个二级中心地,在 9 个三级市场区内,因已有了 1 个一级中心地,2 个二级中心地,所以只增加 6 个三级中心地。以此类推,在 $K=3$ 的系统中,不同等级规模的中心地出现的序列是 1,2,6,18,54,…。

2. 交通原则

在有直线道路连接较高级中心地的区域,较低级的中心地便建立在交通线上,这样可推导出 $K=4$ 的中心地网络系统。较高级中心地为 6 个较低级中心地服务,但因为这 6 个中心都只有一半在较高级市场区之内,所以只相当 3 个低级中心地的人口,再加上它自己的较低级中心在内,共计为 4 个较低级中心地服务,因此,由 $K=4$ 形成的市场区等级序列是 1,4,16,64,…中心地的系列数为 1,3,12,48,… 依 $K=4$ 的原则形成的交通系统,因次一级中心地皆位于联系较高等级中心地的主要交通线路上,所以被认为是最便利、最高效的交通网络,也是最有可能在现实社会中出现的中心地体系。

3. 行政原则

行政原则要求每一个较高级中心地完全控制围绕它的 6 个次级中心地,这些中心地不能分属于其他中心管辖,因此,为了方便管理,使市场区不分割行政区,克里斯塔勒又设计了 $K=7$ 的中心地体系。也就是说,每个上一级中心地的管辖范围除包括自身所在的次一级中心地的管辖范围外,还包括相邻 6 个次一级中心地的管辖范围。这样形成的管理区等级序列为 1,7,49,343,…,各级中心地从属关系体系为 1,6,42,294,… 行政原则下形成的中心地体系,是一种自给自足的封闭体系,居民购物的出行距离最长,其交通最为不便。

在三原则中,市场原则是基础,交通原则和行政原则可看作是对市场原则基础上形成的中心地系统的修改。克里斯塔勒从这三个方面分析了城市等级的出现,同时指出城市对其周围地区承担的各种服务职能,在理论上必须最接近所属地区的地点。克里斯塔勒中心地理论的最大特征之一就是中心地等级和中心职能是相互对应的。

(三) 克里斯塔勒中心地理论的意义

克里斯塔勒的中心地理论是关于城市等级划分、城市内和城市间的社会和经济空间模型的研究,是城市地理学和商业地理学的理论基础。在地域划分中,按照中心地理论可以合理布局地域的公共服务设施、其他经济和社会职能。

二、廖什的中心地理论

德国经济学家廖什(August Lösch)在1940年发表了《经济区位论》一书,提出了与克里斯塔勒的中心地理论极其相似的中心地模型。通过研究,廖什认为克里斯塔勒的等级体系原理仅是中心地系统整个系列的特殊情况,他综合了克里斯塔勒理论的各种可能,并运用图表来解释其理论,从而推导出一种"经济景观"。廖什认为"经济景观"是包括了所有的市场区域的一般模型,也称为完全系统,在这一系统中,两个以上的职能可以拥有同一规模的市场区域,即各职能可孤立地存在。因此,在廖什的模型内,除中央大城市外,各中心地特别是同一等级的中心地由于中心职能的专业化,相互间可以供给货物,而且低级中心地也有可能向高级中心地供给货物。基于这一点,廖什中心地等级体系中各级中心地人口分布呈现出阶梯状变化。因此,廖什的中心地等级体系更符合实际,具有更大的适用性。[①]

廖什理论的特点就是把生产区位和市场结合起来分析,以最大利润为原则,从市场区的概念出发,剖析经济区形成的内部机制。他认为,生产和消费都在市场中进行,生产者的目标是谋求最大的利润。为获取最大利润,就要正确选择区位以谋求最大的市场或市场区,而最低成本、最小吨或最少千米的区位往往不一定保证最大利润。此外,他的理论还克服了韦伯区位论的缺点,认为需求的大小部分是随着价格变化的,也根据生产配置地点的选择和市场区规模的变化而发生变化,因此,必须全面考虑运输成本、生产成本、总成本以及总收入的定向原则,选择最佳配置点。

廖什的市场区位理论,是通过对整个企业体系的考察,从总体均衡的角度揭示整个系统的建立问题,他还从市场区的概念出发,提出了区域集聚和点集聚的问题,从理论上剖析了经济区形成的内部机制。

三、城市土地功能分区模式

城市面积相对较小,它不仅包括工业、商业、交通运输业、建筑业等生产性部分的用地,而且包括文教、卫生、服务、行政等非生产性部门的用地。城市土地规划是否合理,是否能处理好各行业用地、城乡用地的矛盾,对整个国民经济的发展都很重要。世

---

① 张军涛、刘锋:《区域地理学》,青岛出版社2000年版,第165页。

界的多样性,城市规划的综合性,决定了城市规划的编制必须进行多元的思考和探索,应重视以下几个方面:①空间配置要满足经济、社会和人的全面发展;②城市规划要重视不同利益群体权益的协调;③要多视角审视城市规划方案。

在城市土地利用中存在着明显的功能分区,如商业区、工业区、居住区等,以此为基础,产生了城市功能分布结构的各种模式,其中又以三大古典模式最为著名。[①]

(一)同心圆模式

持有同心圆模式设想的人认为,城市内部空间结构是以不同用途的土地围绕单一核心,有规则地从内到外扩展的,形成圈层式结构。

第一圈是中心商业区,属于中央商业区和闹市区的最核心部分,包括商场、办公楼、旅馆等,是城市社交、文化活动的中心;第二圈为过渡地带,靠近市中心,交通也比较方便,这里绝大部分是公用或服务事业,包括学校、博物馆、图书馆、政府机构等,此外,还包括轻工业、批发商业、货仓等一些占地面积不大的部门;第三圈是较低收入居民住宅带,这里租金低,便于乘车往返于市中心,接近工作地,工厂的工人大多在此居住;第四圈是高收入住宅带,居住密度低,生活环境好,是中产阶层的住宅区;第五圈是已经进入城市郊区,拥有一些独家住宅,此圈以外分布着一些大型的重工业企业(如图 4-9 所示)。

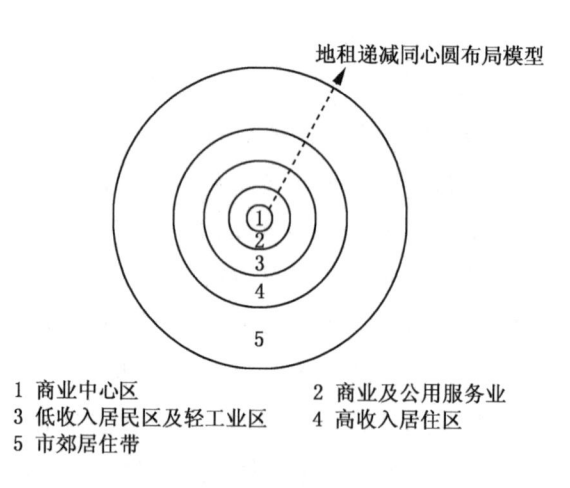

图 4-9 同心圆布局模型

在宏观效果上,同心圆模式基本符合单中心城市模式。但由于它忽视了道路交通、自然障碍物、土地利用的社会和区位偏好等方面的影响,与实际仍有一定的偏差。

(二)扇形模式

扇形理论是在圈层布局理论基础上产生的,它考虑了城市对外联系的主要交通干线多是由市中心向四周辐射的,而且各功能区之间存在着不同程度的吸引与排斥关

[①] 郭鸿懋:《城市空间经济学》,经济科学出版社 2002 年版,第 40 页。

系,因此,各类城市居住用地趋向于沿着主要交通路线和自然障碍物最少的方向由市中心向市郊呈扇形发展。高收入住宅区受景观和其他社会或物质条件的吸引,沿着城市交通主干道或河岸、湖滨、公园、高地向外发展,独立成区,不与低收入的贫民区混杂;中等收入的住宅区为利用高收入阶层的名望,在高收入住宅区的一侧或两侧发展;而低收入的住房被限制在最不利的区域发展。扇形布局模型如图4-10所示。

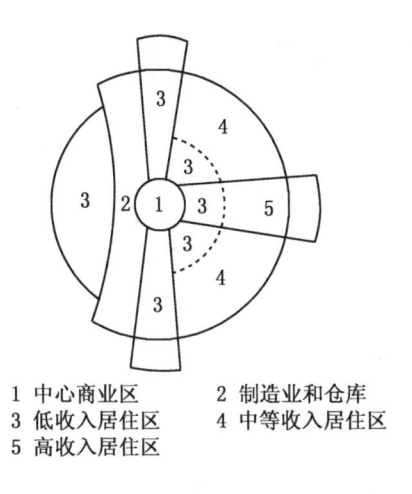

1 中心商业区 2 制造业和仓库
3 低收入居住区 4 中等收入居住区
5 高收入居住区

图4-10 扇形布局模型

(三)多中心模式

多中心模式强调,有些城市并不是只有一个中心,随着城市的发展,城市中会出现多个商业中心,其中一个主要商业区为城市的主要核心,其余为次中心,这些中心不断地发挥成长中心的作用,直到城市的中间地带完全被扩充为止。而在城市化进程中,随着城市规模的扩大,新的集聚中心又会产生。对这种城市进行规划指导时,不能强求各功能按圈层或扇形布局,而只能适应其具体情况,因势利导地使其在原有基础上发展。多中心布局模型如图4-11所示。

上述各种模式对于城市空间结构的描述具有典型性。然而,现代城市类型众多,城市空间结构复杂,变动迅速,要想通过一个简单的模式来描绘出千姿百态的城市的空间特征是十分困难的。任何规划结构形态模式都不是先验论的,只有对规划范围的各项历史、现状的认真分析,以及对其发展预测和各种发展空间方案选择比较后,进行具体安排、反复调整,才能得出更趋合理的结论。从土地利用角度来考虑,城市布局结构形态要有利于土地的合理组织和安排,更有利于十分珍惜和节约每寸土地。[①]

---

① 严金明:《中国土地利用规划:理论、方法、战略》,经济管理出版社2001年版,第249页。

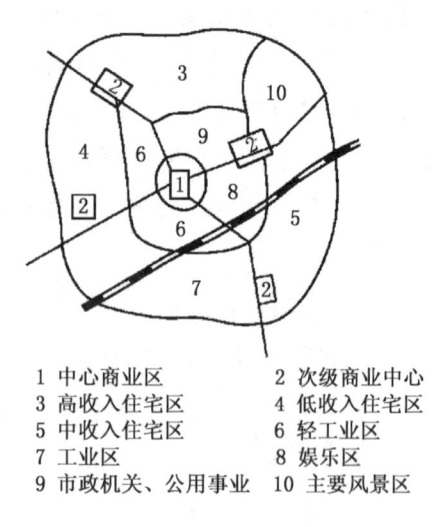

1 中心商业区　　　　2 次级商业中心
3 高收入住宅区　　　4 低收入住宅区
5 中收入住宅区　　　6 轻工业区
7 工业区　　　　　　8 娱乐区
9 市政机关、公用事业　10 主要风景区

图 4-11　多中心布局模型

四、我国城市土地的分区利用

(一)大城市、特大城市的土地利用问题

大城市在城市化过程中有着特殊的地位和作用。一方面，经济的发展，特别是知识经济和信息时代要求必须将大城市，特别是国际经济中心城市和都市带的发展置于优先地位，这种高效率集聚人口和经济活动的布局模式，能够大幅度提高国家经济运行和产业布局效率；另一方面，大城市拥有难以替代的聚集效应和辐射功能，能创造比中小城市高得多的经济效益，能够极大地促进经济发展，既可以增强综合国力、提升产业国际竞争力，也能从根本上提高一国城市化水平及其质量。当然，对发展大城市也有很多批评意见。20世纪80年代后期，"城市病"(有时也被称为"大城市病")被开始广泛应用于各种媒体、专业论文甚至是政府文件中，主要指城市在发展过程中出现的交通拥挤、住房紧张、供水不足、能源紧缺、环境污染、秩序混乱，以及物质流、能量流的输入、输出失去平衡，需求矛盾加剧等问题。其主要是由生产规模的急剧扩大、人口的迅速增加，引起城市基础设施、自然缓解和城市发展不协调所导致的。[①]

尽管中国城市发展的总体方针是"严格控制大城市规模，合理发展中等城市和小城市"，但是许多城市的大规模已成事实，并且产生了一系列不良后果。因此，我们现在的任务是怎样从优化大城市土地利用结构组合的角度入手，消除不良后果，发挥大城市应具有的"大效益"。

---

① 谭纵波：《城市病是一种什么病？》，载《文化纵横》2020年第4期，第127-133、143页。

（二）中小城市土地利用

中小城市是连接大城市和小城镇的纽带，在国家城镇体系中处于中间环节，可以享受大城市扩散效应所带来的好处，也能够对周围的小城镇的农业产生很强的集聚和辐射作用，起到了承上启下的作用。发展中小城市不仅可以避免人口向大城市过度集中所带来的弊端，而且可以促进地区经济发展。而且，这些小城镇中有一些很有可能发展成现代化的城市。

吸取大城市发展的经验教训，中小城市的进一步发展必须以城市规划作先导，以土地利用的区位原理为基础。这不仅要在分析研究城市各功能区之间关系的基础上从整体出发规划好功能区的空间组合，而且需要充分研究各个中小城市的形成过程及其特点，根据不同的形成过程及其性质功能，确定与其相对应的合理规划。[①]

对于我国来说，发展中小城镇是有中国特色城市化道路的一种选择。我国作为一个农业大国，农业的发展及现代化所带来的大量富余人口是城镇化的动力，也是压力。如何安置这些农村向城镇转移的人口，已经成为我国城镇化进程中迫切需要解决的问题，若让其盲目涌入大城市和特大城市，会使已经紧张的住房、交通、能源、供应情况更加紧张，大大超过现有城市的吸收能力，造成城市规模失控，采取新建多建大城市的办法来解决又是我国国力所难以达到的。因此，根据我国的国情，可以大力发展中小城镇。[②]

第五节　国土空间规划与用途管制

一、国土空间规划的概念、目标与意义

（一）国土空间规划的概念

国土空间规划是对一定区域国土空间开发保护在空间和时间上作出的安排，包括总体规划、详细规划和相关专项规划[③]。建立国土空间规划体系并监督实施，实现"多规合一"，强化国土空间规划对各专项规划的指导约束作用，是党中央、国务院作出的重大战略部署。国土空间规划属于我国基础规划工作，是国家空间发展的指南、可持续发展的空间蓝图，是各类开发保护建设活动的基本依据。

我国现阶段主要的规划类型包括发展规划、空间规划、区域规划和专项规划等四种。空间规划指的是国土空间规划，国土空间是其规划对象。国土空间包括陆地和海

---

① 毕宝德：《土地经济学》，中国人民大学出版社2020年版，第49页。
② 严金明：《中国土地利用规划：理论·方法·战略》，经济管理出版社2001年版，第238页。
③ 新华社：《中共中央 国务院关于建立国土空间规划体系并监督实施的若干意见》，载《土地科学动态》2019年第4期，第46—50页。

洋两部分,是国家主权与主权权利管辖下的地域空间,是人类生产生活的载体和场所。

国土空间规划本质上是一种对国土空间的治理手段。国土空间治理的主要内容,包括优化国土空间开发保护格局、实施国土空间用途管制、国土综合整治和生态保护修复等方面。国土空间治理的目标,是形成生产空间集约高效、生活空间宜居适度、生态空间山清水秀,形成国土空间开发保护更高质量、更有效率、更加公平、更可持续。国土空间治理的目的,用一句话来说,就是建设美丽宜居家园。

(二)国土空间规划的目标

根据《中共中央 国务院关于建立国土空间规划体系并监督实施的若干意见》[1],我国国土空间规划的分阶段主要目标如下:

第一阶段是到2020年,基本建立国土空间体系,逐步建立起"多规合一"的规划编制审批体系,实施监管体系,法规政策体系和技术标准体系。基本完成市县以上国土空间总体规划编制初步形成全国国土空间保护"一张图"。

第二阶段是到2025年,健全法规政策和技术标准体系。同时全面实施国土空间的监测预警和绩效考核机制,形成以国土空间规划为基础,以统一的用途管制为手段的国土空间开发保护制度。

第三阶段是到2035年,全面提升国土空间治理体系和治理能力现代化水平。基本形成生产空间集约高效、生活空间宜居适度、生态空间山青水秀的国土空间开发保护格局,让我们国土空间开发保护能够达到一个安全和谐、富有竞争力和可持续发展的状态。

(三)国土空间规划的意义

国土空间规划是国家空间发展的指南、可持续发展的空间蓝图、各类开发保护建设活动的基本依据。建立国土空间规划体系并监督实施,将主体功能区规划、土地利用规划、城乡规划等空间规划融合为统一的国土空间规划,实现"多规合一",强化国土空间规划对各专项规划的指导约束作用,是党中央、国务院作出的重大部署。[2] 国土空间规划的主要作用如下:

1. 深化建设生态文明的关键举措

国土是生态文明建设的空间载体。习近平总书记指出:"要按照人口资源环境相均衡、经济社会生态效益相统一的原则,整体谋划国土空间开发,科学布局生产空间、生活空间、生态空间。"[3]《中共中央国务院关于建立国土空间规划体系并监督实施的

---

[1] 新华社:《中共中央 国务院关于建立国土空间规划体系并监督实施的若干意见》,载《土地科学动态》2019年第4期,第46—50页。

[2] 安霞:《论国土空间规划编制经济意义》,载《经济管理文摘》2020年第17期,第81—82页。

[3] 孙施文、刘奇志、邓红蒂等:《国土空间规划怎么做》,载《城市规划》2020年第1期,第112—116页。

若干意见》再次提出,国土空间规划"是加快形成绿色生产方式和生活方式、推进生态文明建设、建设美丽中国的关键举措"。国土空间规划工作基于整体布局谋划新时代下国土空间规划开发的新格局,加快各个城市绿色生产、生活方式,合理配置稀缺的国土空间资源,发挥国土空间规划在建设生态文明中的基础作用。

2. 推动高质量发展、高品质生活的重要手段

目前,我国经济发展正从高速阶段转向高质量发展阶段,需要转变经济发展方式、优化经济结构,更需要改变我国以往经济发展过程中长期依赖劳动力、土地和环境低廉成本的经济发展模式。国土空间规划通过合理配置国土空间资源,对国土空间的开发保护起到引领和管控作用,推进、保障经济发展方式的转变。从而实现经济高质量发展,人民获得更高质量的生活品质。

3. 推进国家治理体系和能力现代化

各级各类空间规划在支撑城镇化快速发展、促进国土空间合理利用和有效保护方面发挥了积极作用,但也存在规划类型过多、内容重叠冲突,审批流程复杂、周期过长,地方规划朝令夕改等问题。[①] 国土空间承载着社会经济的各项活动,相互之间相互协同又相互作用,因此只有建立统一的规划体系才能保证各项活动的有序开展,从而更好地实现国家发展的战略目标。因此,国土空间规划是保障国家战略有效实施、促进国家治理体系和治理能力现代化、实现"两个一百年"奋斗目标和中华民族伟大复兴中国梦的必然要求。

二、国土空间规划总体框架与用途管制

(一)国土空间规划的五级三类

国土空间规划的总体框架可以分为五级三类,三类分别为总体规划、详细规划和相关专项规划,其中总体规划有相应的分为全国、省级、市、县和镇(乡)五级(如图4-12所示)

国土空间总体规划是详细规划的依据、相关专项规划的基础;相关专项规划要相互协同,与详细规划做好衔接。然而,并不是每个地方都要按照五级规划一层层编制,对于区域较小的地区,可以选择将市县与乡镇规划合并编制。此外,乡镇之间也可以几个乡镇一起为单元编制国土空间规划。

(二)国土空间用途管制的体系

国土空间规划体系的运作离不开具体的制度设计,根据规划编制和监督实施的运

---

① 新华社:《中共中央 国务院关于建立国土空间规划体系并监督实施的若干意见》,载《土地科学动态》,2019年第4期,第46-50页。

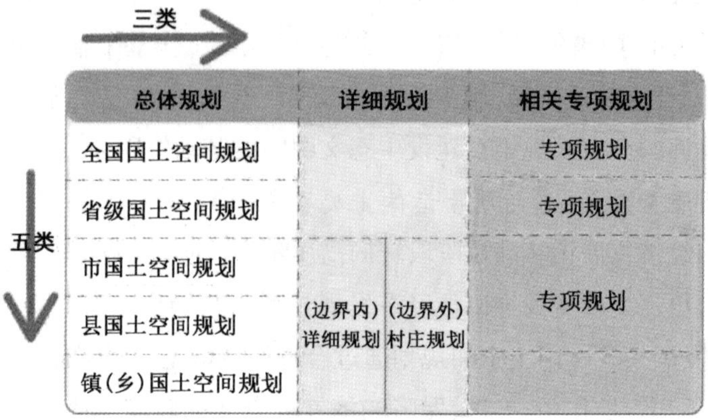

	总体规划	详细规划	相关专项规划
全国国土空间规划			专项规划
省级国土空间规划			专项规划
市国土空间规划			
县国土空间规划		（边界内）详细规划 ／（边界外）村庄规划	专项规划
镇（乡）国土空间规划			

（三类 →；五类 ↓）

资料来源：中国自然资源报社：《五级三类四体系，一图读懂中国国土空间规划体系》：https://www.sohu.com/a/316633184_756397。

图 4-12 国土空间规划总体框架

作流程，还需要建立"多规合一"的规划编制审批体系、实施监督体系、法规政策体系、技术标准体系。[①]

1. 政策体系

用途管制主要涉及四个方面的政策：

(1)宏观政策

用途管制的宏观政策很多。例如，如何更好地统筹城乡发展，就涉及在城市化背景下城乡人口增减与土地供应的关系。又如，如何更好地实施包容性发展，则涉及公房、廉租房的空间布局与土地供应。

(2)微观政策

用途管制的微观政策也很多，如对集体建设用地入市，是否需要收取出让金。又如，工业用地在更新过程中是否可以直接进入开发阶段、是否需要"招拍挂"的程序，以及如何对公益性用地与工业用地上部分建筑功能的临时改变进行管制等的微观政策。

(3)保护政策

一些用地规划为水源地、生态保护区和文化遗产保护区，是否要进行生态补偿或公益性补偿。在这些特别管制区内是否可以进行土地发展权的转移，或者是容积率转移，从而解决因空间布局的静态管制而造成的公平问题。

(4)惩罚政策

对于随意变更规划条件、更改使用功能及违法建设等行为，应当制定相应的惩戒

[①] 何明俊：《国土空间用途管制的特征、模式与制度体系》，载《规划师》2020年第11期，第5-10页。

政策。

2. 法规体系

土地发展权是用途管制的核心概念,也是制定利益平衡政策的基础。用途管制的本质是对土地发展权进行分配、对相邻关系进行规范及对空间利益进行平衡的过程。用途管制一般不涉及原物权,所针对的是土地发展权。只要用途管制不发生,原不动产就可以一直使用。土地相邻权是用途管制公平公正的需要,是建设工程规划许可的基础。地役权则在用途管制背景下转化为公共地役权,并在城市设计中有广泛运用。用途管制中的用地性质、开发强度的确定,以及相邻关系的规范都涉及土地使用中的利益关系。但由于不同用途的土地产生的收益不同,并且对周边的影响不同,造成了用途管制中的社会公平问题。用途管制不是一种简单的行政行为,任何土地的使用都会产生社会、经济与环境影响,是一个产生社会、经济、环境等多元效果的过程。

3. 技术标准体系

技术标准既是权利行使的度的标准,也是衡量用途管制要求与效果的准则。

实施用途管制需要满足"多规合一"的要求做到几个统一:

(1)统一术语标准。"多规合一"首先是话语的"多规合一",术语是用途管制的基础标准。用途管制的核心是"建设",就应对"建设"有清晰的定义,并界定明确的范围。

(2)统一分类标准。这既包括从土地调查、规划编制、规划许可、复核验收到不动产登记统一的用地分类标准,也包括建筑物的功能分类标准。没有土地分类与建筑物的功能分类对应的标准,就难以在复核验收、违法建设查处和不动产用途实施有效的管理。

(3)统一测量标准。这既包括统一的地形图测绘标准,又包括统一的规划许可与不动产登记的建筑面积测绘标准。

三、国土空间规划的编制与实施

(一)国土空间规划工作变化

国土空间规划不仅仅限于规划的编制,而是有关规划工作的整体,也就是有关国土空间规划的编制、实施等方面。[1] 国土空间规划工作的变化主要涉及以下三个方面:

1. 对象的变化

国土空间规划对象的变化,从以往主要是"点"扩展到"域",过去主要局限在城市用地范围内主要关注开发建设和利用,现在需要把全域的国土空间保护、开发、利用、修复和治理作为一个整体进行思考,也就是全域、全要素、全类型活动组合起来。

---

[1] 孙施文、刘奇志、邓红蒂等:《国土空间规划怎么做》,载《城市规划》2020年第1期,第112-116页。

2. 工作方法的变化

以往我们以想象的未来安排、通过建设去侵入各类用地，没有边界、总量限制。现阶段对国土空间的规划，是在国土"三调"的基础上，是在各类用地的实际利用状况下进行调整，或者说，是各种用途之间进行转换，在对各类用地进行规划用途调整的时候，也有着更加明确的制约因素，更需要从人与自然生命共同体、在自然要素中山水林田湖草也是生命共同体的角度，去建立不同使用之间的良好关系，去修正和调谐相互之间的关系，而不是重新建构。

3. 规划体系和治理结构的关系变化

规划编制与实施之间的关系，不仅需要从实施以及实施管理出发来考虑规划的内容以及安排，也需要考虑规划体系本身的层级划分，既是一级政府一级事权，规划与事权相结合，更重要的是不同层级的规划要解决的问题不同、调配的资源和管控的对象不同，因此规划的方式方法也不同。

(二)国土空间规划"一张图"

2019年，自然资源部明确要求构建国土空间规划"一张图"实施监督信息系统，明确依托国土空间基础信息平台，全面开展国土空间规划"一张图"建设和实现国土空间开发保护现状评估工作。[①] 国土空间规划"一张图"的构建主要有以下三步：

1. 统一形成"一张底图"

各地应以第三次全国国土调查成果为基础，整合规划编制所需的空间关联现状数据和信息，形成坐标一致、边界吻合、上下贯通的一张底图，用于支撑国土空间规划编制。

2. 建设完善国土空间基础信息平台

省、市、县各级应抓紧建设国土空间基础信息平台，并与国家级平台对接，实现纵向联通，同时推进与其他相关部门信息平台的横向联通和数据共享。基于平台，建设从国家到市县级的国土空间规划"一张图"实施监督信息系统，开展国土空间规划动态监测评估预警。

3. 叠加各级各类规划成果，构建国土空间规划"一张图"

各地自然资源主管部门在推进省级国土空间规划和市县国土空间总体规划编制中，应及时将批准的规划成果向本级平台入库，作为详细规划和相关专项规划编制和审批的基础和依据。经核对和审批的详细规划和相关专项规划成果由自然资源主管部门整合叠加后，形成以一张底图为基础，可层层叠加打开的国土空间规划"一张图"，为统一国土空间用途管制、实施建设项目规划许可、强化规划实施监督提供支持。

[①] 焦思颖：《聚焦部开展国土空间规划"一张图"建设和现状评估工作》，载《中国自然资源报》2019年7月6日。

(三)国土空间规划的"三区三线"

国土空间规划的"三区三线"是根据城镇空间、农业空间、生态空间三种类型的空间,分别对应划定的城镇开发边界、永久基本农田保护红线、生态保护红线三条控制线。[①] "三区三线"以"双评价"[②]为科学基点,是整合空间类规划分区的核心举措,是用途管制的重要抓手。"三线"与"三区"的区别在于,"三线"兼具"功能区"和"管制区"的双重属性,而"三区"则侧重于"功能区",因此需要在"三区"基础上,结合"三线",建立统一的国土空间用途管制分区体系。

1. 现行空间规划的分区特点及问题

我国现有的主要空间规划主要包括主体功能区规划、城乡规划、土地利用规划和生态功能区规划四类,主要分区特点和内容如图4-13所示。

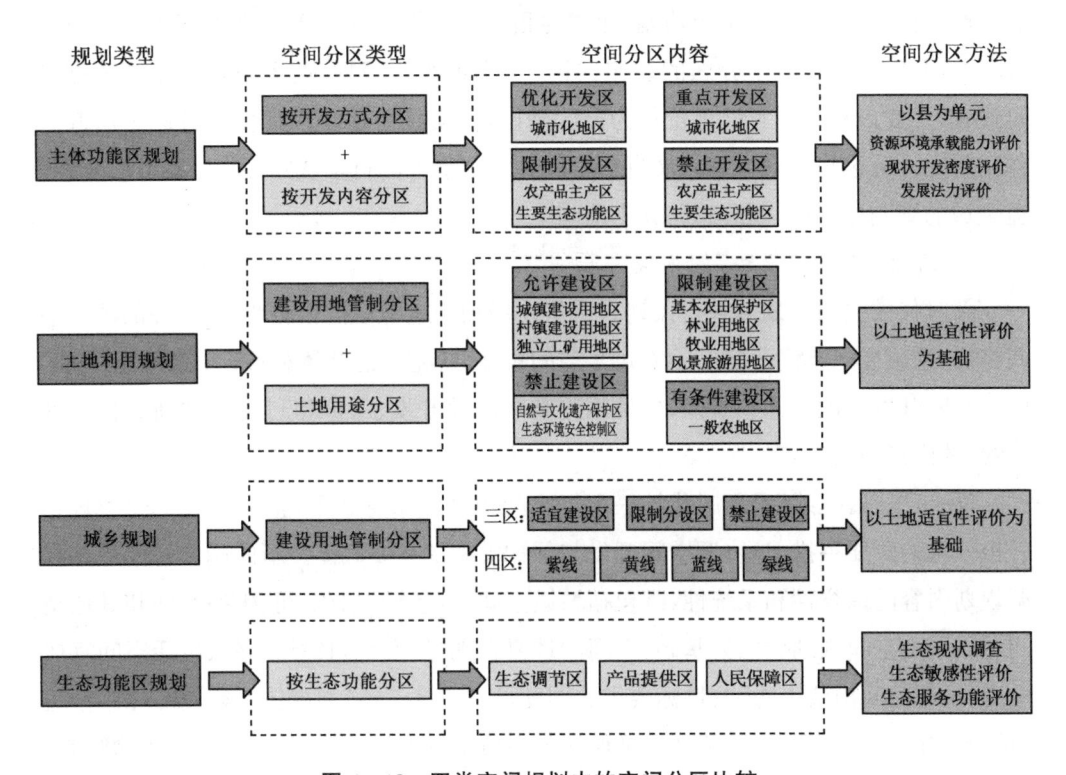

图4-13 四类空间规划中的空间分区比较

从图4-13中可以看出,除主体功能区规划以外,其他的空间类规划普遍以土地利用类型作为分区的底盘。土地利用类型具有唯一性和排他性特点,相应地,用途管

[①] 岳文泽、王田雨、甄延临:《"三区三线"为核心的统一国土空间用途管制分区》,载《中国土地科学》2020年第5期,第52—59+68页。
[②] 国土空间规划"双评价"作为国土空间规划编制的一个"内部"环节或程序,指的是资源环境承载能力评价与国土空间开发适宜性评价。

控实际是对单一土地类型空间的管控,割裂了地块的物理属性与功能效应,不仅忽视了生态保护导向的系统性和综合性,而且忽略了建设开发导向的多宜性和适应性,空间管控和开发引导的弹性缺失。[1] 分区管制的重点在于对建设开发活动的限制,忽略了与农业生产、生态保护等非建设活动之间的协调管控机制。例如,土地利用规划中的"三界四区"和城乡规划中的"三区四线"均是从"是否允许建设"的价值导向进行管制分区,而对于同一管制区内的不同地类而言,管控强度和法律支撑力度是有所差异的。就耕地保护而言,其力度远大于林地、草地等。在以"总量平衡"为主导的管控思维下,更容易导致因耕地保护而侵占其他一般农用地和生态用地,因而这种分区模式无法满足新时代"山水林田湖草"统一用途管制的需求。[2] 分区依据以单一评价或主观判断为主,科学性不足。例如,主体功能区划以县级行政区为单元进行评定,在一个县级区域内,只考虑一种主导功能,随意性和主观色彩较重,导致各类分区的实践方案五花八门,没有形成科学分区的普遍共识。[3] 土地利用规划、城乡规划管制区依据各自规程,主要以单一适宜性评价作为分区基础,但实践中适宜性评价在分区中所起的作用有限。分区缺乏对空间发展自然本底和承载潜力的科学认知,而且从用途区到覆盖全域的管制区,具体划分思路并不清晰。

2. 新时代"三区三线"的内涵与要求

新时代的空间规划体系要谋划高质量发展和高水平保护相协调的、统一的国土空间格局,这就要求空间分区必须立足于空间规律,统筹考虑整体利益,凸显不同区域的国土空间开发功能与保护价值,保证国土空间高效开发、保护和利用。[4] "新时代三区三线"的内涵与要求:

第一,"三区三线"是新时代统一国土空间规划体系背景下,整合相关空间类规划管控分区的重要举措,是协调空间开发与保护关系的重要载体。新的国土空间规划强调规划内容的综合性和系统性,既包括城镇空间,也包括农业空间、生态空间和其他空间。以国土空间规划分区为基础,空间治理要实现"生产空间集约高效、生活空间宜居适度、生态空间山清水秀"的目标要求。因此,以"三区三线"为载体,形成统一的、覆盖全域的空间管控分区,是协调高水平保护与高质量发展的关系,是实施统一用途管制、建立空间规划体系和保障可持续发展的重要前提。

第二,"三区三线"是对空间冲突调解和空间利益权衡做出的有效应对,对空间规律

---

[1] 祁帆、高延利、贾克敬:《浅析国土空间的用途管制制度改革》,载《中国土地》2018年第2期,第30-32页。

[2] 黄征学、祁帆:《完善国土空间用途管制制度研究》,载《宏观经济研究》2018年第2期,第93-103页。

[3] 黄征学、潘彪:《主体功能区规划实施进展、问题及建议》,载《中国国土资源经济》2020年第4期,第4-9页。

[4] 吴次芳、叶艳妹、吴宇哲等:《国土空间规划》,地质出版社2019年版,第184-188、226、244-246页。

性的科学认知是"三区三线"的理论基础,"双评价"是"三区三线"划定的基本技术依据。"三区三线"是对空间同一性与空间异质性辩证关系的体现,它是在科学、系统开展"双评价"基础上,对全域空间布局和全要素禀赋的科学认知与系统把握。"三区三线"划定应充分遵循、适应、利用自然—社会系统的运行规律,识别空间问题和冲突,将生态优先、底线思维、生命共同体等生态文明价值观转译成时空秩序的语境,明确不同区域国土空间开发、保护与利用的重要程度,从而为制定相应空间管控策略提供基础。[①]

第三,"三区三线"是落实空间刚性管控和弹性引导的重要抓手。生态保护红线、永久基本农田保护线和城镇开发边界"三条控制线"关注城镇建设、农业开发或生态保护的高标准与高质量部分,是实行刚性管控的区域。"三区"除各自所对应的"控制线"范围外,还包含一般性的功能空间,对于这部分空间的管控要求较为灵活强调管控的弹性。

3. 国土空间用途管制分区模式创新

新的国土空间规划提出要建立以"三区三线"为核心的空间管控思路,用途管制分区的模式实现由"管制分区"到"功能分区+管制规则"的分区转变,空间的功能性属性凸显。[②]

"3+3+3"的国土空间用途管制的分区模式是一个"功能区与管制区相融合"的分区模式,同时构建了一种分级、分功能、易操作、覆盖全域的国土空间管控分析思路(如图4-14所示)。

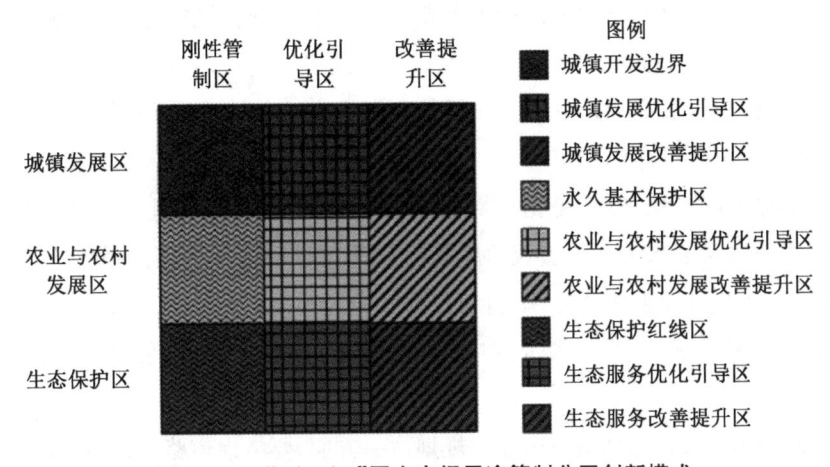

图4-14 "3+3+3"国土空间用途管制分区创新模式

从图4-14可知,"3+3+3"的创新模式将最后校验划分的"三区"城镇发展区、农

[①] 魏旭红、开欣、王颖等:《基于"双评价"的市县级国土空间"三区三线"技术方法探讨》,载《城市规划》2019年第7期,第10-20页。

[②] 黄征学、祁帆:《完善国土空间用途管制制度研究》,载《宏观经济研究》2018年第12期,第93-103页。

业与农村发展区、生态保护区作为"基本功能区",依据"双评价"适宜性产出结果,在三类基本功能区层级之下分别划分"刚性管制区、优化引导区、改善提升区"三类管控区。刚性管制区分别对应三条控制线的范围,优化引导区的定位是可作为刚性管制区的储备区域,因此,其主导功能适应性仍处于较高水平。刚性管制区和优化引导区以外的区域为改善提升区。在划分时,可将城镇开发适宜性为最适宜和较适宜的区域与集中建设区叠加,得到的集中建设区以外的区域作为城镇发展优化引导区;将农业生产适宜性(生态保护重要性)为最适宜(极重要)但是由于图斑面积小、地块破碎度大以及规模控制等原因在最终划定时未纳入永久基本农田保护红线(或生态保护红线)的区域,作为农业与农村发展优化引导区(或生态服务优化引导区)。"3+3+3"的空间用途管制分区模式,各类管制区一方面能够凸显空间功能的主导性与差异性,另一方面也能体现管控的方向和路径,有利于统一管制规则,提高管制效率。

第六节　其他土地的分区利用

一、交通运输业的土地利用

交通就是指人和物的空间移动。交通的职能从经济角度来看,是克服空间距离提高生产和消费的效用,其发展可以增加产业的生产能力,同时也能促使市场的形成和发展。[1] 理想的交通线路布局应该是两地点间的连接线路最短,但是在现实中由于各种自然屏障的存在,交通线路一般呈曲线状分布。交通布局一般是选择交通适应性好的地域。

交通运输业的土地利用,是指道路及车站、码头与机场等土地利用。[2] 我们可以从宏观和微观的角度来考虑。宏观角度是指从国民经济或区域经济角度来进行道路用地的规划,强调局部服从全局、眼前利益服从长远利益。在区域内部,根据区域经济发展情况及发展目标,适应区域内物资调拨、人口流动的需要,布局区域内的道路网络。[3]

微观角度是指城市内部交通用地的规划。一方面,要考虑道路建设,不仅包括地面道路建设,而且包括城市地下各管道的建设;另一方面,注意发展城市公共交通,要注意把城市的地上、地下空间都利用起来,逐步形成地铁、公共汽车、有轨和无轨电车等多种交通形式的综合体系,以提高道路的利用率,使城市道路本身形成一个和谐的网络系统。

---

[1]　张文忠:《经济区位论》,科学出版社2000年版,第217页。
[2]　毕宝德:《土地经济学》,中国人民大学出版社2020年版,第50页。
[3]　毕宝德:《土地经济学》,中国人民大学出版社2020年版,第50页。

二、矿业的土地利用

矿业土地,主要是指可供开采利用的矿产资源,从土地利用角度出发,矿业土地另外还包括为采矿而占用的其他类型的土地,如采矿建筑、居住区道路等。[1]

(一)矿业土地的特点

矿业土地的特点一般表现在以下方面:①矿业土地开采后的不可再生性即可耗竭性和矿藏储量的递减性;②矿业土地分布的不均衡性;③矿产资源的地域性决定了矿业土地开发完全以矿藏资源的地理位置为转移;④交通的发展,往往是矿业土地利用的先决条件。

(二)矿业土地利用的影响因素

1. 矿产资源的特殊性

矿区资源条件是矿区工业布局的自然基础,因此,矿藏分布对矿区工业的结构有决定性的影响。

2. 交通及生产条件

矿区生产需要频繁的交通运输,往往一种运输方式是不够的,还必须考虑采用其他运输手段。例如,煤炭工业除了用火车运输矿石外,还需要矿区内部的运输管道、架空索道等。而且,运输管线与设施一般占地较多,这都对矿区生产布局有很大影响,需要全面安排、合理布局,否则就会造成很大浪费。

3. 生产条件

矿业生产需要大量的动力用电和生产用水,对排水和防洪问题的要求也比较高,这也是影响矿业土地布局的因素,需要妥善处理。[2]

(三)矿业土地开发的原则

矿业土地开发利用的基本原则有:①综合性原则。在开发利用矿业土地时应贯彻矿产资源综合勘探、综合评价、综合开发、综合利用的方针。②可行性研究原则。这是在矿业土地开发之前对开发方案的一种考察和鉴定,对拟议中的方案进行全面、综合的技术经济研究,以判断方案的可行性,确定开发方案。③生态经济原则。在矿业土地开发中应将生态效益与经济效益结合起来,追求矿业土地开发的综合效益。④保护利用和节约利用的原则。

(四)中国矿业土地利用的问题及对策

中国矿业土地利用的主要问题是开发利用不够合理,浪费严重。矿业秩序虽然经过

---

[1] 毕宝德:《土地经济学》,中国人民大学出版社 2020 年版,第 50 页。
[2] 李德华:《城市规划原理》,中国建筑工业出版社 2001 年版,第 265 页。

多次整顿,无证开采减少了,但持证乱采滥挖、损失浪费矿产资源的现象却屡禁不止。

为了解决这些问题,必须加强矿产资源开发的前期工作及采矿证的发放。矿管人员须具备必要的综合性专业知识,以对矿产资源做全面的调查勘探。此外,要制定合理的开发规划,矿产资源开发完毕后复垦工作。

三、旅游业的土地利用

对于旅游地的科学概念,目前尚无统一的解释,但多数人认为,凡能为旅游者提供游览、观赏、知识、乐趣、度假、疗养、娱乐、休息、保险、猎奇、考察研究等活动的土地,均可称为旅游地。

（一）旅游业用地的特点

1. 综合性

旅游业用地的综合性源于旅游业的综合性,旅游业是建立在第一、第二产业和部分第三产业基础之上的服务性行业,大多数旅游业用地的开发利用都必须配合其他建设项目,否则,旅游资源的潜能就不可能充分发挥。旅游地利用的综合性还表现在旅游资源本身的综合性及其多效益性。[1]

2. 多效益性

旅游资源的开发利用,可以获得多种效益——经济效益、社会效益和生态效益。大多数旅游资源,不仅包括主体资源,而且包括与主体资源相匹配的其他多种可增加人们乐趣的资源。

3. 变动性

旅游本质是为了实现旅游者的精神需求,而旅游者的需求是在一定的政治、经济、社会、文化背景下产生的,具有稳定性。但是,随着政治、经济、社会环境和人的观念的变化,旅游者对旅游的要求也在发生变化,这就要求对旅游资源的开发利用,必须具有适应人们不同时期需求的变动性和灵活性。

4. 区位条件的复杂性

旅游区的区位条件包括自然地理区位、经济地理区位和交通地理区位,因此,只有综合考虑这些条件,才能制定出适宜本旅游区的发展战略。其中,旅游区自然地理区位的好坏,从根本上决定其社会经济状况、基础设施及交通状况,这些因素直接影响着旅游区的可进入性,影响着旅游者的出行决策。

---

[1] 毕宝德:《土地经济学》,中国人民大学出版社2020年版,第51页。

(二)旅游地分类

1. 自然风景旅游地

一般以自然风景为主,辅之以必要的供给设施,所开发的旅游资源主要是自然资源。包括以下自然景观:水光山色、江河湖泊、阳光海滩、奇异气象、生物资源。

2. 人工旅游地

它主要包括:(1)历史古迹。(2)城市风光。(3)具有特色的民族风情地区。

(三)旅游用地开发利用的原则

1. 个性原则

旅游产生的根本原因是区域的差异性。差异性越大,旅游驱动力越强。只有抓住个性,找出别具一格的特征,做到"人无我有,人有我优",依此来设计旅游产品,才能吸引游客。[1]

2. 综合性原则

多样性和个性是对立统一的,因为旅游者的需求是多种多样的,这就要求综合考虑旅游者的需求,开发多样化旅游产品。但多样性不但不能冲淡旅游地的个性,还要能衬托其个性。

3. 协调性原则

旅游地的开发利用,不仅要使旅游资源各要素之间、旅游资源与其他配套设施之间在功能和建筑风格上达到协调一致,而且要注意协调旅游业与其他产业的关系。

4. 适应性原则

随着社会的进步,旅游者对旅游的内涵有不同的要求,因此旅游地的开发要与社会需求相适应。此外,还要考虑旅游地开发对周围自然环境的适应性,注意环境保护和生态平衡。

(四)旅游用地规划的理论依据

旅游用地规划的理论依据也应当是克里斯塔勒的中心地理论。虽然克里斯塔勒最终没有建立一个具有旅游作用的理想空间模式,但其理论对旅游地规划发挥了很好的指导作用。中心吸引物是指在少数地点(中心地)生产、供给,而由多数的客源市场前来消费的商品;而中心吸引物的供应者,如风景区、度假村、娱乐中心等,一般布局在旅游者容易到达的交通便利的少数地点。旅游中心地的等级性表现在每个高级中心地都有几个中级中心地和更多的低级中心地,而决定供给地产品和服务供给范围大小的重要因子是经济距离。

---

[1] 张红艳:《试论旅游规划的区域经济理论依据》,载《山西高等学校社会科学学报》2003年第6期,第54—56页。

四、生态功能保护区的土地利用

生态功能保护区是指在涵养水源、保持水土、调蓄洪水、防风固沙、维系生物多样性等方面具有重要作用的重要生态功能区内,有选择地划定一定面积予以重点保护和限制开发建设的区域。[1] 建立生态功能保护区,保护区域重要生态功能,对于防止和减轻自然灾害,协调流域及区域生态保护与经济社会发展,保障国家和地方生态安全具有重要意义。[2] 从空间范围来说,生态功能保护区不属于常见的自然保护区、湿地保护区、森林公园以及风景名胜区等特别保护区域。

按照《全国生态环境保护纲要》的规定,生态功能保护区类型及功能定位和主要任务如表4-1所示。

表4-1　　　　　　　　　　　生态功能保护区的类型

类　型	功能定位	主要任务
江河源头区	保持和提高源头径流能力和水源涵养能力,辅助功能主要是保护生物多样性和保持水土	切实保护自然、良好的冰川雪原、湿地生态系统和珍稀野生动植物栖息地与集中分布区,自然恢复退化中的草、灌、林植被或生态系统,科学治理水土流失和沙化土地
江河洪水调蓄区	保持和提高自然的削减洪峰和蓄纳洪水能力,辅助功能主要是保护生物多样性、保护重要渔业水域和维护水自然净化能力	防止湖泊萎缩、湿地破坏,严格保护现有的湖滨带、河滩地,以及良好的湿地生态系统和珍稀野生动植物栖息地与集中分布区;保护湖泊通江口,维护良好的通江水道;加强退田还湖还湿(地)"双退区"的保护和"单退区"的监管,防止反弹;减轻水污染负荷,改善水交换条件,恢复水生态系统的自然净化能力
重要水源涵养区	保持和提高水源涵养、径流补给和调节能力,辅助功能可根据生态功能保护区类型而定。对于天然的水源涵养区,辅助功能主要是保护生物多样性;对于人工水源涵养区,辅助功能主要是保护水土,维护水自然净化能力	对于天然的水源涵养区,主要任务类似江河源头类生态功能保护区。对于人工水源涵养区,主要任务是严格保护现有的水滨带,维护良好的湿地生态系统;恢复库区草、灌、林植被或生态系统,治理水土流失,减轻水污染负荷,改善水交换条件,恢复水生态系统的自然净化能力
防风固沙区	防风固沙,减少沙尘暴的危害,辅助功能是保护生物多样性和涵养水源	保护草原、沙区的湖泊、湿地,保障生态用水;严格保护现有自然、良好的草、灌、林植被;保护珍稀野生动植物栖息地与集中分布区;自然与人工相结合,恢复退化植被,治理沙化土地

---

[1] 董德显、雷国平:《土地利用规划学》,科学出版社2010年版,第113页;中华人民共和国环境保护部:《国家重点生态功能保护区规划纲要》,2007年。
[2] 中华人民共和国环境保护部:《国家重点生态功能保护区规划纲要》,2007年。

续表

类　型	功能定位	主要任务
水土保持的重点预防保护区和重点监督区	针对自然因素和人为因素造成的水土流失采取合理而有效的预防和治理措施,改善区域内生态环境,保障生态平衡	保护和合理利用水土资源而修筑的工程措施,采取退耕还林、造林种草以及蓄水保土耕作措施,预防和治理水土流失
重要渔业水域	维护生物多样性,辅助功能是调蓄洪水和水质调节	保护鱼虾类产卵场、索饵场、越冬场、洄游通道和鱼虾贝藻类养殖场的生态环境,防治渔业水域污染;保护珍稀野生水生生物栖息地与集中分布区;维护渔业水域的生物多样性

复习题

一、名词解释

区位　区位理论　原材料指数　劳动系数

二、选择题

1.如下图所示,按照屠能的农业区位理论最近的城市农业带是(　　)。

A.自由农作圈　　　B.林业圈　　　C.畜牧圈　　　D.轮作圈

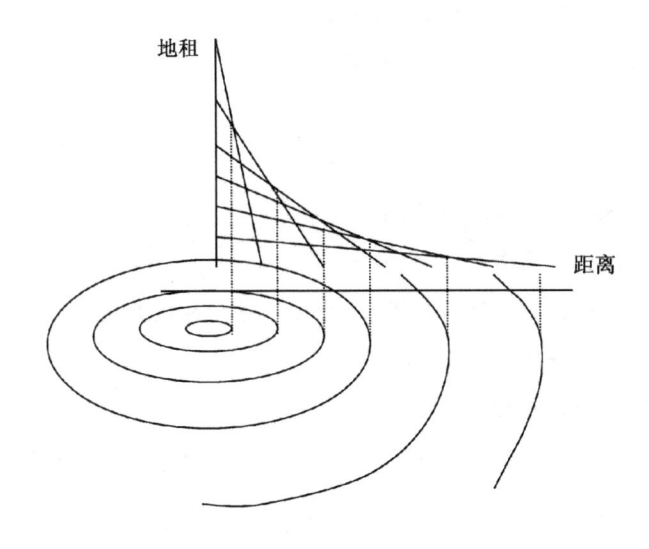

2.按照韦伯的工业区位理论,将工业分类不包括下列哪一类?(　　)

A.原料指向型　　　　　　　　　　B.消费地指向型

C.原料指数大致等于1的类型　　　D.生产地指向型

结合下图,根据对中心地理论的理解完成第3—7题。

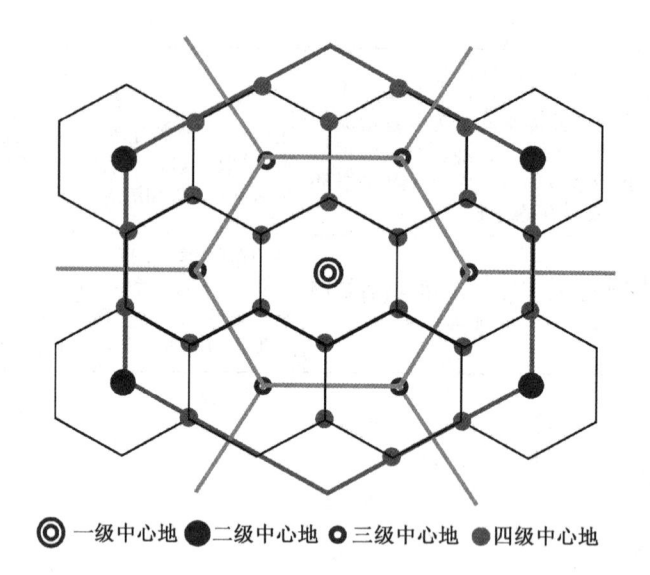

◎ 一级中心地　● 二级中心地　○ 三级中心地　● 四级中心地

3. 关于中心地六边形服务范围的叙述,错误的是(　　)。

A. 中心地的级别越高,六边形的面积就越大

B. 同一级别的六边形服务范围是相互嵌套的

C. 不同级别的六边形服务范围是相互嵌套的

D. 同一级别的六边形服务范围是相互排斥的

4. 关于中心地的叙述正确的是(　　)。

A. 中心地级别越高,提供职能种类越少

B. 中心地级别越低,中心地服务范围越大

C. 中心地级别越高,门槛人口越高

D. 中心地级别越低,中心地数目越少,中心地平均距离越近

5. 关于中心地等级的叙述,正确的是(　　)。

A. 等级越高,六边形面积越大,数量越多　　B. 等级越低,服务范围越大,距离越近

C. 等级越低,门槛人口越小,数量越少　　D. 等级越高,职能种类越多,相距越远

6. 下列关于中心地理论的说法正确的是(　　)。

A. 中心地是向周围地区仅提供货物的地方

B. 大学的门槛人数少于中学的门槛人数

C. 高级中心地数目少,彼此相距距离远

D. 高级中心地可以被低级中心地包容,低级中心地服务范围覆盖高级中心地服务范围

7. 关于中心地与其服务范围的关系,叙述正确的是(　　)。

A. 中心地一般不位于其服务范围的正中心

B. 低级中心地具有较高级中心地的一切服务职能

C. 中心地的等级越高,其提供的职能种类越多

D. 中心地级别与其服务范围无必然联系

三、简答题

1. 请简要阐述区位理论对于土地经济学的意义。

2. 请简要叙述屠能农业区位理论、韦伯工业区位理论和廖什中心地理论的原理。

四、论述题

土地资源的区位特性是什么？简要说明土地资源的区位特性对于土地资源合理配置的指导意义？

第五章 地租理论

学习目的

通过对本章的学习,掌握地租的概念及在不同社会制度下的主要表现形式;理解古典政治经济学、新古典经济学、现代经济学中相关的地租理论;掌握马克思的地租理论,包括级差地租、绝对地租、垄断地租的内涵及形成条件;理解马克思地租理论在中国的应用;了解地租理论研究对我国的现实意义。

关键概念

地租　纯产品　"Thünen Alonso"地租竞价模型　土地的自然供给　土地的经济供给　级差地租　区位平衡　绝对地租　垄断地租

第一节　地租理论概述

一、地租的概念

在任何社会,只要土地所有者不同时是土地使用者,就存在地租。历史上的奴隶社会、封建社会、资本主义社会都存在地租,即使是当今的社会主义中国也存在地租。

最初的地租形成于奴隶社会,它表现为在优等地上耕种的奴隶生产的农作物除了满足奴隶自身的需求外,还有一部分生产物被奴隶主占有。奴隶社会的地租主要是劳役地租。

在封建制度下,地主阶级凭借土地所有权无偿占有农民的剩余生产物,甚至是部分必需生产物。封建地租主要是实物地租和货币地租。

在资本主义生产关系下,地主不再占有所有剩余生产物,而是占有相当于超额利润的那部分地租,而相当于平均利润的那部分地租由农业资本家占有。这反映的是地主和农业资本家共同剥削农民的经济关系。资本主义地租以货币地租为主要形式。

在社会主义社会,虽然土地是国家所有或者集体共有,但由于仍然存在土地所有者和使用者分离的情况,因此仍然存在产生地租的经济条件。社会主义地租反映的是国家、集体和个人利益一致的前提下,对土地收益的分配关系。

二、古典政治经济学的地租理论

地租理论是土地经济学的核心问题。在进入资本主义时代以后,由于地租日益成为经济生活中的重要而普遍的现象,因此资产阶级经济学家在资本主义发展的早期就开始对地租问题进行了研究。

(一)威廉·配第的地租理论

17世纪后期,英国古典经济学创始人威廉·配第在其《赋税论》中,在劳动价值论基础上提出了地租理论。[1] 他指出,地租是劳动产品扣除生产投入、维持劳动者生活必需后的余额。他说:"我认为,这个人从他的收获之中,扣除了自己的种子,并扣除了自己食用及为换取衣服的其他必需品而给予别人的部分后,剩下的谷物就是这块土地的自然的真正的地租。"他认为地租是剩余劳动的产物,显然他没有将地租和利润完全分开。[2]

配第还从肥力相同但土地位置不同(即土地距离市场的远近不同)及土地肥力的差异角度分析了级差地租。他说:"假如维持伦敦或一支军队所需谷物,必须从远离40英里的地方运来,那么在伦敦或在这支军队驻地1英里以内的地方栽种谷物,除了其自然价格以外,还应该加算将谷物运输39英里所需费用,结果是靠近人口密集的地方的土地,比距离远而土质相同的土地,不仅能产生更多的地租,而且所值的年租总额也要更多一些","土地的优劣或土地的价值,取决于该土地所产生的产品质量对为生产这些产品而投下的简单劳动的比例的大小"。配第第一次提出了级差地租的概念,为级差地租理论的建立奠定了基础。

他还认识到地租的数量是受工资数量制约的。因为生产资料的价值是既定的,所以地租的多少就取决于工资的多少。在劳动生产率、谷物价格不变的情况下,工资的变动必然引起地租向相反方向变动。这一点是后来李嘉图关于工资和利润相对立的论点的直接来源。[3]

由于阶级和历史的局限,威廉·配第最终没能提出剩余价值和利润这些独立的、完整的经济范畴,没有揭示资本主义地租的实质,错误地把利润包含在地租中,将地租等同于全部剩余价值。虽然他提出了级差地租,却没有发现绝对地租。

---

[1] 黄桐城、黄碧云:《城市土地经济学》,上海交通大学出版社1998年版,第95页。
[2] 郭裕凤:《土地经济学》,科学出版社2019年版,第54页。
[3] 华伟:《房地产经济学》,复旦大学出版社2004年版,第27页。

(二)重农学派的地租理论①

重农学派是第一个有组织的经济学家团体。重视农业是法国古典经济学的传统。重农学派的创立者弗朗索瓦·魁奈(Francois Quesnay)认为在农业中生产出来的产品,除了补偿生产过程中所消耗的生产资料以及劳动者和农业资本家的生活资料外,还有剩余,这种剩余可以理解为农业生产会引起财富的"增加"。而其他经济部门,仅仅是将已有的物质资料,变更其形态后再重新组合,使之具有一种新的使用价值。这个过程并没有使已有的物质总量增加,其产品仅用于补偿已经使用掉的生产资料以及劳动者和资本家的生活资料,因此这些经济部门的生产过程不会创造出新的财富,只能引起财富的"相加"。

重农主义者认为,这种差异的原因是由于在农业生产中,"自然"参与了工作且不要求任何报偿,这是一种"自然赐予"。而在其他经济部门中,"自然"不参加工作。魁奈将这种在农业生产中由于自然协助而生产的超过生产和生活支出的剩余产品称为"纯产品",认为它理应以地租形式归土地所有者。从价值的角度来看"纯产品"实质上是农产品价值超过生产费用的余额,是农业工人为租地农场主创造的剩余价值。"纯产品"学说是重农主义理论体系的核心,是重农主义学派制定经济政策的理论基础。

18世纪后半叶,重农学派的重要代表人物杜尔阁(Turgot),在1766年发表的《关于财富的形成和分配的考察》一文中指出,即使自然恩赐的"纯产品"也是土地对劳动者的赐予,是由农业劳动者用自己的劳动向土地取得的财富,但由于土地的私有性,这一部分财富被土地所有者无偿占有,占有的这一部分财富即为地租。杜尔阁初步揭示了地租与土地所有权的关系。②

(三)亚当·斯密的地租理论③

亚当·斯密是最早系统研究地租理论的古典经济学家。他认为地租是随着土地私有制的产生而出现的范畴,是资本主义社会地主阶级的收入。由于他的研究方法的两重性以及受重农学派的影响,其地租理论比较混乱。

亚当·斯密在1776年出版的《国富论》中写道:"土地一旦成为私有财产,地主就要求劳动者从土地生产出来或采集的几乎所有物品中分给他一定的份额。因此,地主的地租,便成为要从用在土地上的劳动的生产物中扣除的第一个项目。"从这里可以看

---

① 晏智杰:《西方经济学说史教程》,北京大学出版社2002年版,第89、90页;[英]罗杰·巴克豪斯:《西方经济学史》,海南出版社、三环出版社2007年版,第110、112页;杜贵成、赵永慧:《土地估价师实务手册》,机械工业出版社2006年版,第19页。
② 郭裕凤:《土地经济学》,科学出版社2019年版,第54页。
③ 华伟:《房地产经济学》,复旦大学出版社2004年版,第28页;谢经荣、吕萍、乔志敏:《房地产经济学》,中国人民大学出版社2013年版,第23-24页。

出,他是肯定了地租是土地所有者对工人劳动产品的无偿占有,但是他同时也颠倒了地租和利润的关系,也不了解它们和剩余价值的关系,不知道地租是超过平均利润之上的剩余价值,而不是第一项扣除。

他又写道:"作为使用土地的代价的地租,自然是租地人按照土地实际情况所提供的最高价格。"他把地租当成使用土地的报酬,认为地租是商品价值的构成部分。这个理论割断了地租与工人劳动之间的关系,掩盖了剥削实质。

亚当·斯密认为,地租是一种垄断价格。他说:"作为使用土地的代价的地租,当然是一种垄断价格。它完全不是与地主改良土地支出的费用或地主所能收取的数额成正比,而是与租地人所能缴纳的数额成正比","对于未经改良的土地,地主也要求地租"。在这里,斯密模糊地感到绝对地租的存在,但又把地租看作是农产品价格提高产生的,是流通过程中的加成造成的。同时,他认为地租之所以为地主所得,是因为土地私有垄断的存在,从这个意义上说他又是正确的。

他认为自然力参加了农业生产,但没有参加工业生产,所以农业生产力比工业大,多余的部分就是地租,地租是自然力的产物。这种观点完全掩盖了地租的本质。

(四)大卫·李嘉图的地租理论[①]

在古典经济学中对地租研究最充分的是李嘉图,他以他的劳动价值论为基础,对级差地租进行了研究。在1817年发表的《政治经济学与赋税原理》一书中,他集中阐述了地租理论。认为土地的占有产生地租,地租是为使用土地而给土地所有者的产品,地租是由农业经营者从利润中扣除并支付给土地所有者的部分,是由劳动产生的。

李嘉图认为级差地租产生于土地数量的有限性。"使用土地支付地租,只是因为土地数量并非无限,质量也不相同。"他认为,在资本竞争的条件下,耕种不同质量的土地的资本要求获得相同的利润率,农产品的市场价格由劣等地的劳动耗费所决定,于是优等、中等土地就会得到一个超过平均利润的差额,这就是级差地租。李嘉图还区分了三种不同形式的地租:丰度地租、位置地租、资本地租。

(1)丰度地租。他写道:"在社会发展过程中,当次等肥力的土地投入耕种时,头等的土地马上就开始有了地租,而地租额取决于这两份土地在质量上的差别","当三等地投入耕种,二等土地马上就有了地租,并且与前面一样,数额由生产力的差异决定"。这是指由于土地肥沃程度不同而产生的级差地租Ⅰ的形态。

(2)位置地租。他认为农产品的交换价值是由从生产到送上市场这一整个过程中所必需的各种形式的劳动总量所决定的,距离市场近的土地运输费用低,可以获得超

---

① 毕宝德:《土地经济学》,中国人民大学出版社2020年版,第289-291页;谢经荣、吕萍、乔志敏:《房地产经济学》,中国人民大学出版社2013年版,第24-25页。

过平均利润的差额。这实际上是由于位置的不同产生的级差地租Ⅰ。

(3)资本地租。"常常出现的情况是:在第二、第四、第五等或更差的土地投入耕种以前,人们能使资本在已耕种的土地上生产出更多的东西来。我们可能发现,把用在第一等土地上的原有资本增加一倍,产品虽然不会加倍或增加100夸特,却可能增加85夸特。这个数量超过了在第三等土地上用同样资本所能获得的量。"这里讲的是级差地租Ⅱ的形态。

李嘉图把地租理论与劳动价值论联系起来,从而给地租论第一次提供了科学的基础。他在劳动价值论的基础上具体说明了级差地租的形成,否认了魁奈、斯密等人关于土地"是纯粹自然的恩赐"的错误观点。虽然由于资产阶级的局限性,他没有了解到绝对地租的存在,认为租用劣等地的农场主是不用支付任何地租的,但他对于级差地租的阐述可以说是相当充分的。

综上所述,古典经济学的地租论有其科学成分,其通过对地租问题的研究发现了剩余价值存在的事实,从而为科学的剩余价值论准备了条件。但由于阶级局限及历史局限,古典经济学也有着许多缺陷,比如没有发现绝对地租的存在,特别是把资本主义永恒化的观点,使其科学贡献受到了极大的限制。

三、新古典经济学的地租理论[①]

新古典经济学流行的地租理论是地租的边际生产力理论。一般认为屠能是这一理论的先驱,他在《孤立国》一书中应用边际生产力概念分析了地租理论,并建立了区位地租理论。对边际生产力论及其在地租中的应用作出重要贡献的还有克拉克(M. K. Clark)、阿隆索(Alonso)、马歇尔、维克塞尔(K. Wiclsell)、门格尔(A. Menger)等人,这里主要介绍克拉克、阿隆索和马歇尔的地租理论。

(一)克拉克的地租理论[②]

克拉克认为地租是由土地的边际生产力决定的,地租是总产量扣除工资的余额,即"经济剩余"。在其经济理论中,地租不是一个独立的范畴,它被认为是与资本无本质差异。地租被视为土地资本的利息,是利息的派生物。

克拉克的边际生产力论是生产三要素论、边际效用论、报酬递减规律的混合物。他认为在一定的土地上不断增加劳动力所新得到的报酬是逐渐减少的,当再增加一个工人所增加的报酬只够支付这个工人的工资时,这一生产率就是土地的边际生产力,地租量则为之前所有工人生产的产量值减去与最后一个工人产量和人数的乘积(即这

---

① 毕宝德:《土地经济学》,中国人民大学出版社2020年版,第291-292页。
② 华伟:《房地产经济学》,复旦大学出版社2004年版,第34页。

块土地的边际生产力与人数的乘积)。

由于在这种计算方式中,地租为总产量扣除工资的剩余,所以克拉克称地租为"经济剩余",称这种确定地租的方法为"剩余法"。这样看来,地租的数量就应该是由市场上农产品的价格高低所决定的,而不是由工人的劳动所创造的。克拉克的错误不在于他将边际递减引入地租理论,而在于用边际生产力说明地租的源泉,否定了劳动创造价值。

(二)阿隆索的竞价地租理论

阿隆索利用均衡分析的方法,提出了一个城市土地利用模型,该模型描述了在单中心城市中,居住用地以及多种产业用地距离城市中心的最优距离。由于这一模型与屠能(Thünen,1826)提出的农业土地利用模型在理论设计上的相似性,因此统称为"Thünen Alonso"地租竞价模型。

"Thünen Alonso"地租竞价模型的基本前提假设是:"理性人"假设和市场均衡假设。为得到市场均衡解还需满足以下假设:城市位于均质平原之上;交通在城市的各个方向均可到达;所有的就业以及商品和服务都集中在市中心;土地可自由买卖且土地买卖者对市场非常了解。于是他提出了阿隆索公式,阿隆索认为,家庭收入将用于土地投资、交通运输费用和购买其他商品(包括储蓄)。即:$Y = P_z \times Z + P(t) \times q + K(t)$。式中:$Y$——收入;$P_z$——其他商品的单位价格;$Z$——其他商品的数量;$P(t)$——距市中心 t 处的地价;q——土地数量;$K(t)$——距 t 处的交通费用;t——距市中心距离。

以居住用地为例,在"Thünen Alonso"地租竞价模型中,阿隆索用竞价曲线(bid-price curve)来表示地价与距离的组合。他将竞价曲线定义为一组家庭在不同的距离都有能力支付而又保证同等满意度的价格曲线。如果地价按此曲线变化,那么,家庭就不会计较具体的区位。而家庭预算约束用于土地、通勤和其他商品的支出,假定家庭收入是既定的。如图 5-1 所示,两条曲线的切点 E 即为均衡价格和均衡距离的组合点。阿隆索认为区位平衡(Locational Equilibrium)取决于土地的面积、其他商品的支出以及到城市中心的距离三者之间的比例关系。

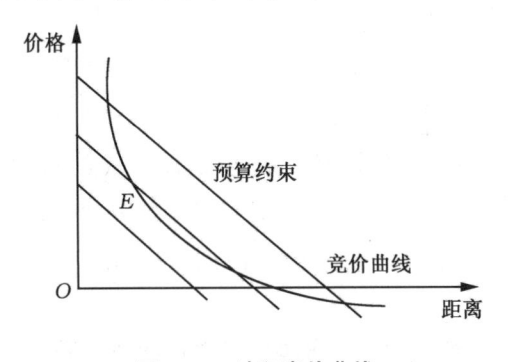

图 5-1 地租竞价曲线

综合考虑居住用地以及多种产业用地距离城市中心的最优距离,地租竞价函数越陡峭,离城市中心距离越近,所愿出的租金越高,如图5-2所示。

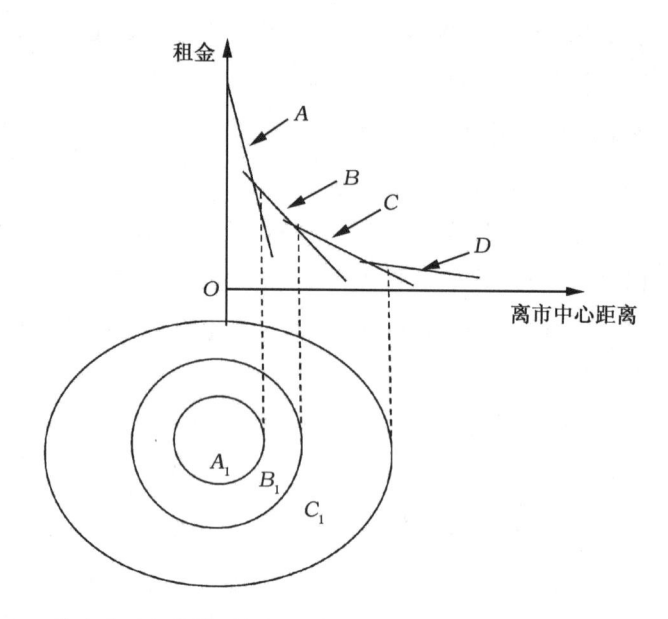

注:A、B、C、D 依次表示办公楼、制造业、住宅和农业的竞租函数,A_1、B_1、C_1 依次表示办公区、制造区和住宅区。

图5-2 单中心城市的地租竞价函数与土地利用

"Thünen Alonso"地租竞价模型中对城市地价与土地利用的分析仅仅局限于土地需求的分析,忽视了土地供给对土地利用及地价的影响,且模型中隐含的单中心城市而形成的同心圈层模式,在现实中由于城市的规划设计、用地的不规则性、市中心存在的诸如环境污染和交通拥挤等问题而发生变形。

(三)马歇尔的地租理论[①]

马歇尔认为地租理论"不过是一般供求原理中的特定的一种主要应用而已"。土地与其他生产要素的重要区别在于土地的供给受自然条件的限制,供给量缺乏弹性,地租的大小只受土地需求状况的影响,决定于土地的边际生产率。同时,他也认为在同一块土地上连续投入资本和劳动,其所产生的报酬会出现递增、递减或者增减交替的过程。边际生产率即为当所产生的报酬刚好与投入的生产费用一致时的报酬量。

地租量的决定如图5-3所示,等于 dbcO 的面积减去 abcO 的面积,其中 bc 段为边际报酬。马歇尔称 abcO 的面积为"一般总报酬",dbcO 的面积为实际产出的总报酬,两者之差就是土地的剩余生产物,在一定条件下转化为地租。

---

① 谢经荣、吕萍、乔志敏:《房地产经济学》,中国人民大学出版社2002年版,第39页。

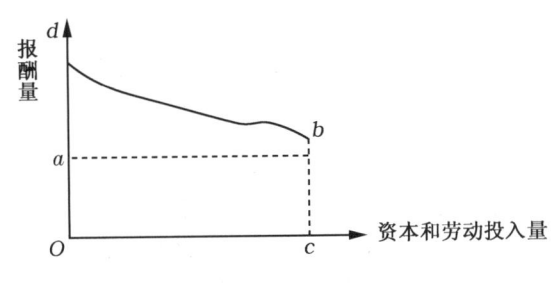

图 5-3　边际生产力地租的形成

四、现代经济学的地租理论

现代经济学作为一门社会科学，主要不是研究人们的生产关系，而是运用边际分析、供求分析和数量分析的方法，研究各种经济变量。在资本主义地租的研究中，现代经济学的地租理论考察地租量的决定因素，对于地租的来源问题并没有作深入分析。这种分析方法对于我们研究社会主义地租有一定的借鉴和参考意义。其代表人物主要有萨缪尔森、巴洛维、范里安等人。

萨缪尔森认为，土地的供应量就整个社会而言是一定的，供给曲线在一定时期内是完全无弹性的，土地的价格主要决定于土地的需求曲线。在图 5-4 中，S_1 为土地的自然供给曲线，D 为需求曲线，e_1 为均衡点，线段 Oc 和 Oa 表示均衡时的土地交易量和土地价格。考虑到技术进步的影响，一段时期内，可利用的土地会增加，导致土地的自然供给曲线 S_1 向右平移形成土地的自然供给曲线 S_2，这时，形成新的均衡点 e_2，如图 5-4(a)所示。

然而，土地的经济供给并非完全无弹性。例如，当市场上棉花的价格上升时，种植棉花的收益会超过种植其他农作物（如小麦）的收益，于是原来用于种植小麦的土地会有一部分转为种植棉花，所以土地的经济供给应该是向右上方倾斜的。

巴洛维在著作《土地资源经济学——不动产经济学》中指出："地租可以简单地看作是一种经济剩余，即总产值或总收益减去总要素成本或总成本之后余下的那一部分"，"各类土地上的地租额取决于产品价格水平和成本之间的关系"，如图 5-4(b)所示。

范里安（H. Varian）认为，若假设土地是唯一不变的生产要素，其他生产要素均为可变生产要素，均衡时的土地租金即为总产值与总可变成本的差额。[①] 如图 5-5 所

---

① [美]范里安：《微观经济学现代观点》，格致出版社、上海三联书店、上海人民出版社 2009 年版，第 337-338 页。

(a) 自然供给形成的均衡

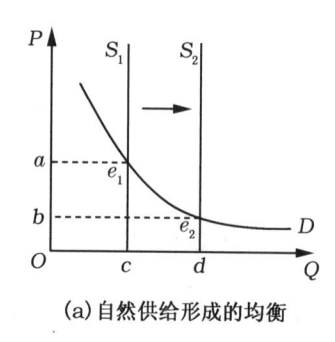

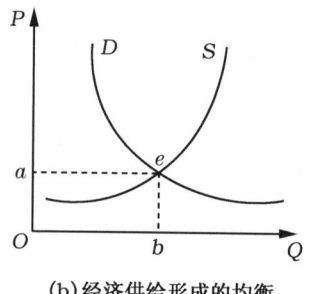

(b) 经济供给形成的均衡

图 5-4 现代经济学的均衡土地价格

示，E 点为均衡点，对应的是均衡价格 P_e、均衡产量 Q_e，均衡时的总产值为 P_e 与 Q_e 的乘积，即面积 P_eOQ_eE，可变要素的总成本为 AOQ_eB，所以经济租金即为 P_eABE。

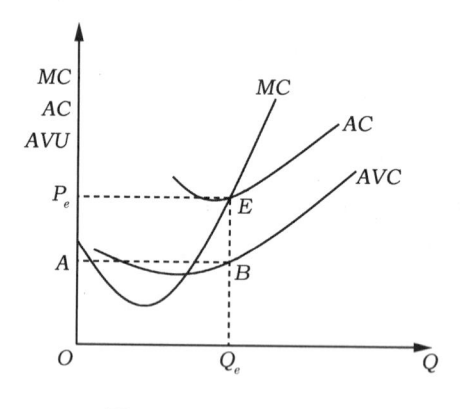

图 5-5 土地的经济租金

第二节 马克思的地租理论

马克思在对资产阶级古典经济学派的批判和继承中创立了马克思主义地租理论，以劳动价值论、生产价格论和剩余价值论为理论基础，科学地阐述了资本主义土地私有制下的地租的本质。

一、地租和租金[①]

在农业中，地租是农业资本家支付给土地所有者的、作为使用土地的报酬。但在

---

① 毕宝德：《土地经济学》，中国人民大学出版社 2020 年版，第 285 页。

实际中，农业资本家付给土地所有者的地租往往不是真正的地租，而是租金。租金是一个比地租更大的范畴，是广义上的地租，它除了包括真正的地租之外，还包括利息和农业工人的工资。

农业资本家为了提高所租用土地的生产率，常常会对土壤进行改良，而这种改良有时需要经过相当长的时间才能见效，若在租约结束前，农业资本家还没有收回这部分改良的投资，这些土地固定资本的折旧费和利息，就随着土地本身一起成为所有者的财产。在重新签约时，土地所有者就会把这些折旧费和利息加到真正的地租中。

另外，在资本主义社会，农业资本家可能是一些小资本家，由于无法从事其他行业，不得不把小额资本投入经营农业生产，他们被迫满足于平均利润以下的利润，这样他们就会想办法克扣农业工人的工资，把它们作为地租的一部分交给土地所有者。

二、资本主义级差地租[①]

（一）级差地租的概念

农业产品的价格不同于工业产品，它是由最劣等地的生产条件决定的。假设农产品的价格也像工业品一样由中等生产条件决定市场调节价格（社会生产价格），那么经营劣等地的农业资本家由于得不到平均利润就会退出生产，这样就只剩中等和优等地用于耕种。一方面，由于剩下的土地难以满足社会对农产品的巨大需求，所以劣等地必须重新用于耕种；另一方面，劣等地总是相对而言的，当一部分劣等地由于无法达到社会平均生产条件而被淘汰后，新的更高的社会平均生产条件又会形成，新一批相对差一些的土地又会被淘汰，长久循环，这一过程的后果就是最后所有土地都被淘汰。因此，农产品的价格必须是由劣等地的生产条件决定的。

由于土地本身的差异，其劳动生产率必然有差异，在投入相同资本的情况下，所能够生产出来的产量是不同的，个别生产价格也是不同的。在相同的市场价格下（劣等地所决定的市场价格），所得的收益就不相同。租用优等地的农业资本家由于个别生产价格低于社会生产价格（由劣等地决定），就能够得到高于其他租用中等和低等地农业资本家的利润。这一部分利润与土地本身的优越条件息息相关，而土地又是有限的、不可再生的，因此在土地的资本主义经营垄断下，注定这一超额利润只能以级差地租的形式交给土地所有者。

资本主义级差地租产生的条件是自然力，但自然力并不是超额利润的源泉，仅仅是形成超额利润的自然基础而已。由于土地被部分经营者垄断了，所以能够获得持久而稳定的超额利润。马克思说，资本主义土地所有权不是这个超额利润创造出来的原

---

① 毕宝德：《土地经济学》，中国人民大学出版社2020年版，第295-299页。

因,而是使它转化为地租形式的原因。

级差地租产生的原因是由于土地有限而产生的资本主义经营垄断。正是由于这种有限的优越自然条件被部分经营者垄断,这部分超额利润就要转化为级差地租,归土地所有者占有。

级差地租按形成条件的差异分为级差地租Ⅰ、级差地租Ⅱ。

(二)级差地租Ⅰ

1. 由于土地肥力不同造成的级差地租

投入相同的资本到面积相同的、具有不同肥力的土地上,由于土地本身劳动生产率的不同,造成个别生产价格不同,经营优等地能够获得超额利润,如表5-1所示。

表5-1 由于土地肥力不同造成的级差地租

土地等级	投入资本(元)	平均利润(元)	产量(斤)	个别生产价格(元) 全部产品	个别生产价格(元) 单位产品	社会生产价格(元) 全部产品	社会生产价格(元) 单位产品	利润(元)	级差地租(元)
劣等	50	10	10	400	40	400	40	10	0
中等	50	10	15	525	35	600	40	85	75
优等	50	10	20	600	30	800	40	210	200

从表5-1中可以看出,在面积相同的三类土地上投入相同量的资本50元,其产量分别是10斤、15斤、20斤。按照20%的平均利润率,其平均利润应为10元。在市场上出售的价格按照劣等地的个别生产价格计算为40元/斤,而优等和中等地的个别生产价格分别为35元/斤和30元/斤。那么,三类土地所能得到的利润分别为10元、85元和210元,除去10元为农业资本家的平均利润外,中等地的75元超额利润、优等地的200元超额利润均转化为级差地租交给土地所有者,这就是由于土地肥力不同造成的级差地租Ⅰ。

2. 由于土地位置不同造成的级差地租

即便土地的优劣条件相同,由于其距离市场的远近不同,所产生的运输费用不同,因而也会产生级差地租(如表5-2所示)。

表5-2 由于土地位置不同造成的级差地租

土地	距离市场路程(千米)	产量(斤)	投入(元) 生产投入	投入(元) 运输投入	投入(元) 合计	平均利润(元)	个别生产价格(元)	社会生产价格(元)	级差地租(元)
A	5	10	50	5	55	11	66	78	12
B	10	10	50	10	60	12	72	78	6
C	15	10	50	15	65	13	78	78	0

A、B、C三块土地,面积和肥力相同,由于距离市场远近不同(分别为5、10、15公里),所以造成运输费用不同,按照20%的利润率计算个别生产价格分别为66、72、78元,在市场上都以78元的价格出售,因此A和B两块土地分别获得12元和6元的级差地租,这就是由于土地位置不同造成的级差地租Ⅰ。

(三)级差地租Ⅱ

随着人口的增加和人们对农产品需求的提高,农业用地被非农业部门挤占,已有的农业粗放经营模式已经无法满足需求,集约化生产成为必然。在相对较好的土地上进行连续投资,虽然每次投入的报酬都略有下降,但只要高于劣等地的报酬,农业资本家有利可图,就会对其进行追加投资,并且可以获得超额利润。这种由于在同一块地上追加投资所形成的级差地租,马克思称之为级差地租Ⅱ,如表5-3所示。

表5-3　　　　　　　由于追加投资形成的级差地租Ⅱ

土地等级	投入资本(元)	平均利润(元)	产量(斤)	个别生产价格(元) 全部产品	个别生产价格(元) 单位产品	社会生产价格(元) 全部产品	社会生产价格(元) 单位产品	利润(元)	级差地租 Ⅰ	级差地租 Ⅱ
劣等	50	10	10	300	30	300	30	10	0	0
优等	50	10	20	400	20	600	30	210	200	0
优等	100(追加投入50)	10	15	375	25	450	30	85	0	75

在优等地上追加投资50元,可得到超额利润75元,虽然生产率下降了,只能够生产出15斤,但仍然比劣等地的产量多5斤,这部分投资的个别生产价格比社会生产价格低75元,由此形成的超额利润转化为级差地租Ⅱ,交给土地所有者。

随着资本主义的发展,可开垦荒地越来越少,农业资本家必然要进行集约化经营,即在相对较好的土地上追加投资,以期获得高于劣等地的生产率,形成超额利润。在资本主义土地私有制的条件下,这部分超额利润最终都会转化为级差地租,落入土地所有者的手中,但在租约期内,农业资本家还是可以获得这部分利润的。因此,租约期的长短成了农业资本家和土地所有者谈判的主要矛盾,农业资本家总是希望租约期能够尽可能长久,而土地所有者总是希望租约期短一些,因为由于农业资本家对土地追加投资所形成的生产率的提高,可以使得土地所有者提高下一轮签约的租金。

级差地租Ⅱ是以级差地租Ⅰ为基础的。马克思指出:"任何级差地租Ⅱ的基础和出发点,不仅从历史上来说,而且就级差地租Ⅱ在任何一个一定时期内的运动来说,都是级差地租Ⅰ。"[①]级差地租Ⅱ的形成,是以同一块土地连续投资的生产率高于劣等地

---

① 《马克思恩格斯全集》(第25卷),人民出版社1972年版,第761页。

的生产率为前提的,这时农产品的价格仍旧由劣等地的生产价格决定。"就级差地租Ⅱ来说,级差结果必须先变成可以区别的,事实上必须再转化为级差地租Ⅰ。"[1]

三、资本主义绝对地租[2]

(一)绝对地租产生的条件、来源和原因

马克思在分析级差地租的时候,曾假设最劣等土地不用缴纳地租,然而事实上,如果最劣等地无法获得地租,那么土地所有者宁可让它成为荒地,也不会无偿地给资本家进行耕种,所以即便是劣等土地也是需要缴纳地租的。这种租用任何土地都必须缴纳的地租,就是绝对地租。

级差地租是由于优等地个别生产价格较低所产生的,是由超额利润转化而来的,那么绝对地租的来源又是什么呢？首先,我们应当排除的是,绝对地租来源于流通过程中的价格上升。我们知道流通过程是无法带来价值增值的,那么绝对地租就只可能来源于生产过程。马克思认为,绝对地租必须是在产品价值内形成的,必须是农产品本身的价值高于生产价格所带来的。马克思写道:"如果一个生产部门中的资本构成低于社会平均资本的构成,也就是说,如果该资本中投在工资上的可变部分与投在物质劳动条件上的不变部分的比率大于社会平均资本中可变部分与不变部分的比率,那么,它的产品的价值就必然会高于它的生产价格。"[3]

我们知道,在资本主义的一定发展阶段,农业的机械化水平低,技术投入少,主要使用人力资本进行耕作,也就是投入在工资上的可变资本与投入在物质劳动上的不变资本的比例较高,这样,农业部门的资本有机构成($C:V$)显然大大低于工业部门的资本有机构成。在这种情况下,农产品的价值就高于它的生产价格,两者之间的差额就形成了绝对地租,它是农业工人创造的剩余价值的一部分,如表5-4所示。

表5-4　　　　　　　　　　绝对地租的形成

生产部门		资本有机构成	剩余价值(元)	商品价值(元)	平均利润(元)	生产价格(元)	市场价格(元)	绝对地租(元)
工业	食品	70C+30V	30	130	10	110	110	
	机械	90C+10V	10	110	10	110	110	
农业		60C+40V	40	140	10	110	(110,140)	(0,30)

从表5-4可以看到,在工业部门内部,不同行业由于资本有机构成不同,它们的

---

[1] 《马克思恩格斯全集》(第25卷),人民出版社1972年版,第819页。
[2] 毕宝德:《土地经济学》,中国人民大学出版社2020年版,第299-302页。
[3] 《马克思恩格斯全集》(第25卷),人民出版社1972年版,第855页。

剩余价值有高有低,因而商品价值也不同,那么,为什么工业部门中资本有机构成低的行业也难以形成超额利润呢？这是因为工业品常常是以低于其价值的价格出售的。马克思写道:"生产价格是由商品价值的平均化产生的。在不同生产部门各自耗费的资本价值得到补偿以后,商品价值的平均化,使全部剩余价值不是按各个生产部门所生产的、从而包含在其产品中的剩余价值的比例来进行分配,而是按各个预付资本的量的比例来进行分配。"

那么,为什么农产品能够按照价值而不按照价格出售呢？这是因为在工业部门内部,资金可以自由流动,竞争的作用使得超额利润在利润平均化的过程中消失了。而农业部门由于存在土地私有权的垄断,成为其他部门向农业转移的一个障碍,资本无法自由流动。马克思将这种土地私有权的垄断形容成阻碍资本流动的外力,"这种外力限制资本投入特殊生产部门,只有在完全排斥或部分排斥剩余价值一般平均化为平均利润的条件下才允许资本投入特殊生产部门,那么很明显,在这种生产部门,只要商品的价值超过它的生产价格,就会产生超额利润"[1]。

由此可见,农业资本有机构成低于社会平均资本有机构成,使得商品价值大于生产价格,是农业中能够形成超额利润的条件,而土地私有权的垄断是上述超额利润留在农业部门并使之转化为绝对地租的原因。

(二)资本主义绝对地租的量

由表5-4也可以看到,农产品的市场价格既不等于生产价格,也不等于商品价值,而是介于两者之间的一个不确定的数值。马克思指出:"地租究竟是等于价值和生产价格之间的全部差额,还是仅仅等于这个差额的一个或大或小的部分,这完全取决于供求状况和新耕种的土地面积。"[2]当市场上农产品供不应求,其价格就可能上升到等于其价值,从而完全实现价值和生产价格之间的差额;若供过于求,则价格下降,很可能只按照生产价格出售。

当然,绝对地租既然取决于农产品价值和生产价格的差额,那么无论是社会平均有机构成变化,还是农业资本有机构成变化,都会引起绝对地租的变化。例如,当社会平均资本有机构成不变,农业资本有机构成提高时,农产品的价值下降了,绝对地租的量就会减少。

那么,当出现极端状况,农业资本有机构成提高到高于社会平均资本有机构成时,是不是绝对地租就为零了呢？事实上,现代许多发达资本主义国家正是这种情况。由于农业中的技术投入越来越多,机械化水平越来越高,许多以往工人的工作都由机器

---

[1] [德]马克思:《资本论》,人民出版社1976年版,第858页。
[2] 《马克思恩格斯全集》(第25卷),人民出版社1972年版,第859页。

代替了,于是农业资本有机构成急剧提高,以至于高于社会平均资本有机构成。对于这种情况,马克思当时就已经科学地预见到了,他认为绝对地租"在这种情况下,只能来自市场价格超过价值和生产价格的余额,简单地说,只能来自产品的垄断价格"。这一"余额"不再是来自农业工人创造的剩余价值,而是来自从农产品收购商手中转移来的,其他物质生产部门创造的剩余价值的再分配。

因此,资本主义绝对地租量的大小,在农业资本有机构成低于社会平均资本有机构成的情况下,取决于市场价格和产品价值的差额,它随着社会平均资本有机构成和农业资本有机构成的变化而变化;而在现代资本主义社会,农业资本有机构成高于社会平均资本有机构成的情况下,取决于由供需决定的市场价格和商品价值之差额。

四、资本主义垄断地租[1]

资本主义垄断地租的产生是由于某些土地具有独一无二的自然条件,能够产生出非常稀缺而又很名贵的产品。这些产品在市场上的售价通常远远大于其价值,由这一垄断价格带来的超额利润转化为垄断地租,交给土地所有者。垄断地租产生的原因是对某些特殊优越的土地的经营权垄断,实际上是一种特殊的级差地租。

与级差地租和绝对地租不同的是,垄断地租不是来源于生产领域,而是来源于流通领域,它不再是农业工人创造的剩余价值的一部分。垄断地租来源于高额垄断价格与生产成本之差,而垄断价格往往与产品或服务的价值无关,只取决于消费者的购买欲望和相应的支付能力。

五、矿山地租和建设用地地租

在采矿业中,由于矿山所有者和开采者的分离,决定矿业资本家租用矿山必须支付一定的矿山地租。马克思指出:"真正的矿山地租的决定方法,与农业地租是完全一样的。"[2]它也包括级差地租、绝对地租和垄断地租。

建设用地地租是资本家为建造工厂、商店和居民住宅等使用土地而支付的地租。建设用地地租既包括级差地租,也包括绝对地租。在农业中,土地的肥力主要决定着土地的级差地租,而建设用地主要作为建筑地基和空间来使用,因此,土地的级差地租主要是由土地的位置决定的。由于土地的位置好坏不是土地所有者所能够决定的,因此土地所有者在此处于一个相对被动的地位。

---

[1] 毕宝德:《土地经济学》,中国人民大学出版社 2020 年版,第 302 页。。
[2] 《马克思恩格斯全集》(第 25 卷),人民出版社 1972 年版,第 873 页。

六、马克思对地租理论的贡献

马克思对地租理论的主要贡献表现在以下几个方面：

(1)否认了地租是"自然对人类的赐予"的错误观点，明确指出地租是土地所有权在经济上的实现。

(2)发展了级差地租理论，将其分成级差地租Ⅰ和级差地租Ⅱ进行分析。

(3)创立了绝对地租的概念。马克思之前的地租理论都认为最劣等地是不需要缴纳地租的，马克思对此进行了矫正，认为劣等地也是有地租的。

(4)提出土地价格的计算方法。认为土地价格不是购买土地的价格，而是购买土地所提供的地租的价格。

第三节 地租理论在中国的应用

一、社会主义有没有地租

新中国成立之初，在经济理论界曾有过一种观点，认为地租是在土地私有制条件下、土地所有权与使用权分离产生的特殊经济关系，社会主义土地公有制下就没有必要研究地租了。有一点首先需要澄清：马克思在《资本论》中虽然研究的是资本主义制度下的地租，但他并没有说过地租是资本主义土地私有制下的特殊产物，在社会主义土地公有制下就自动消失了。他曾写道："对土地所有权的各种历史形式的分析，不属于本书的范围。我们只是在资本所产生的剩余价值的一部分归土地所有者所有的范围内，研究土地所有权的问题。"[①]

新中国成立初期，强调土地全民所有，忽视地租关系，在土地使用上吃"大锅饭"，无论农村还是城市，都没有形成一个行之有效的土地利用管理制度，长此以往造成土地利用效率极其低下，即使北京、上海、天津这样十分拥挤的大城市，也有许多土地闲而无用。由于征用农村土地由国家投资，用地单位无须负担成本，许多单位在未对土地进行任何利用规划的情况下，大肆申请使用土地，在得到土地使用权后往往将其长期搁置，造成一方面城市土地没有充分利用，另一方面城市又日渐膨胀，侵占大量农田。而在农村，乡镇企业和农民盖房等乱占土地的现象也十分严重，耕地面积明显减少。2012年7月1日起施行的《闲置土地处置办法》规定：国有建设用地使用权人超过国有建设用地使用权有偿使用合同或者划拨决定书约定、规定的动工开发日期满一

---

① [德]马克思：《资本论》，人民出版社1976年版，第693页。

年未动工开发的国有建设用地为闲置土地,政府有权无偿收回国有建设用地使用权。

在社会主义土地公有制下,土地仍然存在由于肥沃不均、位置不同所带来的生产率差别,这就是说社会主义仍然存在产生级差地租的自然条件。另外,在公有制下,虽然土地是属于全民共有的,但由于使用土地的企业单位代表的是不同的利益主体,也就是说社会主义仍然存在产生地租的社会条件。因此,在社会主义公有制下仍然是存在地租的,只是它与资本主义地租反映的经济关系是不同的。资本主义地租反映的是土地所有者、农业资本家共同剥削农业工人的关系,而社会主义地租反映的是国家、企业和个人对超额利润的分配关系。地租不再是工人创造的剩余价值的一部分,而是由土地条件优越的企业单位的劳动者创造的超额利润。

二、我国的农村地租

(一)农村级差地租

1. 农村级差地租Ⅰ

我国农村的级差地租Ⅰ产生原因仍然可以分为由土地肥力以及由土地位置距离市场远近不同两种情况进行分析,分析方法同第二节所述。由于现行的土地所有制度是城市土地归国家所有,农村土地归集体所有,即同属一个集体的不同农户在集体内承包、使用土地的地位是一样的。那么,在这种土地所有制下,如何在集体经济组织内平均分配由于土地肥力、位置不同带来的经济利益,并使得集体经济组织整体效益最大化,是值得探讨的问题。目前,我国农村通常的做法是先由集体经济组织将所有地块均分若干等分,再以农民家庭为基础按照人口从优、中、劣地块分别取一部分承包给个人,以示公平。但是,被平均分割的土地面积一般较小,并且各农民所得不同等级土地通常无法连接成片,难以利用现代化生产工具,给实际耕作带来很大不便。这种小规模、分散化的耕作方式不利于农业的规模经营,不仅农业劳动生产效率低下,而且阻碍了农村劳动力向城市转移,不利于工业化建设和城镇化建设。

规模越大越能够带来规模效应、产生高收益。表5-5为浙江省抽取的150户代表性农业经营大户的收益状况,可以看出其净收入比我国农民平均净收入高出许多。

表5-5　　　　　　　　　　规模经营大户的情况

地　区	户均面积 (公顷)	每公顷净收入 (元)	劳均净收入 (元/人)	人均净收入 (元/人)
嘉兴	4.3	8 700	15 492	8 042
湖州	5.9	5 850	12 759	7 655
绍兴	5.0	8 670	15 822	10 188

续表

地　区	户均面积（公顷）	每公顷净收入（元）	劳均净收入（元/人）	人均净收入（元/人）
金华	3.0	4 365	8 090	4 200
平均	4.5	7 101	12 209	7 156

注：劳均净收入指家庭劳动力人均净收入。

资料来源：卫新、毛小保、王美清：《浙江省农户土地规模经营实证分析》，载《中国农村经济》2003年第10期。

一些经济较发达的地区，农民纷纷进城务工，土地通过倒包等方式集中到少数农户手中，在一定程度上实现了土地的规模化经营。但在经济欠发达的偏远地区，仍然以小规模的分散经营为主，农户可以通过自愿协商相互交换土地，使所承包土地连接成片，提高劳动效率，或者通过集体组织重新分配，农户对于本集体所有的土地优劣程度都很熟悉，可以先估算出优等和中等地所能得到的超额利润，然后划分成片地块分配给农民，公布不同地块所应上缴的级差地租或应得到的补偿，按照协商的原则，分配给各农民。

2. 农村级差地租Ⅱ

农村级差地租Ⅱ是农民希望获得更多收益，因而投入自有资金对所耕种土地进行改良，以此提高土地生产率所带来的超额利润。级差地租Ⅱ在租约期内，由租用土地的农民所有，租约到期后，转为由土地所有者所有，这一点与资本主义级差地租Ⅱ相似。在我国表现为租约到期后集体将分配给农民的土地收回集体所有，进行重新分配或者转为自留地，即相当于农民的个人投入上缴归集体所有。在这种情况下，农民一般不愿意对土地进行长期投资，土地生产效率难以得到很大提高。1984年以前，我国农村土地家庭承包期一般为2~3年，土地调整频繁，农民不敢也不会对土地进行长期投入，导致农民不愿保养土地的短期行为。因此，1984年中共中央发表《关于1984年农村工作的通知》，指出："土地承包期一般在15年以上，生产周期长的和开发性的项目，如果树、林木、荒山、荒地等，承包期应当更长一些。在延长承包期前，群众有调整土地要求的，可以本着'大稳定、小调整'的原则，经充分协商，由集体统一调整。鼓励土地逐步向种田能手集中。社员在承包期内，因无力耕种或转营他业而要求不包或少包土地的，可以将土地交给集体统一安排，也可以经集体同意，由社员自找对象协商转包，对农民向土地的投资应予以合理补偿。"

在这一通知中，我们注意到两点：首先，承包期由原来的2~3年转为15年。这就大大加强了农民改良土地、提高生产效率的决心。其次，"对农民向土地的投资应予以合理补偿"，这就是说，农民在上缴土地时，若土地生产率有明显改善，可以从集体那里得到一定补偿,即级差地租Ⅱ。这有利于促进农民投入资金提高生产率。

(二)农村绝对地租

绝对地租的产生是由于农业的资本有机构成低于社会平均资本有机构成,农业部门可以推动更多的活劳动,创造更多的新价值,以使得农产品价值高于生产价格所造成的。在我国农村,科技应用率低、机械化水平低,主要采用人工操作,显然,我国农业的资本有机构成是低于社会平均资本有机构成的,因此,在我国应该存在绝对地租。

由于我国长期实行的是优先发展重工业、加速重工业资本积累,再由重工业带动轻工业和农业的发展战略,一度制定了严重违背农产品价值的价格,这一价格甚至低于农业生产价格,使得农民不仅得不到相当于绝对地租的利润,连社会平均利润也得不到。中共中央政策研究室、国务院发展研究中心的"农业投入"总课题组曾经作过估计:仅1979—1994年的16年间,政府通过工农产品"剪刀差"约取得了15 000亿元收入,同期农业税收入为1 755亿元,财政支农支出3 769亿元,政府提取农业剩余净额为12 986亿元,平均每年从农业部门流出的资金净额达811亿元[①]。

从统计学的角度看,在长期的计划经济体制时期,农业的超额利润是不存在的,但本书探讨的范围始终是从经济理论角度出发的。在理论上,农业的超额利润是存在的,只是通过再分配的形式——主要是工农业产品价格"剪刀差",转移到工业部门,并主要归国家所有了。

(三)农村垄断地租

我国地域辽阔,各地地质情况差异很大,不同土地上种植出的农作物各有自己的特点,尤其是有些农作物必须在当地的土壤中才能够生长,比如海南的椰子等,这些农作物由于其独特性,在全国的平均售价远远高于其种植成本,这不仅仅是运输成本提高的结果,其中还包括有养育它们土地所应得的垄断地租。我国农村的垄断地租,其形式与前面提到的马克思的农村垄断地租理论相似,在这里不做赘述。

三、我国的城市地租

(一)城市级差地租

1. 城市级差地租Ⅰ

城市土地不用于耕种,其级差地租Ⅰ与土地本身的肥沃程度相关性很小,城市土地地租的差异主要决定于其地理位置的差异,因此城市土地级差地租Ⅰ取决于该土地所处的位置。

---

① 胡一帆:《"三农"如何陷于困境》,http://finance.sina.com.cn/g/20040220/1418640974.shtml,2004年2月20日。

先看工业企业的级差地租：首先，由于工厂距离市场远近不同会带来运输费用不同，在企业挑选工厂、仓库位置时，会选择距离市场近的地块，以便节约运输成本，获取较高利润。距离市场近的土地所有者知道自己所拥有土地的这一特性，会提高地租额，提高的幅度正好等于企业节约的运输成本，使得各工业企业只能获得平均利润。其次，工业企业的地租不仅仅是由距离市场远近决定的，还有很多其他因素。比如，政府规划的工业园区，距离市场即便较远，但由于园区内企业可以获得优惠政策，以及工厂集中时产生的集聚效应(共享资源、降低成本等)，因此，园区内的地块还是可以获得相对周边相似土地较为高的级差地租。

相对于工业企业，商业企业对土地位置的敏感度要高得多，而商业地租也正是城市级差地租的典型形态。工业企业的地租量相对于土地位置的变化常常是无规律的变动，而商业企业的地租量变动却表现出对所处位置的强相关性。假设两家经营产品、规模大小、管理者水平都一样的商业企业，分别投入等额资本，设置在城市商业中心和另一较偏僻的地段。前者由于所处位置交通便利、集聚经济等原因，会吸引较多的顾客，从而商品流通速度较快，营业额和利润额也较高。同样，拥有商业集中区土地的所有者了解到这一点，也会提高地租，使得商业企业获得的超额利润都转化为级差地租，交给土地所有者。

对于其他用途的城市用地，其级差地租Ⅰ的分析与工业用地和商业用地类似。一般而言，对于土地位置敏感程度由强到弱的顺序为商业、办公、旅游、居住、工业、耕地、牧场、森林、荒地。

2. 城市级差地租Ⅱ

在城市土地之上追加投资，改善周围城市基础设施、改变土地相对的经济地理位置，或者将农业用地改成城市土地，都能够获得城市级差地租Ⅱ。相对于改良农业用地、提高土地生产率的资金而言，改良城市土地的投资要大得多，但相应的收益(即级差地租Ⅱ)也大得多。

先看将农业用地改成城市土地。在我国，农业用地的征用必须通过国家完成，私人不得直接购买农村土地。国家土地储备机构征得土地后，经过"三通一平""七通一平"后出让给开发商，国家征用农村土地和出让给开发商的价格之间有个巨大的差额，这一部分也可看作是政府将农业用地改造成城市用地所带来的级差地租Ⅱ。

再看改善城市基础设施或者改变土地相对经济地理位置所带来的级差地租。这种城市土地的改良，一般开发商即便投入大量资金也难以完成，开发商可以投资改善该土地周围环境，比如建设超市、理发店、干洗店等，形成良好的周边环境，在一定程度上提高土地价格，但是该土地的经济地理位置、交通修建、道路修建等对土地价格起决定作用的因素，不是开发商有能力决定的，必须经过政府统一规划。正常情况下，开发商没有能力参与制定城市规划。因此,城市土地使用者在获取城市级差地租Ⅱ方面,通常处于相当被动的地位。另外,这种方式获得的级差地租最不同于农村级差地租之处是投入者为土地所有者,而获利者为土地使用者。

当然,开发商在一定程度上也有自行投资获取级差地租Ⅱ的能力:在地基允许、规划容积率允许的情况下,开发商所建楼层越高、建筑面积越大,利润空间越大。尤其现在土地价格较高的情况下,容积率高,每套房屋就可以分摊更多的土地成本,利润额也相应提高。开发商售房收益与其成本之间的差额可以看作是级差地租Ⅱ。

(二)城市绝对地租

1. 来源问题

关于城市绝对地租的来源问题,学术界一直存在争议,至今为止尚未达成共识。这里简单介绍以下几种观点:[1]

(1)"转化论"。因为绝对地租是农产品的市场价格高于生产成本的那部分超额利润转化而成的,但是城市土地已经不再用于生产农作物,因而城市绝对地租就不可能来自本部门农产品带来的超额利润,只能来源于其他部门农产品生产的剩余价值,通过再分配形式转移到城市土地中来。

(2)"扣除论"。在资本有机构成都相等的情况下,所有部门的绝对地租只能来源于平均利润的扣除。即先进行利润的平均化,再在平均利润中扣除一部分作为地租(一般认为地租实现与利润平均化过程之前的扣除)。

(3)"垄断价格论"。由于工业资本需要获得社会平均利润,又要向土地所有者缴纳地租,但工业品生产不同于农产品,具有价值高于成本的特性,无法获得超额利润,所以工业企业只能通过高于成本的垄断价格来获取超额利润,作为城市绝对地租交给土地所有者。

另外一种观点认为,城市绝对地租可以分成工业企业、商业企业和居民住宅进行分析。首先,对于建设在城市当中的工业企业,由于城市土地所有权的存在,阻碍了一部分剩余价值进入利润平均化的过程,这部分剩余价值依然存在于工业品当中,最终转化为绝对地租。具体流程为工业品在扣除生产成本后,将级差地租以及这部分由于土地所有权留存下来的剩余价值作为租用土地的报酬一并扣除,剩下的利润再参加社会利润平均化。其次,由于商业企业本身并不能够产生剩余价值,其所缴纳的绝对地租只能来源于所经营商品的垄断价格。通过提高售卖价格获得平均利润和超额利润,其中超额利润包括级差地租和绝对地租。最后,住宅是居民生活的必需品,是劳动力再生产的必要条件。居民住宅的绝对地租表现为租金,由消费者从工资当中支付,来

---

[1] 李建建:《城市绝对地租探析》,载《当代经济研究》2000年第11期,第45页。

源于劳动力必要劳动创造的价值。[1]

2. 城市绝对地租的量

城市地租在量上应该高于农业地租,因为城市土地是由农业用地转化而来的,而这种转化只有在土地所有者收益大于其原来的收益时才会发生,所以城市劣等地的绝对地租最低应该等于周边农业优等地提供的全部地租之和。其上限不能大于租用该土地的企业的全部超额利润。城市地租量在两者之间具体为多少由土地供求决定。

我国的土地公有制决定了各地政府是唯一的土地供给者,而开发商的数目却数不胜数,随着可开发土地的日益减少,开发商之间的竞争之激烈可想而知,加上近年来整个房地产业的持续高涨,进一步推动城市土地价格上升,因此城市绝对地租无法像农村绝对地租一样得到一个确定的量。据估算,如果城镇化水平达70%左右,同时人口增长到16亿,城镇人口将达到11.2亿,比现在增加约6.2亿,如果按人均100平方米占地计算,城镇建设需要增加用地600多万公顷。[2] 因此,可以肯定的是,城市土地绝对地租未来将呈现继续上扬的趋势。

(三) 城市垄断地租

城市垄断地租是因为城市当中某些稀有地块具有独一无二的地位,能够令在其上经营的企业获得垄断性的超额利润,这部分超额利润转化为垄断地租。在我国,城市垄断地租可以从以下几方面来看。[3]

1. 大中城市房屋价格畸高

由于大中城市经济发展较快,吸引了大量农民工进城务工、大批学生就业,以及外国企业进入投资,因此,大中城市在一段时间具有吸引人才的垄断地位,以此造成巨大的市场需求会拉动房价的飞速上涨。

2. 城市中心"黄金地段"租金居高不下

在"黄金地段"经营的企业由于客源丰富、所售商品价格高昂,能够获得极大的超额利润,这部分土地的所有者要求得到相应的地租。因为城市中心地块是极其有限的,所以这部分土地的地租居高不下,且有不断攀升的趋势。

3. 著名旅游景点的餐饮价格偏高

比如,杭州西湖、桂林山水等,其凭借自身独一无二的自然景观和人文资源吸引成千上万的游客,在这些旅游景点的餐饮业自然需要支付高昂的租金。

城市具有垄断地位的土地由于其有限性和不可取代性,因此价格往往非常高昂,

---

[1] 陈征:《社会主义城市地租研究》,山东人民出版社1996年版,第39-51页。
[2] 牛凤瑞:《中国房地产发展报告》,社会科学文献出版社2004年版,第290页。
[3] 华伟:《房地产经济学》,复旦大学出版社2004年版,第50页。

并且随着城市经济的不断繁荣发展,其价格会继续攀升。

四、地租理论研究对我国的现实意义

第一,现阶段各城市之间,尤其是东部与西部、南部与北部之间地租差异较大。为调解这种城市地租差异过大现象,中央政府可以以城市土地所有者的身份,根据各城市实际的用地效益水平,分解出各地应当征收的宏观级差地租数额,加以收取。中央在增加财政收入的同时,可以通过转移支付"东征西用",利用从发达城市收取的级差地租建设中西部地区的基础设施。这种做法有利于解决中央与地方之间的土地收益分配矛盾,并调节地区差异。[①]

第二,我国目前尚未采取有力措施,使国有土地所有权在经济上的实现完全归国家所有。一些著名的旅游景点相继转入私营企业经营,企业凭借旅游景点独特的自然资源,对门票、餐饮、住宿、娱乐设施等收费项目制定较高的垄断价格,以此获得超额垄断利润,这部分垄断利润本应转化为垄断地租交与国家。因此,国家有关部门应该出台相关措施,使城市地租归为国家所有。

第三,农产品价格等于生产成本、平均利润和绝对地租之和,认识到这一点,有利于国家正确制定农产品的价格。若在制定价格时没有把地租算入,必然导致农产品价格偏低,使得农民得不到平均利润或者土地所有者得不到土地地租。

本章小结

本章用三节篇幅系统地介绍了地租理论,并分析了马克思主义地租理论在中国的应用。

第一节阐明了地租的概念及其在不同的社会制度下的表现形式,阐述了古典政治经济学的代表人物:威廉·配第、弗朗索瓦·魁奈、杜尔哥、亚当·斯密、大卫·李嘉图等人的地租理论,论述了新古典经济学的代表人物克拉克的地租理论、阿隆索的地租竞价模型、马歇尔的地租理论,最后介绍了现代经济学中萨缪尔森、巴洛维、范里安等人有关地租的观点。

第二节侧重于论述马克思的地租理论,阐明了地租与租金的区别,分析了由于土地肥力的差异、土地位置的不同而形成的级差地租Ⅰ以及由于追加投资而形成的级差地租Ⅱ之间的关系,阐述了资本主义绝对地租的内涵、形成条件及其度量方法,介绍了

---

① 丛屹:《城市有偿用地制度的改革与创新》,http://www.urbanstudy.com.cn/show.asp? id=123&mno=1,2003年5月26日。

资本主义垄断地租、矿山地租和建筑地段地租。显而易见,马克思为地租理论作出了重要贡献。

第三节分析了马克思地租理论在中国的应用,指出了在社会主义中国依旧存在地租,但是,资本主义地租反映的是土地所有者、农业资本家共同剥削农业工人的关系,而社会主义地租反映的是国家、企业和个人对超额利润的分配关系,而不再是工人创造的剩余价值的一部分。这里详细阐述了社会主义农村和城市的级差地租、绝对地租及垄断地租的内涵和形成条件。地租理论的研究有助于制定合理的经济政策,有助于解决中央和地方之间的土地收益分配矛盾,有利于调节地区、部门及城乡间收入差异,促进经济合理健康地发展,具有极强的现实意义。

复习题

一、名词解释

纯产品　区位平衡　级差地租　垄断地租

二、选择题

1. 在社会主义社会中,地租的主要表现形式是(　　)。
   A. 社会地租　　　B. 资本地租　　　C. 货币地租　　　D. 实物地租
2. 大卫·李嘉图没有在《政治经济学与赋税原理》一书中区分的地租形式是(　　)。
   A. 丰度地租　　　B. 货币地租　　　C. 资本地租　　　D. 位置地租
3. 马克思地租理论的三大根基是(　　)。
   A. 劳动价值论　　　　　　　　　B. 生产价格论
   C. 剩余价值论　　　　　　　　　D. "纯产品"理论
4. 传统的资本主义社会,绝对地租存在的原因是由于农业部门的资本有机构成(　　)社会平均资本有机构成。
   A. 大于　　　　B. 小于　　　　C. 不大于　　　　D. 不小于
5. 阿隆索认为区位平衡取决于(　　)。
   A. 土地的面积　　　　　　　　　B. 其他商品的支出
   C. 土地的租金　　　　　　　　　D. 离城市中心的距离
6. 级差地租的形成原因是(　　)。
   A. 土壤肥力差别　　　　　　　　B. 追加投资的差别
   C. 地理位置的区别　　　　　　　D. 自然条件的特殊性

三、判断题

1. 资本主义社会中,地租的主要表现形式是资本地租。（　　）

2. 威廉·配第认为在劳动生产率、谷物的价格不变的条件下,工资的变动与地租的变化是负相关的。（　　）

3. 在"Thünen Alonso"地租竞价模型中,某经济主体的地租竞价曲线越陡峭,意味着在到市中心相同的距离的前提下,该经济主体愿意支付更高的租金。（　　）

4. 巴洛维认为地租可以简单地看作是一种"经济剩余",即总收益扣除总可变成本余下的部分。（　　）

5. 马克思地租理论认为,农业产品的价格是由社会平均生产条件决定社会生产价格。（　　）

6. 马克思地租理论认为,在传统的资本主义社会中,绝对地租的成因是由于农业部门的资本有机构成高于工业部门的资本有机构成。（　　）

7. 与级差地租、绝对地租不同的是,垄断地租产生于流通领域。（　　）

8. 在社会主义中国,由于实行土地公有制,所以,我国不存在资本主义地租。（　　）

四、简答题

1. 简述重农学派的创始人魁奈的纯产品理论。
2. 简述萨缪尔森的地租理论。
3. 简述资本主义绝对地租的内涵。
4. 简述我国城市绝对地租的度量原则。

五、论述题

1. 论述"Thünen Alonso"地租竞价模型。

第六章　土地市场

思维导图

学习目的

通过本章的学习,了解土地市场的基本概念、土地市场的特点以及土地市场的运行机制。理解土地市场的功能、我国城市和农村土地市场的管理,熟悉我国城市和农村土地市场的特征,掌握我国城市和农村土地市场体系及交易方式、我国城市土地市场管理的原则及手段,理解土地使用权流转过程中的利益分配,了解农村土地市场竞争不足的原因、现行农村土地市场存在的主要问题以及城乡土地市场一体化的内涵等。

关键概念

土地市场　土地市场的主体　土地市场的客体　市场机制　供求机制
土地需求　城市土地一级市场　土地使用权出让　土地使用权转让
土地使用权出租　土地使用权抵押　土地使用权转包　集体土地使用权
土地使用权股份化　互换　集体建设用地　土地市场一体化

第一节　土地市场概论

一、土地市场的内涵及特点

(一)土地市场的内涵

市场伴随社会分工和商品生产应运而生,伴随其发展而不断扩大。市场有狭义和广义之分,狭义的市场指商品交换的具体场所。随着社会经济的逐步发展和市场的不断繁荣,狭义的市场已经远远不能概括全部经济活动的交换过程和范围,也不能反映商品和劳务交换中所有供给和需求关系,于是便出现了广义的市场,即商品交换过程中发生的经济关系的总和。广义的市场不仅包括商品交换的各种有形市场,而且包括无形市场以及市场中交织的经济关系和市场机制。此外,市场营销学从企业的角度把市场定义为具有货币支付能力的现实需求和潜在需求。

土地市场的概念也有狭义和广义之分。狭义的土地市场是指土地交换的场所和领域,如×××土地交易所。由于土地具有不可移动性,因而土地自身不能像其他商品一样将实物集中到土地交易所进行交易,而只是土地的产权的集中与流转。广义的土地市场是指因土地交易引起的一切商品交换关系的总和,包括土地市场交换的各种关系的总和及其运作机制,如土地交易行为、土地交易价格及其体系、土地的供给与土地需求、土地的管理及中介服务等,都包括在土地市场的广义内涵中。

(二)土地市场的特点

1. 权利主导性

在一般商品市场中,商品可以流转,商品交易完成,商品及其相关权利一起转移。而在土地市场中由于土地的不可移动性、土地位置的固定性,土地市场的交易仅仅是对相关土地权利的重新划定,权利作为交易客体清晰地显现出来。

2. 交易客体的异质性

一般的商品都可以按照统一的标准进行批量生产,可以在市场上进行批量交易。而在土地市场上,由于土地的自然异质性和空间区位的差异性,因而土地市场上的交易只能是个别估价、个别成交。

3. 强烈的地域性

土地市场的地域性很明显。一般商品尽管在一定程度上也存在着市场的地域性,但随着交通的发达、运输效率的提高,相距较远的地区也会形成统一的市场供需圈,形成全国性的乃至世界性的统一市场。然而,在土地市场上,由于土地自身的不可移动性,不同市场供需圈的土地难以互相替代,因而难以形成统一的市场竞争和统一的市场价格,很难形成大的统一供需圈。

4. 不完全竞争性

有市场必有竞争,竞争机制是市场的最基本运行机制之一。土地市场作为一种商品市场,必然离不开竞争。但由于土地市场的供求主体的数量有限,土地的异质性、稀缺性、不可移动性等,土地市场的竞争不像一般市场竞争那么自由和广泛。与一般商品市场相比较,任何土地市场都有一定竞争局限性,是竞争性较弱的市场。

5. 供给弹性较小

从总体上说,土地资源是不可再生资源,土地的自然供给没有弹性。但当土地价格发生变化时,土地的经济供给会发生变化。比如,有些肥沃的土地既可种植农作物也可用于建设,当非农地价升高、没有严格的用途限制时,部分农业用地就会转变成非农用地,市场上的土地供给会增加。但由于土地的不可再生性等,土地供给的弹性相对较小。

6. 政府管制较严

由于土地资源的利用对社会经济发展的影响巨大,因此政府会对土地市场的交易权利、规模、形式等多方面进行干预。[①]

7. 供给的滞后性

在现实的土地市场中,因为土地供给量的变动存在时滞,即当土地市场需求变化时,土地供给很难及时作出相应变化,两者之间存在时间差。这是因为:第一,土地投资资金占用量大,少则几百万元,多则几亿元,筹措如此多的资金需要相当长的时间;第二,土地用途难以改变,农用地改为非农用地有着诸多限制;第三,土地开发工程量大、工期长、程序复杂,每一阶段都需要相当长的时间,许可证发证、审批周期长,以及环境控制都包含了较长的时间因素,使得土地供给存在着一定的滞后性。

8. 低效率性

土地市场是地域性市场,参与者相对较少,投资决策受价格以外因素影响较大,而且同一用途不同区域的土地具有较小的替代性,因而土地市场相对一般商品市场来讲,交易效率较低。[②]

二、土地市场的功能

(一)优化配置土地资源

优化配置土地资源是土地市场最基本、最主要的功能。在土地市场中,土地资源通过市场中"看不见的手"和"看得见的手",分配到各个产业中去,在实现土地所有者和使用者利益最大化的同时,共同增进社会的福利,从而实现土地资源的最佳配置,实现产业结构的优化。如通过市场的竞争和政府的有效调控,城市中心地租地价水平最高,自然由支付能力最强的商业企业使用;随着由城市中心向城市郊区直至农村转移,地租地价逐渐降低,土地资源随之分配到住宅业、工业和农业中。[③]

(二)实现土地价值

采用行政划拨配置土地资源,即便是采取有偿的方式,也难以体现土地的价值。采用土地市场配置土地,通过市场机制确定土地的价格,能实现土地的价值。土地所有者要使其所有权在经济上得到实现,必须通过市场出卖或出租自己的商品——土地所有权、土地使用权等权利。土地需求者想得到需要的土地必须通过市场来获取土地。

---

① 郭裕凤:《土地经济学》,科学出版社 2019 年版,第 29 页。
② 毕宝德:《土地经济学》,中国人民大学出版社 2020 年版,第 253 页。
③ 毕宝德:《土地经济学》,中国人民大学出版社 2020 年版,第 253 页。

(三)调控宏观经济的运行

土地是一切活动的载体,无论工业、农业,还是交通运输业、商业、服务业,各行各业都离不开土地,没有土地,什么项目也"上不了马"。国家可利用自己掌握和管理的土地,通过控制好土地供应的总量和供应的方向等经济和行政政策,根据国民经济与社会发展计划、产业政策、区域政策、生产力总体布局、收入分配政策、投资政策和经济法规等制定的宏观调控决策,对经济运行进行宏观调控,实现经济总量平衡和整体结构优化,促进经济持续、快速、健康发展。[1]

(四)合理分配收益,正确调节各方利益

土地收益的分配,关系到土地所有者、土地使用者和土地经营者之间的利益。在我国,土地属于国家或集体所有,土地收益的分配涉及国家、企业和个人的利益,关系国家的稳定与发展。无偿行政划拨使得土地使用者受益,而其他方分享不到利益,导致土地分配体现不出公平和效率。在市场体制下,土地收益的分配主要通过土地市场来实现,即通过土地市场上地租、地价、利率和国家税收在土地所有者、使用者和经营者之间,在国家、企业和个人之间,以及"三资"企业中的中方和外方之间进行土地收益的分配。这种分配方式的手段可操作性较强,能体现公平和效率,有助于社会的稳定和发展。[2]

(五)完善市场体系

一个完整的市场体系,不仅包括消费品市场、生产资料市场,而且包括生产要素市场。土地作为三种最基本的生产要素之一,是生产要素市场的有机组成部分。只有建立完整的土地市场体系,把土地纳入市场轨道合理流动,才能使土地与其他生产资料形成最佳组合,才能使消费品价格按正常的生产成本计算。因此,要完善市场体系,必须建立完整的土地市场。[3]

(六)促进房地产业的发展

土地市场是房地产业的重要组成部分,土地市场的形成和发展,为房地产业的发展提供了前提条件,为房地产投资者提供了公平竞争的环境,促进了房地产业的发展。

(七)促进城市建设

土地的有偿出让有效地提高了人们合理、节约用地的自觉性。土地的有偿出让还为城市建设提供了大量的资金,加快了城市建设步伐。

---

[1] 伯齐:《应充分发挥土地的宏观调控作用》,载《中国土地》1995年第5期,第31页。
[2] 毕宝德:《中国地产市场研究》,中国人民大学出版社1994年版,第17页。
[3] 蔡育天:《市场化改革与房地产业》,上海人民出版社2003年版,第71页。

(八)信息传递功能[1]

在当今时代,随着信息产业的发展,信息的重要性日益凸显,这一点也当然体现在土地市场上土地供给者通过土地市场掌握土地需求信息,土地需求者通过土地市场掌握土地供给信息,土地管理者通过土地市场掌握土地供求信息,土地中介机构通过土地市场收集并提供专业性的土地供求信息供以上三类主体进行决策。所有土地信息的供给、需求和传递,都是通过土地市场来进行通畅的信息传递,这也是土地市场得以有效运行的必要条件之一。

三、土地市场的分类[2]

在我国,关于土地市场的分类有多种不同的提法,特别是在学术界。尽管对土地市场的分类目前尚无统一的标准,然而在实际工作应用中,通常按以下方式进行分类。

(一)按土地市场存在的形态

按土地市场存在的形态,可将土地市场分为土地有形市场和土地无形市场。土地有形市场,是指在固定的交易场所由按照规定规则所进行的土地交易行为。由于土地具有位置的固定性,因而土地自身不能像其他商品一样将实物集中到土地交易场所进行交易,而只是观念上的集中,即土地权属的集中与流转。土地无形市场是相对于土地有形市场而言的,即游离在固定场所之外发生的交易行为,俗称土地隐形市场。

另外,基于土地而建造的基础设施、建设项目、可交易的房地产等,由于其有未来现金流,因此可以利用 REITs 这一工具进行融资,土地由此进入资本市场。这也算是土地市场的一种延伸。

(二)按土地交易的层次或顺序

按土地交易的层次或顺序,可将土地市场分为土地使用权一级市场(以下简称"土地一级市场")和土地使用权二级市场(以下简称"土地二级市场")。土地一级市场是指土地所有者将从土地所有权中分离出来的土地使用权让渡给土地使用者的行为。它体现的是土地所有者与使用者之间因土地交易而产生的责、权、利的关系。由于集体土地使用权受国家现行法律、法规的限制,在土地一级市场还没有完全开放,我国的土地一级市场目前主要是国有土地使用权及其派生权利等的一级市场。土地二级市场是出让土地使用权的转让或再转让。它体现的是土地使用者之间因土地交易而产生的责、权、利的关系。国有土地使用权的使用者单位与单位、单位与个人及个人之间的横向有偿流动是通过土地二级市场来实现的。

---

[1] 董藩、徐青、刘德英、秦凤伟:《土地经济学》,北京师范大学出版社 2010 年版,第 55-56 页。
[2] 汪应宏:《土地经济学》,中国矿业大学出版社 2008 年版,第 240-241 页。

(三)按照市场地域

由于我国存在的城乡二元经济结构,土地市场也长期表现出城市土地市场和农村土地市场分割的状况。城市土地进行流动的市场就是城市土地市场,农村土地进行流动的市场就是农村土地市场。我国土地市场长期表现出不均衡的状态,城乡土地市场一体化发展是我国土地市场发展的重要部分。

四、土地市场的主体和客体

(一)土地市场的主体

土地市场的主体是指参与土地交易的各种当事人,包括土地的供给者、购买者和其他参与者。由于土地交易涉及多层面的经济关系,因而土地市场的主体是多层次的。主要可分为以下几个方面:

1. 土地供给主体

土地供给主体是指土地市场交易中的让渡方,即提供交易客体的一方。依据交易客体的不同,供给主体大致可分为两大类:第一类是土地所有者或其代表。在土地私有制的国家,土地供给者主要是土地所有者;在土地公有制国家,政府作为国家的代表是土地的主要供给者。第二类是土地使用者。这类供给主体虽然不是土地所有者,但在土地使用权可流通的情况下,可以提供土地使用权。

2. 土地需求主体

土地需求主体是指土地交易中的受让方,即希望通过土地市场取得土地的一方。依据需求土地目的的不同,土地需求主体也可分为两大类:第一类是土地最终使用者,包括各类企业、单位和个人,他们取得土地主要是为了满足生产经营和生活的需要;第二类是土地经营者,他们获取土地的目的是对土地投资开发和经营以获取利润。

3. 土地市场中介机构

土地市场中介机构是指处于土地市场供给主体与需求主体之间,起媒介和桥梁作用的机构。他们通过土地估价、咨询、交易代理、登记代理等为交易双方撮合成交,或代替某一方进行交易。土地市场中介机构包括用地咨询机构、土地估价机构和国有建设用地使用权交易经纪机构等。

4. 土地市场经营主体

土地市场经营主体是指在土地市场上直接从事土地资产商品化经营的经济组织,如房地产开发企业。土地市场经营主体从土地市场购买土地,用来开发,然后出售给土地资产的最终需求者,可见,土地市场经营主体既是土地市场的需求主体,又是土地市场的供给者。为了强调土地市场经营主体的经营职能,在这里,将其单独列出作为土地市场的一个独立主体。[1]

（二）土地市场的客体

土地市场的客体表面上是指交易的对象或标的物，即土地，但本质上，土地市场交易的客体，是受法律严格保护、界定十分清晰的各种土地权利。土地的权利是一个以土地所有权为核心包含土地所有权、土地使用权、抵押权、租赁权、地役权等权利的集合。土地的交易就是将土地的某些或全部权利从一方转移到另一方。在土地私有制国家，土地市场的客体是土地所有权，土地交易的形式包括土地所有权、土地使用权等的流通。在土地公有制国家，土地市场的客体主要是土地使用权，土地交易的形式主要是土地使用权的流通。[2]

五、土地市场的运行机制

所谓机制，就是构成一个有机系统的各要素、各部分之间的相互联系、相互依赖、相互作用及其运动发展的内在机理。市场机制是市场系统中实现各种市场要素之间的相互联系、相互依存、相互作用以及市场运动的内在机理。

土地市场运行机制就是在土地市场系统各种市场要素之间的相互联系、相互依存、相互作用以及市场运动的内在机理。土地市场的价格机制、供求机制和竞争机制是土地市场运行机制的核心。

（一）土地市场的价格机制

价格由价值决定，受市场供求关系影响，是指示市场主体的市场行为和市场客体的基本流向的基本信号。价格机制是实现价值规律作用的基本形式。价格机制由四个层次构成：一是作为其核心的价格形成机制，即各类经济组织对价格形成参与权的配置结构，以及由此决定的价格形成方式、价格形式和价格体系；二是价格运行机制，主要是指价格如何与其他经济要素相联系，从而对市场和经济运行发挥调节作用；三是价格约束机制，主要是通过法律、法规对价格行为的规范；四是价格调控机制，包括国家对市场价格实行间接调控的组织原则、方式和方法等。[3]

土地市场价格机制就是在土地市场竞争过程中，市场价格变动与商品供求变动之间的有机联系和相互作用。

土地价格是由土地的供给与需求两者共同决定的。在某一土地市场，当土地的价格持续上升，土地的供给量增加，但土地的需求量减少，最后该市场的土地供给量就会

---

[1] 毕宝德：《中国地产市场研究》，中国人民大学出版社1994年版，第12页。
[2] 蔡育天：《市场化改革与房地产业》，上海人民出版社2003年版，第70页；毕宝德：《土地经济学》，中国人民大学出版社2020年版，第253页。
[3] 李东方：《论社会主义市场价格机制》，载《财经问题研究》1994年第9期，第30-31页。

超过需求量,出现过剩,从而会使部分土地卖不出去,土地价格就会下降;相反,当土地价格持续下降时,土地需求量就会增加,但土地供给量会减少,最后该市场的土地需求量就会超过供给量,出现短缺,从而会使土地价格上涨。需求与供给两者相互作用的结果,最终使土地的供给和需求会在某一价格上相等,这时,既没有过剩,也没有短缺,出现了市场均衡,这时的价格就称为均衡价格。

土地价格的运行与土地价格的形成产生于同一个过程。在完全竞争的土地市场价格运行过程中,"供求—价格—供求"形成一个自我调节的循环,使市场价格不断地偏离供求均衡点,又不断地趋向新的供求均衡点,从而形成一个内在的使价格趋向合理的自动调节机制。这一价格运行机制,能够及时对土地商品供给者、经营者和消费者提供真实反映市场供求关系的价格信号,把有限的经济资源优化配置到社会再生产的各环节,使得土地利用的效用最大化。[1]

市场不是万能的,通过土地市场配置资源也会带来一些不利影响。例如,可能带来土地价格的过分波动,造成土地投机或土地供给的盲目性等。在这种情况下,我们可以求助于价格约束机制。通过经济立法为土地市场竞争和价格运行提供保障,对土地市场非法勾结、合谋操纵、价格歧视等市场垄断行为实行限制和惩罚,使各种市场活动有法可依、有章可循,通过法律的强制功能实现良好的土地市场秩序。[2]

随着经济周期的变化,经济总体和各个行业也许会发生过冷或过热的现象,土地市场的价格调控机制是一种很好的调节经济结构和经济总体的手段。国家可以通过调整土地这一基本生产要素的价格来调整土地供需关系,调整生产要素的使用成本,以达到规范国民经济运行的目的。

(二)土地市场的供求机制

供求机制就是市场运行中供给与需求关系的变化与其他市场要素之间的相互联系和相互作用。它不仅反映供求与价格之间的关系,而且反映了供求变动与其他市场要素的关系和相互作用。

土地供给是在某一特定时间内、在某一土地市场上、某类用途土地在某一价格下可供出售或出租的数量,是一种有效供给。土地市场是一个地域性市场,在不同的地域市场内,某一时期的某一土地价格下,土地的供给是不相同的。同时,由于土地的用途不同,即使在同一地域市场内,其市场价格也是不同的,在某一价格下商业用地供给增加并不表明工业用地的供给也增加。[3]

一般而言,无论市场上土地的价格如何变动,土地的自然供给是不变的,即土地自

---

[1] 李东方:《论社会主义市场价格机制》,载《财经问题研究》1994年第9期,第30-31页。
[2] 李东方:《论社会主义市场价格机制》,载《财经问题研究》1994年第9期,第30-31页。
[3] 毕宝德:《土地经济学》,中国人民大学出版社2020年版,第256页。

然供给基本无弹性。但是,由于土地用途是可以改变的,因此对某一用途的土地而言,土地的供给也是可以变化的。例如,对一个地方工业建设用地需求的增加,会导致附近农用耕地向工业建设用地转化,这就是土地经济供给的变化。可见,土地的经济供给是有弹性的。但由于土地开发投入的资金量较大,开发期较长且土地用途在短期内很难改变,土地的经济供给一般跟不上需求的变化,即土地供给具有滞后性。于是在短期内,土地的经济供给也很难改变,表现为无弹性或弹性很小。[①]

决定土地经济供给量的因素主要有:土地的自然供给、土地价格、国家的税收政策、土地利用计划和规划、土地开发成本、建筑技术水平等。

土地的自然供给是土地经济供给的基础和前提。一般情况下,某种用途的土地市场价格越高,其供给量越大;市场价格越低,其供给量越小。土地开发成本、建筑技术水平都是制约土地供给的因素之一。国家的土地利用计划和规划以及税收政策等也会影响土地的经济供给。

土地需求是在某一特定时间内,在某一土地市场,某类用途土地在某一价格下被购买或租出的数量。在不同的地域市场内,某一时期的某一土地价格下,土地的需求是不相同的。土地作为一种生产要素,其需求是一种引致需求。由于土地的产品,如农产品、房屋等,是消费者的最终消费品,人们对其消费能给投资者带来利润。消费者对土地产品的欲望和需求最终引致投资者对土地的需求。土地市场是有弹性的,例如,住宅价格的上涨,使住宅投资利润增加,从而吸引更多的社会资金投资住宅建设,最终引致对城市住宅用地需求的增加。[②]

(三)土地市场的竞争机制

所谓竞争,就是发生在变换主体之间的物质经济利益关系,竞争存在的前提是交换双方存在着独立的经济利益。竞争机制是市场的动力机制,不仅给供给者以动力,而且给需求者以导向。竞争的结果是优胜劣汰,实现资源的最优配置和生产要素的优化组合。土地市场竞争最直接的表现是土地供需双方围绕交易条件而展开的讨价还价。在土地交易过程中,供给方喊出一定的"要价",就意味着需求方只有付出相应的代价才能获得所需的土地,这种代价成为一种压力制约着需求方的行为。同时,需求方总希望以尽可能低的代价获得供给方的土地,这样,供给方就会受到寻求方"还价"的压力。土地供需双方就表现为供需双方所拥有的"议价力量"的较量。土地市场的竞争还表现为土地用途之间的竞争,就是土地区位选择最佳用途的竞争。由于在同一区位上,不同的用途获得的收益是不同的,同一用途在不同区位上所能获得的收益也

---

① 毕宝德:《土地经济学》,中国人民大学出版社2020年版,第256页。
② 毕宝德:《土地经济学》,中国人民大学出版社2020年版,第256页。

有较大的差异,土地需求者具有选择最佳区位和最适用途进行生产经营的动机,各用途土地区位的竞争必定会产生。土地市场上的竞争还表现在供给方之间的竞争和需求方之间的竞争。供给方之间会通过竞争争取以较高的价格供给土地;需求者之间会通过竞争获取自己需要的土地。

土地市场竞争的功能有:①协调功能。在土地市场中,独立的经济主体在土地供给和土地需求上分散决策,是通过市场价格和竞争机制的作用相互协调为一体的。土地市场的价格信号的变化反映着土地的稀缺程度,从而表明土地的需求程度,处于竞争之中的经济主体出于追求自身的经济利益和市场竞争的巨大压力,必然对地价信号的变化作出及时的反应,最终使土地供需达到平衡,土地资源得到合理配置。如果没有竞争的推动力和强制压力,就无法促使供需双方作出相应的反应,从而使土地的供给总量和结构适应土地需求总量和结构。②刺激功能。优胜劣汰是市场竞争的基本规律。为了在市场上保持优势,每一个竞争参与者都试图获取一份超过竞争对手的"优先利润"。获取优先利润的巨大经济刺激及其他竞争对手的威胁,又使得每一个竞争参与者都必须按照最符合市场需求的原则行事,不断改进技术,加强管理,降低成本,开发新产品。作为土地市场主体的一般生产经营企业,为了在竞争中获得"优先利润",就会转换经营机制,集约利用土地,进行技术创新、产品创新和管理创新,提高生产经营效率。土地市场竞争的刺激功能就是推动技术进步和提高土地利用效率的功能。③分配功能。在土地市场中,要使按市场效率进行收益分配的原则得以实现,一个重要的前提条件是使土地供需主体真正处于竞争态势之中,即他们任何一方都不可能长期靠牺牲另一方的利益而占据并非由自身效率形成的市场优势地位,而只能靠自己在市场上的贡献和效率超越竞争对手。因此,土地市场竞争的分配功能表现为,通过竞争实现按效率原则进行收益分配。土地市场竞争的这种分配功能是实现土地资源合理配置和高效利用的有效保证。[①]

第二节　中国土地市场概论

一、中国土地市场的建立与发展历程[②]

土地市场是要素市场之一,以土地作为交换客体。土地买卖、交换、租赁、拍卖、抵押等,形成了多层次的土地市场。在西方发达国家,土地市场作为重要的要素市场,与

[①] 杨钢桥:《城市土地市场运行及其管理研究》,华中农业大学博士研究生学位论文1999年,第47-50页。
[②] 汪应宏:《土地经济学》,中国矿业大学出版社2008年版,第249、250页;毕宝德:《土地经济学》,中国人民大学出版社2020年版,第260页。

市场经济共同发展,有效地配置了土地资源。我国由于历史的原因,实行的是计划经济管理体制,市场经济被摒弃,土地市场也同时被取消。

自改革开放以来,国家实行经济体制改革,以市场经济作为目标取向,市场体系逐步建立起来。我国现行土地的社会主义公有制,不允许买卖或以其他形式非法转让土地。国家为了公共利益的需要,可以依法对集体所有的土地实行征用。国有土地和集体所有的土地的使用权可以依法转让。

我国土地市场的形成与发展,是经济体制改革和对外开放的结果。

(一)土地市场的萌芽阶段

1978年后中国农村实行家庭联产承包责任制,土地所有权与使用权开始分离。与此同时,城市土地使用制度开始改革。1980年我国开始向中外合资企业收取场地使用费。1982年深圳特区开征城市土地使用费,按不同等级的土地每平方米取1~21元,年收费额约为1 000万元。1986年成立国家土地管理局,1987年11月开始在深圳、上海等地进行土地使用制度改革试点,实行土地使用权有偿转让。1988年4月12日,第七届全国人民代表大会修改《宪法》,规定土地使用权可依照法律的规定转让。《中华人民共和国土地管理法》也相应进行了修改,正式宣布土地有偿使用制度的确立,我国开始了通过市场机制配置土地资源的尝试。

(二)土地市场的形成阶段

1990年,《中华人民共和国城镇国有土地使用权出让和转让暂行条例》颁布实施,中国土地市场建立和发展有了法律依据,土地资源的市场配置开始在全国展开。1992年,邓小平视察南方发表谈话和党的"十四大"以后,全国土地市场的培育、发展进程大大加快。到1992年年底,全国除西藏外的29个省(市、区)都已经展开土地出让工作。这一时期,全国各地大搞开发区建设,土地投机盛行,炒卖土地现象非常严重。为此,1993年,国务院开始整顿土地市场。

(三)土地市场的发展与完善阶段

1998年原国土资源部成立以来,土地市场逐步发展和完善。1999年《中华人民共和国城市房地产管理法》颁布之后,城市土地市场进入一个新的阶段。1999年,原国土资源部下发了《关于进一步推行招标拍卖出让国有土地使用权的通知》,严格限定行政划拨用地和协议出让土地的范围,并限定了协议出让土地使用权的最低价格。2000年原国土资源部下发了《关于建立土地有形市场促进土地使用权规范交易的通知》。2001年,国务院下发了《国务院关于国有土地资产管理的通知》,从严格拟制建设用地供应总量、严格实行国有土地有偿使用制度、大力推行土地使用权招标拍卖、加强土地使用权转让管理、加强地价管理和规范土地审批的行政行为等六个方面提出了具体要求。2001年6月,原国土资源部下发了《关于整顿和规范土地市场秩序的通知》,强调建立健全建设用地供应总量控制制度、城市建设用地集中供应制度、土地使用权公开交易制度、基准地价定期更新和公布制度、土地登记可查询制度和集体决策制度。

为了规范协议出让土地行为,限制划拨土地使用范围,建立完善的招标拍卖挂牌制度。2001年,原国土资源部发布了《划拨用地目录》(原中华人民共和国国土资源部令第9号),细化了划拨与有偿的范围,对不符合划拨目录的建设用地,必须有偿使用。2007年9月,原国土资源部对《招标拍卖挂牌出让国有土地使用权规定》进行了修订,明确规定各类经营性用地及同一宗土地有两个以上意向用地者的,必须以招标、拍卖或挂牌方式出让。2003年6月,原国土资源部颁布了《协议出让国有土地使用权规定》(原中华人民共和国国土资源部令第21号),规定不符合招标挂牌出让条件的国有土地,方可协议出让。2004年10月,国务院发布《关于深化改革严格土地管理的决定》,指出各地必须禁止非法压低地价招商。省、自治区、直辖市人民政府要依照基准地价制定并公布协议出让土地最低价标准。协议出让土地除必须严格执行规定程序外,出让价格不得低于最低价标准。2006年5月31日,原国土资源部发布了《招标拍卖挂牌出让国有土地使用权规范》(试行)和《协议出让国有土地使用权规范》(试行),进一步完善了国有土地使用权制度。

(四)土地市场的改革深化阶段

2013年,《中共中央关于全面深化改革若干重大问题的决定》首次提出要建立城乡统一的建设用地市场,允许农村集体经营性建设用地与国有土地同等入市,同价同权;同年12月,中央首次提出"三条红线"是土地制度改革所不能突破的,"三条红线"即:第一,不能改变土地所有制,就说农民集体所有;第二,不能改变土地的用途,农地必须农用;第三,不管怎么改,都不能损害农民的基本权益。此后中央也多次强调"三条红线"是土地制度改革最基本的底线。

2014年11月,中央印发《关于引导农村土地经营权有序流转发展农业适度规模经营的意见》,提出了农村集体土地领域"三权分置"改革方向,即落实集体所有权,稳定农户承包权,放活土地经营权。中央强调要规范引导农村土地经营权有序流转,鼓励创新土地流转方式。

2014年12月2日,中央深化改革领导小组第七次会议审议通过了《关于农村土地征收、集体经营性建设用地入市、宅基地制度改革试点工作的意见》。2015年2月27日,国家在33个地区开展集体经营性建设用地入市试点,标志着集体经营性建设用地入市正式启动并进入实质性推进阶段。

2018年3月,取消设立原国土资源部,组建自然资源部。2019年8月26日,中华人民共和国十三届全国人大常委会第十二次会议审议通过《中华人民共和国土地管理法》修正案,新《中华人民共和国土地管理法》允许集体经营建设用地入市,完成了宅基地制度改革等多项重大突破。2021年9月1日,根据第三次修订的《中华人民共和国土地管理法实施条例》开始施行,对土地征收、宅基地和集体经营性建设用地管理都做了详细规定。至此,关于农村土地市场的各项法律规定也逐渐完善。

2019年4月15日,中共中央、国务院发布《关于建立健全城乡融合发展体制机制和政策体系的意见》,提出要建立集体经营性建设用地入市制度。按照国家统一部署,在符合国土空间规划、用途管制和依法取得前提下,允许农村集体经营性建设用地入市,允许就地入市或异地调整入市。集体经营性建设用地出让、出租等方案应当载明宗地的土地界址、面积、用途、规划条件、产业准入和生态环境保护要求、使用期限、交易方式、入市价格、集体收益分配安排等内容。集体经营性建设用地的出租,集体建设用地使用权的出让及其最高年限、转让、互换、出资、赠与、抵押等,参照同类用途的国有建设用地执行,法律、行政法规另有规定的除外。农村集体经营性建设用地与国有建设用地出让时,实现同权、同价。

二、中国土地市场的特征

(一)我国土地市场的建立与发展主要由政府推动

我国土地市场的建立与发达国家土地市场的建立有着很大的不同。西方发达国家的土地市场,是随着资本主义经济的萌芽和发展自发形成和发展起来的。而由于我国改革开放以前实行的是计划经济管理体制,经济改革设计和推行都是由政府来实施的,土地以行政划拨方式分配,没有土地市场。随着中国经济由计划经济体制向市场经济体制转轨,土地资源市场配置已经成为经济发展的客观要求,中国政府顺应经济发展的客观规律,有步骤地建立起符合中国经济体制改革要求的土地市场。最初进入市场交易的只有少数沿海开放城市的国有建设用地的增量,在取得一定经验之后,逐步推向全国城镇国有建设用地;近年来,国家又有计划地推进农村集体经营性建设用地入市。但同时,政府对进入土地市场的主体、客体都有严格的规定。[1]

(二)中国土地市场以社会主义土地公有制为基础

无论是城镇国有土地市场和农村土地市场,进入市场交易的只是一定年期的土地使用权,土地所有权不进入市场。这种性质的土地市场,决定了市场交易权利的种类、土地收益分配的原则和市场监管的制度等,都与以土地私有制为基础的土地市场有着根本区别。[2]

(三)土地市场发展不均衡

我国土地市场发展的不均衡不仅体现在城市国有土地与农村集体土地之间,而且

---

[1] 毕宝德:《土地经济学》,中国人民大学出版社2020年版,第261页。
[2] 毕宝德:《土地经济学》,中国人民大学出版社2020年版,第261页。

体现在城市土地一二级市场之间。改革开发以来,以政府供应为主的城市土地一级市场取得长足发展,市场日趋活跃,交易规则逐步规范健全,交易量和交易额不断增长。但与之相比,以市场主体之间转让、出租、抵押为主的城市土地二级市场发展相对滞后,长期处于自发分散的状态,面临的问题较多。[①] 更有甚者,我国长久以来不允许农村土地入市交易,只允许农村土地通过征收转变为国有土地入市,这导致农村土地市场的缺失、土地资源利用效率低下,但巨大的建设用地需求和土地价值的体现使得很多地区出现了农村集体建设用地非法进入隐形市场流转的现象[②],严重阻碍了城乡统一发展。

2019年8月26日,中华人民共和国十三届全国人大常委会第十二次会议审议通过《中华人民共和国土地管理法》修正案,新《中华人民共和国土地管理法》允许集体经营建设用地入市,这对农村土地市场的发展和城乡统一土地市场的建立又重大推动作用。

(四)城市土地市场是一个计划与市场相结合的垄断竞争型市场

在土地资源的配置方式上,市场是配置资源最有效的手段。在我国当前土地使用制度改革中,市场的作用是基础性的,即使是行政划拨和不进入市场的土地,其配置在一定程度上也必须考虑价值规律。根据《中华人民共和国宪法》《中华人民共和国土地管理法》和《中华人民共和国房地产管理法》等法律规定,国家对固有土地使用权实行有限期的出让、转让和出租等制度。在土地出让市场也就是土地一级市场上,土地的供给者只有国家,即国家对一级土地市场的供给实行垄断。每个城市每年出让土地的数量、结构、布局和用途,都由政府根据市场需求和土地利用规划等来确定。[③] 在我国土地的二级市场,土地供需双方可以依据价值规律自由转让、出租和抵押土地使用权。但在土地市场的运行过程中,还存在着市场失灵情况,主要表现在外部性失灵、公共性失灵、垄断性失灵、社会公平分配失灵和宏观性失灵等,政府必须通过一些政策来弥补市场机制的缺陷。每个城市每年要进入出让市场的土地数量、位置和用途等,都由各级政府根据市场发展和土地利用计划、规划等事先制定。

(五)农村土地市场的分散性、土地低价值性、地价相对简单性。

农村土地市场的分散性是由农村土地的广布性和地域性特点决定的。农业生产用地与城市用地相比,分散面广,交通不发达,距离经济中心远。农村土地的交易因此也就分散,不像城市土地市场那样相对集中。

---

① 自然资源部解读《关于完善建设用地使用权转让、出租、抵押二级市场的指导意见》,http://www.mnr.gov.cn/dt/zb/2019/tdejsc/jiabin/,2019年7月22日。
② 毕宝德:《土地经济学》,中国人民大学出版社2020年版,第262页。
③ 毕宝德:《土地经济学》,中国人民大学出版社2020年版,第261-262页。

土地价格的高低,最终取决于可预见的未来的期望收益。可预见的未来期望收益高则土地价值高,反之则低。农村土地与城市土地相比,年净收益低,从而地租资本化的地价也就低。从距离城区向外辐射,农村土地价格一般呈下降趋势。

农业用途地价,主要由地租量的大小决定,由于地租量相对稳定,因此地价也相对稳定;农村非农用地地价除受地租量影响外,还受当地经济发展水平、区位等影响,但与城市地价相比,则影响相对较弱。

三、中国土地市场体系

中国土地市场是中国特色社会主义市场体系的重要组成部门,是20世纪80年代以来经济体制改革和对外开放的结果。按照土地所属地域,中国土地市场可以分为城市国有土地市场和农村集体土地市场;按照土地交易的层级,土地市场分为土地一级市场和土地二级市场。

(一)城市国有土地市场体系

城市国有土地市场是以城市国有土地使用权为交易客体而形成的市场,具体分为城市土地一级市场和城市土地二级市场。

1. 城市土地一级市场的含义和类型

城市土地一级市场,指的是国家以城市土地所有者的身份将从土地所有权中分离出来的土地使用权在一定年限内让渡给土地使用者,并由土地使用者向国家支付土地使用权出让金的市场。城市土地一级市场体现的是土地所有者与使用者之间因土地交易而产生的责、权、利的关系。市场的主体,一方是受国务院委托的各地市、县人民政府,一方是中国境内外的公司、企业、其他组织和个人;市场的客体是国有土地使用权。

城市土地一级市场包括城市土地出让市场和国有土地年租市场。城市土地出让市场即城市土地批租市场。年租制,全称"国有土地使用权年租制",又称"租赁制""短租制",是指国家以土地所有者身份,将一定年限的土地使用权出租给土地使用者,并由土地使用者按期(一般是按年)向国家缴纳租金的国有土地配置方式。

国有土地的使用权的年租制与批租制从本质上说并无区别。出让制虽说是"卖断",实际上出让的仍是一定期限的国有土地使用权,到期国有土地使用权仍复归原所有者。因此,从本质上来说,出让制只不过是土地租赁制一种形式,只是现行法律对于出让制的设计,包括期限、出让金的缴纳乃至受让者的权利义务等方面都过于僵化,这才提出土地年租制的问题。年租制与批租制仅仅在租金支付的方式上存在差异,批租制是一次性支付未来若干年的地租,年租制则是按年支付地租,在规范的市场运作上,两种供地方式所付的租金标准应该是相等的。年租制的租赁期限一般小于批租制,最长租赁期限不得超过法律规定的同类用途土地出让最高年限。近年来,由于近年来中央政府一直强调工业用地要实行招拍挂出让,因此,年租制一直未能普遍推行。①

2. 城市土地二级市场的含义和类型②

城市土地二级市场体现的是出让的土地使用权的转让或再转让,它体现的是土地使用者之间因土地交易而产生的责、权、利关系。国有土地使用权在土地使用者单位与单位、单位与个人及个人之间的横向有偿流动,通过土地二级市场实现。城市土地二级市场可分为土地使用权转让市场、土地使用权租赁市场和土地使用权抵押市场。

(1) 土地使用权转让市场

土地使用权转让市场是指国有土地使用者将通过出让得到的土地使用权进行再转移的市场,包括出售、交换和赠与。土地使用权转让市场的主体,一方是拥有中国境内土地使用权的土地使用权人,一方是中国境内外的公司、企业、其他组织和个人;市场的客体是通过出让得来的国有土地使用权。土地使用权转让市场是一个竞争性市场,有多个土地供给者和多个土地需求者。转让的方式和转让的价格均由市场决定,市场机制的作用较强。土地转让市场的成交量相当巨大,是一个重要的城市土地市场。

(2) 土地使用权租赁市场

土地使用权租赁市场是指土地使用者作为出租人将土地使用权随同地上建筑物、其他附着物租赁给承租人使用,由承租人向出租人支付租金的行为的市场,承租人获得的是债权,而非物权。③ 1999 年以前,土地使用权租赁仅指以出让方式取得土地的土地使用权人再次出租土地的行为。1999 年原国土资源部颁发的《规范国有土地租赁若干意见》(国土资发〔1999〕222 号)规定:"承租人在按规定支付土地租金并完成开发建设后,经土地行政主管部门同意或根据租赁合同约定,可将承租土地使用权转租、转让或抵押。"

(3) 土地使用权抵押市场

土地使用权抵押市场是指使用权人(抵押人)以其合法的土地使用权以不转移占有的方式向抵押权人提供债务担保行为的市场。原土地使用权抵押仅指以出让方式取得的土地使用权,随着 1999 年原国土资源部《规范国有土地租赁若干意见》(国土资发〔1999〕222 号)文件的发布,承租土地使用权也可以抵押。土地使用权抵押已成为土地使用者凭借国有土地使用权进行融资活动的主要方式。

土地使用权抵押市场的主体是土地抵押权人和抵押人,也即资金拥有者或银行和

---

① 毕宝德:《土地经济学》,中国人民大学出版社 2020 年版,第 263 页。
② 毕宝德:《土地经济学》,中国人民大学出版社 2020 年版,第 263 页。
③ 邹秀清:《土地经济学》,复旦大学出版社 2021 年版,第 263 页。

土地使用者;客体是以出让方式取得的土地使用权和以租赁方式取得的承租土地使用权。

目前,土地抵押市场十分活跃。据原国土资源部调查,截至2015年底,84个重点城市处于抵押状态的土地面积为49.08万公顷,抵押贷款总额11.33万亿元。全年土地抵押面积净增3.87万公顷,抵押贷款净增1.78万亿元。[①]

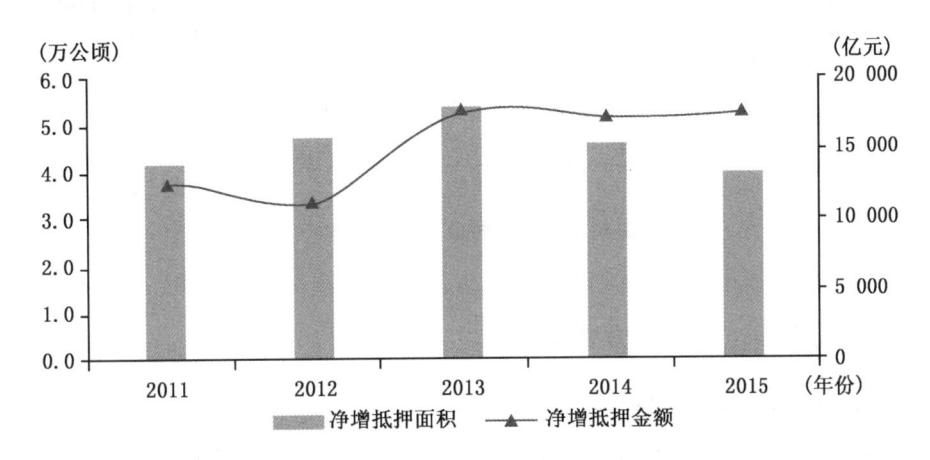

图6-1 2011—2015年84个重点城市土地抵押变化情况

(二)农村集体土地市场体系

农村集体土地市场是指以农村集体土地的所有权或使用权为交易客体形成的市场。农村土地市场,按不同的标准可划分为不同的子市场。

按交易客体权属,农村土地市场可划分为土地所有权市场和土地使用权市场。

按交易前后是否用于农业生产,农村土地市场可划分为农地内部流转市场、农地非农化市场、非农地农化市场和非农用地内部流转市场等。

按交易的层次,农村土地市场可划分为农村一级土地市场和农村二级土地市场,这种划分与城市土地市场的一级土地市场和二级土地市场有本质区别。城市一级土地市场是使用权出让市场,二级市场是出让后的土地使用权流转市场。而农村土地一级市场包括国家因征收集体土地而形成的市场、集体将土地使用权出让或承包市场,农村土地二级市场是指出让或承包后的土地使用权在交易主体间的有限期的流动。如图6-2所示。

---

① 自然资源部:《2015中国国土资源公报》,http://www.mnr.gov.cn/sj/tjgb/201807/P020220218657597004046.pdf

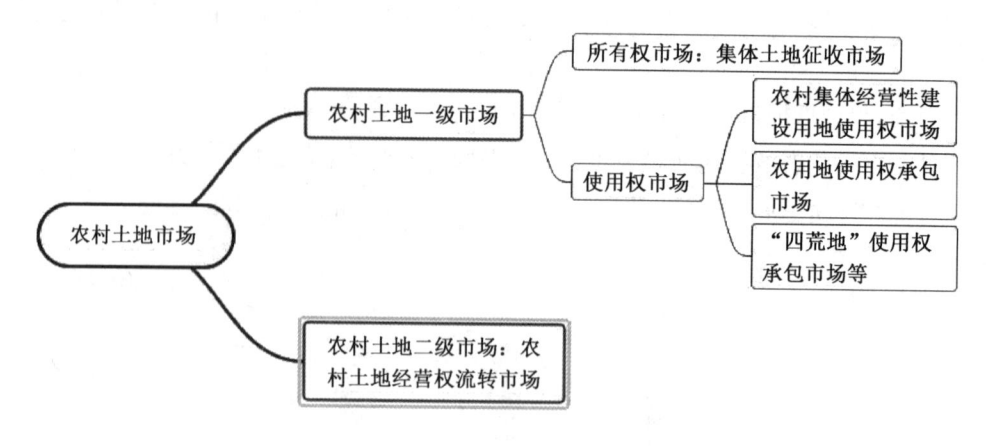

图 6-2　农村两级土地市场体系

四、中国土地市场交易方式

(一)城市土地一级市场的交易方式

国有土地使用权一级市场交易方式主要有划拨、国有土地使用权出让(包括国有企业改制中将原行政划拨用地作价出资或入股)、国有土地租赁。不同的土地交易方式,其价格的形成机制存在差异。

1. 划拨

《中华人民共和国城市房地产管理法》第二十三条对规定:"土地使用权划拨,是指县级以上人民政府依法批准,在土地使用者缴纳补偿、安置等费用后将该幅土地交付其使用,或者将土地使用权无偿交付给土地使用者使用的行为。"依照《中华人民共和国城市房地产管理法》的规定,以划拨方式取得土地使用权的,除法律、行政法规另有规定外,没有使用期限的限制。

另外,《中华人民共和国土地管理法》规定以下建设用地可以通过划拨方式取得土地使用权:①国家机关用地和军事用地;②城市基础设施用地和公益事业用地;③国家重点扶持的能源、交通、水利等基础设施用地;④法律、行政法规规定的其他用地。

2. 出让

土地出让市场是一个垄断性很强的市场。尽管土地需求者众多,但土地的供给者只有一个,即国家。土地的供给量、供给时间和供给地点等,均由国家控制。根据《中华人民共和国城镇国有土地使用权出让和转让暂行条例》的规定,土地使用权出让有协议、招标、拍卖和挂牌等形式。《招标拍卖挂牌出让国有建设用地使用权规定》中规定:"招标、拍卖或者挂牌出让国有建设用地使用权,应当遵循公开、公平、公正和诚信的原则。"

土地使用权出让年限直接关系出让方与受让方的利益分配。年限过短,土地利用者会担心期限的到来影响生产,对投资者缺乏吸引力;年限过长,会使国家收益受到影响。我国香港地区土地出让的年限通常为75年。我国内地结合吸引外资的实际需要,土地使用权出让的最高年限按下列用途确定:①居住用地70年;②工业用地50年;③教育、科技、文化、卫生、体育用地50年;④商业、旅游、娱乐用地40年;⑤综合或者其他用地50年。土地使用权期满后,土地使用者可以申请续期。

(1)协议。协议出让方式是有意取得某块城市土地使用权的受让方,直接向国家土地管理部门提出有偿使用土地的愿望,然后由土地管理部门的代表和土地有意受让人进行"一对一"的谈判,具体协商出让土地使用权的有关事宜。协议地价的高低不是由土地市场供需状况和土地预期收益决定,而取决于供需双方的动机。作为受让方的房地产开发公司和一般生产经营企业的动机较单纯,他们的动机就是为了获取更多的利润,而作为出让方的地方政府动机较复杂,因为城市土地对地方政府具有多重效用。长期以来,在协议出让国有土地的过程中,存在着不少问题,如低价出让甚至零地价出让;擅自减免土地使用权出让金;领导干部干预土地出让,搞个人审批,暗箱操作;供地信息不披露,供地结果不公开;等等。为了规范协议出让国有土地使用权,2003年6月5日,原国土资源部第6次部委会议通过《协议出让国有土地使用权规定》(原中华人民共和国国土资源部令第21号),并于2003年8月1日起施行。该规定强调协议出让最低价不得低于新增建设用地的土地有偿使用费、征地(拆迁)补偿费用以及按照国家规定应当缴纳的有关税费之和,有基准地价的地区,协议出让最低价不得低于出让地块所在级别基准地价的70%。在公布的地段上,同一地块只有一个意向用地者的,市、县人民政府国土资源行政主管部门方可按照本规定采取协议方式出让;但商业、旅游、娱乐和商品住宅等经营性用地除外。

(2)招标。招标出让国有土地使用权,是指市、县人民政府土地行政主管部门(以下简称"出让人")发布招标公告,邀请特定或者不特定的公民、法人和其他组织参加国有土地使用权投标,根据投标结果确定土地使用者的行为。采取中标方式出让土地使用权,不仅要明确双方当事人的权利和义务,而且要明确投标的效力和招标人在招标期间应负的责任等。招标出让方式引进了竞争机制,使招标人有择优选择的机会,使投标人各展其能。招标地价是一种竞争性地价,但出价最高者不一定能中标,社会公共目标或者说政府意图在其中起着重要作用,对能够最大限度地满足招标文件中规定的各项综合评价标准,或者能够满足招标文件的实质性要求且价格最高的投标人,应当确定为中标人。

投标、开标依照下列程序进行:

①投标人在投标截止时间前将标书投入标箱。招标公告允许邮寄标书的,投标人

可以邮寄,但出让人在投标截止时间前收到的方为有效;标书投入标箱后,不可撤回。投标人应对标书和有关书面承诺承担责任。

②出让人按照招标公告规定的时间、地点开标,邀请所有投标人参加。由投标人或者其推选的代表检查标箱的密封情况,当众开启标箱,宣布投标人名称、投标价格和投标文件的主要内容。投标人少于三人的,出让人应当依照本规定重新招标。

③评标小组进行评标。评标小组由出让人代表、有关专家组成,成员人数为五人以上的单数。评标小组可以要求投标人对投标文件作出必要的澄清或者说明,但是澄清或者说明不得超出投标文件的范围或者改变投标文件的实质性内容。评标小组应当按照招标文件确定的评标标准和方法,对投标文件进行评审。

④招标人根据评标结果,确定中标人。

(3)拍卖。拍卖出让是指以一种公开的方式,在指定的时间、地点,符合条件的、欲取得土地使用权的一方对某块土地进行公开叫价,按照"价高者得"的原则,确定土地使用权受让方的一种方式。拍卖出让是富有竞争性的一种土地使用权出让方式,拍卖地价完全是市场竞争的产物。

拍卖会依照下列程序进行:

①主持人点算竞买人。

②主持人介绍拍卖宗地的位置、面积、用途、使用年限、规划要求和其他有关事项。

③主持人宣布起叫价和增价规则及增价幅度。没有底价的,应当明确提示。

④主持人报出起叫价。

⑤竞买人举牌应价或者报价。

⑥主持人确认该应价后继续竞价。

⑦主持人连续三次宣布同一应价而没有再应价的,主持人落槌表示拍卖成交。

⑧主持人宣布最高应价者为竞得人。

竞买人不足三人,或者竞买人的最高应价未达到底价时,主持人应当终止拍卖。拍卖主持人在拍卖中可根据竞买人竞价情况调整拍卖增价幅度。

(4)挂牌。挂牌出让国有土地使用权,是指出让人发布挂牌公告,按公告规定的期限将拟出让宗地的交易条件在指定的土地交易场所挂牌公布,接受竞买人的报价申请并更新挂牌价格,根据挂牌期限截止时的出价结果确定土地使用者的行为。它综合体现了招标、拍卖和协议方式的优点,是具有公开、公平、公正特点的国有土地使用权出让方式,尤其适用于当前我国土地市场现状。

挂牌依照以下程序进行:

①在挂牌公告规定的挂牌起始日,出让人将挂牌宗地的位置、面积、用途、使用年限、规划要求、起始价、增价规则及增价幅度等,在挂牌公告规定的土地交易场所挂牌

公布。

②符合条件的竞买人填写报价单报价。

③出让人确认该报价后,更新显示挂牌价格。

④出让人继续接受新的报价。

⑤出让人在挂牌公告规定的挂牌截止时间确定竞得人。[①]

(5)国有土地使用权作价出资或入股。1999年,《国土资源部关于加强土地资产管理促进国有企业改革和发展的若干意见》(国土资发〔1999〕433号)规定:"根据企业改革和发展的需要,主要采用授权经营和国家作价出资(入股)方式配置土地,国家以作价转为国家资本金或股本金的方式,向各集团公司或企业注入土地资产。"在这里可以看出,国家收取土地出让金的方式虽然发生了改变,但出让的本质未变,因此,在国有企业改制中出现的国家将原行政划拨用地作价出资(入股)和授权经营方式实质上也是土地使用权出让。[②]

3. 国有土地租赁

国有土地租赁是指国家将国有土地出租给使用者使用,由使用者与县级以上人民政府土地行政主管部门签订一定年期的土地租赁合同,并支付租金的行为。国有土地租赁是国有土地有偿使用的一种形式,是出让方式的补充。

在1999年原国土资源部颁发的《规范国有土地租赁若干意见》(国土资发〔1999〕222号)中还规定:"承租人在按规定支付土地租金并完成开发建设后,经土地行政主管部门同意或根据租赁合同约定,可将承租土地使用权转租、转让或抵押。"

(二)城市土地二级市场的交易方式

城市国有土地二级市场的交易方式主要有土地使用权转让、出租和抵押。

1. 转让

各类导致土地使用权转移的行为都视为土地使用权转让,建设用地使用权转移的,地上建筑物、其他附着物所有权应一并转移。[③] 土地使用权转让的形式主要有出售、交换、赠与、继承、破产拍卖等。

(1)出售。出售是指土地使用者按照一定的方式将土地使用权转移给买方,而买方为此支付价款的法律行为。

(2)交换。交换是指当事人双方约定互相转移土地使用权或一方转移土地使用权,另一方转移金钱以外标的物的行为。

(3)赠与。赠与是指赠与人自愿把自己的土地使用权无偿转移给受赠人,受赠人

---

① 《招标拍卖挂牌出让国有土地使用权规定》,2002年7月1日起施行。
② 毕宝德:《土地经济学》,中国人民大学出版社2020年版,第262页。
③ 国务院办公厅关于完善建设用地使用权转让、出租、抵押二级市场的指导意见(国办发〔2019〕34号)。

表示接受的行为。它一方面需要赠与人把自己拥有的土地使用权无偿转移给受赠人的意思表示,另一方面又需要受赠方表示接受赠与,其基本特征是无偿。

(4)继承。继承是指在业主死后,死者的遗产承办人或管理人按照遗嘱或依法将物业转至遗产受益人或法定继承人名下。土地使用者死亡后,如果土地使用权未期满,则可以由其亲属继承。

(5)破产拍卖。破产拍卖是指当原土地使用者的经营状况恶化,申请破产时,其拥有的地产被强迫破产拍卖,土地使用权将被转让给新的使用者。

2. 出租

未按土地使用权出让合同规定的期限和条件投资开发、利用土地的,土地使用权不得出租。土地使用权出租,出租人与承租人应当签订租赁合同。租赁合同不得违背国家法律、法规和土地使用权出让合同的规定。土地使用权出租后,出租人必须继续履行土地使用权的出让合同。土地使用权出租的主体是国有土地的使用者。土地使用权出租时,地上建筑物、附着物随之出租。土地使用权和地上建筑物、其他附着物出租,出租人应当依照规定办理登记。在土地使用权转租情况下,国家与原土地使用者的出让关系不发生变化,出租人必须继续履行土地使用权出让合同。[①]

3. 抵押

土地使用权抵押时,其地上建筑物、其他附着物随之抵押。地上建筑物、其他附着物抵押时,其使用范围内的土地使用权随之抵押。土地使用权抵押,抵押人与抵押权人应当签订抵押合同。抵押合同不得违背国家法律、法规和土地使用权出让合同的规定。土地使用权和地上建筑物、其他附着物抵押,应当按照规定办理抵押登记。抵押人到期未能履行债务或者在抵押合同期间宣告解散、破产的,抵押权人有权依照国家法律、法规和抵押合同的规定处分抵押财产。因处分抵押财产而取得土地使用权和地上建筑物、其他附着物所有权的,应当依照规定办理过户登记。处分抵押财产所得,抵押权人有优先受偿权。抵押权因债务清偿或者其他原因而消灭的,应当依照规定办理注销抵押登记。[②]

对于以划拨方式取得的建设用地使用权在二级市场交易时,《国务院办公厅关于完善建设用地使用权转让、出租、抵押二级市场的指导意见》(国办发〔2019〕34号)有特别规定:以划拨方式取得的建设用地使用权转让,需经依法批准,土地用途符合《划拨用地目录》的,可不补缴土地出让价款,按转移登记办理;不符合《划拨用地目录》的,

---

[①] 《中华人民共和国城镇国有土地使用权出让和转让暂行条例》(1990年5月19日中华人民共和国国务院令第55号发布,根据2020年11月29日《国务院关于修改和废止部分行政法规的决定》修订)。

[②] 《中华人民共和国城镇国有土地使用权出让和转让暂行条例》((1990年5月19日中华人民共和国国务院令第55号发布,根据2020年11月29日《国务院关于修改和废止部分行政法规的决定》修订)。

在符合规划的前提下,由受让方依法依规补缴土地出让价款。以划拨方式取得的建设用地使用权出租的,应按照有关规定上缴租金中所含土地收益,纳入土地出让收入管理。宗地长期出租,或部分用于出租且可分割的,应依法补办出让、租赁等有偿使用手续。以划拨方式取得的建设用地使用权可以依法依规设定抵押权,划拨土地抵押权实现时应优先缴纳土地出让收入。

(三)农村土地市场的交易方式

1. 征收

集体所有土地可以通过征收的方式转化为国有土地,这是土地所有权的转变。

《中华人民共和国土地管理法》第二条规定:"国家为了公共利益的需要,可以依法对土地实行征收或者征用并给予补偿。"第四十六条规定:"为了公共利益的需要,有下列情形之一,确需征收农民集体所有的土地的,可以依法实施征收:(一)军事和外交需要用地的;(二)由政府组织实施的能源、交通、水利、通信、邮政等基础设施建设需要用地的;(三)由政府组织实施的科技、教育、文化、卫生、体育、生态环境和资源保护、防灾减灾、文物保护、社区综合服务、社会福利、市政公用、优抚安置、英烈保护等公共事业需要用地的;(四)由政府组织实施的扶贫搬迁、保障性安居工程建设需要用地的;(五)在土地利用总体规划确定的城镇建设用地范围内,经省级以上人民政府批准由县级以上地方人民政府组织实施的成片开发建设需要用地的;(六)法律规定为公共利益需要可以征收农民集体所有的土地的其他情形。"《中华人民共和国民法典》第二百四十三条规定:"征收集体所有的土地,应当依法及时足额支付土地补偿费、安置补助费以及农村村民住宅、其他地上附着物和青苗等的补偿费用,并安排被征地农民的社会保障费用,保障被征地农民的生活,维护被征地农民的合法权益。"

2. 承包

(1)家庭承包。根据《中华人民共和国农村土地承包法》规定:"国家实行农村土地承包经营制度。""农村土地承包后,土地的所有权性质不变。承包地不得买卖。"这里所指的农村土地"是指农民集体所有和国家所有依法由农民集体使用的耕地、林地、草地,以及其他依法用于农业的土地"。

《中华人民共和国农村土地承包法》第十三条规定:"农民集体所有的土地依法属于村农民集体所有的,由村集体经济组织或者村民委员会发包;已经分别属于村内两个以上农村集体经济组织的农民集体所有的,由村内各该农村集体经济组织或者村民小组发包……国家所有依法由农民集体使用的农村土地,由使用该土地的农村集体经济组织、村民委员会或者村民小组发包。"

不同类型土地的承包期限也有所不同。其中,耕地的承包期为30年,草地的承包期为30~50年,林地的承包期为30~70年。耕地承包期届满后再延长30年,草地、林地承包期届满后也相应延长。

(2)农村集体"四荒地"承包。"四荒地"指荒山、荒沟、荒丘、荒滩等农村土地,这种土地主要分布在山区、林区和广阔的干旱沙荒地区。①《中华人民共和国农村土地承包法》(2018年第二次修正)第三条规定:"农村土地承包采取农村集体经济组织内部的家庭承包方式,不宜采取家庭承包方式的荒山、荒沟、荒丘、荒滩等农村土地,可以采取招标、拍卖、公开协商等方式承包。"该法第五十条规定:"荒山、荒沟、荒丘、荒滩等可以直接通过招标、拍卖、公开协商等方式实行承包经营,也可以将土地经营权折股分给本集体经济组织成员后,再实行承包经营或者股份合作经营。"这对土地的优化配置、土地的开发改造和土地资源的充分利用创造了良好的制度条件。

3. 农村集体经营性建设用地入市

《中华人民共和国土地管理法》规定了农村集体经营性建设用地可上市流通。农村集体经营性建设用地,是指具有生产经营性质的农村建设用地,包括农村集体经济组织使用乡(镇)土地利用总体规划确定的建设用地,兴办企业或者与其他单位、个人以土地使用权入股、联营等形式共同举办企业、商业所使用的农村集体建设用地。2019年8月26日,中华人民共和国十三届全国人大常委会第十二次会议审议通过《中华人民共和国土地管理法》修正案,此次修正在充分总结农村土地制度改革试点成功经验的基础上,突破集体建设用地和国有建设用地固有的二元体制,允许集体经营建设用地入市。修订后的《中华人民共和国土地管理法》自2020年1月1日起施行。

《中华人民共和国土地管理法》第六十三条规定:"土地利用总体规划、城乡规划确定为工业、商业等经营性用途,并经依法登记的集体经营性建设用地,土地所有权人可以通过出让、出租等方式交由单位或者个人使用,并应当签订书面合同,载明土地界址、面积、动工期限、使用期限、土地用途、规划条件和双方其他权利义务。前款规定的集体经营性建设用地出让、出租等,应当经本集体经济组织成员的村民会议三分之二以上成员或者三分之二以上村民代表的同意。通过出让等方式取得的集体经营性建设用地使用权可以转让、互换、出资、赠与或者抵押,但法律、行政法规另有规定或者土地所有权人、土地使用权人签订的书面合同另有约定的除外。集体经营性建设用地的出租,集体建设用地使用权的出让及其最高年限、转让、互换、出资、赠与、抵押等,参照同类用途的国有建设用地执行。具体办法由国务院制定。"

4. 农村土地承包经营权流转

土地经营权按照规定可以通过互换、转让、出租(转包)、入股或者其他方式向流转土地经营权。

---

① 毕宝德:《土地经济学》,中国人民大学出版社2020年版,第265页。

互换是指土地承包经营权人出于有利生产、方便生活的考虑,经与其他土地承包经营权人平等协商达成合意,签订土地互换合同,各自将自己使用的土地提供给另一方使用的行为。农用地使用权互换应注意以下两个问题:第一,农用地使用权互换,必须经双方平等协商,不能采用强制手段实现互换,不能将自己的意志强加给另一方;第二,拟互换土地的面积、等级不对等的,由双方协商确定具体互换面积,对于多出或者差出的土地面积、土地等级,由双方当事人协商确定具体补偿方式(或者是金钱补偿,或者是差额土地补偿)。

土地抵押是指土地主体将自己所拥有的土地权属向银行担保取得贷款;当抵押人不能按约还贷时,银行将土地权属处置以补偿贷款。农村土地使用权抵押是指使用权人为担保抵押权人(自己或第三人)债权的实现,而将其农地使用权予以抵押,当债务人不履行债务或者发生当事人约定的情形时,抵押权人有权以抵押的农地使用权拍卖或变卖的价款优先受偿。土地抵押实际上发挥着土地融资作用。

农村土地使用权入股在不同地区有着不同的模式,全国各地农村土地使用权股份制改革探索实践的主要差别在于股权设置和股利分配不同。与此同时,农村土地使用权股份制的组织机构设置以及经营管理上也存在部分差异。农村土地使用权股份制可类型化为三种主要方式:农村土地使用权与集体经营性资产统一折价入股、将农民承包的土地使用权股权化和农民以承包土地使用权参股。[①]

(1)家庭承包的土地经营权流转。《中华人民共和国农村土地承包法》规定:"承包方之间为方便耕种或者各自需要,可以对属于同一集体经济组织的土地的土地承包经营权进行互换,并向发包方备案。""经发包方同意,承包方可以将全部或者部分的土地承包经营权转让给本集体经济组织的其他农户,由该农户同发包方确立新的承包关系,原承包方与发包方在该土地上的承包关系即行终止。""承包方可以自主决定依法采取出租(转包)、入股或者其他方式向他人流转土地经营权,并向发包方备案",但"流转期限不得超过承包期的剩余期限"。承包方已经流转的土地经营权,"经承包方书面同意,并向本集体经济组织备案,受让方可以再流转土地经营权"。"受让方通过流转取得的土地经营权,经承包方书面同意并向发包方备案,可以向金融机构融资担保。"

(2)农村集体"四荒地"经营权流转。《中华人民共和国农村土地承包法》第五十三条规定:"通过招标、拍卖、公开协商等方式承包农村土地,经依法登记取得权属证书的,可以依法采取出租、入股、抵押或者其他方式流转土地经营权。""通过招标、拍卖、公开协商等方式取得土地经营权的,该承包人死亡,其应得的承包收益,依照《继承法》

---

① 刘达文:《农村土地使用权股份制实践创新与制度完善研究》,西南政法大学论文,2017年。

的规定继承;在承包期内,其继承人可以继续承包。"

第三节 中国土地市场的管理

一、我国土地市场管理的原则

(一)坚持以市场调节为主、政府调控为辅的原则

虽然土地资源作为商品有其特殊性,特别是我国耕地资源十分稀缺,各级政府对耕地保护和建设用地供应均有严格的控制,但是,土地资源作为商品必须遵循价值规律充分发挥市场配置土地资源的决定性作用,严格限制划拨用地的范围和规模。在此基础上,政府对土地市场的运行进行必要的宏观调控,在规范市场运行机制的同时,积极完善市场运行的外部环境。[1]

(二)符合中国国情

中国土地市场不同于美国、日本的土地私有制下的完全市场,也不同于英国土地国有制的竞争性市场,它是建立在两种土地公有制基础之上的社会主义土地市场。由此决定了中国土地市场是一个以土地使用权为交易客体的市场,是一个充分考虑全民利益和社会公平的市场。同时,还应充分考虑中国国情的另一特殊性,即人均耕地十分稀缺,又处于城镇化和工业化快速发展时期。中国政府必须实行最严格的土地用途管制政策和计划供应政策。[2]

(三)以实现土地资源的最佳配置、提高土地资源的综合利用效率为最高目标

土地市场管理,无论采取什么手段、实行哪些政策,都要以实现土地资源的最佳配置、提高土地资源的综合利用效率为最高目标。由于长期受到行政计划配置土地资源的影响,土地资源存在低效或重复配置问题,一些高耗能、高污染的产业,产能过剩的产业,仍在继续低价供应土地;而在城市建设用地存量中,低效利用或闲置不用的土地也不在少数。土地市场管理,就是要通过市场调节,优化土地利用结构,保证各个产业对土地的合理需求。[3]

(四)统一管理原则

新中国成立以来,我国土地管理缺乏统一的管理结构,国有土地和集体土地形成土地的政策不一,权属混乱。2013年,党的十八届三中全会《中共中央关于全面深化改革若干重大问题的决定》提出,要建立城乡统一的建设用地市场。应借鉴国外的某

---

[1] 毕宝德:《土地经济学》,中国人民大学出版社2020年版,第266页。
[2] 毕宝德:《土地经济学》,中国人民大学出版社2020年版,第266页。
[3] 毕宝德:《土地经济学》,中国人民大学出版社2020年版,第266页。

些国家的土地统一管理原则,对我国土地统一规划、计划用地,统一土地价格评估,统一土地立法执法。

二、我国土地市场管理的手段

(一)行政手段

1. 制订全国土地利用计划

作为国民经济各个部门发展基础的土地,必须适应国民经济发展的要求,实行土地计划利用,保证国民经济各部门对土地的合理分配,促进国民经济各个部门持续协调发展。自然资源部国土部门会根据有关法律和土地利用总体规划,对土地总需求作认真预测的前提下,每年向各省市下达土地利用计划,规定各省市新增非农建设用地数量必须严格限制在计划内。

2. 建立和完善土地储备制度

城市土地储备制度,是指由城市政府委托的机构通过征用、收购、换地、转制和到期回收等方式,从分散的土地使用者手中,把土地集中起来,并由政府委托的机构组织进行土地开发,在完成了房屋的拆除、土地平整等一系列前期开发工作后,根据城市土地出让年度计划,有计划地将土地投入市场的制度。

城市土地储备制度的运行程序包括以下方面:

(1)征购。这一阶段是土地储备机构取得土地的过程。土地的来源主要有两个大的方面:一是新增城市用地的征用。对于这一部分即将转为城市用地的农用地的征用在范围上应严格按照土地利用总体规划和城市规划划定的范围,在量上应严格控制在土地利用年度计划指标之内。二是存量城市土地的收购、置换、回收。

(2)开发、整理、储备。对于进入储备体系的土地,储备机构根据城市规划和建设用地的要求,对其进行开发、整理。对农用地通过开发使其达到建设所需状态。对原城市用地通过拆迁、归并组合、平整以及基础设施的完善,使其更有利于城市建设的需要。在进行开发整理的同时,向社会发布可供地信息,对于暂时无需求的土地,储备机构以出租场地等形式组织短期的土地利用,以免造成新的土地浪费。

(3)供地。根据城市规划确定待供地用途,并在招商引资的过程中严格把关;做好城市土地市场供需平衡状况的研究,根据平衡状况并结合建设用地年度出让计划确定供给量;办理土地出让手续,在出让方式上尽量选择市场化程度较高的招标和拍卖方式。

(二)法律手段

法律手段是国家首先以立法和司法的形式对土地市场进行规范。

1988年4月12日第七届全国人民代表大会通过了《宪法修正案》,删除了原《宪法》第十条关于土地不得出租的规定,增加了"土地使用权可以依照法律的规定转让"的规定。这是中国土地市场确立的根本法律依据,它规定了土地市场的客体是土地使用权。另外,《中华人民共和国物权法》《中华人民共和国土地管理法》《中华人民共和国城市房地产管理法》《中华人民共和国城镇国有土地使用权出让和转让暂行条例》、中华人民共和国国务院令第656号《不动产登记暂行条例》等法律法规都对我国土地市场的运行和管理进行了详细的规定。[①]

(三)经济手段

1. 税收措施

税收是一种常用的政府调节市场的手段。我国当前有关土地的税收主要有:

(1)城镇土地使用税。1988年,为促进城市土地有偿使用,合理利用城镇土地,调节土地级差收入、提高土地使用效益,在全国城镇开征此税。它的计税依据是实际占用的土地面积。税率为:大城市0.5～10元/平方米;中城市0.4～8元/平方米;小城市0.3～6元/平方米;县城、建制镇及工矿区0.2～4元/平方米。

(2)土地增值税。针对1992—1993年房地产开发过热,国家实行宏观调控,1994年1月开征土地增值税。土地增值税的计税依据为:①纳税人转让房地产取得的增值额。②增值额为纳税人转让房地产取得的收入减除规定扣除项目金额以后的余额。其实行四级超率累进税率[②],税率表如表6-1所示。

表6-1　　　　　　　　　　中国土地增值税税率表

级数	计税依据	税率(%)
一	增值额不超过扣除项目金额50%的部分	30
二	增值额超过扣除项目金额50%～100%的部分	40
三	增值额超过扣除项目金额100%～200%的部分	50
四	增值额超过扣除项目金额200%的部分	60

2. 金融措施

利用金融措施调控土地市场效果最为明显。金融措施主要是通过调整银行存贷款利率和市场货币投放量来调控市场。需要刺激土地市场发展时,就降低利率、增加市场货币投放量;需要抑制土地市场过热时,则提高利率、减少市场货币投放量。1993年国家实行宏观调控主要就是采用金融措施,即冻结金融业对土地开发和房地产开发

---

① 毕宝德:《土地经济学》,中国人民大学出版社2020年版,第266-267页。
② 2019年7月16日,财政部、国家税务总局联合发布了《中华人民共和国土地增值税法》(征求意见稿)。但截至本书成稿时止,正在实施的仍为《中华人民共和国土地增值税暂行条例》(中华人民共和国国务院令第138号,自1994年1月1日起执行)。

的资金。这一措施使大量土地开发和房地产开发项目因缺少资金而中途停止或取消。除了传统的银行信贷融资外,近年来土地证券化融资逐渐成为土地开发领域重要的融资方式。土地证券化包括土地开发项目融资证券化和土地抵押贷款债券证券化两种形式。因此,金融监管当局对土地证券化进行监管,也成为一种调控土地市场的金融措施。[1]

3. 建立和完善土地有形市场

为了使土地交易公开、公平和公正,原国土资源部于 2000 年 1 月 6 日颁布《关于建立土地有形市场促进土地使用权的规范交易的通知》(国土资发〔2000〕11 号),肯定了土地有形市场的功能:提供交易场所、办理交易事务、提供交易信息、代理土地交易。该通知要求原划拨土地使用权的交易、出让土地使用权的首次交易、法律允许的集体建设用地的流转以及由土地抵押权实现而引起的土地使用权转让,以及法院判决用于清偿债务的土地使用权转让或者出让土地使用权的转让、租赁、抵押、作价出资、交换、赠与等交易应纳入有形市场交易。

(四)技术手段

在进行土地市场管理时,政府可以通过合理的基数手段不断增加土地市场的透明度。通过完善土地市场信息服务建设,建立公开透明的市场配置机制;通过完善网络系统建设,对必要的市场供给信息、土地征收及征用信息、基准地价信息等进行公示。目前已经建立土地市场监测与监管系统(https://jcjg.mnr.gov.cn)开展土地市场监测和监管工作,建立中国土地市场网(https://www.landchina.com/)进行土地市场信息发布,以及建立中国地价监测网(中国地价信息服务平台,https://www.landvalue.com.cn/),发布地价监测信息,提供地价信息查询功能。

对于土地的价格、用途、各地区各类型用地面积的详细数据,我国自然资源部网站进行了统一收集和公开,大大提高了土地市场的透明度。

三、土地市场的管理

(一)产权管理

土地产权流转是土地市场交易的基础,也是土地资源有效利用的保障。[2] 2007 年发布的《物权法》,奠定了土地市场发展的坚实基础,它规定并界定了土地的各种权利,以及权利的取得、保有、转让和灭失;规定了土地产权只有经过登记才受到法律保护。[3]

---

[1] 毕宝德:《土地经济学》,中国人民大学出版社 2020 年版,第 268 页。
[2] 毕宝德:《土地经济学》,中国人民大学出版社 2020 年版,第 165 页。
[3] 毕宝德:《土地经济学》,中国人民大学出版社 2020 年版,第 267 页。

近年来,我国也逐渐重视对农村集体土地产权的管理。2013年中央一号文件明确提出"全面开展农村土地确权登记颁证工作。健全农村土地承包经营权登记制度,强化对农村耕地、林地等各类土地承包经营权的物权保护"。农村土地全面确权登记,依法确认了农民的土地权利,健全了农村集体土地产权制度,同时也有助于摸清楚农村的土地利用情况,保护耕地和提高土地的集约利用。2013年年底,集体土地所有权确权登记发证率已达到了97%。集体建设用地使用权以及宅基地的确权登记发证工作,在全国范围内也大部分完成。[①]

(二)用途管理

人类对土地的需求是不断增加的,而土地总量是一定的,因此,各类用地之间的数量存在矛盾,此消彼长;而且,土地用途一经改变,再想恢复原来的用途,就要花费大量的投入。为此,在实践中,调整产业结构、改变土地用途,都必须经过慎重考虑、周密规划。[②]

《中华人民共和国土地管理法》确立了土地用途管理制度,第四条规定:"国家编制土地利用总体规划,规定土地用途,将土地分为农用地、建设用地和未利用地。严格限制农用地转为建设用地,控制建设用地总量,对耕地实行特殊保护。""前款所称农用地是指直接用于农业生产的土地,包括耕地、林地、草地、农田水利用地、养殖水面等;建设用地是指建造建筑物、构筑物的土地,包括城乡住宅和公共设施用地、工矿用地、交通水利设施用地、旅游用地、军事设施用地等;未利用地是指农用地和建设用地以外的土。使用土地的单位和个人必须严格按照土地利用总体规划确定的用途使用土地。"

近年来,我国对各类用地的管理加以重视。2021年新修订的《中华人民共和国土地管理法实施条例》第三条规定:"国土空间规划应当细化落实国家发展规划提出的国土空间开发保护要求,统筹布局农业、生态、城镇等功能空间,划定落实永久基本农田、生态保护红线和城镇开发边界。"

1. 建设用地

我国重视对建设用地的统一管理。2013年,中共十八届三中全会明确了"建立城乡统一的建设用地市场"的改革方向,指出"在符合规划和用途管制前提下,允许农村集体经营性建设用地出让、租赁、入股,实行与国有土地同等入市、同权同价"。但构建城乡统一的建设用地市场,完全可以在坚守城乡二元土地所有制架构下进行,制度安排的核心在于优化土地增值收益分配制度,利用市场化交易让土地关联利益方形成相

[①] 毕宝德:《土地经济学》,中国人民大学出版社2020年版,第267页。
[②] 毕宝德:《土地经济学》,中国人民大学出版社2020年版,第276-277页。

对合理的分配格局。[①]

《中华人民共和国土地管理法实施条例》规定，建设用地的使用"应当符合国土空间规划、土地利用年度计划和用途管制以及节约资源、保护生态环境的要求，并严格执行建设用地标准，优先使用存量建设用地，提高建设用地使用效率"，"实行建设用地总量控制，推动城乡存量建设用地开发利用，引导城镇低效用地再开发，落实建设用地标准控制制度，开展节约集约用地评价，推广应用节地技术和节地模式"。

2. 农业用地

我国政府严格控制农地向非农用地的转移。《中华人民共和国土地管理法实施条例》规定："在国土空间规划确定的城市和村庄、集镇建设用地范围内，为实施该规划而将农用地转为建设用地的，由市、县人民政府组织自然资源等部门拟订农用地转用方案，分批次报有批准权的人民政府批准。""建设项目确需占用国土空间规划确定的城市和村庄、集镇建设用地范围外的农用地，涉及占用永久基本农田的，由国务院批准；不涉及占用永久基本农田的，由国务院或者国务院授权的省、自治区、直辖市人民政府批准。"

我国对耕地的保护也极其重视。《中华人民共和国土地管理法实施条例》规定："国家对耕地实行特殊保护，严守耕地保护红线，严格控制耕地转为林地、草地、园地等其他农用地，并建立耕地保护补偿制度。"

3. 生态用地

随着城市化的发展，建筑物、构筑物和硬化路面对土地的需求越来越大，这些需求在得以满足的同时，也打破了人与自然之间的原有生态平衡，随之而起的是对生态建设用地的需求。生态建设用地需求主要表现在城市及城市周围的绿地、湿地、水源地的需求。这类土地上禁止建永久性建筑物和构筑物。[②] 2021年新修订的《中华人民共和国土地管理法实施条例》第二十二条规定："具有重要生态功能的未利用地应当依法划入生态保护红线，实施严格保护。"

4. 海洋

我国从陆地到海洋、从土地到矿产，全部国土资源实行集中统一管理。2020年《国土空间调查、规划、用途管制用地用海分类指南（试行）》中，用地用海分类对接土地管理法并增加了"海洋资源"相关用海分类。

我国海洋资源丰富，但长期无序开发和过度利用导致海洋生态环境持续恶化和海

[①] 杨振、韩磊：《城乡统一建设用地市场构建：制度困境与变革策略》，载《学习与实践》2020年第7期，第27－34页。

[②] 毕宝德：《土地经济学》，中国人民大学出版社2020年版，第276－277页。

域资源破坏严重,建立和完善海域资源使用管理制度是保证海域资源的持续利用、保障社会公共利益的客观要求。[①] 通过对海域使用权的管理能够使国家掌握海域资源的配置,合理开发利用海洋资源。

(三)合同管理

土地使用权的出让、转让、出租、抵押都应签订出让、转让、出租或抵押合同。

目前在中国城市实行的国有土地使用权有限期、有偿出让与转让制度,要签订土地出让或转让合同。这种合同,除了要载明土地坐落(位置)、四至(土地边界)、面积、质量等级、出让期、出让金、双方权利义务和收回条件之外,还要载明建筑要求(容积率、建筑高度、建筑密度和配套设施)及土地转让条件等。所有这些契约都只有经过司法部门或行政主管机构的登记才具有法律效力。[②] 但是,目前农地流转还存在着合同格式不统一,合同意识薄弱等问题,这是需要改进的地方。

第四节 城市土地市场的完善

一、我国土地市场存在的问题

(一)土地市场结构不合理

中国土地市场结构不合理主要表现在一级市场与二级市场发展不均衡上。改革开发以来,以政府供应为主的城市土地一级市场取得长足发展,市场日趋活跃,交易规则逐步规范健全,交易量和交易额不断增长。但与之相比,以市场主体之间转让、出租、抵押为主的城市土地二级市场发展相对滞后,长期处于自发分散的状态,面临的问题较多。此外,土地市场中存在合法的土地市场、公开的土地有形市场、违法的土地隐形市场并存的局面。其中,土地有形市场的发育不健全,隐形土地市场交易增多,也导致土地价格扭曲现象的产生。

(二)土地价格高涨

改革开放以来,我国逐渐形成了国有土地有偿使用的方式。由于土地出让收入使得地方政府可利用资金增多、房地产市场的投机属性,政府和房企共同推动了城市土地价格的高涨,加之一些城市"地王"不断涌现,城市土地市场的价格出现了一些扭曲。这严重增加了房地产商的成本,造成城市房价的居高不下;也加重了地方政府对"土地财政"的依赖,给整个社会经济金融系统都带来了风险。

---

① 程博:《试论海域使用权登记制度之完善——以〈不动产登记暂行条例〉修订为视角》,载《长春师范大学学报》,2021年第3期,第46-50页。

② 毕宝德:《土地经济学》,中国人民大学出版社2020年版,第136-137页。

（三）土地市场法律体系不完善

我国土地市场形成较晚，土地市场法律法规不够完善，尤其是一级市场上土地使用权转让的规模、数量、时期、使用方向及转让方式等都缺乏明确的法律规定；二级和三级市场上土地交易过程中的转让、出租、抵押以及交易的监督、公证、登记也没有足够的法律依据，这就不可避免地造成市场行为的无规则化和土地隐形市场的存在。

二、完善我国城市土地市场管理的建议

（一）加强土地市场立法工作

针对我国土地市场的法律、法规不够完善的情况，国家应健全土地市场法律、法规，使土地市场的行为都能有法可依，从源头上杜绝一切钻空子的行为。

（二）加强土地市场管理的技术应用

土地市场管理部门应在管理中加强技术的引进和应用，用先进的技术来加强土地市场的管理，使得原来管理不到位的地方能够得到完善。

（三）大力推行国有土地使用权的招标、拍卖、挂牌出让

土地市场的交易应努力做到公平和公正，传统的协议出让容易出现"寻租"行为，推行国有土地使用权的招标、拍卖、挂牌出让，能够大大提高土地市场交易的透明度，有利于土地市场的健康发展。

（四）规范土地审批的政府行为，做到政企分开、政务公开

土地相关行政管理部门应做到"有所为、有所不为"，对土地审批的行为作出严密规范，防止土地腐败行为的出现。应做到政企分开，土地估价和土地交易代理等中介机构须与政府机构脱离关系；应做到政务公开，提高土地审批的透明度。[1]

（五）抓紧市场建设，规范市场中介机构行为

土地市场是一个不完全市场。由于土地市场信息不全并需大量专业知识，在市场交易中市场主体处于不对等的地位。为了使土地交易顺利进行，服务于土地市场的专业人员和机构必不可少。优质的土地价格评估、土地法律政策咨询、土地交易经纪等中介服务，是土地市场运行的润滑剂，是不可或缺的。[2] 规范土地市场中介机构的行为，对于土地市场的健康运行具有重要作用。

（六）规范地价管理

要促进土地市场的发育，必须规范土地价格的形成机制，建立合理的价格体系，建立地价动态监测体系，把及时反映土地真实价值的变动率作为市场调控的依据。[3]

---

[1] 周诚：《土地经济学原理》，商务印书馆 2003 年版，第 294-295 页。
[2] 毕宝德：《土地经济学》，中国人民大学出版社 2020 年版，第 254 页。
[3] 毕宝德：《土地经济学》，中国人民大学出版社 2020 年版，第 322 页。

第五节 系统推进农村土地市场建设

一、农村土地市场建设的基本原则

农村土地市场的建设,必须在坚持集体所有制和家庭联产承包责任制的前提下,在法律规定范围内,允许农村土地流转公开化,促进农村土地合理流动,提高农地生产率,逐步实现适度规模经营,推进农业产业化,确保农村社会经济以至于整个社会经济的可持续发展。

农村土地市场,作为最重要的要素市场之一,与农村整个市场经济体制的其他市场建设相合拍,互为条件、互相促进。

我国农村土地市场建设,要坚持现有所有制基础上的制度创新。具体来说,包括以下几个原则:

1. 以家庭承包为主的双层经营体制长期不变的原则

我国是农业大国,80%以上的人口属于农村人口。他们的非农收入占整个收入的比例较低,土地是大部分农村人的生活保障,土地也为大部分农村劳动力提供就业机会。因此,必须保证耕者有其田,以解决他们的基本生活,提高他们的收入水平,保持社会安定团结的局面。

家庭联产承包制是十一届三中全会以来形成的农村土地使用权分配格局,基本适合我国现有的生产力水平和生产关系,因此,土地市场的建设应坚持以不改变家庭联产承包为主的双层经营体制,在坚持发包方与承包方权利、义务不变的前提下,经发包方同意(按发包合同规定或经由发包方再次签订合同),承包方将所承包的土地转包给需要扩大经营规模的单位和农户。

2. "三权"分离的原则

土地流转后,土地的所有权仍属集体,承包权归承包户,使用权归接包农户或单位,防止新的土地权属关系混乱。

所有权的相对稳定是维持公有制的必然。集体拥有土地的所有权,以承包等形式发出土地使用权。集体作为土地的所有者,依法管理土地,以所有者身份享用所有者权益。

本集体的承包户以所有者的身份获得土地的承包权,承包权代表着一定的收益权和处分权。其权利不能在得到补偿前被剥夺。其使用权的转移以有偿为条件。接包户或单位依合同经营使用土地。

3. 公平、公开、公正的原则

市场功能的发挥,以公平竞争为先决条件,因此建立农村土地市场体系,必须使市场主体在公平条件下竞争,使交易活动公开,保证交易公正。

4. 自愿、互利、平等、协商的原则

土地流转合同要体现双方的意愿,既不能强制流转土地,也不能强制接收土地。在利益机制的驱使下,双方通过自愿、互利、平等、协商达成土地交易。

5. 因地制宜的原则

我国农村土地市场虽然在各地不同程度地存在,但从总体上讲还处于低水平;与土地市场对应的其他市场也还有许多不完善的地方。因此,一方面,土地市场体系的建设,只能从现实出发,逐步建立、健全农村土地市场;另一方面,随着土地市场的运行,土地市场体系的内涵也在发生变化,不能生搬硬套。

二、现行农村土地市场存在的主要问题

(一)农村土地市场发育水平低

农村土地市场发育水平低表现在以下方面:体系不健全、市场狭小、隐性交易多、农用土地交易中倒贴与短期现象多、土地市场发育水平地域差异大等。

1. 农村土地市场体系不健全

土地金融是土地市场发展的支柱。目前,我国土地金融市场发育水平较低。农村土地证券化经营几乎为零;股份制处在推广之中,纯粹以土地经营为主业发行股份的更是微不足道;土地信贷在国际上以单独优惠利率存在,而我国没有专门的土地信贷机构和优惠;土地抵押刚刚起步,受现行法律的严格约束。

土地评估机构是土地市场发育的桥梁。由于土地市场分散性大,交易次数少,评估专业性强,因此土地评估机构是发展土地市场过程中不可缺少的部分。目前,我国有城市土地评估机构,并形成了一定的业务范围。农村土地的特殊性决定了农村土地评估与城市土地评估有明显不同,因此对农村土地评估规范的研究和人员培训以及机构建设,都是有待深入开展的工作。

我国农村土地市场与城市土地市场割裂,土地市场与资金市场割裂。

2. 市场狭小

农村土地市场分割性明显,这在我国表现得特别突出。

(1)市场半径狭小。目前,我国农村土地市场半径很小,像农用土地交易,基本限制在本村或相邻村农民间进行,异地进行农用土地交易行为的较少;非农用土地市场交易半径比农用土地市场交易半径大,但与发达国家相比,就显得偏小。

(2)交易量小。这包括两层含义:一是交易发生次数少,二是交易土地面积小。对

大多数农民而言,还得依靠自家耕种土地解决吃饭问题,或以土地收益为家庭基本收入来源,因此土地交易次数少、面积小。另外,由于小规模农业比较利益低下,处于"二难选择"的农民也不愿租种别人的地。

3. 隐性交易多

目前,农村土地交易缺乏统计,一个主要原因是许多交易是隐性的。隐性交易由以下几个原因造成:

(1)农民怕土地被集体收走

农民即使种地也不赚钱,微利转包或赔钱转包,但都希望拥有对土地的承包权。他们特别害怕这种权利的失去,如果说成是因自己劳动力不足或有足够的二、三产业收入不必种地了,担心土地被集体收归并承包给别人,因为农民对国家承包几十年不变的政策吃不透,况且地方上有些干部的非法行为使得农民害怕。有些非农用地,如果通过交易被别人使用,他们怕被集体或国家收去或征用,因此在调查中,许多人不承认存在交易行为。

(2)逃避法律制裁

在土地交易中,有些是非法的。例如,未经征用就转变为非农用地,应受法律制裁。但各地处理情况不同,有些地方认为如果是自己使用的承包地,而且期限可能也不长,征用从管理上也不方便,因此就默认,最多每年罚些款。农民或集体的这种交易就很隐蔽。

当然,这种土地交易的隐蔽性与我国政策的多变性有关,也与集体土地的管理现状有关,因为集体没有能力管理这种土地交易,国家土地管理系统只延伸到乡镇一级,村组一级土地管理实际缺位。

(3)逃漏税费

目前,农村税收名目不少。当土地交易发生时,为了避免各种乱摊派、乱收费及隐性交易发生,仍以原主人为名,使用者以原主人的亲戚名义帮助经营。当然,这以原主人也分享了一部分逃税的好处为条件。

4. 农用土地交易中倒贴与短期现象多

与隐性交易相伴随,交易以口头合同形成的多,以信誉为执行合同的保证。在这两种情况下,地方交易合同有效期短,有的为一个生产周期一变,有的虽订了几年的合同期,但土地使用费逐年变化。

农用土地交易中倒贴现象在有些地方也时有发生。这种倒贴虽已证明是农民的合理性行为,但经济上直观的倒贴也反映了土地交易的局限性。

5. 土地市场发育水平地域差异大

土地市场发育水平地域差异大,各种交易形式的发育水平不一。这种差异性使得国家很难有详细的统一政策。

6. 集体土地所有权主体不明确[①]

现代市场经济要求有明晰的产权关系。目前农村集体土地所有者即土地所有权的主体还不十分明确。这是由于农村土地实行家庭承包责任制后,作为原农村人民公社基本核算单位的生产队或生产大队纷纷解体,而相应的经济组织又未普遍建立起来,或未能有效地运转。根据农业部经济政策研究中心农村合作组织课题组1988年4月开始的对全国随机选择的100个县1 200个村地域合作组织的系统调查,有30%的村没有设置地域性合作组织。在一些地方,对谁是集体土地的法人代表也存在分歧。一种意见认为是地区性的村合作经济组织;另一种意见认为是村民自治组织,即村民委员会或村民小组;还有一种意见认为应由村民选举的董事会代表村民拥有和管理土地。对于乡镇企业和事业单位占用的集体土地,其所有者是该企业或事业组织,还是乡镇政府部门,更不是很清楚。按照法律规定和农村实际,农村集体土地所有权主体原则上应由独立核算的地区性经济合作组织来充当,暂无集体经济组织的,可由村民委员会或村民小组代管。

7. 现行的价格评估体系不完善[②]

在农村土地流转过程中,承包经营权流转的买卖双方为熟人的情况占比较大的比例,定价由买卖双方独立自主的商定。同时,现行的价格评估标准不是很规范,这就致使土地流转金额不能真实地反映其价值,进而产生了很多的价格争议及纠纷,削弱了农户土地流转积极性从而影响了新型城镇化建设。

从宏观方面来看,转包费、土地租金及出让金之类的费用产生时是不存在市场竞争的,因而不太能适应土地流转双方的标准。建设用地是新型城镇化进程中不可或缺的,具有巨大的收益吸引力,因此带来了大量的为达目的不择手段的投机主义和资本垄断。存在不少的农民私下签订非正式的转让协议,农田管理者经常擅自改变耕地用途,转让费用不付款、收入分成不支付、双方权利义务不清晰等情况。

8. 土地交易的中介组织匮乏[③]

与普通商品交换相比,土地流转的运作程序相对复杂,涉及多个产权主体即所有者、经营者和使用者的经济利益,这就要求有完善的中介服务机构为之服务,如资产评估机构、委托代理机构、法律咨询机构等。在当前的土地使用权流转当中,大多数情况

[①] 毕宝德:《土地经济学》,中国人民大学出版社2020年版,第154页。
[②] 杨海晏、董殿文:《论新型城镇化背景下农村土地流转机制存在的问题及对策》,载《农村经济与科技》2021年第6期,第233—234页。
[③] 郑荣华:《农村土地市场发育迟缓的原因及对策》,载《湖南经济管理干部学院学报》2002年第1期,第43—44,50页。

下是集体经济组织充当中介机构,在交易中既当"裁判员"又当"运动员",不可避免地会干涉其他产权主体的权益,从而使这种中介服务失去应有的效率和媒介功能,影响了土地使用权的公平性,制约着土地使用权配置市场化的进程。

9. 土地市场发育缺乏良好的外在环境①

(1)农业比较利益低。近年来,由于农业生产资料价格增长过快,远远超过了农产品价格的增幅,"剪刀差"再度扩大。加上土地零散、分割、机械耕作和其他先进技术无法普及推广,难以发挥规模效益,造成农业经营成本居高不下。在这种情况下,农民很难获得平均利润,更谈不上超额利润,致使农民对土地需求缺乏利益驱使机制。

(2)农村剩余劳动力转移缓慢。目前,我国正处于经济结构调整的关键时期,城市工业和乡镇企业吸纳农业剩余劳动力的扩张能力十分有限。而且,随着买方市场的到来和市场竞争日趋激烈,企业经营环境有所恶化,兼业农民非农产业收入的不稳定性使他们难以彻底离开土地,真正走进城镇,他们仍然视土地为"避风港""保命田",一旦经济波动,非农收入下降,大量的兼业农民便回流到农业部门。广大农民在没有寻找到稳定、安全的生存替代来源之前,他们不可能轻易放弃土地的使用权,因而增加了土地使用权流转的难度。

(3)农业风险防范机制不健全。在市场经济条件下,农业是兼有自然风险和市场风险的弱质产业,在我国农业基础薄弱的情况下,表现特别明显。两种风险相互交织下,农民很难获得平均利润,有时甚至连成本也难以收回。因此,在没有完善的农业风险防范机制下,土地的有偿流转就会因巨大的经营风险而难以推行,即使推行也难以达到预期的目的。

(4)农村社会保障体系滞后目前,在一些经济发达地区由集体承担其成员的就业安排、病残和养老保险,对土地资源的合理配置有明显的成效,但多数地方还没有这个条件。广大农民仍然把土作为安身立命的基础,作为获取收入的主要来源。虽然有些农民已转移到二、三产业,但由于失业的风险和收入的不确定性,他们仍然把土地作为"活命田""保险田",把它视为农外就业的最后退路,因而宁肯种"粗放田",甚至不惜暂时抛荒,也不愿意转让和放弃土地。可见,没有健全的社会保障体系,就不可能从根本上增强农民离开土地的安全感和适应市场风险的能力。农村土地市场发育的进程也将严重受阻。

(二)供给主体和需求主体发育虚弱

要形成自由竞争,首先必须有足够的供需主体,即供需市场上主体多,任何一单独

---

① 郑荣华:《农村土地市场发育迟缓的原因及对策》,载《湖南经济管理干部学院学报》2002年第1期,第43－44、50页。

主体退出或加入都不会影响土地供求价格,每一个单独的主体都只是价格的接受者,不是价格决定者。但目前我国农村土地市场的供给主体和需求主体都不充分。

1. 补偿机制的不健全造成供给竞争不足

农民既是集体土地所有者,又不是所有者,这一矛盾是目前农村土地的基本矛盾。作为集体成员的农民,与其他成员一起对土地享有所有权;但他仅是集体的一员,不能代表其他成员,也不能单独指定哪一块地为自己所有。

作为集体成员,他的所有权在大多数情况下没有在经济上直接得到体现,而是随着家庭联产承包责任制的实行以均分土地的方式取得了部分土地的使用权。与此同时,集体应承担的社会义务——如农业税等也直接由土地的承包户分摊。而此时获得的使用权对农民来说一方面提供就业机会,使劳动力的价值得到部分或全部的实现,另一方面在生产过程中除"交够国家的、留足集体的,剩下是自己的"分配原则下,交给国家和集体的仅是使用权收益的一部分,还有部分收益权直接留给农民,是对作为本集体成员所拥有土地所有权的经济实现形式。

由此看来,农民的集体所有权并未虚置。因为假如集体所有权虚置,其分配流程应如图 6-3(a)所示,而实际分配多如图 6-3(b)所示,所以农民应当是享有一定的集体所有权。

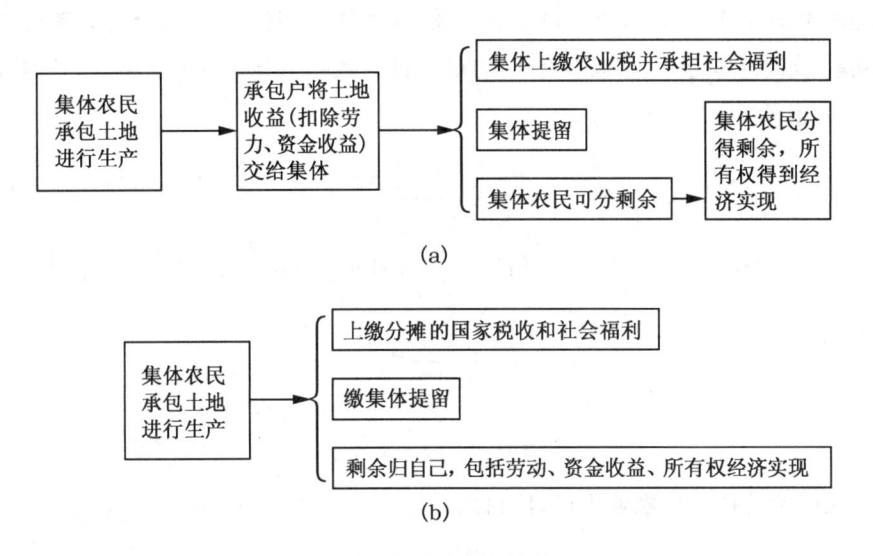

图 6-3 集体地产承包收益分配

在完全公平承包和投资、管理水平一致时,两种分配方式没有区别。在初始承包时是比较公平的,此时的农业税收和社会义务分摊也与之成比例,应该说是比较公平的,谁投入劳动多、投资多、管理精细,多收入就归自己,这时上缴国税和承担社会义务及缴足集体的两种分配形式不变,所不同的是留给自己的不同。这也体现了按劳分配和按要素分配的原则。

从这里可以看出,农民获得的土地承包权不仅仅是使用权,同时也取得了部分所有权的收益权。如果他要把土地全部返还给集体,集体必须给予放弃这种所有权的收益权;如果集体不予补偿或别人不给予补偿,他就不会无偿放弃。假定第 i 年这种所有权的净收益值为 a_{i1}、上缴国税及承担社会义务为 b_{i1}、劳动及资金投资收益为 c_{i1},因其风险小,可设为 0。

在此种情况下,农民在其他产业有就业机会(非永久性的——这在我国户籍制度下具有现实意义),能够获得收益 a_{i2}、承担社会义务为 b_{i2}、劳动及资金投资收益为 c_{i2}(劳动及资金投资并不一定与从事承包农业生产一致),就业风险为 $risk_{i2}$,这时,若土地荒芜,须交荒芜费 d_{i0},若农民生活已完全有保障,以追求利润最大为目标,则从事承包地的第 i 年净收益 TPA_i 为:

$$TPA_i = a_{i1} + c_{i1} - b_{i1} \qquad (6-1)$$

从事非农业生产的年净收益 TPN_i 为:

$$TPN_i = (a_{i2} + c_{i2} - b_{i2}) \cdot risk_{i2} \qquad (6-2)$$

若 $TPA_i \leqslant TPN_i$,农民就会放弃承包地生产而从事非农业生产,这在一些地区已发生。但由于 $risk_{i2}$ 比较大,较难预测,家庭老小的生计难以百分之百保证时,农民就不能光考虑 TPA_i 与 TPN_i 的大小关系,这时厌恶风险的农民会充分考虑土地的保障功能,如果有一天失业也能有生活保障,此时农民假定 $risk_{i2}$ 无穷大,这时 TPN_i 就非常小,甚至有时认为其为 0。令:

$$TP_A = \sum_{i=\infty}^{\infty} TPA_i \qquad (6-3)$$

$$TP_N = \sum_{i=\infty}^{\infty} TPN_i \qquad (6-4)$$

$$T_d = \sum_{i=\infty}^{\infty} d_{i0} \qquad (6-5)$$

若

$$TP_A \geqslant TP_N + T_d \qquad (6-6)$$

农民就会选择从事农业生产,但目前:

$$TP_N - TP_A > T_d \qquad (6-7)$$

农民就愿承担各项义务和罚金而将土地荒芜,但仍不会放弃作为所有者的权利;如果农民还能找到承包户,哪怕贴补,只要贴补值不大于 d_{i0},仍会贴补转让而拥有所有者的权利;当然,无偿转让但保留承包权也就更有可能了。

在有的乡镇,如果农民想要进城长期从事非农产业生产,那么可将土地交还集体,集体答应在农民回村时重新承包土地,而不允许将土地卖掉。但当如果到时没有土地可以无偿划拨(因为是无偿上交,因而应是无偿划拨),他们就只能掏钱租地了。这充分证明了农民贴赔转让或无偿转让的理性。

所有权补偿机制不健全,农民的社会生活保险跟不上,这种现状的改变必将受到限制。有些村将农民承包地反承包或股份合作,是解决此问题的比较好的思路。

2. 农业劳动生产率的低下造成需求竞争不足

农村土地对农民而言,表现为多重效用,每种效用都可以通过价值(机会成本)的计量和各自权重的赋予,最后折算求得土地的总效用。设土地的生存功效、提供就业机会功效、获取利益功效、社会保险功效、以免重新获取时支付更多的费用的功能、土地的增值功效之值分别为 E_1、E_2、E_3、E_4、E_5、E_6,对于第 i 个农民而言,各功效的权重依次分别为 X_{i1}、X_{i2}、X_{i3}、X_{i4}、X_{i5}、X_{i6},则该土地对第 i 个农民的总功效 E_i 为:

$$E_i = \sum_{k=1}^{6} X_{ik} \cdot E_k \tag{6-8}$$

$$\sum_{k=1}^{6} X_{ik} \leqslant 1 \tag{6-9}$$

$$\sum_{k=1}^{6} E_k \leqslant 1 \tag{6-10}$$

在不同的客观条件下,即使 X_{ik} 值为定值,由于 E_k 不同,E_i 值也不同;在 E_k 值为定值时,不同主体所赋予的 X_{ik} 值不同,E_i 值也不同;在不同的客体条件下,E_i 值表现出差异。

目前,由于劳均土地面积狭小,因而劳均生产率较低,由于农业生产比较效益低下,因此投资流向农业的很少。对于人多地少的地区,获取净收益的功能可能很小,而其他功能相对就大;这样,如果土地流转时其他功能很难获得,而仅仅获取直接经济收益和就业机会为目标的竞争投资就不会激烈。根本出路在于提高农业劳动生产率。

3. 供求竞争的不足造成土地市场竞争机制不能有效发挥作用

部分农民通过合算,在小面积土地上经营一年,也不能获得多少收益,还不如将地租给别人,而自己从事二、三产业获取的收益多,因此有供给土地的意愿;另一部分农民家里人口众多,劳动力也有,但耕地不足,有获取土地的愿望,但事实上即使双方均取得对方的信息,仍不能达成交易,这也是"土地对农民的二难命题"之一。

这要分以下几种情况:供给方只能供给土地的转让权,这不能满足需求方对土地所有权(或承包权)或类似权利的需求;供给方土地转让到需求方后,需求方仍不能达到预期经济效益。

在有些农村,新增人口没有耕地,但土地调整难以短期实现,如果仅靠土地生活,生活也难以保障,因此表现出了对土地的极度渴求。这种渴求,通过各种形式表现在农村矛盾之中,但有一些出嫁人口或农转非人口用地,以及老龄劳动力难以生产的剩余土地,却很少有人承租。分析其原因,有些是因为即使承租了土地,但由于面积小或农业比较利益低下,认为不如在二、三产业中从事临时性工作获利,因此不愿承租。这就构成了"土地对农民的二难命题"之二——既要求土地,又不愿承租土地。为什么?原来土地对农民具有至少如前所述的六个功能,获取净收益的功能仅是其中的一部分,而不是全部,新增人口是要求作为成员资格的土地承包权,而不仅是租赁权。如果只获得租赁权而不能拥有承包权,那么生存保障功能、保险功能、土地价值增值功能、以免重新获取时支付更多的费用的功能都不能取得,因此农民认为不值得。

综上所述,由于供求竞争的不足,造成了土地市场竞争机制不能有效发挥作用。

(三)非市场行为干预

1. 集体所有者代表的非市场行为阻碍土地市场竞争

集体所有者代表是指集体土地所有者村民小组、村委会或乡(镇)政府。他们作为集体所有者代表,在出让或租赁土地时,有些领导干部的非市场行为时有发生。他们出让或租赁土地并没有在公开市场上进行,受让方或承租方不是一般人,而是熟人或有私下交易者;出让金或租金不是通过市场竞争达成,而是由领导说了算。在这种情况下,非市场行为阻碍了土地市场公平竞争。

2. 来自地方政府某些领导的意志干扰土地市场竞争

地方政府为了本地区非经济的优先发展,或主要领导为在任期内干出一番"政绩",他们想方设法招商引资。为吸引外商,压低价格征地,或突破年度审批土地,或越权批地,或未经批准占用土地,或批少占多,或批劣占优,甚至给土地管理部门下达创收计划,迫使土地管理部门设法进行征地投机。

3. 不规范的税费扰乱土地市场竞争

我国的税费有两个特点:一是地方税费种类差别大;二是税率可变化幅度大。近些年来,一些地方政府巧立名目,征收多种税费,对有关系的,可以减免;对没有关系的,严加征管,甚至乱罚款,严重影响土地市场公平竞争秩序。

4. 各地人为干预价格造成地区间竞争不公平

这突出表现在对非农建设用地征地价格规定和审批上。各地区为了刺激经济发展,以土地作为优惠条件招商引资。各地区间的压价行为,造成地区间价格的差别很大。比如,商业区跨两个行政区,两个行政区地价差异大,其原因仅仅是两个行政区地价地税政策差异大。这种人为的地价地税政策造成地区间土地市场的割裂,从而造成地区间竞争不公平。

(四)认识上有待进一步突破

关于我国农村土地,有待确立以下两方面的市场意识:土地市场局部存在与土地市场全面发挥作用要区分开来;我国农村土地市场已客观存在。

不能因土地市场不能全面发挥作用，就否认农村土地市场局部存在。土地市场全面发挥作用是指土地交易活动完全在市场规律的作用下进行，它需要以发达的市场经济环境、健全的市场规则和法制建设为前提。从这点看，我国土地市场还不能全面发挥作用。土地市场的局部存在是指土地交易活动在一定区域内发挥作用，其作用范围是局部的，运行中除受到市场规律作用外，还受到计划等干预，具有显著的自发性、隐蔽性、非完善性。我国农村土地市场是局部存在的，其发育水平沿海经济发达区高于中部地区、中部地区土地市场发育水平高于西部地区，我国农村土地市场在大部分地区还不具备充分发挥作用的条件，但并不能因此而否认它局部的客观存在。

中国农村土地市场有待于快速健全和完善。中国农村土地市场已局部客观存在，但其功能发挥有限，不能因为认识的不一致和法律的缺位而扼杀其发展，正确的态度应是努力尽快使其健全和完善。这是因为要建立农村市场经济体制，不仅要建立健全产品市场，同时必须培育要素市场，而土地市场是农村要素市场的重要组成部分。许多问题的解决，与农村土地市场的建设息息相关。

（五）配套措施不健全

配套措施不健全，运作难度较大。土地市场的发育以土地的流转为内容。农村土地的流转，很大程度上取决于农村剩余劳动力的转移。我国农村劳动力的过剩和难转移，迫使农村劳动力依附于土地上，土地为他们提供生活保障和就业机会，通过经营土地获取超过生活必需的目的。与以土地为他们提供生活保障和就业机会的功能相比，虽然各地差异较大，但总体上还是偏小。因此，土地在市场的流转受到限制，农村土地市场的全面发挥作用还需时日。

（六）宏观调控机制不适应市场要求

土地实行公有制为宏观调控提供了方便。但是，随着农村市场经济的发展，原有的宏观调控机制显然存在严重缺陷。

1. 调控目标的偏差

目前的调控目标仍是计划经济的产物，目标集中在"管理"上，而这仅是市场体制下调控目标之一。在市场经济条件下，宏观调控的目标至少有两个，即"服务"和"管理"。服务是指有利于市场秩序及有利于土地资源配置；管理不是以直接管理土地为主，而是以制定相关法律政策为间接调控依据，并对市场服务系统和政策执行加以监督。

2. 宏观调控的软约束性

国家首先制定了各级用地规划：从全国土地利用总体规划到省级土地利用总体规划，再到县级利用规划；从总体规划到专项规划……所有这些规划为指导我国产业布局和社会经济的发展都起到了一定的作用。但我国土地利用规划的约束性很差，表现在以下方面:①规划制定时,各级部门不重视。②城乡规划不协调,城市规划高于农村规划。各省市县既制定农村规划,也制定城市规划,城乡规划往往存在矛盾。据调查,1994年全国共兴办各类开发区2 800多个,开发区用地1 100多万亩。这些开发区中78%是盲目设立的,使耕地大量闲置。据国家土地管理局1995年的调查结果显示,全国闲置土地100多万亩,实际闲置远多于此。③规划方案实施少。

3. 管理手段不适应市场经济的发展

这主要表现在以下几个方面:①缺乏法律依据。市场经济是法制经济,没有法律依据也就没有了依法管理的依据。目前,《中华人民共和国土地管理法》是行政管理为特征的法律,需要加强市场交易为特征的法律。②经济手段不健全。管理市场最主要的经济手段是税收和价格调控。除征地外,目前还没有关于农村土地交易的相关规定。罚款本是为了规范交易行为,但目前的罚款却成了罚款单位的"创收"手段,造成了本末倒置。③行政干预过多。这不仅指直接行政管理土地的行为过多,也指政府对土地管理工作的不合理干预多。政府对土地管理部门的直接干预多出于地方利益。例如,为了吸引外资,越权批地、批少占多、化整为零批地、批劣占优用地、擅自出让用地、擅自转让、偷漏税费、谎报用途且违法管地等。④行政管了许多不该管也管不好的事,该管的事却管不来。

(七)现有农地非农化管理机制不适应市场经济

1. 征地机制不适应市场经济

这主要表现在:对非公益性用地也采用征地形式,由于这种机制价格的垄断性,为通过征地转变用途投机创造了条件。

2. 征地过程中农民的利益往往得不到保护

地方各级政府为了加快城市化进程和工业化进程,提高执政的政绩,压低土地价格征地。在这个过程中,农民的利益往往被侵占。

四、加强农村土地市场建设的措施

(一)舆论引导

在信息社会的今天,充分运用舆论引导的作用,告诉大家哪些是应该提倡的,不需要在地下交易;哪些是应该禁止的。同时,应宣传信息,普及法律政策。

(二)制定有关法律政策

土地市场的建设离不开法律。目前,《中华人民共和国土地管理法》(2019年修订)对农村集体经营性建设用地入市做了规定,但有关农村土地的法律仍非常不健全,因此,要加强农村土地市场的法规建设。

(三)加强理论指导

土地市场是新生事物,在公有制基础上如何发挥市场配置土地资源的功能,没有现成经验可以利用,只能从实际出发,在实践中摸索。但土地市场建设与农村市场经济其他部分紧密相关,如何有机协调一致,如何互相促进,如何操作,都需要理论上提供指导。当然,一些发达地区的经验也要及时总结和推广。

(四)明晰产权

产权明晰是降低交易成本的关键。产权的明晰要从法律上加以确认,名义上与实际上相符,农民的所有者权利在实际中要得到体现。

(五)正确处理国家、集体和农民个人利益的关系

在土地交易过程中,只有正确处理国家、集体和农民个人利益关系,才能有利于土地市场的发展。

(六)规范集体土地市场

土地市场的规范,表现在法律政策的制定、加强执法手段、土地管理系统体制健全和用途管制等方面。总的来讲,在于市场交易规则的建立、主体行为的规范和市场中介服务的健全上。

(七)改善土地市场发育的外在环境

需要着重从以下几方面入手:调整农产品价格,大力发展非农产业,加快农村剩余劳动力转移,建立多层次的农村社会保障体系,完善农村社会化服务体系。

(八)完善农村集体"三资"管理

农村集体"三资"是指农村集体资金、农村集体资产和农村集体资源,属于村(组)集体经济组织全体成员集体所有。集体经济组织代表其成员行使农村集体资金、资产、资源管理职责,要规范农村集体资金管理制度、健全农村集体资产管理制度、建立农村集体资源管理制度。农村集体资金、资产、资源管理要适应农村改革发展的新形势新要求,强化民主管理和民主监督,积极推进改革创新,增强集体经济组织发展的活力和为农户服务的能力。

第六节 城乡土地市场一体化建设

一、城乡土地市场一体化的内涵

土地市场是为了实现土地资源的最优配置,城乡一体化土地市场就是在同一个市场上合理配置土地资源。具体来说,城市土地和农村土地没有制度和地域等因素的限制,可以在城乡一体化的土地市场平等自由地进行交换和流动。这在本质上要求在产

权和治权上实现平等统一。

二、城乡土地市场一体化发展存在的问题

(一)城乡土地市场存在制度障碍

长期以来,我国城乡发展呈现二元结构,城市和农村的发展差异巨大,这种二元结构严重影响了我国经济发展的协调性。作为经济发展的一部分,城乡土地市场也表现出一定的分割性,这是城乡二元经济结构长期演化的结果,这一结果不仅影响了土地市场自身的发展,对土地资源的高效可持续利用产生负面的影响,而且在一定程度上制约了经济的发展和城市化进程的推进。

(二)农村土地产权界定不清

《中华人民共和国土地管理法》(2019年修订)规定:"中华人民共和国实行土地的社会主义公有制,即全民所有制和劳动群众集体所有制。全民所有,即国家所有土地的所有权由国务院代表国家行使。"但对劳动群众集体所有土地的所有权主体的界定并不明确。农村土地产权存在着多元主体,包括村民小组、村民委员会、村集体经济组织、乡(镇)农民集体经济组织等多种,某一特定地块属于哪一组织所有,并没有明确的法律规定,在实践中,不明确的产权主体对土地流转中的利益分配造成很大困扰。

(三)集体土地市场与国有土地市场主体地位不平等

现阶段,公共利益的范围内,我国农村集体土地市场可以被依法征收为国有土地,但国有土地不能转变为农村土地,即在国家与农村集体之间存在单向土地所有权市场。在土地市场整体中,国家处于绝对优势的地位。

(四)观念上存在"重城轻乡"的倾向

我国城乡土地市场发展差异大,这造成了一些人观念上"重城轻乡"的倾向。引导打破这种倾向,是统一发展城乡土地市场的重要环节。

三、城乡土地市场一体化的建议

我国城乡土地市场发展差异巨大,城市土地市场发展较为完善,农村土地市场的发展相对滞后,这会给发展统一的土地市场带来很大的困难,也会阻碍我国城乡经济的协调发展。近来,我国重视城乡土地市场一体化的建设,逐渐放开了农村集体土地的上市流通。但我国农村土地市场的建设刚刚起步,其改革应该遵循一定的原则,这必然是一个长期且循序渐进的过程。在具体实施过程中,可按照"逐步放开建设用地市场→逐步放开农地市场→逐步形成建设用地和农用地自由流转市场→统一土地市

场形成[①]"的步骤进行。

2019年4月15日,《中共中央国务院关于建立健全城乡融合发展体制机制和政策体系的意见》中指出,应建立健全有利于城乡要素合理配置的体制机制。其中对农村土地市场的发展提出了具体的建议:

(1)改革完善农村承包地制度。保持农村土地承包关系稳定并长久不变,落实第二轮土地承包到期后再延长30年政策。加快完成农村承包地确权登记颁证。完善农村承包地"三权分置"制度,在依法保护集体所有权和农户承包权前提下,平等保护并进一步放活土地经营权。健全土地流转规范管理制度,强化规模经营管理服务,允许土地经营权入股从事农业产业化经营。

(2)稳慎改革农村宅基地制度。加快完成房地一体的宅基地使用权确权登记颁证。探索宅基地所有权、资格权、使用权"三权分置",落实宅基地集体所有权,保障宅基地农户资格权和农民房屋财产权,适度放活宅基地和农民房屋使用权。鼓励农村集体经济组织及其成员盘活利用闲置宅基地和闲置房屋。在符合规划、用途管制和尊重农民意愿前提下,允许县级政府优化村庄用地布局,有效利用乡村零星分散存量建设用地。推动各地制定省内统一的宅基地面积标准,探索对增量宅基地实行集约有奖、对存量宅基地实行退出有偿。

(3)建立集体经营性建设用地入市制度。加快完成农村集体建设用地使用权确权登记颁证。按照国家统一部署,在符合国土空间规划、用途管制和依法取得前提下,允许农村集体经营性建设用地入市,允许就地入市或异地调整入市;允许村集体在农民自愿前提下,依法把有偿收回的闲置宅基地、废弃的集体公益性建设用地转变为集体经营性建设用地入市;推动城中村、城边村、村级工业园等可连片开发区域土地依法合规整治入市;推进集体经营性建设用地使用权和地上建筑物所有权房地一体、分割转让。完善农村土地征收制度,缩小征地范围,规范征地程序,维护被征地农民和农民集体权益。

此外,在县级以上人民政府自然资源主管部门也应该加强信息建设,建立统一的国土空间基础信息监测平台。将城市土地和农村土地市场集中进行监测管理,统一规划,并实行土地管理全流程信息化管理,依法公开土地信息。[②]

因此,要想发展统一的城乡土地市场,应该在保障农民权益的基础上,逐渐消除城市土地和农村土地在制度、产权和流转上的差异,盘活农村土地,加快农村集体经营性

---

① 姚艳、张雅婷、胡红梅:《城乡一体化视角下的农村土地市场改革路径设计》,载《国土资源情报》,2019年第10期,第46-50页。
② 中华人民共和国国务院:《中华人民共和国土地管理法实施条例》(国务院令第743号),自2021年9月1日起施行,第六条。

建设用地入市的进程。此外应当注意,农村土地市场的发展不应以破坏重减少农地面积为代价,应该统筹农地和建设用地资源,统一管理规划。

第七节 西方发达国家的土地市场模式

目前,西方经济发达国家的土地市场运行模式归纳起来可分为两类:以土地私有制为基础的市场模式及以土地国家所有制为基础的市场模式(见图6-4所示)。以土地私有制为基础的市场模式以日本、美国、法国等国家为典型。在这些国家,土地是私有的,土地可在市场上自由买卖,价格由土地供求关系和竞争程度确定。以土地国家所有制为基础的模式则以英国及英联邦国家或地区为代表。如新加坡,土地所有权属于政府,但若干年的土地使用权以有偿、有期、有条件方式通过市场"批租"出去,政府拥有最终业权和支配权,并通过市场调节土地的利用。

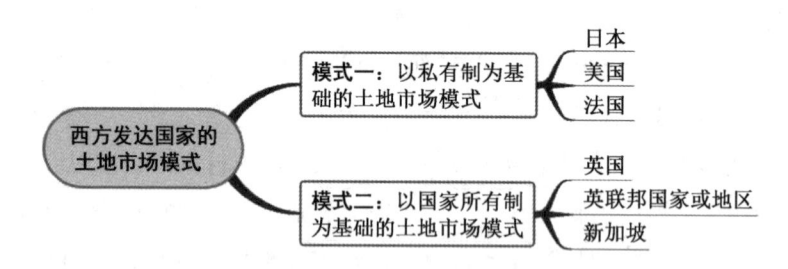

图6-4 西方经济发达国家土地市场运行模式示意图

一、两种模式的共同特点

(一)土地市场的基础是市场经济

不管是以土地私有制为基础的市场模式,还是以土地国有或集体所有为基础的市场模式,整个国家经济制度是市场经济,通过市场机制来配置资源。土地是一种商品,在市场上可以自由买卖、租赁、抵押和赠与等。土地市场是整个市场体系的有机组成部分,它与资本市场、劳务市场等一样,是市场经济体系中的一个子系统,是市场体系不可分割的一部分。

(二)土地有形市场和土地无形市场相结合

土地有形市场是指土地交易的场所,在这种市场上,买卖双方在固定的场所进行土地交易。土地无形市场是指没有固定土地交易的场所,通过中间商(房地产经纪人)及其他交易形式,实现土地的交易。早期的土地市场就是一种无形市场。随着市场经济和房地产业的发展,土地有形市场应运而生,为土地交易提供了更便捷的场所。

(三)土地价格由土地市场的供给与需求决定

不管是以土地私有制为基础的市场模式还是以土地国家所有制为基础的市场模式,土地的价格完全由市场的供给与需求决定。土地市场的价格机制和供求机制相互作用,供大于求,价格上升;供小于求,价格下降。另外,一定的价格水平反过来又通过市场机制来决定土地的供给与需求。政府对市场价格的干预是通过各种政策措施影响土地的供给和需求来间接影响土地价格。

(四)进出土地市场是自由的

西方发达国家多是市场经济发展比较完善的国家,市场化的程度比较高。土地市场作为市场的一个子系统,只要有买卖土地的意愿,有买卖土地的能力,都可以自由地进入市场。

(五)政府都对土地市场进行干预

市场离不开政府的干预,就像对其他市场的干预一样,政府也对土地市场进行干预。由于土地在国民经济中的特殊地位和作用,各国政府特别重视有效地管理土地市场。西方发达国家干预土地市场的措施主要有:对公共用地实行征收制度;对土地进行利用规划,并进行土地用途管制;对土地进行收购、储备和出售;实行土地交易登记制度、申报制度;制定一系列与土地相关的财税制度和相应的法律法规等。[①]

(六)市场运行效率同样有效

虽然是两种不同的市场模式,但市场的运行都是同样有效率的,不能说其中的一种模式比另一种模式效率高。这是由于在实行土地国家所有制的国家,其经济制度基础也是市场经济,市场机制对资源的配置都发挥基础性的作用,土地国家所有在很大程度上只是名义上的,实际土地市场运行中,土地与私有制情况下差别不大。

二、两种模式的不同之处

(一)名义上的土地所有制不同

以美国、日本为代表的土地市场模式,其土地所有制度主要是土地私有制。在美国,私人土地占国土面积的58.1%,印第安人土地占2.3%,联邦政府土地占32.7%,州政府土地占6.0%,城市和县政府土地占0.9%。联邦政府和州政府所有的土地中,绝大部分是矿山、森林、草地、水域、沼泽、荒地等。[②] 在英国,全部土地在法律上属于英王所有,即国家所有,土地使用者只能从英王那里取得土地的使用权。

[①] 毕宝德:《土地经济学》,中国人民大学出版社2020年版,第255页。
[②] [英]F.H.劳森、[英]B.拉登:《财产法》,中国大百科全书出版社1998年版,第78页。

(二)可供交易的市场客体不同

在以私有制为基础的土地市场模式下,土地市场可用来交易的市场客体不仅有土地使用权,还有土地所有权等。而在以土地国有制为基础的土地市场模式中,土地市场可供交易的没有土地所有权,土地所有权归国家所有。

(三)市场竞争程度不同

虽然在两种土地市场的竞争程度都很高,但与土地私有制相比,土地国有制情况下,土地使用权的获得有时会通过政府以"批租"的方式取得,土地市场受政府控制较多。

从现实运行效率来看,这两种市场模式都是同等有效的,因为两种模式的经济制度基础都是资本主义市场经济,市场机制对资源的配置都发挥同样的作用。即使是在实行土地国家所有制的英国,其财产制度仍是私有制,土地英王所有在很大程度上只是名义上的,保有土地所有权拥有者也称为地产所有者,他们只要不违反法规,就可以自由地利用和处分保有的土地。[①]

本章小结

本章主要介绍了城乡土地市场的基本概念和特征、城乡土地市场体系及交易方式、城乡土地市场的管理、农村土地使用权流转过程中的利益分配以及系统建设城乡一体化土地市场问题。土地市场有权利主导性、交易客体的异质性、强烈的地域性、不完全竞争性、供给弹性小、政府管制较严、供给的滞后性、低效率性等特点。土地市场的功能主要有:优化配置土地资源、实现土地价值、调控宏观经济的运行、合理分配收益、调节各方利益、完善市场体系、促进房地产业的发展、促进城市建设、信息传递等。重点讲述了我国城市土地市场体系及其交易方式。我国城市土地市场分为一级市场和二级市场,其中一级市场的出让方式分为协议、招标、拍卖、挂牌等形式。目前,我国城市土地市场存在以下问题:土地市场结构不合理、土地价格高涨、土地市场法律体系不完善等。农村土地市场按交易客体权属可划分为土地所有权市场和土地使用权市场,按交易前后是否用于农业生产可划分为农地内部流转市场、农地非农化市场、非农地农化市场和非农地内部流转市场,按交易的层次可分为农村一级土地市场和农村二级土地市场等。农村土地市场的交易方式包括:征收、土地承包和农村土地承包经营权流转等。另外,也提出了现行农村土地市场存在的主要问题。主要问题表现在农村土地市场发育水平低、认识上有待进一步突破、法律缺位、配套措施不健全、宏观调控

[①] 毕宝德:《土地经济学》,中国人民大学出版社2020年版,第255页。

机制不适应市场要求、现有农地非农化机制不适应市场机制。在进行农村土地市场管理过程中,应遵循以下基本原则,即以家庭承包为主的双层经营体制长期不变的原则,"三权"分离的原则,公平、公正、公开的原则,自愿互利平等协商的原则,因地制宜的原则等。最后介绍了建立统一的城乡土地市场的内涵及建议。

复习题

一、选择题

1. 不属于农业土地适度经营规模特点的是(　　)。
   A. 地区性　　　B. 唯一性　　　C. 层次性　　　D. 适应性

2. 建立土地市场的必要条件有(　　)。
   A. 市场经济环境　　　　　　B. 土地产权明晰
   C. 发达的土地金融市场　　　D. 必要的土地法规
   E. 区域性的市场中介机构

3. 下列关于耕地总量动态平衡的各种说法中,正确的有(　　)。
   A. 所谓总量,是指耕地数量的总和
   B. 耕地总量动态平衡具有长远性
   C. 耕地总量动态平衡具有区域性
   D. 耕地总量动态平衡要考虑环境的适应性
   E. 耕地总量动态平衡是指一定时期耕地的质量和数量的总和不变

4. 下列关于土地出让市场的各种说法,正确的有(　　)。
   A. 土地使用权出让的地块、用途由市、县人民政府决定
   B. 我国境内外的一切公司、企业、其他组织和个人,都可以取得国有土地使用权
   C. 土地使用权出让的年限,一般根据不同行业和经营项目的实际需要确定,如综合用地的最高年限为40年
   D. 土地使用权出让,可以采取协议、招标、拍卖三种方式,但经营性用地,只能采取招标和拍卖
   E. 地下的各类自然资源、矿藏以及埋藏物等,不在土地使用权有偿出让之列

5. 土地租赁权人为取得土地租赁权就必须向出租方缴纳(　　)。
   A. 管理费　　　B. 使用费　　　C. 地租　　　D. 以上都是

6. 对于土地来说,在相当长的时间内无弹性的是(　　)。
   A. 土地的经济供给　　　　　B. 土地的自然供给
   C. 土地的需求　　　　　　　D. 土地的使用

7. 土地使用权出让,居住用地年限为( )年。
A. 40　　　　　B. 50　　　　　C. 60　　　　　D. 70

8. 土地使用权出让,工业用地年限为( )年。
A. 70　　　　　B. 60　　　　　C. 50　　　　　D. 40

9. 土地使用权出让,商业、旅游、娱乐用地年限为( )年。
A. 40　　　　　B. 50　　　　　C. 60　　　　　D. 70

二、判断题

1. 土地市场是依靠以土地的供求机制为核心的市场机制的作用来运行的,土地价格的形成是由土地的供给与需求来决定的。( )

2. 在农村土地中,家庭联产承包是不能将承包土地作价入股的。( )

3. 互换是两个土地承包经营户将两块土地的使用权互换,多发生在为了集中连片或离家近等条件下。( )

4. 我国土地的所有权形式有国家所有和集体所有,集体所有的土地所有权是不能进行交易的。( )

5. 土地使用权抵押时地上建筑物不随之抵押。( )

6. 目前,我国已经形成了四级土地经济网络。( )

7. 我国香港地区的土地和自然资源属于国家所有。( )

8. 我国香港地区的土地契约租期约为75年。( )

9. 国家通过土地市场的管理,可以迅速对国民经济进行宏观调控。( )

三、简答题

1. 简述实现农业土地规模经营的基本条件。

2. 为什么会存在土地市场失灵?

3. 简述农业区位理论对我国农业布局的借鉴意义。

4. 简述农村土地市场与城市土地市场的特征。

5. 简述农村土地市场的基本特征。

6. 什么是土地市场?

7. 土地市场的功能有哪些?

8. 在我国如何以土地政策参与宏观调控?

四、论述题

1. 试论述农村土地市场发育的障碍性因素分析对策。

2. 试论述推进农村土地市场化进程的思路与对策。

3. 试论述现阶段中国土地市场的机制。

第七章 土地的供给与需求

学习目的

通过对本章的学习,了解土地的自然供给,理解农业土地供给和城市土地供给,掌握土地的经济供给,明白农业土地需求和城市土地需求,着重掌握一般土地供求平衡及特殊土地供求曲线。

关键概念

土地的自然供给　土地的经济供给　农业土地供给　城市土地供给
土地供应制度　农业土地需求　城市土地需求　作为生产要素的土地需求
作为资产的土地需求　一般土地供求平衡　特殊的土地供求曲线

第一节　土地的供给

土地是一个巨大的载体,人类的一切活动都离不开土地,任何社会的生产和生活都要依托于土地。土地自身是一个自然综合体,它包括土壤、岩石、矿藏、气候、地貌、植物、水文等自然构成物或自然地理因素。这些要素的数量、质量、组合情况以及土地所处的地理位置都会影响土地的利用,因此,要想更好地利用土地使其发挥作用就要了解土地的特性。地球上的土地并非全部都可以利用,地球所能提供给社会利用的各种生产和生活用地称作土地供给。这个量具有两方面的含义:一方面是指在一定的技术和经济条件下,地球上已有的对人类有用的各种土地的数量,它包括现在已经利用的土地资源量和将来可供利用的土地数量;另一方面是指在各种土地的实际利用数量中,可供某一项用途使用的土地数量,常常要随着人口数量和经济条件的变化而有所增减。因此,土地的供给又可以分为自然供给和经济供给两大类。

一、土地的自然供给

土地的自然供给又称为土地的物理供给,是指土地天生的可供人类利用的部分,包括已利用的土地资源和后备的土地资源。土地自然供给是无弹性的供给,它不会因任何人为因素或经济因素增加或减少。但它受以下因素的制约:①适宜于人类生产生活的气候条件;②具有一定的交通条件;③适宜于植物生长的土壤质地和气候条件;④具有可供人类利用的生产资源;⑤具有可资利用的淡水资源。

(一)世界土地的自然供给

地球的表面积为 5.1 亿平方千米,其中陆地面积为 1.49 多亿平方千米,占地球表面的 29.2%;各大洲中除南极洲外,面积最大的是亚洲,其次是非洲。中国国土面积居世界第三位,为 960 万平方千米,根据第七次全国人口普查[①],全国总人口为 14.43 亿人,人口密度约为 150 人/平方千米,以世界 77 亿人口计[②],全球平均人口密度为 51.68 人/平方千米,我国人口密度约为世界平均值的 2.9 倍。在地球陆地表面,有近 50% 的面积是永久性冻土、干旱沙漠、岩石、高寒地带等难以利用和无法利用的土地,此外尚有相当数量的土地存在各种障碍因素,实际适于人类利用的土地只有 7 000 万平方千米左右。

在世界范围内,各地可利用土地分布存在很大差异,如果按照不同气候带划分,适于耕种的土地主要分布在热带,约 16 亿平方千米,其余各气候带之和大约为 15 亿平方千米;东亚和欧洲各国 25% 以上土地是可耕种的,而大洋洲(澳大利亚、新西兰和太平洋岛屿)可耕种土地只占其土地面积的 5.5% 左右,南美洲可耕种土地也仅为其土地面积的 6.2%。但是,可作为牧场的草原占其土地面积的比例,大洋洲最多,为 54.8%,北美为 13.7%,东亚为 15.3%。森林面积占各洲土地面积的比例,南美洲约为 46.4%,大洋洲为 10.2%。目前,全世界有荒地面积约为 50 亿平方千米,主要分布在非洲和美洲,亚洲的土地开发利用率远较其他各洲高。

(二)中国的土地自然供给

中国位于东半球,地处欧亚大陆的东部,国土辽阔,从北纬 53°30′至 4°15′,南北跨 49 个纬度;从寒温带至赤道带,从东经 73°40′至 135°20′,东西跨 62 个经度,由太平洋沿岸直至欧亚大陆的中心,自然资源极其丰富。[③] 通常认为我国土地面积为 960 万平方千米,但考虑到 300 万平方千米海洋"蓝色国土",总面积应该是 1 260 万平方千米。

[①] 国家统计局、国务院第七次全国人口普查领导小组办公室:第七次全国人口普查公报(第二号)——全国人口情况,http://www.stats.gov.cn/tjsj/tjgb/rkpcgb/qgrkpcgb/202106/t20210628_1818821.html。

[②] UN:World Population Prospect 2019,https://www.un.org/development/desa/pd/zh/node/3476。

[③] 王万茂:《土地资源管理学》,高等教育出版社 2010 年版,第 17 页。

中国土地的基本国情有以下几点：①土地绝对量大，人均相对量少。我国土地面积仅次于俄罗斯和加拿大，居世界第三位，但人均状况远远低于世界平均水平，我国人均土地面积为0.777公顷，世界人均水平为2.32公顷。②地貌类型多样，山地、丘陵比重大。我国地貌类型有平原、高原、盆地、山地、丘陵等，其中山地占46.4%，丘陵占20.0%，两者约为全国土地总面积的2/3。③土地利用的地域差异明显。受自然和社会经济环境的影响，我国土地利用有明显的地域差异性。④水土资源的地区分布不相匹配，东部是地少水多，西部是地多水少，加之蒸发量的差距，西部地区明显干旱缺水。⑤耕地减少过快，土地资源破坏严重，生态环境十分脆弱。⑥后备资源少，尤其是耕地后备资源少。目前，全国尚可利用的后备资源约为10亿亩，其中耕地后备资源总量约为2亿亩，按开垦率为60%计算，全部开垦出来，也只能增加1.2亿亩耕地，人均不到0.1亩耕地。

根据第三次全国国土调查成果[①]，中国主要土地资源数据如表7-1所示。

表7-1　　　　　　中国主要地类数据(标准时点2019年12月31日)

土地类型		面积(万公顷)	占比(%)
耕地	水田	3 139.20	24.55
	水浇地	3 211.48	25.12
	旱地	6 435.51	50.33
	小　计	12 786.19	100.00
园地	果园	1 303.13	64.60
	茶园	168.47	8.35
	橡胶园	151.43	7.51
	其他园地	394.13	19.54
	小　计	2 017.16	100.00
林地	乔木林地	19 735.16	69.46
	竹林地	701.97	2.47
	灌木林地	5 862.61	20.63
	其他林地	2 112.84	7.44
	小　计	28 412.59	100.00

---

① 国务院第三次全国国土调查领导小组办公室、自然资源部、国家统计局：第三次全国国土调查主要数据公报，http://www.mnr.gov.cn/dt/ywbb/202108/t20210826_2678340.html。

续表

土地类型		面积(万公顷)	占比(%)
草地	天然牧草地	21 317.21	80.59
	人工牧草地	58.06	0.22
	其他草地	5 077.74	19.19
	小 计	26 453.01	100.00
湿地	红树林地	2.71	0.12
	森林沼泽	220.78	9.41
	灌丛沼泽	75.51	3.22
	沼泽草地	1 114.41	47.48
	沿海滩涂	151.23	6.44
	内陆滩涂	588.61	25.08
	沼泽地	193.68	8.25
	小 计	2 346.93	100.00
城镇村及工矿用地	城市用地	522.19	14.79
	建制镇用地	512.93	14.53
	村庄用地	2 193.56	62.13
	采矿用地	244.24	6.92
	风景名胜及特殊用地	57.71	1.63
	小 计	3 530.64	100.00
交通运输用地	铁路用地	56.68	5.93
	轨道交通用地	1.77	0.18
	公路用地	402.96	42.18
	农村道路	476.50	49.88
	机场用地	9.63	1.01
	港口码头用地	7.04	0.74
	管道运输用地	0.72	0.08
	小 计	955.31	100.00

续表

土地类型		面积(万公顷)	占比(%)
水域及水利设施用地	河流水面	880.78	24.27
	湖泊水面	846.48	23.33
	水库水面	336.84	9.28
	坑塘水面	641.86	17.69
	沟渠	351.75	9.69
	水工建筑用地	80.21	2.21
	冰川及常年积雪	490.87	13.53
	小　计	3 628.79	100.00
合　计		80 130.62	

图 7-1 说明土地的自然供给即自然赋予的土地数量是固定不变的,它不会随着土地价格的变化而变化。虽然现在人类可以通过"围海造田"等方式来增加土地面积,但其数量十分有限,相对于整个地球的面积是十分微小的。

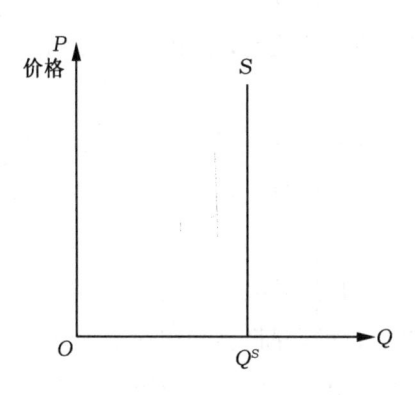

图 7-1　土地的自然供给

在土地总面积不能增加的情况下,随着人口数量的增加,人均面积越来越少,从图 7-2 可以看出,近年来我国耕地面积呈下降趋势,人口的增加使土地的承载力加大,中国土地的人口承载力已处于"临界状态",土地的供给表现出严重的不足,因此,我们应该倍加珍惜每一寸土地,尤其是耕地。

二、土地的经济供给

土地的经济供给是指在土地自然供给的基础上,投入劳动进行开发以后,成为人

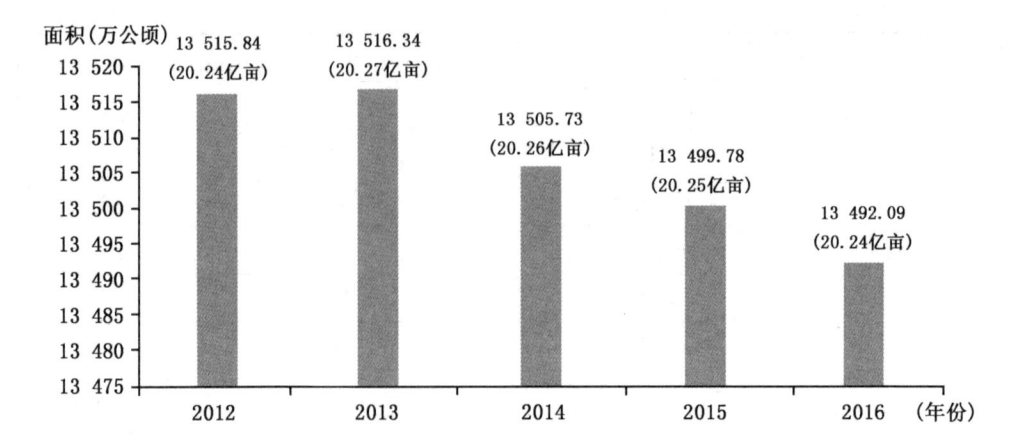

面积(万公顷)
- 2012: 13 515.84 (20.24亿亩)
- 2013: 13 516.34 (20.27亿亩)
- 2014: 13 505.73 (20.26亿亩)
- 2015: 13 499.78 (20.25亿亩)
- 2016: 13 492.09 (20.24亿亩)

资料来源：自然资源部，《2017 中国土地矿产海洋资源统计公报》，http://gi.mnr.gov.cn/201805/t20180518_1776792.html。

图 7-2 2012—2016 全国耕地面积变化情况

类可直接用于生产、生活各种用途的土地的供给①。土地天然就能满足人类需要的可能性不大，只有经过人类加工、改造以后，才能充分满足人类需要，这样就使得土地只有从自然供给状态转变成经济供给状态，才能为人类所利用。因此，土地的经济供给是动态的、有弹性的供给。

土地的经济供给与土地的自然供给既有联系又有区别：①土地自然供给是土地经济供给的基础，土地经济供给只能在自然供给的范围内变动。②土地自然供给是针对人类的生产、生活及动植物的生长而言的，而土地的经济供给则主要是针对土地具体的不同用途而言的。③土地的自然供给在相当长的时间内是一定的，无弹性的，而土地的经济供给是变化的，有弹性的，并且不同用途土地的供给弹性是不同的。④人类难以或无法增加土地的自然供给，但可以在自然供给的基础上增加土地的经济供给。

（一）影响土地经济供给的因素

1. 各类土地的自然供给

从定义中可以知道，土地的自然供给从根本上限定了土地经济供给的变化范围，它是土地经济供给的基础和前提。

2. 经济发展

经济发展会影响各种土地经济供给的数量，例如，随着城市化进程的加快，城市人口不断增加，这就要求增加城市土地供给以适应人口规模的扩大；另外，城市化进程还意味着农村人口向城市的转移，相应的变化是耕地转变为城市建设用地，这是土地经

---

① 郭裕凤：《土地经济学》，科学出版社 2019 年版，第 43 页。

济供给结构的变化。

3. 土地利用计划

各国政府都十分重视制订土地利用计划,这类计划一般要求开发和利用新的、生产力较低的、位置较为不利的及难以开垦的土地,因此,必然影响土地经济供给。

4. 利用土地的知识和技能

随着人类利用土地知识和技能的逐步提高,可以更多利用原来未被利用的土地,或提高土地的使用效用间接增加土地的供给。例如,新型建材的出现使人们的住房由平房向楼房发展,可以更少占用土地;利用煤渣和工业废料制砖,可以减少耕地泥土,这些方式都相当于间接增加了土地供给。

5. 土地价格

根据经济学原理,在具有供给弹性的情况下,价格水平会对供给造成一定程度的影响。土地价格水平是影响土地供给的最直接因素。一般来说,正常物品具有价格上升,供给增加,价格下降,供给减少的特点。土地价格对于土地经济供给的影响也是如此。

(二)农业土地供给

农地使用的社会经济意义是由农业在国民经济中的地位和作用决定的,农业不仅为人类提供最基本的食物,而且为工业提供原料,促进工业的发展,同时还可以保持和调节生态平衡,实现生态系统的良性循环。

鉴于农地特别是耕地的重要性,可以采取以下措施增加农业土地的供给:

1. 提高集约经营水平

提高土地利用集约度是增加农地供给的重要手段。可以通过增加资金、技术投入,提高土地生产率达到间接增加农地供给的目的。

2. 扩大土地利用面积

地球赋予人类的可以利用的土地中,还有少量尚未得到开发利用,因此可以扩大土地利用面积来增加农地供给,这是增加土地经济供给的最直接的办法。如非洲大陆仍有丰富的土地后备资源,现在其垦殖指数仅为6.1%,远低于世界平均数11.1%。

3. 利用新技术

利用新技术发展新型工业,生产多种农产品的代用品,可以使土地利用转入更迫切需要的方面。例如,新型食品工业的出现提高了粮食产量,也就相当于增加了粮食用地的供给。[1]

---

[1] 毕宝德:《土地经济学》,中国人民出版社2020年版,第273页。

4. 增强国土资源执法监管

近年来,土地违法形势严峻。2017年,发现土地违法案件7.52万件,涉及土地面积2.98万公顷(耕地1.06万公顷),同比分别增长1.6%和10.7%(耕地上升21.0%)。立案查处违法用地案件4.81万件,涉及土地面积2.36万公顷(耕地8 309公顷),同比分别增长2.2%和8.9%(耕地上升20.7%)。收回土地1 939.3公顷,罚没款12.62亿元。①

要加强国土资源执法监管。要进一步完善"全国覆盖、全程监管、科技支撑、执法督察、社会监督"的执法监管体系。开展土地矿产卫星执法检查,并依据检查结果开展警示约谈;严格执法,坚持按季度公开通报和挂牌督办违法违规案件;创新手段,推进国土资源执法视频监控网建设试点;协调联动,积极探索,推动执法监管共同责任机制建设,坚决维护国土资源管理和利用秩序。

(三)城市土地供给

城市是随着人类社会经济发展而逐渐形成和发展起来的区域中心,有了城市同时也就有了城市用地,并随着城市社会经济的发展而逐渐扩展。当代经济的迅速发展使城市化进程不断加快,城市化水平的不断提高,意味着城市人口规模的不断增长与城市经济规模的不断增大。无论是人口规模的扩大,还是城市经济规模的增大,都意味着城市用地面积的增加,也就意味着对城市建设用地需求的增加。可见,城市化进程实际上就是城市地域空间不断扩大的过程,也就是城市建设用地不断增加的过程。要保证对城市建设用地的供应,势必大量占用农地,尤其是占用耕地。城市化进程中土地供给应注意以下几点。

1. 农用地的转用

城市化的实质是农村人口向城市流动和集中的过程,这一过程的内在动因之一在于农业劳动生产率的提高,使得农村剩余人口不断增加,这些剩余农村人口将自己承包的土地流转出去,从而实现和土地的真正脱离,进入城市。因此,城市土地的供给除了少部分来自因集约利用所产生的存量土地的节约外,大部分必然来自农地的转用,即对耕地的占用,农业用地尤其是城市边缘的耕地成为补充城市建设用地的重要来源。但是,考虑到我国人多地少尤其是耕地相对紧张的国情,又不能盲目地占用耕地,征用农地时一定要合理地控制城市规模,不仅要考虑社会经济发展对土地的需求,而且要保证一定的农用地特别是耕地总量,以保障粮食安全。

国务院《关于深化改革严格土地管理的决定》中明确规定:基本农田一经划定,任

---

① 自然资源部:《2017年中国土地矿产海洋资源统计公报》,http://gi. mnr. gov. cn/201805/P020180518560317883958. pdf。

何单位和个人不得擅自占用,或者擅自改变用途,这是不可逾越的"红线"。

2. 增加城市存量土地的相对供应

实施旧城改造与环境整治策略,将城市内开发强度低的旧城区改造为高容积率的、基础设施良好、漂亮美观的新社区,对旧城区的合理改造,可以舒缓对房屋需求的压力,减少房地产的开发,可以进一步保护好土地资源,使土地资源在有限的条件下达到有效的配置;实施对城中村的改造,将已经不再以农业生产为主业的农民整体转变为城市居民,同时依法将其剩余集体土地征用为城市建设用地;注重城市地下空间的利用,开发城市地下交通、商业设施,将地面负荷转入地下,充分节约用地。

3. 充分利用闲置、低效率的土地,盘活土地资产

一些城市由于建设时缺乏长远科学的规划,土地利用粗放、闲置土地较多,尤其是在一些小城镇,企业闲置土地比重较大,因此,积极消化闲置土地,提高土地利用率,不仅可以使过去沉淀的大量资金重新得到有效利用,而且可以给地方经济的发展注入活力,还会大大减轻耕地的压力。

4. 完善土地供应制度

土地供应是指对纳入政府土地储备体系的土地,根据客观需要和土地供应计划,向市场供应土地的行为。土地供应包括以行政形式供地和以出让方式供地两种。无论是通过收购、收回、置换还是通过征用进入储备的地块,出让时均视作一级市场行为,必须统一纳入土地供应总量计划;进入市场的方式可以是协议,可以是招标,也可以是拍卖挂牌。

1988年,我国国有土地开始实行有偿出让,土地出让制度经历了协议出让到以市场化方式公开出让两个阶段,后一阶段主要是招投标、拍卖、挂牌三种方式。随着土地市场行为的逐渐规范,出让的方式应逐渐转为招标、拍卖和挂牌,因为这几种方式能够促进土地市场公平竞争,从而可以最大限度地实现土地的价值。从图7-3中可以看出,全国国有建设用地越来越多地采用了招标、拍卖和挂牌(简称"招拍挂")的形式,这在出让面积和出让价款两个指标上都表现明显。2017年,出让国有建设用地22.54万公顷,同比增长6.4%;出让合同价款4.99万亿元,同比增长36.7%。[①]

在我国,1996年上海和深圳两市率先推出了城市土地储备制度,就城市土地供给制度进行改革,期望通过成立专门的土地储备机构,对城市土地进行统一征用或收购,再开发并投入市场,达到政府垄断土地一级市场的目标。2001年,国土资源部正式全面推广城市土地储备制度。城市土地储备制度,是指由城市政府委托的机构通过征

[①] 自然资源部:《2017年中国土地矿产海洋资源统计公报》,http://gi.mnr.gov.cn/201805/P020180518560317883958.pdf。

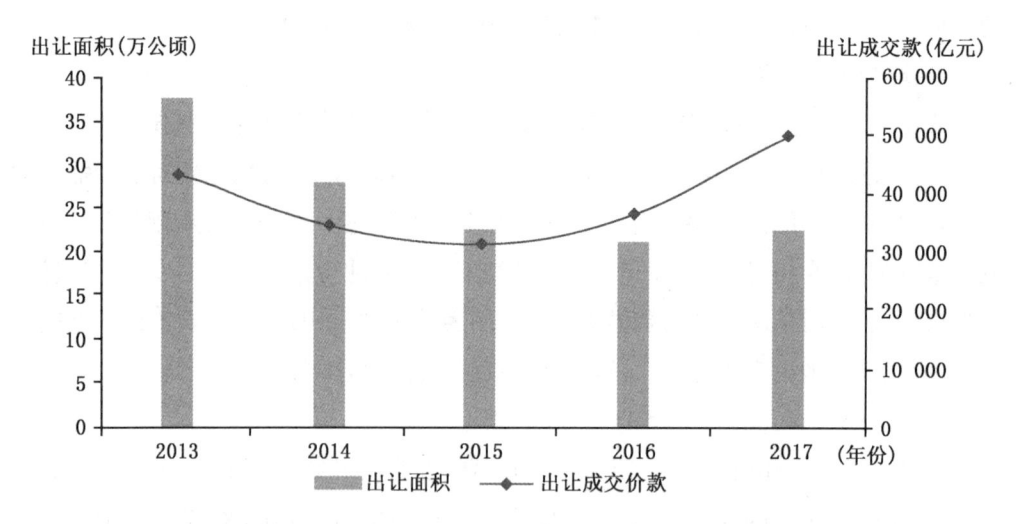

资料来源:自然资源部,《2017年中国土地矿产海洋资源统计公报》,http://gi.mnr.gov.cn/201805/P020180518560317883958.pdf。

图7-3 2013—2017年国有建设用地出让面积和成交价款情况

用、收购、换地、转制和到期回收等方式,从分散的土地使用者手中,把土地集中起来,并由政府或政府委托的机构组织进行土地开发,在完成了房屋的拆迁、土地的平整等一系列前期开发工作后,根据城市土地出让年度计划,有计划地将土地投入市场的制度。城市土地储备制度是一种创新,这一制度的建立使得城市政府完全垄断了土地一级市场,同时又使政府手中掌握一定量的储备土地,极大地提高了政府对土地市场的调控能力。

经过几年的发展,城市土地储备制度虽然起到了一定的作用,但作为解决我国城市土地供给问题的制度性安排,仍存在许多不足。第一,该制度的法律地位不明确,有关法规不健全,各利益主体的产权关系未理顺。第二,该制度的行政管理关系不顺,储备中心的定位模糊,致使其资金筹措与管理缺乏制度保障,因而运行困难,难以担当政府垄断土地一级市场的重任。第三,仍有相当规模的非经营性土地供给和部分经营性土地供给(如开发区土地供给和经济适用房土地供给)不在该制度的监管之下,总体上城市土地供给的市场化程度仍不高,土地供给的经济约束力不强。因此,必须对现行城市土地储备制度进行再创新,改革城市土地管理机制,进一步完善我国城市土地供给管理。

5. 改进土地供给管理技术

美国从20世纪90年代就开展了基于地理信息系统和遥感技术的城市土地市场监控和定量化土地供给管理。2001年,国土资源部开始关注美国的城市土地市场监控与城市可持续发展管理的理论、方法和技术。尽管我国与美国在土地利用方面存在较大差异,但在强调经济、社会、资源、环境协调发展方面是一致的,因此,我们可以借鉴参考美国理性发展的理念与做法,探索出一条适合我国国情的土地利用模式。要实现土地市场监控和城市土地供给的定量化管理,达到城市理性发展和土地可持续利用的目标,必须将城市土地供给建立在城市土地市场需求预测和土地供给计划管理的基础上,实现城市土地供给管理技术的信息化、模型化和现代化。目前,我国在这方面几乎为空白,需要逐步改进。

在城市土地利用上,政府必须通过规划和计划控制城市土地供给,以土地供给决定需求,而非过去的土地需求决定土地供给,以控制城市规模的过度膨胀。在规划控制和城市土地供给一定的前提下,再通过市场竞争机制和价格机制来满足城市土地需求,实现城市土地的合理利用和优化配置。

第二节 农业土地的需求

土地是人类的生活场所和基本的生产资料。所谓土地需求,即人类为了生存和发展,利用土地进行各种生产和消费活动的需求。本节主要介绍农业土地需求。

一、农业土地需求概述

人类为了生存和发展,首先必须解决吃饭、穿衣这些最基本的需求,农业土地的光、热、水、动物、植物、微生物及土壤等为人类提供食物、衣料及其他原料。因此,农业用地利用是关系到国计民生的首要问题,必须高度重视农业土地利用的问题。按照国民经济各部门用地的特点划分,农业用地的需求表现在以下几个方面。

(一)耕地需求

耕地是土地资源的精华,是农业生产不可替代的生产资料。在人类社会发展初期,最先诞生的产业就是农业,其中谷物生产是最重要的农业生产活动。

(二)园地需求

园地是集约经营多年生的草本或木本作物的用地。按其经济、生态状况,园地可分为果园、茶园、桑园、热带作物园及其他园地等类型。人类对园地的需求主要有两个方面:食用需求和非食用需求。人们的食物除了粮食之外,果品也是不可缺少的食品。果品不但可以直接食用,还可以加工成果汁、果脯、酒类等。随着人们生活水平的不断提高,果品的消费量也将越来越大。非食用需求,如橡胶、蚕桑等是工业上的重要原料。公路上来往穿梭的大大小小的车辆,它们的轮胎原料主要就来源于橡胶树。各种丝绸产品离不开桑树的种植,我国以"丝绸故乡"闻名于世,历史上的"丝绸之路"把物美质好的丝绸运往西方,极大地促进了我国与西方世界的经济文化交流。

(三)林地需求

有人说,森林是地球生物圈的灵魂,是生态系统的支柱,可见森林与人类的生产、生活关系极为密切。自古以来,人们的生产生活就离不开林木。在人类社会早期,为了生存,人类用树枝做成棍棒防御和围猎野兽。学会用火后,逐渐掌握了钻木取火的方法。从洞穴居住到建造房屋,木材发挥了重要的作用。

人类对林地的需求,主要取决于以下两点:一是对木材的需求。木材的用途十分广泛,造纸、装饰、船舶制造、房屋建造等都要用到木材,尽管现代技术能生产一些木材的替代品,但还是不能做到完全替代,木材在人类的生活中仍然发挥着十分重要的作用。二是林木的生态功能。森林是最大的生态因子,它在调节生态系统平衡方面起着不可替代的作用。据研究,一个地区的森林覆盖率达到30%,将基本满足该地区人类的需要,保持生态平衡。森林能起到降低风速、涵养水源、调节大气环流、消除空气污染等作用。我国早在1979年全国人大常委会就将每年的3月12日作为我国的"植树节"。

(四)牧草地需求

随着生产力水平的提高,畜牧业从原始农业中分离出来,形成了独立的生产部门。牧草地是指生长草本植物为主的饲用植物,能用于经营畜牧业的土地。人类对牧草地的需求,首先在于它能提供畜产品,随着人类生活水平的不断提高,对肉、蛋、奶等副食品的需求也将不断扩大;此外,牧草地在保护土地资源、维护生态平衡方面也发挥着重要作用。

二、影响农业用地需求的因素分析

这里主要分析耕地需求的影响因素:主要有人口、国民经济状况、土地利用效率等。人口增长,食物的需要自然也增加,进而要求增加耕地,我国目前人民的饮食消费仍然以谷物食物为主,对耕地的需求也随人口的增加而日益加大,即便是以肉类食物为主的发达国家,同样需要耕地为牲畜提供足够的饲料,因此,人类为了生存和生产的需要,必须确保一定的耕地面积。随着国民经济的发展,人类需求的增加,就需要有相应的耕地来满足新的需求,如新型加工行业的出现,要求有更多的耕地为此提供原料。

结合表7-2,截至2018年底,我国耕地仍处在不断减少的过程中,耕地面积未得到根本缓解或者说正在逐步恶化。再加上我国仍然面临着人口持续上升的压力,这就使得我国人口增加而耕地减少的矛盾日益突出,这要求人们一定要深刻认识耕地问题,不能因为取得一点成绩而认为土地问题已经得到了彻底的解决,耕地稀缺的问题还远远没有从根本上得到扭转。应更加注重保护耕地、加强土地利用效率,比如通过提高生产技术提高耕地单位面积的产量,精耕细作、合理密植、培育优良品种等都可以部分缓解对耕地的需求。

耕地问题已经成为长期制约农业乃至国民经济发展的重要因素,必须认真贯彻"十分珍惜,合理利用土地,切实保护耕地"这一基本国策,加强耕地的合理使用与保护,实现耕地总量动态平衡。

表7-2　　　　　部分国家(地区)的国土面积(土地面积)与人口密度

国家或地区	国土面积(土地面积)(万平方千米)	2018年人口数(万人)[②]	2018年人口密度(人/平方千米)
总计	13 202.5[①]	605 671	60
中国	960.0	139 273	148
中国香港	0.1[③]	745	7 450
印度[④]	298.0	135 262	455
日本	37.8	12 653	347
新加坡	0.1	564	7 953
埃及	100.1	9 842	99
德国	35.8	8 293	237
法国	54.9	6 699	122
俄罗斯	1 709.8	14 448	9
英国	24.4	6 649	275
美国	983.2	32 717	36
加拿大	998.5	3 706	4
墨西哥	196.4	12 619	65
巴西	851.6	20 947	25
阿根廷	278.0	4 449	16
澳大利亚	774.1	2 499	3
新西兰	26.8	489	19

注:①此处指有定居人口的各大洲面积,未包括尚无定居人口的南极洲。如果包括南极洲,全世界陆地面积为14 950万平方千米。原资料各大洲面积以百万平方千米为单位,其和与世界总计略有出入。②此处指年中人口数。③此为中国香港地区的土地面积。④此处不包括查谟、克什米尔和锡金等地区。

资料来源:《2019年中国统计年鉴》,中国统计出版社2019年版,附录1-1;世界银行数据库。

第三节 城市土地的需求

一、城市土地需求概述

城市土地是城市存在和发展的载体,是城市功能发挥和经济活动的基础。对城市土地的需求来自对各种产品或城市服务的需求,因此,与一般产品需求不同,城市土地的需求是引致需求或派生需求,它包括工业、仓储、市政公用设施、住宅、道路广场、绿化等各项建设用地需求,即具体表现为各种土地用途的需求。

在我国城市用地结构中,生活居住用地比重较大,一般占 30%～40%,工业用地比重一般占 20%～30%,公共设施及绿地面积比重较小。

二、城市土地需求的影响因素

城市土地需求主要包括两个方面:一是经济增长和人口积聚引起土地需求总量的扩大;二是经济、社会发展及产业结构变化导致土地需求结构的变化。因此,决定城市土地需求的因素包括社会、经济、政策等多个方面。[①]

(一)社会因素的影响

1. 人口增长对土地的需求

土地需求的本质,即人口增长对土地的需求。研究土地需求实质就是研究土地和人的关系。人类除了吃饭、穿衣等最基本的需求之外,还有发展工业、商业、交通、科学教育、文化娱乐及住宅等多项需求,满足这些需求都需要土地。城市人口的增加不仅直接导致住宅用地需求的增加,而且间接导致交通用地、文化教育用地、休闲娱乐用地等城市用地的增加。

1970—1995 年,在人口增长 54.6% 的情况下,全球耕地面积和牧草地面积并没有大幅度增加或减少。在这 25 年中,人均耕地面积、草地面积和森林面积分别由 0.36 平方千米、0.86 平方千米、1.03 平方千米减少到 0.24 平方千米、0.59 平方千米、0.58 平方千米。人口增长胁迫下的全球土地利用与覆盖的变化是一个复杂的问题,对这些年来的土地利用与覆盖变化趋势的分析表明,虽然全球粮食生产能够满足全球人口的基本需求,在未来 50 年中现有的人地关系系统不会崩溃,草地和森林面积的减少是可以避免的,人们没有理由对人类未来能否养活自己持悲观的观点。[②]

[①] 张凤和:《城市土地需求的四大决定因素》,载《中国房地产》2003 年第 4 期,第 26-28 页。
[②] 谢高地:《农业资源高效利用评价模型与决策支持》,科学出版社 2002 年版,第 248 页。

公元元年每平方千米不到 2.4 人,1000 年每平方千米不到 2.5 人,1500 年每平方千米为 3.28 人。然而,第二次世界大战后,人口出现了高速增长,从 20 世纪 40 年代末到 20 世纪 70 年代初,世界人口每年的增长速度一直接近 2%,现在人口翻番的时间大大缩短。新中国成立后,除了 1980—1985 年,人口的增长速度都十分高,人口压力已经成为经济发展的沉重负担。从表 7-2 中数据可以知道,2018 年我国人口密度为 148 人/平方千米,约为当时世界平均值的 2.5 倍,人口增长使土地需求大大增加。

2. 社会演化趋势对土地需求的影响

在经济高速增长的同时,也相应带来了一系列社会演化,主要表现出人口老龄化、家庭核心化和生活闲暇化等趋势。这些变化会对城市土地需求结构产生影响。

我国的经济发达城市已率先进入了"老年型社会"。由于老年群体具有特殊的生理和心理状况,其生活方式也具有特殊的时间和空间分布规律,这些都对城市居住服务设施提出了特殊的需求,如其社会交往更多依赖于地缘关系,生活圈以邻里和社区为主,因此,居住区要设置老年服务设施用地,以满足其生活、保健、社交和文化等方面的要求。

随着生活条件的提高,在人均居住面积指标一定的情况下,每户住宅都要配置一定的公用设施,这便需要更多的住宅建筑面积,住宅面积增加必然带来住宅用地需求增加。此外,如托幼、中小学等公共设施也占有格外重要的地位,这不仅会影响居住用地需求总量的扩大(用于配套设施完善的公共设施),而且会对某些区位(如临近较好托幼、中小学的地段)土地需求增加。

随着人民生活水平的日益提高,消费结构正在发生根本的变化。恩格尔系数逐年下降,说明用于教育、文化、娱乐和旅游方面的费用比重逐年增加;生活休闲化促使居住区休闲服务设施的需求增加以及全社会相应公共服务设施的增加,最终导致相应用途土地需求的增加。[1]

(二)经济因素的影响

经济发展总是以一定的投入为基础的,从资源经济角度可把投入分为两部分:一部分是土地资源,另一部分是资金、物质、技术等非土地资源。经济发展包括经济规模的扩大和产业结构的变化,前者将引起土地需求总量的增加,后者则将引起土地需求结构的变化。社会经济的发展和生产规模的日益扩大,要求通过加深和扩大土地利用以获得生产和生活所需的土地产品,这使得土地需求总量增加;社会经济的发展、城市化进程的加快则直接要求有更多的土地由农地转为交通用地、工商业用地或居民生活娱乐用地,这些因素促使土地需求规模发生变化。[2]

---

[1] 张凤和:《城市土地需求的四大决定因素》,载《中国房地产》2003 年第 4 期,第 26—28 页。
[2] 曹振良:《房地产经济通论》,北京大学出版社 2003 年版,第 202 页。

各行各业的发展都需要占用土地,而且在现代经济中,还需要占用好地、熟地。增加商业网点和批发交易中心,就要占据市中心区的大片土地,发展旅馆、宾馆,也要在交通条件好的地点;发展金融业,要有集中的金融街和星罗棋布的业务网点;发展交通运输,占地更多,需要拆迁和征用大量土地,再加上停车场、汽车站和一些枢纽设施,占地就更多;发展科技和信息产业,要有集中的园区;教育的发展,也要一定空间场地来支撑;随着人们物质文化水平的提高,一些游乐场所、文化场所都要大幅度地发展,对土地的需求也日益增多。

(三)政策因素的影响

由于土地在国民经济中的重要作用,国家政策对土地的需求有很大的影响。以土地私有制为主体的国家,土地可以自由买卖,对土地的资产性需求会大于土地公有制国家的资产性需求。城市规划布局构成城市形态,不同的城市形态对城市用地需求也有影响。例如,目前我国大多数城市是以单中心形态发展,绝大多数大城市继续采取集中主义的手法,"高层空间"的城市概念得到社会的认可,一个方面的原因是由于耕地不足的压力,减少城市土地的相对需求数量。近年来,城市规划遵循有机疏散理论,特别注重城市的可持续发展的要求,缓解了过分集中带来的一系列问题,将原有的高度集中的单中心城市形态转换成分散的组团式结构,这种组团间设有足够的空旷地间隔,对土地的相对需求量增加。此外,住宅政策也是影响土地需求的重要因素。目前,许多城市都把房地产业作为拉动城市经济增长的措施,实施鼓励居民住房消费的政策,有大量家庭需要换购更为舒适宽敞的住宅,对住宅的需求总量增加。各城市一般把提高人均居住面积指标当成社会经济发展、市民生活水平提高的一个重要指标。由于人均居住水平的提高,带来居住用地量逐年增加。

(四)其他因素的影响

其他因素包括经济景气预期、投资渠道、区位条件、土地价格等。当人们对经济形势的预期比较乐观时,地价趋升,土地需求增加,反之则会抑制土地需求的增加。当国民收入增加,市场上游资增加时,资金不会过度集中于房地产市场,土地需求不会骤然增大,如果此时投资渠道不畅,游资会大量涌入房地产投资市场,使土地需求顿时放大,推动房价上涨。[①]

三、城市土地分用途需求分析

(一)作为生产要素的土地需求

城市土地拥有用作工业、商业和住宅业等多种用途,对某种用途土地的需求取决

---

① 曹振良:《房地产经济通论》,北京大学出版社2003年版,第217页。

于其提供的产品或服务所能产生的净收益。资源要用于最有利的用途,以获取最大利润。在竞争性市场上,城市土地是按照最有利的用途进行分配的。

1. 工商业者(厂商)的土地需求

对于广大工商业者来说,土地是与资本、劳动等相并列的生产要素之一。在土地有投入增量的条件下,厂商的产出量将会增加,利润量也将增加(假定价格不变或价格变动小于产出增长)。这种关系可表示为如下函数:

$$y = f(x) \tag{7-1}$$

式中,y 为产出量,x 为土地数量(效用)。

厂商行为是以利润(Π)最大化为目标的,在不考虑其他因素与约束条件下有:

$$\Pi = py - rx \tag{7-2}$$

式中,p 为产品价格,r 为单位土地(效用)价格。

由 $\Pi' = 0$,得 $p(\Delta y/\Delta x) = r$,其中 $p(\Delta y/\Delta x)$ 为土地的边际产出价格。根据西方经济学中厂商利润最大化的均衡条件,即边际成本等于边际收益时厂商实现最大化利润(或最小化亏损),可知当土地的边际产出价值等于土地效用价格时,即 $\Pi' = 0$ 时,可以保证利润(Π)的最大化。

由 $p(\Delta y/\Delta x) = r$ 可以看出,在厂商对土地的市场需求中,随着土地需求量的扩大,以土地增量所带来的产出增量是不断递减的,边际递减规律呈现在土地的利用过程之中。因此,只有在边际价格不断下降时,厂商才愿意扩大对土地市场的需求。否则,将会使 $p(\Delta y/\Delta x) < r$,厂商因此难以实现正常利润。

如图 7-4 所示,当地价为 r_0 时,厂商对土地的市场需求为 x_0;当地价下降到 r_1 时,厂商对土地的市场需求为 x_1。所以,厂商的土地市场需求曲线为向右下方倾斜的斜线,它体现土地边际效用递减和需求与价格成反比两个市场规律。

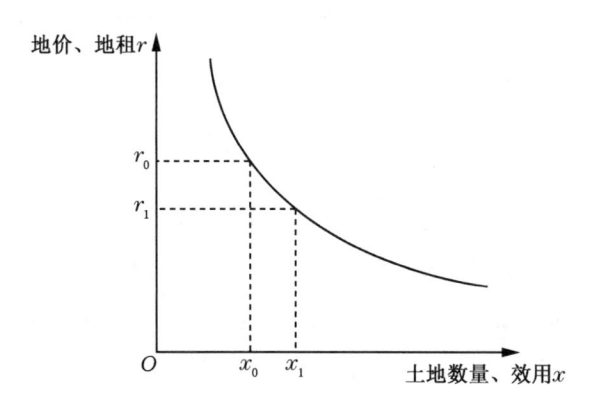

图 7-4 厂商的土地需求

2. 居民住宅的土地需求

居民对土地的市场需求主要表现为住宅需求。由图 7-5 可知,住宅需求和地价成反比变动关系,当地价为 r_0 时,居民对土地的需求为 x_0;当地价下降为 r_1 时,居民住宅需求为 x_1。

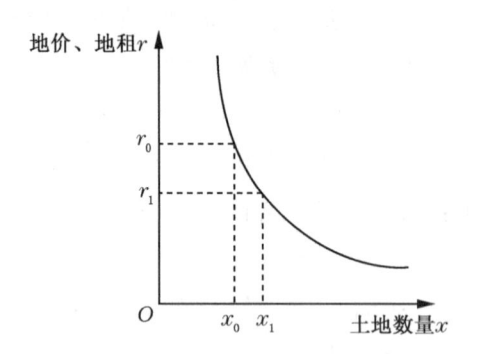

图 7-5 居民的土地需求

以上分析的是两种市场主体的土地需求曲线。在土地市场中,市场的总需求应为厂商土地需求和居民土地需求之和。而从两种土地需求的性质与状况来看,土地市场需求同样是一条向右下方倾斜的曲线,如图 7-6,社会土地总需求等于各需求之和。[①]

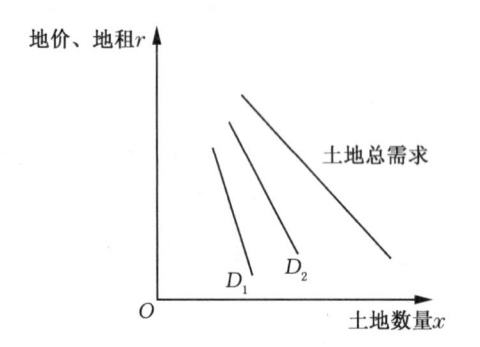

图 7-6 土地的总需求

(二)作为资产的土地需求

在土地所有权不允许自由买卖的经济体系中(如我国城市经济中,土地为国家所有),提到土地需求不会引起歧义,但是,在土地所有权可以自由买卖的经济中,还有一种土地需求,即以土地价值储存特性为目的。这种需求主要包括土地投机性需求以及为防止价格上涨而套购土地。一般储蓄存款纯收益率为:

$$r_n = (1-t)r - p_e \tag{7-3}$$

[①] 袁绪亚:《土地市场运行理论研究》,复旦大学出版社 1999 年版,第 23—26 页。

式中，r_n 为税后储蓄存款收益率，t 为个人所得税的边际税率，r 为土地以外的投资收益率，p_e 为预期通货膨胀率。这里假定，应付税款没有扣除预期通货膨胀率。若利率为 10%，预期通货膨胀率为 8%，则在边际税率为 40% 的市场上，投资的税后净收益率为 -2%。

用于土地的投资虽然没有现金流收益，但它的利息相当于预期通货率。在美国和加拿大，土地投资的收益按正常税率的一半缴纳，所以，土地的投资收益为：

$$r_L = (1-t/2)p_e - p_e \tag{7-4}$$

如果土地有实际产出，设实际边际产品为 k，则实际收益就是实际边际产品加预期通货膨胀率，即税前的 $p_e + k$，则投资土地的、扣除了通货膨胀率和税收后的实际收益率为：

$$r_L = (1-t/2)(p_e + k) - p_e \tag{7-5}$$

仍以前面的数据为例，设 $k=3\%$，$r_L = -0.8\%$，虽然仍为负数，但对土地投资进而土地需求的影响已经大大减弱。由此可见，较低的土地税率可以导致在通货膨胀情况下对土地的大量投资，对土地的需求会相应增加。

(三) 混合性土地需求

在现实经济中，人们有时既把土地当作一种生产要素，把它投入某种生产经营活动，又把它看作是一种资产，期望获得预期的资本性收益，这种情况下产生的需求，称为混合性土地需求。影响土地服务需求和土地资产性需求的诸多因素，自然也会影响混合性土地需求，只是这种影响的机制可能更加复杂而已。[1]

第四节 土地的供求平衡

一、一般土地供求平衡

土地作为一种特殊商品，既受一般商品供求规律的制约，又有与一般商品不同的特殊供求形式。

在图 7-7 中，市场在 E 点处实现均衡，土地的均衡供求量为 x_0，均衡价格为 r_0，此时市场保持相对稳定。一旦供求关系或价格水平发生变化，市场均衡将被打破。其情形大致可分为三种情况：土地供给不变，需求发生变化；土地需求不发生变化，供给变化；土地供求同时发生变化（如图 7-8 所示）。

---

[1] 曹振良：《房地产经济通论》，北京大学出版社 2003 年版，第 216 页。

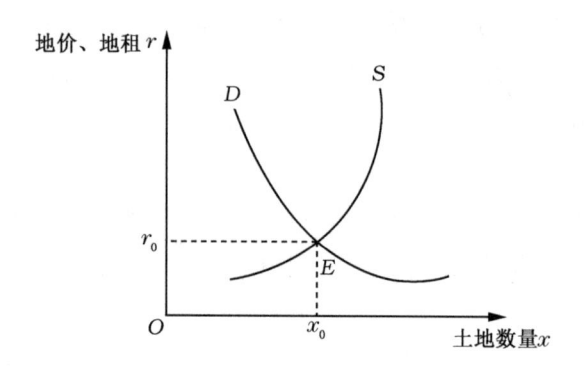

图 7-7 一般状态下的土地供求均衡

在图 7-8(a)中,土地供给不变,需求由 D 增加到 D^1,土地价格由 r_1 上升到 r_2;反之,需求下降,土地价格也降低。即在供给(S)不变的情况下,需求(D)的变动带来土地价格 r 的同向变动。在图 7-8(b)中,土地需求不变,当土地供给由 S 增加到 S^1,土地价格由 r_1 下降到 r_2,反之,土地供给减少引起土地价格上升。即在需求不变的情况下,S 的变动带来土地价格的反向变动。在图 7-8(c)中,土地供求都发生变化,则土地的均衡价格的变化是难以确定的,要结合需求和供给变化的具体情况来决定。

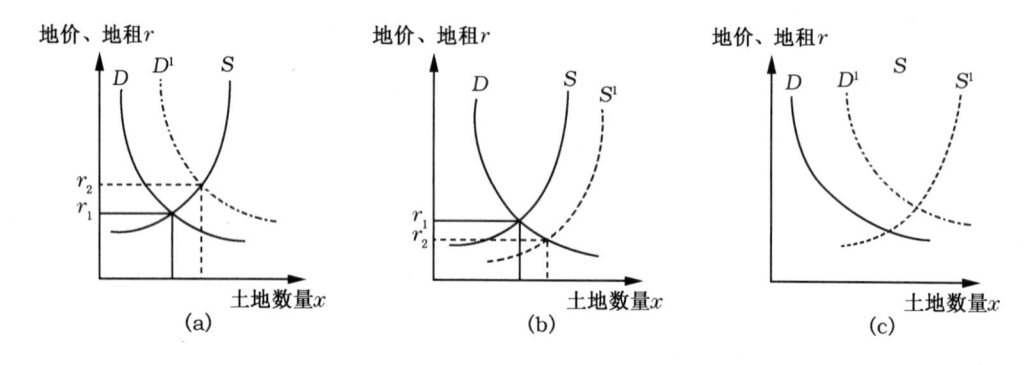

资料来源:袁绪亚,《土地市场运行理论研究》,复旦大学出版社 1999 年版,第 31 页。

图 7-8 土地供给与需求

二、特殊的土地供求曲线

（一）短期的土地供求

在短期内,土地的供给无弹性,如图 7-9 所示,土地供给量固定为 q_0,土地需求曲线为 D_0,由 $D=S$ 所确定的土地均衡价格为 r_0。如果由于某些因素的影响使得土地需求增加,例如,对个人住房减免税将使对商品房的需求增加,从而使住宅用地的需求增加,需求曲线右移到 D_1,由于土地供给无弹性,地价会提高到 r_1;如果需求减少,即需求曲线左移至 D_2,土地价格下降到 r_2。因此,在短期内,由于土地供给无弹性,土地价格水平完全由需求一方所决定。

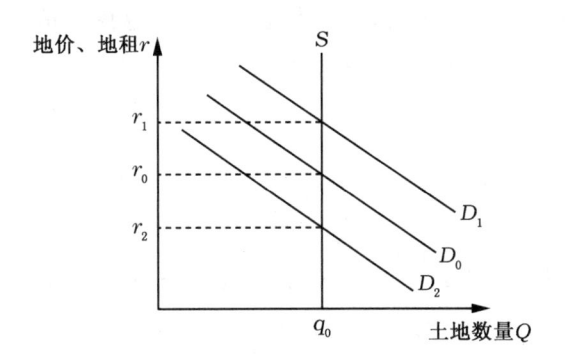

图 7-9　短期土地供求曲线

(二)其他特殊的土地供给曲线和需求曲线

土地作为一种特殊的商品,在许多方面都有其特殊性:其位置固定不变,自然供给不变,经济供给弹性也是有限的,买卖双方不能自行决定土地位置和用途,土地价格受当时社会和政治局势稳定与否及经济的繁荣与衰退等因素的影响很大,所以,工业、商业、住宅用地有时又表现出供求的特殊性(如图 7-10 和图 7-11 所示)。

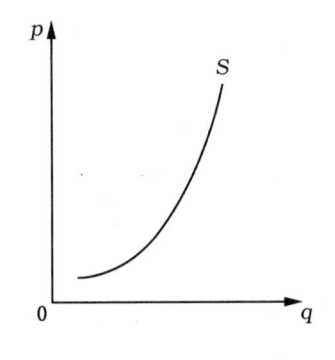

图 7-10　特殊的土地供给曲线 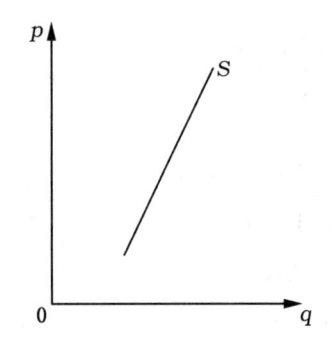　　　图 7-11　特殊的土地需求曲线

图 7-10 是特殊的土地供给曲线,它表明土地在一定范围内也遵循一般商品供给规律,即价格上升,土地供给也增加。但土地自然供给总量是有限度的,超过这个限度,不管价格如何上涨,也不能再增加土地的供给。

图 7-11 是特殊的土地需求曲线,它反映土地购买者把工业、商业、住宅用地当作投机对象,购买它们的目的是以后卖出去能够赚更多利润。价格很低廉的土地,在短期内难以再卖出好价钱,所以没有人买,或者买者很少;相反,土地价格高涨的土地,如市中心地段,容易卖出好价钱,尽管价格上涨幅度大于其他地区,只要经济持续稳定发展,定能获利,所以买者仍很多。

土地供求的另一特殊关系形式就是有价无市,即只有土地供给及价格,没有需求者;或者只有对土地的需求及地价,但没有土地供给。这两种情况都不能实现土地交易,所以无市,这在经济萧条时期是很常见的。

本章小结

本章首先介绍土地的供给方面。土地供给包括土地的自然供给与经济供给,两者既有联系又有区别。相对而言,后者更加重要,应从影响土地经济供给的因素、农业土地供给和城市土地供给等不同角度掌握。其次,论述土地需求方面。土地需求包括农业土地需求和城市土地需求两部分,各自涵盖需求概述和影响因素的分析,两者既相互独立又相辅相成。城市土地需求还按照用途不同进行了需求分析。最后,利用经济学原理,将土地的供给与需求这两方面内容结合起来,分别介绍一般的土地供求平衡和特殊的土地供求平衡。土地供求的平衡状况是复杂多样的,需要具体问题具体分析。

复习题

一、名词解释

土地的自然供给　土地的经济供给　农业土地需求　城市土地需求
混合性土地需求

二、选择题

1. 下列属于土地经济供给的影响因素有(　　)。

　A. 土地的自然供给　　　　　　　B. 经济发展状况

　C. 土地利用计划　　　　　　　　D. 土地价格

2. 下列属于增加农业土地供给的措施有(　　)。

　A. 提高集约经营水平　　　　　　B. 扩大土地利用面积

　C. 利用新技术　　　　　　　　　D. 加强执法监管

3. 下列属于农业用地需求的影响因素有(　　)。

　A. 人口　　　　　　　　　　　　B. 国民经济状况

　C. 土地利用效率　　　　　　　　D. 耕地需求

4. 下列属于城市土地需求的影响因素有(　　)。

　A. 人口增长对土地的需求　　　　B. 经济发展的要求

C. 政策需求　　　　　　　　D. 投资渠道

5. 城市土地需求分用途有(　　)。

A. 生产要素的土地需求　　　B. 工商业者的土地需求

C. 作为资产的土地需求　　　D. 混合型土地需求

二、判断题

1. 土地的供给既包括自然供给又包括经济供给两方面。(　　)
2. 经济社会的发展不会影响土地的经济供给。(　　)
3. 城市的土地供给大部分来自因集约利用所产生的存量土地的节约。(　　)
4. 农业土地需求包括耕地需求、园地需求、林地需求和牧草地需求等几方面。(　　)
5. 土地供求关系仅涉及土地供给及价格,没有需求者。(　　)

四、简答题

1. 土地的自然供给与土地的经济供给有哪些区别和联系?
2. 简述增加城市土地供给的措施。
3. 分述农业土地需求与城市土地需求的影响因素。

五、论述题

综述土地供求平衡。

第八章 土地价格理论及应用

学习目的

通过对本章的学习，了解土地价格的形成过程，着重理解土地价格和土地价格评估两个概念，掌握土地价格的理论、城市和农村土地价格评估的方法以及地价指数的概念和计算方法，熟悉土地价格在我国的应用、管理以及存在的问题、解决方案。

关键概念

土地价格　影子价格　市场比较法　收益还原法　成本逼近法　剩余法
基准地价　路线价法　土地价格评估　农村集体建设用地　地价指数

第一节　土地价格的形成与变动

一、土地价格的形成

(一)马克思主义地价形成理论

马克思的地价形成理论是对资产阶级古典经济学家地租地价理论的继承与批判，他肯定了资产阶级古典政治经济学派亚当·斯密和大卫·李嘉图等人关于地租理论的正确观点，并对其错误进行了批判。它的形成以马克思建立的科学的完整的劳动价值论、生产价格论和剩余价值论为理论基础，认为土地价格是地租的资本化，从而赋予资本主义的地租地价以崭新的内容。我们可以把马克思的土地价格形成理论概括为以下几点：

1. 自然状态的土地虽然不是劳动产品，没有价值，但有使用价值，并存在价格

马克思指出：未开垦的土地"没有价值，因为没有人类劳动物化在里面"[1]，"土地

---

[1] 《马克思恩格斯全集》(第23卷)，人民出版社1972年版，第705页。

不是劳动的产品,从而没有任何价值"①。没有价值的土地为什么会成为买卖的对象,并具有价格呢?这是因为土地具有特殊的使用价值,在生产过程中,土地作为不可缺少的生产要素一经投入劳动,可以永续地提供产品和服务即产生地租。正因为有了地租,才产生了土地价格。马克思指出:"实际上,这个购买价格不是土地的购买价格,而是土地所提供的地租的购买价格"②,"地租的占有是土地所有权借以实现的经济形式,而地租又是以土地所有权、以某些个人对某些地块的所有权为前提"③。

2. 土地价格的实质是地租的资本化

按照马克思的说法,"土地是生产者的主要工具,因此生产者不管按什么价格都必须购买它"④,这是对小土地所有者而言的。对大土地所有者来说,则是因为在土地私有制的条件下,拥有土地所有权就能够取得地租收入。因此,当某个人要求地租收入或把地租的要求权转让给另一个人时,他自然要付出或索取相应的代价,这就是土地价格。所以,马克思指出:"土地的价格当然不过是资本化的地租。……即使在已耕地的价格上面,人们支付的也只是未来的地租。"⑤在资本主义制度下,任何一定的货币收入都可以资本化。将地租按一定的利息率还原成一个资本量便是土地价格。马克思指出:"资本化的地租表现为土地价格。"⑥其公式为:

$$土地价格 = 地租/土地还原利率 \quad (8-1)$$

例如,一块土地的年地租量是 300 元,还原利率为 6%,那么,其价格就为 5 000 元(300÷6%)。

3. 土地租金是出租土地的资本化收入

马克思指出:"对土地所有者本人来说,地租是他买进土地时所付出的或卖出土地时所能收回的资本的利息。"⑦马克思进一步认为土地可分为土地物质和土地资本。这是因为土地没有人类劳动物化在里面,是没有价值的。但当土地在一定的劳动条件下,为人类永续地提供劳动产品和服务时,所固定在土地中的劳动便是土地资本。土地资本能为土地所有者带来利息和折旧,它是租金的一部分。抛开了土地资本或土地改良物价值的纯粹的自然土地称为土地物质,它给土地所有者带来真正的地租。土地资本的利息、折旧与真正的地租一样,都构成了土地所有者的收入,从而都决定土地价

---

① 《马克思恩格斯全集》(第 25 卷),人民出版社 1972 年版,第 702 页。
② 《马克思恩格斯全集》(第 25 卷),人民出版社 1972 年版,第 223 页。
③ 《马克思恩格斯全集》(第 25 卷),人民出版社 1972 年版,第 714 页。
④ [德]马克思:《资本论》,人民出版社 1976 年版,第 875 页。
⑤ [德]马克思:《资本论》,人民出版社 1976 年版,第 753 页。
⑥ 《马克思恩格斯全集》(第 25 卷),人民出版社 1972 年版,第 704 页。
⑦ 《马克思恩格斯全集》(第 1 卷),人民出版社 1972 年版,第 152 页。

格。正如马克思所说:"土地价格无非是出租土地的资本化的收入。"①

(二)西方经济学地价形成理论

1. 土地收益理论

土地收益理论认为,决定地价高低的根本原因在于土地所提供的收益的多少,土地价格是土地收益,即地租的资本化。较有代表性的表述是伊利的"土地的收益是决定它的价值的基础"②。在这里,地租是指经济地租,即土地总收益扣除总成本的余额。费希尔(R. Fisher)认为:"要确定土地的地租,也可以照样来做。从一定的收益中,减去建筑投资的利息、折旧、损耗及其他费用之后所剩下来的余额就是土地本身的收益。"③土地收益是指正常情况下的土地收益、处于最佳利用方向的土地收益以及土地纯收益。土地纯收益是指总收益扣除生产成本及一切赋税后的剩余值。如果土地的"总收入刚够劳力和其他费用的开销,而土地则毫无收益,因此,我们说没有地租可言"④。

伊利说:由于土地可以年复一年地产生收益,这便是"土地年收益系列",或称为"地租流"。那么,"把预期的年收益系列资本化而成为一笔价值基金,这在经济学上就称为土地的资本价值,在流行词汇中则称为土地的售价"⑤。他指出:"应当注意,并不是资产价值决定收益,而是收益决定资本价值。"⑥即土地价格就是土地收益的资本化。用公式表示为:

$$V=\frac{R-C}{r} \qquad (8-2)$$

式中,V 为土地价格;R 为预期总收益,是指在正常管理水平、正常市场状况、最佳土地利用形态时的收益;C 为预期总成本,包括各种税收、营运成本、建筑物折旧费等;r 为土地还原利率。

伊利认为,由于"未来的收益不如现在的收益那样受到欢迎,并且,未来的期限越远,就越不受重视……即为了求现利,情愿把将来的收益折扣出让……这种折扣率……就是现行的利率"⑦。

在对土地的实际估价中,各种各样的模型大多是以这一原理为依据的,都是 $V=$

---

① 《马克思恩格斯全集》(第 25 卷),人民出版社 1972 年版,第 705 页。
② 伊利等:《土地经济学原理》,商务印书馆 1982 年版,第 223 页。
③ 伊利等:《土地经济学原理》,商务印书馆 1982 年版,第 225 页。
④ 伊利等:《土地经济学原理》,商务印书馆 1982 年版,第 223 页。
⑤ 伊利等:《土地经济学原理》,商务印书馆 1982 年版,第 223 页。
⑥ 伊利等:《土地经济学原理》,商务印书馆 1982 年版,第 223 页。
⑦ 伊利等:《土地经济学原理》,商务印书馆 1982 年版,第 226 页。

a/r 的各种变化形式。比如,当年收益按等级数增加时,资本化的公式如下:①

$$v=\frac{a}{r}+\frac{i}{r^2} \tag{8-3}$$

式中,v 为土地价格,a 为土地年净收益,i 为土地年净收益的增量,r 为土地还原利率。

又如,温特(P. E. Wentt)对公式 $V=a/r$ 加以引用和推广,成为极多事项内容的模型。即:

$$土地价格=\frac{预期总收益-预期总成本}{资本还原利率} \tag{8-4}$$

$$预期总收益=人口平均花在城市服务的所得+地区竞争吸引力$$
$$+竞争性土地供应量+公共投资 \tag{8-5}$$

$$预期总成本=地方税+营运成本+投资的资本利息+投资折旧 \tag{8-6}$$

$$资本还原利率=利率+投资风险+资本获利的可能性 \tag{8-7}$$

2. 土地供求理论

另一种较为被广泛重视的理论是"土地价格的决定因素是土地的供给和需求"。18 世纪和 19 世纪之交的马尔萨斯、萨伊(J. B. Say)即持此说,后又由马歇尔、萨缪尔森等人所阐述。这种观点认为土地价格的成因,是土地的效用、土地供给的相对稀少性与有效需求的不断增长相互作用的结果。

野口悠纪雄认为:"土地服务和其他财富的服务不同,就是供给量并不依靠地租而是固定的,那是因为土地的存在数量是固定的,并且土地的机会成本是零(不靠利用土地的收益,是不存在的)。为此,地租只是根据需求方面的因素而变动。"②土地价格与土地的供给量成反比,与需求量成正比,当然,这必须有正常的竞争才能实现。在一般的价格决定中,土地的供给和需求都是能够改变的,价格是两者相互运动的结果,如图 8-1 所示。当市场条件发生了变化,如政府放宽土地投资的贷款限制,或减免房地产交易税费,从而刺激需求,使需求曲线右移,则市场价格上升;假定在需求不变的情况下,政府采取措施增大土地供给,如取消农用地保护制度,供给曲线便向右移,则市场价格下降。

土地供给既非完全无弹性,也非有无限弹性。土地供给受各种因素的影响而时刻在变动,如产业结构的变动、土地供给计划的改变等。土地需求也随着经济的发展、人口的增加而变动。即使在地域性市场的短期分析中,两者的变动也同样存在。需求的扩大,致使价格上升,从而使供给的土地数量增加,而价格的进一步上升又会导致需求

---

① 伊利等:《土地经济学原理》,商务印书馆 1982 年版,第 229 页。
② 野口悠纪雄:《土地经济学》,商务印书馆 1997 年版,第 48 页。

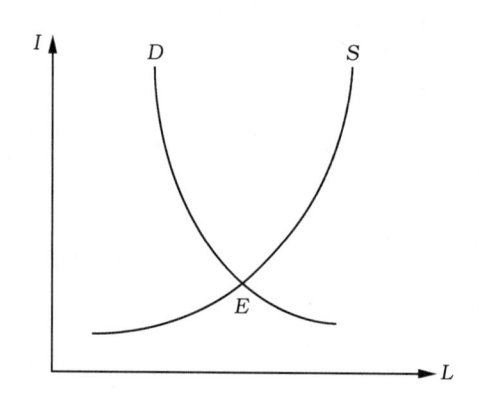

图 8-1　供给和需求共同决定土地价格

减少,使价格回落。

3. 城市土地的竞标理论①

阿隆索是英国著名的经济地理学家,成本-市场学派的主要代表人之一,他的突出贡献在于将空间作为地租问题的一个核心进行探讨,并首次引进了区位平衡(location equilibrium)这一新古典主义概念,第一次将基地规模(size of site)引入地价分析,同时成功地解决了城市地租计算的理论方法问题。他所提出的"城市土地的竞标模型"是新古典主义地租模型中最杰出的代表。

阿伦索假设在一个平坦的没有任何地理差异的平原上,土地质量处处相等,每片土地都可以直接用于开发,并可在市场上进行自由贸易,买卖双方对土地市场都有充分的了解,卖方希望其收入多,买方希望其愿望能够得到最大限度的满足,同时还假设在该平原上有一个单一核心的城市,在该城市中,任何方向的交通都极为方便。在上述假设条件下,对家庭和企业从区位平衡角度进行研究,得出了城市地租模型,并提出了平衡区位地价的理论模型。

4. 影子价格理论②

影子地价,实际上是从土地的有限性出发,在一定的配套资源约束条件下,求每增加一个单位土地资源可得到的最大经济效益。它主要是分析土地的机会成本,选择最大效益的机会成本来确定其计算价格。它的经济含义是反映土地利用的经济效益:一方面反映了土地的劳动消耗,另一方面反映了土地的稀缺程度(即供求关系)。影子地价采用边际分析方法,是土地的边际产品价格。因此,它不是按平均费用耗费所决定,而是按最大费用耗费来计算。即用边际费用来决定价格,利用数学规划方法,求得资

---

① 韩立英:《土地使用权评估》,中国人民大学出版社 2003 年版,第 22 页。
② 靳共元、陈建设:《中国城市土地使用制度探索》,中国财政经济出版社 2004 年版,第 100 页。

源的最优配置。

影子价格主要是通过一般均衡分析或局部均衡分析来确定。它不仅取决于经济和社会目标,而且与线性规划目标函数的经济内容紧密相连。如果目标函数是表示产品的总收入最大,则影子地价就表示在最优生产方案下,该单位土地资源的变化对产品总收入带来的改变量。影子地价,就是在一定部门增加一个单位以及在另一个单位相应减少一个单位,对整个社会经济带来的利益或损失,即通过土地资源的改变看其对社会总效益带来的改变量。

二、土地价格的内涵及特点

(一)土地价格的内涵

从劳动价值论的观点,对地价比较经典的解释是:"土地是自然物,而非人类创造,不包含人类的劳动价值,因而也就没有价值,当然不存在其价值的货币表现——土地价格。但是由于土地是一种垄断财产,土地的垄断是因为土地本身的稀缺性(scarcity)及其满足人类需要的特殊的使用价值,所以,土地有价格。"[1]

现代经济学认为,缺乏(将"scarcity"翻译为"缺乏")是指一种物品如果需求大于供给,它就是缺乏物品。缺乏是因为在有需求条件下,供应有限而引起的。人的需求量增加,再多(但仍有限)的供应也会显得缺乏;人的需求量减少,有限的供应可能被认为是不缺乏的。也就是说,缺乏的程度,是以相对的需求来决定的。经济学家张五常经过分析认为:凡有价格的物品都是缺乏的、不足够的。从这点来分析,土地与其他一般物品没有区别,因为它们都是稀缺的物品,只是土地相对需求的缺乏程度更大一些。

土地权利主要是指土地所有权和使用权,土地价格是指土地的购买价格,它包括土地所有权价格和土地使用权价格。土地能向人类永续提供产品和服务,即在一定的劳动条件下土地本身能产生纯收益,谁垄断了土地,也就垄断了土地纯收益,即地租。由于土地的恒久性,这种地租是一种恒久的收益流。随着土地权利的转移,这种收益流的归宿也发生了转移。购买土地的权利,实际上是购买一定时期的土地纯收益。因而,土地纯收益现值的总和就表现为土地价格。[2] 它具体包括由土地所有权垄断而产生的绝对地租,以及由土地生产条件好坏而产生的级差地租。

现实的土地在人类开发的各个时期都凝结着人类的劳动。土地所有者或土地开发商对土地开发而进行的投资称为土地资本,它属于固定资本的范畴。这些固定资本必然要求回收,从而以折旧和利息的形式在租金或土地价格里得到体现。

---

[1] 吕康娟、张莉、关柯:《论土地价格》,载《建筑管理现代化》2002年第2期,第60页。
[2] 毕宝德:《土地经济学》,中国人民大学出版社2020年版,第317页。

综上所述,土地价格是三个部分的资本化:真正的地租,即绝对地租和级差地租;土地投资的折旧;土地投资的利息。

(二)城市土地价格的特点

土地是一种特殊的商品,其价格具有与一般商品价格不同的特点。

1. 特殊价格基础

一般商品的价格来源是商品本身的价值;而城市土地价格基础不是土地实体本身,而是该土地的权利和利益,是土地权利和利益的购买价格。这由此决定了土地估价的专业技术性、目的性等特征。

2. 土地价格不是土地价值的货币表现,一般不依生产成本定价

与一般商品不同,城市土地首先是一种自然物,不是人类劳动的产品,没有价值,也就无所谓生产成本,因此土地价格的确定一般不以土地价值或生产成本为依据,只是一种"虚幻价格",城市土地价格仅反映主要作为土地资源和资产的价值,产生的直接原因是由于土地为人类生活不可缺少和它的稀缺性。

3. 城市土地价格主要由土地需求决定

在一般市场中,商品的价格受供给和需求的双重影响,然而,土地却不同。城市土地的供给总的来说是一定的,人类可利用的土地是十分有限的,城市土地的经济供给弹性很小。相反,对于城市土地需求则随经济发展而呈现较大的变化,对城市土地的需求弹性很大,成为影响城市土地价格的主要方面。所以,需求是影响城市地价的主要方面。

4. 城市土地价格呈总体上升趋势

伊利说:"引起土地价值上涨趋势的,可能有四个最重要的因素:①工商业的发展;②交通和运输的发展;③公共设施的数量和质量;④鉴于人口的不断增加,对于可供利用的土地的有限性。"[①]由于土地的稀缺性、有限性,供给弹性很小,随着社会经济发展,人口增加,人地比率不断增大,社会对土地的需求日益扩大,从而使地租有不断上涨的趋势。同时,整个社会的资本有机构成提高,使得社会平均利润率下降,从而导致利息率有下降的趋势。地租的上升和利息率的下降,决定了城市土地价格呈总体上升趋势。

5. 城市土地价格具有强烈的区域性和个别性

由于土地位置的固定性、稳定性和特殊性,在地区性市场间价格难以形成统一的市场价格而呈现明显的地区性特征。不同性质和不同类型的城市土地,即城区和郊区、城区中的市中心区和非中心区的土地价格差别很大。各地域性市场之间,土地价

---

① 伊利等:《土地经济学原理》,商务印书馆1982年版,第238页。

格很难相互影响,不能形成统一的市场均衡价格。在同一地区内,土地位置差别决定了土地难以标准化,其个别性明显,因而不同等级或同一等级内的不同地区,价格差异悬殊。所以,城市土地具有明显的区域性和个别性。

6. 不同的形成时间

一般商品可以标准化且易于比较,能够有较完整的市场,价格形成时间短且容易;而城市土地价格差异性大,又缺乏完整的市场,价格是在过去及未来的长期影响下形成的,价格形成时间长。这就决定了城市土地估价必须根据宗地自身的特点和市场状况,进行具体的分析。

7. 城市土地价格受到较强的政府调节的影响

城市土地是国家的重要资产,在整个社会经济中具有特殊的重要性。因此,城市土地的利用和土地的价格受到国家的明显控制,具有明显的政策性和规划性。城市土地的使用性质是由城市规划或城市政府的政策决定的。市场对城市土地价格的自由调节作用总是被限定在一定的程度之内。

(三)农用土地价格的特点

土地价格无非是出租土地的资本化的收入,农用土地也不例外。农用土地价格是农用土地生产潜力与有效需求相互作用的结果,其中农用土地生产潜力是决定农用土地价格的重要基础。因此,就农用土地价格形成因素而言,自然环境因素是第一性的,社会因素是第二性的,这正是农用土地价格不同于城市土地的重要方面。影响农用土地价格的自然环境因素主要包括土壤、气候、水文、灾害因素,社会因素主要包括土地利用方式、技术、基础设施、区位因素等。农用土地价格是地租的资本化,地租既包含有绝对地租,又包括级差地租和垄断地租。与此对应,农用土地价格可表示为:

$$地价 = 绝对地价 + 级差地价 + 垄断地价 \tag{8-8}$$

农用土地作为用于农业生产的土地,与其他各类用地相比,有其特殊性,具体表现为以下方面:

(1)农用土地价格的形成以其收益能力为基础。农用土地生产力、生产成本、利用方式的因地而异决定了农用土地价格的千差万别,这是农用土地不同于城镇土地之处,也是农用土地估价的重点和难点。

(2)农用土地价格的不确定性。不同区位的土地均存在着转化的可能,导致价格预期不断变化。土地的供求更与国民经济的发展息息相关,经济的波动直接影响着农用土地价格。

(3)农用土地价格是其他一切用地价格的基础。具体来说,一切非农用地的地租都是由真正的农业地租所调节的。园、林等非农用地在缺乏买卖实例和收益资料时,均可参照农用土地价格来推算,必要时还可酌情加权处理。

(4)农地估价困难相对更大。与建设用地相比,农地的买卖实例比较少,市场相对更不发达,所以用买卖实例法进行估价较为困难。所以,农用土地估价一般主要以收益价格为主。而用收益还原法求地价,又会因即使地块相同,生产作物不同的话,生产水平会有很大的差异。同时,受条件的限制,对农村纯收益的把握相对更困难,估价理论和体系相对于城镇建设用地远不成熟,因此农地估价在方法和精确价格把握上相对有更大难度。

三、影响土地价格变动的因素

影响土地价格变动的因素多而复杂,对这些影响因素认识的角度不同可以有不同的分类。例如,有的按因素与土地关系及影响范围,分为一般因素、区域因素和个别因素三类;有的按影响因素的层次性不同,分为总体影响因素和具体影响因素两类;还有的按影响土地供求因素、影响宗地地租量因素、影响土地相对价值量或价格的三大内外因素划分。凡是影响土地的供给与需求,或影响地租收益和土地还原利率的一切因素都是影响土地价格的因素。在此,我们按影响因素的性质分为自然因素、社会经济因素、行政因素和其他因素,分别加以说明。

(一)自然因素

自然因素有地力、地形、地势和地质、位置及面积等。

(1)地力。地力即指土地肥沃程度。这一因素主要与农地有关。在农地中,土地肥沃,地价就高,反之地价就低。在农地价格的决定因素中,土地肥力可能是最重要的因素。很显然,在土地位置等其他因素相同的情况下,土地肥沃程度不同,其地价也必然不同。

(2)地形。地形是同一块地内部表面的起伏程度,也即平坦的程度。一般情况下,地面平坦的土地价格较高,地面不平坦的土地价格较低。

(3)地势和地质。地势和地质条件主要影响城市土地价格。在城市土地中,地势倾斜、低洼等会加大利用难度,因而价格必然比平坦地块低;在城市土地建设中,地质条件不好不利于建造高楼大厦,其价格自然没有结构紧密而承载力强的土地价格高。

(4)位置。土地位置的好坏直接影响土地使用者的经济效益或生活满足程度。土地的自然位置虽然是固定不变的,但它的社会位置是在不断变化的。在商业用地中,其地块是否处于市中心,其临街道的系统、结构等,都是影响土地价格的至关重要的因素。

(5)面积。地块的面积大小究竟多大合适,主要取决于该地块的利用方式。在条件不同的情况下,土地面积相等,土地价格可能不等;在相同的条件下,则土地面积和土地价格成正比例变化。

此外,日照程度、通风风向、风力、温度、湿度、降水量等因素,以及地震及洪涝灾害等自然灾害的频率也会影响土地价格。

(二)社会经济因素

社会经济因素主要包括人口状况、城市公共设施、经济发展状况、交通状况、课税负担状况、社会安定状况等。

(1)人口状况。人口状况主要包括人口素质、人口密度和家庭人口结构等方面。人口密度越大,家庭越小型化,土地需求就越大,地价水平就越高。人口素质高,居住环境力求宽敞舒适,地价就高。人口数量与土地价格的关系是正相关的,人口总量增长,对土地的需求就会增加,土地价格一般也会上升;反之,土地价格则会下降。

(2)城市公共设施。城市公共设施如道路、下水道、电力、邮电、学校、公园、市场等是否完善,直接影响土地的未来开发成本。在城市中,如果公共设施完备,就能提高土地利用效果,可以给居民生活带来方便,会促使地价上升;反之,土地价格降低。

(3)经济发展状况。经济发展状况主要是指经济发展速度、财政收支状况、储蓄投资水平、居民消费能力等。经济发展越快,一般来说土地价格越高。

(4)交通状态。交通是地区经济发展的命脉。交通发达,则经济繁荣,地价上涨;反之,土地价格下降。

(5)课税负担状况。课税增加会减少居民和企业的收入,从而影响其投资热情,致使土地需求减少,土地价格降低;反之,课税减少,则收入增加,土地价格上涨。

(6)社会安定状况。社会安定状况主要是指国内政治局面、国际环境特别是周边国际环境状况、社会治安状况等。一般情况下,国内政局稳定、国际上和平与发展成为主流,社会治安状况良好,土地价格就上涨;反之,则下跌。

(三)行政因素

行政因素主要是指国家对土地价格的干预。这种干预,对土地价格的影响至关重大。

(1)土地利用计划与规划,城市规划与发展战略。土地利用计划主要影响土地的供给,进而影响地价。日本在20世纪六七十年代制订的"综合开发计划"和"国土利用计划",就是为控制当时狂涨的地价而制定的。土地因其用途和利用程度不同而具有不同的收益能力,即地租水平,而决定土地用途和利用水平的主要因素是城市规划。同一宗土地,规划为商业用途,其地价水平一般高于居住用途;即使同一用途,规划容积率高的地价水平一般高于容积率低的地价。土地被规划为住宅区、商业区、工业区、农业区等不同区域,对土地价格的影响极大。

(2)国家法律与政策的影响。一个国家有关土地利用的法律和政策,如产业政策、价格政策、金融政策和税收政策等,都会对土地价格产生直接和间接的重大影响。国家宏观经济政策向某地区倾斜,会诱发该地区土地价格上涨。如我国实行的经济特区政策及沿海和内地的开放政策,使得各经济特区和开放城市的投资环境大为改善,从而吸引了大量的国外投资,致使对土地的需求扩大,土地价格上涨。

(四)其他因素

除了上述因素之外,还有其他一些因素也会影响土地价格。这些因素主要有土地制度、规定用途、心理因素、国际局势、环境因素、社会福利因素等。

第二节 土地价格的评估

一、土地价格评估的概念

所谓土地价格评估,是指专业人员按照一定的土地评估目的,遵循科学的土地估价原则、程序和方法,在充分掌握土地交易资料的基础上,根据土地的经济和自然属性,按土地的质量、等级及其在现实经济活动中的一般收益状况,充分考虑社会经济发展、土地利用方式、土地预期收益和土地利用政策等因素对土地收益的影响,综合评定出某块土地或多块土地在某一权利状态下及某一时点价格的过程。

二、土地价格评估的作用

(一)土地估价有助于土地交易的顺利进行

对土地进行估价,是土地公平交易的基础。只有经过专业人员搜集资料,分析评定,买卖双方才不致有上当受骗的担心,交易自然便捷。

(二)土地估价有助于体现税赋公平的原则

土地税是国家的基本税种之一,在国家财政收入中占有较大的比重。而城镇土地使用税、土地增值税等土地税的征收等土地税一般是以土地收益或土地价格为依据而课征的,只有在课征之前对土地进行科学估价,才能确定公平的税赋等级和税率。

(三)土地估价有助于企业投融资决策

土地投资的多少直接影响其他要素的投资。若地价昂贵,则可减少土地投资而增加资本、劳动的投入;若地价低廉,则可增加土地投资而减少资本、劳动投入。[①] 另外,通过土地抵押、发行土地债券等手段进行融资,也必须对土地进行估价。

(四)土地估价有助于国家征地的顺利进行

随着社会经济的发展,城市用地及各种公共设施用地增多,这就需要为城市建设用地而征收农村集体土地。为解决好征地补偿问题,必须对土地进行科学估价;否则,

---

① 毕宝德:《土地经济学》,中国人民大学出版社2020年版,第321页。

价格或高或低,就违背了公平的原则。

(五)土地估价有助于土地市场的完善和管理

随着我国土地市场的逐步建立,土地资源应实现市场配置,土地市场要进一步完善。市场配置的基础是土地资产的量化,而量化的基本手段是估价。另外,土地市场管理的核心是土地价格管理,应建立地价动态监测体系,把及时反映土地真实价值的变动率作为市场调控的依据。[①] 而且,土地估价有助于防止地价波动过大及土地投机行为。

三、土地价格评估的原则

《中华人民共和国城市房地产管理法》第三十三条规定:"国家实行房地产价格评估制度。房地产价格评估,应当遵循公正、公平、公开的原则。"一般来说,土地价格评估应遵循以下原则。

(一)合法原则

土地估价必须在法律规定的土地使用条件下进行。到目前为止,我国颁布的与土地估价有关的法律、法规及行政规章有:①三部法律有《中华人民共和国土地管理法》、《中华人民共和国城乡规划法》《中华人民共和国城市房地产管理法》,这三部法律既有分工又相辅相成。②法规主要有《中华人民共和国城镇国有土地使用权出让和转让暂行条例》《外商投资开发成片经营土地暂行管理办法》(现已失效)等。③行政规章有《股份制试点企业土地资产管理暂行规定》(现已失效)、《关于到境外上市的股份制试点企业土地资产管理若干问题的通知》、《土地登记规则》、《国务院关于中外合营企业建设用地的暂行规定》、《基本农田保护条例》等。土地估价如果违背某一法律(法规、行政规章)条款,则估价无效。例如,土地估价必须遵守城市(镇)规划规定的土地用途、容积率、覆盖率、建筑高度等规定。估价人员必须掌握每一部法律、法规的具体内容,从实际出发,认真进行调查研究和实地勘察,按照技术规程进行土地评估,保证估价结果合法。

(二)公平原则

遵循公平原则是指估价人员应以公正的态度,在公开市场条件下求得一个公平合理的土地价格。土地估价时,估价人员的主观判断对估价结果影响较大。因此,估价人员必须公正廉洁,认真客观地评估,不能受任何私念的影响而偏袒一方。同时,为求得一个公平价格,估价人员还必须全面地了解市场上土地供需情况及其他影响因素,提高估价专业水平,严格遵循估价工作程序。

---

① 毕宝德:《土地经济学》,中国人民大学出版社2020年版,第322页。

(三)最有效利用原则

土地估价要以土地的最有效使用为前提进行。最有效使用是既考虑经济效益,又考虑社会效益,并在合法前提下的最佳使用,其主要的表现是以能使该宗土地获利最大的使用方式来衡量,并以城市(镇)规划所确定的最有效利用为依据。同一块土地具有多种用途,可用于商业、住宅、工业或行政办公楼等,因此,在确定其用途时,应根据土地、资本、劳力等生产要素的最佳组合,以及土地本身的区位条件和所产生的预期收益来配置其用途。

(四)相关替代原则

根据经济学理论,在同一市场中,具有相同使用价值和质量的物品,其价格是趋向于一致的。相关性是指比较实例与待估土地之间,各地价因素越相似,相关程度越大,评估效果越理想。替代性是指待估土地和比较实例之间,因地价因素具有相关性,因而它们都满足人们对土地的同一需求的特性。在评估一宗土地价格时,如若附近地区有若干相近效用的土地价格存在时,则可根据替代原则推断出估价对象的价格。相关替代原则被广泛运用于土地估价之中,例如,土地估价三大基本方法之一的市场比较法的最基本原理就是相关替代原则。在土地地价评估中,该原则被广泛地运用。需要注意的是,替代性是有限的,因为进入土地市场的客体有个别性,各地块都有独自的特性。

(五)预期收益原则

土地价格是土地未来收益的资本化。过去的土地收益不决定土地价格,但有助于帮助估价人员推测未来收益的变化趋势。遵循预期收益原则是指土地估价应以估价对象在正常利用下的未来客观有效的预期收益为基准。预测的未来收益必须是客观的、合理的,是在正常的市场状况和经营管理水平下的土地纯收益。这要求估价人员必须了解过去的收益状况,认真分析土地市场的现状、发展趋势,以及对土地市场产生影响的政治经济形势、各项政策,合理预测各种土地投资行为在正常情况下的客观的投入产出状况。

预期收益原则,对土地估价中的地区分析、交易实例价格的检查、纯收益及还原利率的确定非常重要。在土地估价实践中,剩余法估价及收益还原法估价中土地收益的确定,都是预期收益原则的具体应用。

(六)供需原则

土地价格受供求关系的影响很大,土地估价必须遵循土地供求规律,即地价上升,则供给增加,需求下降;地价下降,则供给减少,需求增加,土地供求围绕着土地价格的均衡点上下波动。由于土地具有位置的固定性、面积的有限性、质量的差异性等特点,土地供求又表现出特殊规律,即土地的自然供给没有弹性,体现土地供给稀缺性的特点。具体表现为两方面:一是供求总量矛盾加剧;二是某些地区、某种用途的土地特别稀缺。某种用途土地供给总量有限,超过一定限度,不管价格如何上涨,也不能再增加该类土地的供给量;土地不能实行完全竞争,其价格的独占倾向性较强。从长远的角度,由于土地供给数量有限,随着人口的增长、经济发展、城市化水平不断提高、社会平均利润率下降,人们对土地的需求日益迫切,加上土地价值永续的特性,土地价格会长期呈平稳涨升的发展趋势。进行土地估价时,必须充分考虑当地同类土地的供求情况以及可能导致供求变化的因素,使土地评估结果更为准确。

(七)估价时点原则

估价时点原则是指土地价格评估结果是待估土地在评估基准日的价值。土地与其他商品一样,其价格是随着价格形成因素的变化而变动的。城镇土地价格受供求关系、社会经济发展水平,以及自然环境和区位条件等多种因素的影响,其高低水平常处于动态变化之中,因此土地价格具有很强的时间性,土地估价实际上是求取某一时点、某一权利状况下的土地价格。在不同的时点上,同一宗土地会有不同的价格。因此,在评估一宗地产价格时,必须假定市场情况停止于某一时点。同时,估价对象的状况通常也是以其在该时点的状况为准。在地价评估中,必须掌握地价走势与变动幅度,以便把要采用的地价资料修订到估价期日时的水平。将不同时点的地价放到同一时点进行比较,需进行期日修正。计算公式为:

$$\text{地价变动指数} = \text{报告期地价}/\text{基期地价} \times 100\% \quad (8-9)$$

根据该公式制作期日修正系数表。

(八)保证农民基本生活原则

对于农民来说,土地不但是一种生产资料,更是一种最基本的生存保障财产。对农民来说,农地既具有生产资料的经济功能,又具有保障生活的社会功能。农地估价一定要考虑农地的双重功能。遵循农民基本生活保证原则,就是指因集体转移土地所有权而致农民失去土地时,其价格补偿应以能保证农民的最基本生活为条件。

(九)遵循报酬递增、递减原则

遵循报酬递增、递减原则是指土地估价要考虑在技术等一定的条件下,土地纯收益会随土地投资的增加而出现由递增到递减的特点。土地投资同样遵循经济学中的边际效益递减原则。假设在某地段建设高层楼房,随着楼层增加,纯收益相应增加,当超过某一楼层之后,收益就很难成比例增加,这个收益达到最高的楼层,在经济学上是最有利的。利用这一原则,寻求总收益上升和下降的转折点,就可以找出土地的边际使用点,即最大收益点。因此,这一原则同最佳利用原则密切相关。

(十)综合分析原则

土地价格是多种因素综合影响的结果。在土地评估中不仅要区分主要影响因素和次要影响因素,以及各因素影响的方向和程度,而且要根据评估对象的特点,从不同角度,采用适当的方法,在分解细化的基础上逐项测算评估,然后将各种方法的测算分析结果加以科学综合,求得客观、公正、合理的评估价格。

第三节 城市土地价格评估的理论与方法

土地价格评估的基本方法有市场比较法、收益还原法、成本逼近法、剩余法和基准地价系数修正法。另外,路线价法也是土地价格评估中常用的方法。

一、市场比较法

(一)市场比较法的基本原理

市场比较法是根据替代原理,将待估宗地与具有替代性的,且在估价期日近期市场上交易的类似土地进行比较,并对类似土地的成交价格作适当修正,以此估算待估土地客观合理价格的方法。根据经济学理论,人们在追求经济效益最大化时,对于具有相同效用的多个物体,必然选择其中价格相对便宜的一个;对于具有相同价格的多个物体,则必然选择其中效用较大的一个。所以,购买或租用某块土地的主体,不会支付比购买或租用的另一块土地更多的价格,这就使得市场上的其他土地能够成为该块土地估价的参照对象。市场比较法就是通过对具有替代关系的类似土地的交易价格进行修正,求得待估宗地价格。此方法主要用于地产市场发达、有充足的具有替代性的土地交易实例的地区。

替代原理大体可概括如下:①土地价格水平由具有相同性质和有替代性的土地价格所决定;②土地价格水平是由最了解市场行情的买卖双方按市场交易情况相互比较后决定的价格;③土地价格可以通过比较地块条件及使用价值决定。

(二)市场比较法的基本公式

市场比较法的基本公式如下:

$$V_D = V_B \times A \times B \times D \times E \tag{8-10}$$

式中,V_D 为待估宗地价格;V_B 为比较实例宗地价格;A 为待估宗地情况指数/比较实例宗地情况指数=正常情况指数/比较实例宗地情况指数;B 为待估宗地估价期日地价指数/比较实例宗地交易日期地价指数;D 为待估宗地区域因素条件指数/比较实例宗地区域因素条件指数;E 为待估宗地个别因素条件指数/比较实例宗地个别因素条件指数。

基本公式在具体运用中,可表示为:

$$V_D = V_B \times \frac{100}{(\ )} \times \frac{(\ )}{100} \times \frac{100}{(\ )} \times \frac{100}{(\ )} \qquad (8-11)$$

式中,第一个分式表示以正常买卖情况或待估宗地估价情况指数为100时,要确定比较实例的情况指数;第二个分式表示以比较实例成交时的价格指数为100时,要确定估价期日时的价格指数;第三、第四个分式表示以待估宗地的区域因素、个别因素条件指数为100时,要确定比较实例的区域因素、个别因素条件指数。

市场比较法适用于地产市场发达,有充足可比实例的地区。市场比较法除了可以直接用于评估土地的价格或土地租金外,还可以用于其他估价方法中有关参数的求取。

市场比较法适用于地产市场发达,有充足可比实例的地区。市场比较法除了可以直接用于评估土地的价格或土地租金外,还可以用于其他估价方法中有关参数的求取。

[例8-1][①] 有一块面积为1 000平方米的长方形用地,地势平坦,北侧临11米宽公路,原为木结构二层楼店铺兼住宅,拟兴建办公楼而进行评估。运用市场比较法对该土地进行评估。评估基准日为2001年3月20日。

首先在附近地区及同一供需圈内的类似地区中收集选择买卖实例,如表8-1所示。

表8-1　　　　　　　　　　待比较的买卖实例

	面积 (平方米)	时间	买卖价格 (元/平方米)	地块概要
A	600	2000年12月	2 200	略,邻近地区
B	1 100	2001年1月	2 300	略,邻近地区
C	700	2001年1月	2 600	略,邻近地区

(1)关于情况修正:根据调查显示,交易情况基本一致,不必修正。

(2)关于日期修正:以附近地区商业用地买卖价格变动趋势等决定修正率如下:2000年12月至2001年1月,上涨2%;2001年1月~评估基准日,上涨3%。所以A、B、C的日期修正率分别为5%、3%、3%。

(3)区域因素修正:A、B区域条件基本类似不必修正;C由于街道、环境等因素优于待估土地,修正+8%。

(4)个别因素修正:由于街道、环境、地块形状等个别因素的差别,分别就各因素比较后综合得到:A劣于待估土地,修正-10%;B略劣于待估土地,修正-5%;C优于

---

① 邱华炳等:《土地评估》,中国财政经济出版社2003年版,第176页。

待估土地,修正+4%。

经过上述修正,得出:

情况　日期　区域　个别
修正　修正　因素　因素
　　　　　　修正　修正

$A: 2\,000 \times \dfrac{100}{100} \times \dfrac{105}{100} \times \dfrac{100}{100} \times \dfrac{100}{90} = 2\,566.67$

$B: 2\,300 \times \dfrac{100}{100} \times \dfrac{103}{100} \times \dfrac{100}{100} \times \dfrac{100}{95} = 2\,493.68$

$C: 2\,000 \times \dfrac{100}{100} \times \dfrac{103}{100} \times \dfrac{100}{108} \times \dfrac{100}{104} = 2\,348.26$

取 A、B、C 三个地价的算术平均,得:

$\dfrac{A+B+C}{3} = 2\,481.54 (元/平方米)$

该地价评估值 $= 2\,481.54 \times 1\,000 = 248.15 (万元)$

二、收益还原法

(一)收益还原法的基本原理

收益还原法是将待估宗地未来正常年纯收益(地租),以一定的土地还原率还原,以此估算待估宗地价格的方法。[①] 土地资源具有永续利用的特性,所以人们有理由期待土地在未来能够带来收益。出售的地产就必然有市场价格。而市场价格理论上等于地产未来收益在当期的价值(即现值)。收益还原法又称收益法、收益资本化法、地租资本化法等,是将待估土地未来正常年纯收益,以一定的土地还原利率还原,以此估算待估土地价格的方法。用公式可表示为:

$$土地价格 = 纯收入 \div 利息率 \quad (8-12)$$

例如,某人有一宗土地,每年可产生 30 万元的纯收益,同时他有 600 万元货币,以年利率 5% 存入银行可得到与上述土地等额的收益。那么,对该业主来说,这宗土地的价格应为 600 万元。

收益还原法以土地纯收益的确定为前提,因此,它只适用于有收益的土地和建筑物或房地产的估价。

(二)收益还原法的基本公式

收益还原法的基本公式如下:

---

① 引自《城镇土地估价规程》(GB/T 18508-2014)。

(1) 土地收益为无限年期时，地价 V 可表示为：

$$V=\frac{a}{r} \tag{8-13}$$

式中，V 为土地收益价格；a 为土地纯收益（或地租）；r 为土地还原利率。这一公式的来源是：在第一年年末得到的土地纯收益 a 元，如欲将其折算成现值，则除以贴现率（即复利率）即可。

(2) 有限年期土地价格：

n 年土地纯收益贴现值的总和就是土地价格。

$$\begin{aligned}V&=R_1+R_2+R_3+\cdots+R_n\\&=\frac{a}{1+r}+\frac{a}{(1+r)^2}+\frac{a}{(1+r)^3}+\cdots+\frac{a}{(1+r)^n}\\&=\frac{a}{1+r}\times\frac{1-\left(\frac{1}{1+r}\right)^n}{1-\frac{1}{1+r}}\end{aligned}$$

当 $n\to\infty$ 时，

$$V=\frac{\frac{a}{1+r}}{1-\frac{1}{1+r}}=\frac{a}{r} \tag{8-14}$$

式中，$R_1,R_2,\cdots,R_n$ 分别为第一年，第二年至第 n 年土地纯收益贴现值。

例如，某地块年均收益为 300 元，当土地还原利率为 5% 时，该地块价格为：

$V=300\div 5\%=6\,000$（元）

[例 8-2][①] 某市有一块空地，规划需建办公楼，土地面积 2 000 平方米，规划建筑总面积为 8 000 平方米，该项目于 1996 年 8 月开工，计划两年完工，某公司 1996 年 8 月获得该地 50 年使用权。

据调查，已知：

(1) 同类物业目前租金为 7 元/日·平方米，空房率为 15%。

(2) 办公楼出租经营中的各项支出占租金的 40%。

(3) 同类楼目前平均造价为 3 500 元/平方米，且认为投资为两年均匀投入。

(4) 目前市场实际借贷年利率为 10.08%，房屋还原率为 12%。

(5) 该市土地还原率为 10%。

根据收益还原法估价如下：

---

① 赵建荣：《关于土地评估方法在实际中的应用》，载《房地产评估》2003 年第 3 期，第 33-35 页。

(1) 收益：$7 \times 365 \times (1-15\%) = 2\,171.75$(元/平方米)

(2) 费用：$2\,171.75 \times 40\% = 868.7$(元/平方米)

(3) 房地净收益：$2\,171.75 - 868.7 = 1\,303.05$(元/平方米)

(4) 房屋纯收益：$3\,500 \times 12\% = 420$(元/平方米)

(5) 土地纯收益：$1\,303.05 - 420 = 883.05$(元/平方米)

(6) 计算地价：$\dfrac{883.05}{10\%} \times \left[1 - \dfrac{1}{(1+10\%)^{50}}\right] = 8\,755.28$(元/平方米)

三、成本逼近法

(一) 成本逼近法的基本原理

成本逼近法是指以开发土地所耗费的各项客观费用之和为主要依据，再加上一定的利润、利息、应缴纳的税金和土地增值收益来确定土地价格的方法。成本逼近法一般用于新开发土地、工业用地、既无收益又无比较实例的公建和公益用地、成片开发区土地等的价格评估，选择该方法时应慎重。

(二) 成本逼近法的基本地价公式

成本逼近法的基本地价公式如下：

$$\begin{aligned}\text{地价} &= \text{土地取得费} + \text{土地开发费} + \text{税费} + \text{利息} + \text{利润} + \text{土地增值收益} \\ &= \text{土地成本价格} + \text{土地增值收益}\end{aligned}$$

(8-15)

或：

$$\begin{aligned}\text{土地价格} &= (\text{土地取得费} + \text{土地开发费} + \text{税费}) \times (1 + \text{资金利息率} + \text{资金利润率}) \\ &\quad \times (1 + \text{土地增值收益率})\end{aligned}$$

(8-16)

(三) 成本逼近法的估价步骤

首先要判断待估土地是否适用成本逼近法，如果适用，即可按以下步骤进行评估。

(1) 确定土地取得费。主要表现为取得农村集体土地而发生的征地费用，或是为取得城镇国有土地而发生的拆迁安置费用。

(2) 确定土地开发费。土地开发费是为使土地达到一定的开发建设条件而投入的各项客观费用。主要包括宗地内外的土地开发费用。

(3) 确定各项税费、利息和利润。

$$\text{利息} = \text{土地取得费利息} + \text{土地开发费利息} \quad (8\text{-}17)$$

利息率可根据同期银行不同年期贷款利息率来确定。

$$\text{投资利润} = (\text{土地取得费} + \text{土地开发费} + \text{各项税费}) \times \text{合理利润率} \quad (8\text{-}18)$$

(4)确定土地增值收益。

土地增值收益=(土地取得费+土地开发费+税费+利息+利润)×土地增值收益率
(8-19)

(5)确定土地成本价格。

土地的价格=土地取得费+土地开发费+税费+利息+利润+土地增值收益
(8-20)

(6)价格修正,确定最终价格。

①年期修正。

$$K=1-\frac{1}{(1+r)^n}$$ (8-21)

式中,K 为年期修正系数,r 为土地还原率,n 为土地使用权年限。

②个别因素修正。在估价实践中,可由估价师根据实际情况,结合宗地在区域内位置和宗地条件,进行个别因素修正。

③成熟度修正。

[例8-3][①] 某开发区土地开发完成后,需评估出让土地的底价。该开发区土地开发程度达到"七通一平",可供出让的土地面积占总土地面积的80%。出让土地使用年限为50年。开发区所在地的土地取费(含税费)为15万元/亩;土地开发费为10万元/亩,在开发期内均匀投入,土地开发周期为20个月,贷款月利率为1%,按月计算复利;土地开发的投资回报率要求达到20%,土地增值收益率要求达到20%,土地还原率为8%。

选用成本逼近法进行估价的步骤如下:

(1)计算土地取得费:

15万元/亩=150 000元/666.67平方米=225(元/平方米)

(2)计算土地开发费用:

10万元/亩=100 000元/666.67平方米=150(元/平方米)

(3)计算利息:

土地取得费用的计息期为整个开发周期,即20个月;开发费用的计息期为半个开发周期,即10个月;以复利计算。

利息=土地取得费用利息+土地开发费用利息
    $=225\times[(1+1\%)^{20}-1]+150\times[(1+1\%)^{10}-1]=65.24$(元/平方米)

(4)计算利润:

---

① 本案例是根据2000年全国土地估价师资格考试试题做个别改编而成的。

利润＝(土地取得费＋土地开发费)×投资回报率＝(225＋150)×20%＝75(元/平方米)

(5)计算土地增值收益：

土地增值收益＝(土地取得费＋土地开发费＋利息＋利润)×土地增值收益率
＝(225＋150＋65.24＋75)×20%＝103.04(元/平方米)

(6)计算无限年期全开发区土地的单位地价：

无限年期全开发区土地的单价＝土地取得费＋土地开发费＋利息＋利润＋土地增值收益＝225＋150＋65.24＋75＋103.04＝618.28(元/平方米)

(7)计算无限年期可出让土地平均单位地价：

无限年期可出让土地平均单位地价＝$\dfrac{\text{无限年期全开发区土地单价}}{\text{可出让面积比率}}$＝$\dfrac{618.28}{80\%}$＝772.85(元/平方米)

(8)进行使用年期修正，计算50年期可出让土地平均单位地价：

50年期可出让土地平均单价＝无限年期可出让土地平均单位地价×年期修正系数

$= 772.85 \times \left[1 - \dfrac{1}{(1+80\%)50}\right] = 756.32$(元/平方米)

(四)成本逼近法的局限性

(1)从理论上讲，未开发的自然土地没有成本，因此不能运用成本估价法。

(2)征地的性质模糊，不能明确体现地价中的地租关系内涵。

(3)地价是由未来土地收益(地租)之和的贴现值确定的。土地开发转换用途后的地租量增加，但在公式中不能体现。

(4)成本逼近法是从投资成本角度来考察土地的价值，但它不能完全反映土地的真实价值。因为一宗土地的价值高低，主要取决于在土地未来利用中所产生的收益大小，而不是取决于对这块土地投资改造的费用大小。例如，一宗填海造地形成的土地，其投资改造成本较大，但当地市场行情有可能低于这一成本价格；而一宗没有投资改造的土地，其市场价格可能很高。

综上所述，运用成本逼近法进行土地估价，其结果仅能作为一种参考。因此，它不能作为基本估价方法。

四、剩余法

(一)剩余法的基本原理

从另一个角度看，人们对土地进行投资通常是因为希望在未来获得收益，那么投资能够带来的潜在收益的多少就决定了土地价格的高低。剩余法实质上是在测算完成开发后的不动产正常交易价格的基础上,扣除预计的正常开发成本及有关专业费用、利息、利润和税费等,以价格余额来估算待估宗地价格的方法。土地投资旨在获得报酬,这个潜在的报酬多少就决定了土地价格的高低。

(二)剩余法的基本公式

剩余法的基本公式如下:

$$V = A - (B + C + D + E) \tag{8-22}$$

式中,V 为待估土地的价格,A 为总开发价值或开发完成后的不动产总价值,B 为整个开发项目的开发成本,C 为投资利息,D 为开发商合理利润,E 为正常税费。

对于房地产开发项目,其具体公式为:

$$\text{土地价格} = \text{房屋预期总售价} - \text{建筑费用} - \text{专业费用}$$
$$- \text{利息} - \text{销售费用} - \text{税费} - \text{开发商利润} \tag{8-23}$$

[例8-4][①] 有一宗"七通一平"的待开发建筑的土地,土地面积为2 000平方米,建筑容积率为2.5,拟开发建设写字楼,建设期为2年,建筑费为3 000元/平方米,专业费为建筑费的10%,建筑费和专业费在建设期内均匀投入。该写字楼建成后即出售,预计售价为9 000元/平方米,销售费用为楼价的2.5%,销售税费为楼价的6.5%,当地银行年贷款利率为15%,开发商要求的投资利润率为20%,试估算该宗土地目前的单位地价和楼面地价。

第一步,确定评估方法。

现已知楼价的预测值和各项开发成本及费用,可用剩余法评估,计算公式为:

$$\text{地价} = \text{楼价} - \text{建筑费} - \text{专业费} - \text{利息} - \text{销售费用} - \text{销售税费} - \text{利润} \tag{8-24}$$

第二步,计算楼价。

楼价=2 000×2.5×9 000=45 000 000(元)

第三步,计算建筑费和专业费。

建筑费=3 000×2 000×2.5=15 000 000(元)

专业费=建筑费×10%=15 000 000×10%=1 500 000(元)

第四步,计算销售费和税费。

销售费用=45 000 000×2.5%=1 125 000(元)

销售税费=45 000 000×6.5%=2 925 000(元)

第五步,计算利润。

利润=(地价+建筑费+专业费)×20%=(地价+16 500 000)×20%

---

① 韩立英:《土地使用权评估》,中国人民大学出版社2003年版,第130页。

第六步,计算利息。

利息=地价×[(1+15%)²-1]+(15 000 000+1 500 000)×[(1+15%)²-1]
　　=0.323×地价+2 475 000(元)

第七步,求取地价。

地价=45 000 000-16 500 000-1 125 000-2 925 000-0.2×地价-3 300 000
　　-0.323×地价-2 475 000=18 675 000/1.523=12 262 000(元)

第八步,确定评估结果。

单位地价=12 262 000/2 000=6 131(元/平方米)

楼面地价=6 131/2.5=2 452(元/平方米)

五、基准地价系数修正法

(一)基准地价系数修正法的基本原理

基准地价系数修正法是指利用城镇基准地价和基准地价修正系数表等评估结果,按照替代原则,将待估宗地区域条件和个别条件等与其所处区域的平均条件相比较,并对照修正系数表选取相应的修正系数对基准地价进行修正,从而求取待估宗地在评估基准日的评估价格的方法。

(二)基准地价系数修正法的基本公式

$$地价=基准地价\times(1+\sum 修正系数)\times 年期修正系数 \quad (8-25)$$

式中,∑修正系数是指除年期修正以外的修正系数之和。年期修正系数计算如下:

$$y=\frac{1-\left(\frac{1}{1+r}\right)^m}{1-\left(\frac{1}{1+r}\right)^n} \quad (8-26)$$

式中,y 为宗地使用年期修正系数,r 为土地还原率,m 为从估价基准日起待估宗地可使用年期,n 为该用途土地法定最高出让年期。

[例8-5] 评估地块位于昆明市东××,属××区城镇土地Ⅲ级地段。综合用地Ⅲ级地段基准地价为462元/平方米,综合考虑该宗地的使用情况及具体条件,确定修正系数,如表8-2所示。

表8-2　　　　　　　　　××地块评估修正系数

修正因素	修正系数
区域因素	5%
交通便捷度	4%

续表

修正因素	修正系数
基础设施完善度	10%
宗地条件	15%
其他因素	5%

评估土地为国有土地,故不进行年期修正。

宗地价格＝基准地价×(1+∑修正系数)

$\qquad$ =462×(1+0.05+0.04+0.10+0.15+0.05)=462×1.39

$\qquad$ =642.18(元/平方米)

六、路线价法

(一)路线价法的基本原理

路线价法是根据土地价值高低随与街道距离的增大而递减的原理,在特定街道上设定单价,依此单价配合深度百分率表及其他修正率表,用数学方法来计算邻接同一街道的其他宗地地价的一种估价方法。这种方法能对大量土地迅速估价。理解路线价法的原理,还需理解以下几个概念：

(1)临街深度。宗地离街道的垂直距离,称为临街深度。

(2)可及性。宗地距城市各类设施的接近程度,称为可及性。

(3)标准宗地。从城市一定区域中沿主要街道的宗地中选定的深度、宽度和形状标准的宗地,称为标准宗地。

(4)标准深度。标准宗地的临街深度即为标准深度。

(二)路线价法的计算公式

$$宗地总价＝路线价×深度百分率×宗地面积 \qquad (8-27)$$

如果宗地条件特殊,如宗地属街角地、两面临街地、三角形地、梯形地、不规则形地等,则需依下列公式计算：

$$宗地总价＝路线价×深度百分率×宗地面积×其他条件修正率 \qquad (8-28)$$

$$宗地总价＝路线价×深度百分率×宗地面积±其他条件修正额 \qquad (8-29)$$

(三)"四三二一"法则

"四三二一"法则(4-3-2-1Rule)是将标准深度100尺的普通临街地,与街道平行区分为四等份,即由临街面算起,第一个25尺的价值占路线价的40%,第二个25尺的价值占路线价的30%,第三个25尺的价值占路线价的20%,第四个25尺的价值占路线价的10%。如果超过100尺,则需"九八七六"法则来补充。即超过100尺的第一个 25 尺价值为路线价的 9%,第二个 25 尺价值为路线价的 8%,第三个 25 尺价值为路线价的 7%,第四个 25 尺价值为路线价的 6%。如图 8-2 所示。

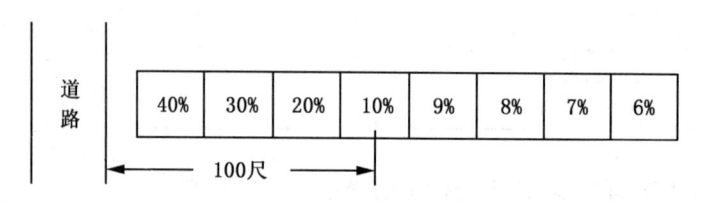

图 8-2 "四三二一"法则原理示意

(四)路线价法的应用举例

[例 8-6] 现有临街宗地 A、B、C、D、E、F,如图 8-3 所示,深度分别为 25 尺、50 尺、75 尺、100 尺、125 尺和 150 尺,宽度分别为 10 尺、10 尺、20 尺、20 尺、30 尺和 30 尺。路线价为 2 000 元/尺,设标准深度为 100 尺,试运用"四三二一"法则,计算各宗土地的价格。

解:A＝2 000×0.4×10＝8 000(元)

B＝2 000×0.7×10＝14 000(元)

C＝2 000×0.9×20＝36 000(元)

D＝2 000×1.0×20＝40 000(元)

E＝2 000×(1＋0.09)×30＝65 400(元)

F＝2 000×(1＋0.09＋0.08)×30＝70 200(元)

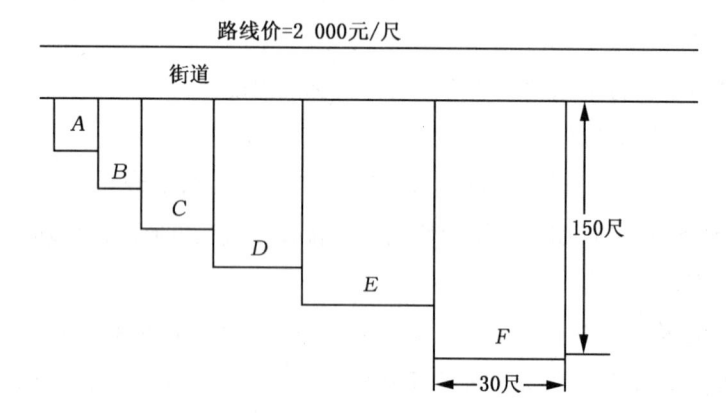

图 8-3 一般宗地地价计算举例

第四节 农用土地价格评估的理论与方法

在中国,当前农地价格评估项目还不多,因而农地价格评估理论和方法还不完善。原则上,城镇宗地价格评估基本方法都适用于农地宗地价格评估,如收益还原法、市场比较法、成本逼近法等,也是农地宗地价格评估的基本方法,只是在具体估价中有特定的内涵和程序,而不是照搬城市土地的估价程序,在此不再重复。以下介绍其他的几种方法。

一、收益倍数法

收益倍数法实际上是从收益还原法演绎而来的。在还原利率不变的条件下,土地价格与土地纯收益呈现正相关关系,而土地纯收益同时又与农业总产值呈正相关变化,因此土地价格可以表现为农业总产值的若干倍。其倍数根据估价区域土地利用集约程度和收益率确定,一般在3~6倍。政府征用土地的补偿标准是依据征地前三年平均产量或产值的6~10倍确定。具体可表示为:

$$农用土地价格 = 土地总产值 \times 倍数 \qquad (8-30)$$

收益法简便易行,对大面积的农用土地估价有一定的现实意义,但过于笼统,没有考虑土地收益对农业收益的贡献及其变化,同时倍数的确定带有较大主观性。一般只在粗略地迅速估测农地价格时使用,而在正式估价报告中则不采用收益倍数法。

二、转换成本法

转换成本法也称置换成本法,主要基于生产成本与价值密切相关的假设,认为农地的价值应该等于目前开垦后备资源为同样质量农地的全部成本,包括:①异地开垦可以生产同等数量农产品的土地所需成本;②将异地的农产品运输到本地的运输成本;③生产者在异地生活的补偿费;④对新开垦地生态环境破坏的补偿费。其表达式为:

$$农地价格 = 农地开发费 + 产品运输费 + 补偿费 \qquad (8-31)$$

置换成本法没有考虑到临近其他农用土地由于投入增加而产生的产出增量,也没有考虑到资源替代的极限。这种方法只适用于土地后备资源比较丰富、开发利用难度较低地区的土地估价。

三、影子价格法

影子价格是现行市场价格之外、反映资源稀缺程度及社会劳动耗费的一种理论价格,它是反映社会资源最佳配置的一种价格。其经济含义可以解释如下:①

假设一个经济体系中共生产 n 种产品,其产量记为 $X_1, X_2, \cdots, X_n$,每种产品的单位净收入分别为 $r_1, r_2, \cdots, r_n$。因此,该经济体系的总收入可以表示为:

$$y = r_1 x_1 + r_2 x_2 + \cdots + r_n x_n \tag{8-32}$$

假设该经济体系有 k 类资源约束,每类资源的最大使用量为 $U_1, U_2, \cdots, U_k$,可以得到如下 k 个约束条件:

$$\begin{aligned} a_{11}x_1 + a_{12}x_2 + \cdots + a_{1n}x_n &\leqslant u_1 \\ a_{21}x_1 + a_{22}x_2 + \cdots + a_{2n}x_n &\leqslant u_2 \\ &\vdots \\ a_{k1}x_1 + a_{k2}x_2 + \cdots + a_{kn}x_n &\leqslant u_k \end{aligned} \tag{8-33}$$

式中,a_{ij} 为第 i 种产品对 j 类资源的使用系数。设 y^* 为在资源约束条件下的最大总收入,在单位净收入和资源使用系数为固定不变参数的情况下,y^* 取决于资源约束状况。当某种资源的供应增加,约束放宽,各种产品的产量可以有所增加,相应最大总收入也会增加,因此,y^* 可以表示为资源约束的函数:

$$y^* = f(u_1, u_2, \cdots, u_k) \tag{8-34}$$

此时,y^* 对各类资源的约束的偏导数即为各类资源的影子价格。例如,第 j 类资源的影子价格 p_j 可以写为:

$$p_j = \frac{\partial y^*}{\partial u_j} \tag{8-35}$$

因为农用土地的稀缺性,农用地价格评估也不能脱离社会、经济、技术及自然条件,其着眼点是全部资源的最优分配评价尺度,这也是农用地的边际生态经济效应的体现。影子价格的实质是高效能的稀缺资源在最优利用条件下,其每单位所能获得的超额利润。这种价格符合农用地价格特点,能够较好地反映农用地稀缺度,因而是衡量农用土地价格的一种较好的方法。其计算公式如下:②

目标函数:

$$\max Z = \sum_{j=1}^{n} C_j X_j \tag{8-36}$$

约束条件:

---

① 高敏雪、许健、周景博:《资源环境统计》,中国统计出版社 2004 年版,第 50 页。
② 黄贤金:《农地价格论》,中国农业出版社 1997 年版,第 235 页。

$$a_{i1}x_1+a_{i2}x_2+\cdots+a_{ij}x_j+\cdots+a_{in}x_n \leqslant b_i; x_{ij} \geqslant 0; i=1,2,\cdots,m; j=1,2,\cdots,n \tag{8-37}$$

式中，C_j 为各种农用地或土地单位面积收益系数，X_j 为各种农用地或土地面积，a_{ij} 为约束系数，b_i 为约束常数，Z 为目标值（生态、经济效益等）。

可利用该规划的对偶规则求解农用地影子价格 U_i，即：

目标函数：

$$\min Y = \sum_{i=1}^{m} b_i U_i \tag{8-38}$$

约束条件：

$$a_{1j}U_1 + a_{2j}U_2 + \cdots + a_{ij}U_i + \cdots + a_{mj}U_m \leqslant C_j, U_i \geqslant 0 \tag{8-39}$$

式中，Y 为生产总成本，U_i 为决策变量即影子价格。

四、标准田法

所谓标准田法，即先根据土地评估因子计算土地综合质量分值并划分土地级别；然后在各级别内选取相应的标准田，并采用一定的估价方法如收益还原法估算标准田的地价，将同级内各地块的综合质量分值与标准田比较，从而推算其地价。标准田法可以普遍适用于一般农地的估价，可以与农地分等定级工作相衔接，具有现实的可行性和科学的理论依据，有助于形成完整的地价体系。

标准田法的估价程序如下：

（一）标准田选取

在各种状况相似的地区内，就日照、灌溉、排水、面积、形状、道路、土地利用程度、耕种作物、收获量、灾害条件等方面观察，选取具有普遍利用方式的最优地及最劣地作为标准田进行控制。

（二）标准田理论产量模拟

(1) 确立土地质量与土地评价指数之间的关系。每一个特定的指标集必有一定等级的土地质量与之匹配，遵循一定的函数关系。

(2) 建立作物产量与单项土地因数函数的最优模型。

(3) 建立作物产量与多个土地指标综合函数模型，根据偏相关系数，求出各个评价单元的模拟基础产量，从而获得理论标准粮总量。

（三）计算标准田纯收益

(1) 标准粮价格：

$$P = \sum K_i \times P_i \tag{8-40}$$

式中，P 为标准粮价格，K_i 为加权指数，P_i 为 i 作物价格。

(2)土地纯收益：
$$a = Y \times P - C \tag{8-41}$$
式中，a 为土地纯收益，Y 为理论标准粮产量，P 为标准粮价格，C 为平均生产成本。

(3)土地附属物及土地开发性建设的补偿计算：
$$附属物补偿费 = 已有附属物作价 + 新增附属物作价 - 附属物赔偿费 \tag{8-42}$$

(4)计算标准田纯收益：
$$标准田纯收益 = 土地纯收益 - 附属物补偿费 \tag{8-43}$$

(四)测算各地块分值

通过各地块与标准田的比较，测算各地块对标准田优劣程度比准率，将比准率乘以标准田单位面积分值即得各地块单位面积分值，再乘以地块总面积，即可得到各块农地的分值。比准率计算公式为：[1]

$$水田比准率 = (1.00 + 日照状况 + 农地倾斜状况 + 保水、排水状况) \times (1.00 + 面积 + 耕耘难易) \times 灾害 \tag{8-44}$$

$$旱地比准率 = (1.00 + 日照状况 + 田面干湿) \times (1.00 + 面积 + 耕耘难易) \times 灾害 \tag{8-45}$$

(五)各级地块地价的计算

以标准田价格为基础，最劣地地价为近似的绝对地租，最优、劣地价格差为级差地租。根据各级地块的分值与最大分值差的比值，评估出各地块价格。

公式如下：
$$P_i = P_0 + (P_1 - P_0) \times \frac{F_i - F_0}{F_1 - F_0} \tag{8-46}$$

式中，P_i 为具体地块价格，P_0 为低标准田价格，F_0 为低标准田评分分值，P_1 为高标准田价格，F_1 为高标准田评分分值，F_i 为具体地块评分分值。

(六)公布并修正

公布各地块价格，让相关人员在一定时期内提出异议，修正幅度不大于20%。

第五节　农村集体建设用地评估[2]

农村集体建设用地具体包括经营性建设用地、宅基地和其他建设用地。其中其他

---

[1] 黄贤金：《农地价格论》，中国农业出版社1997年版，第234页。
[2] 引自《农村集体土地价格评估技术指引》（中估协发〔2020〕16号）。

建设用地主要包括农村基础设施、公共设施用地,以及未确定为集体经营性建设用地和宅基地的其他各类集体建设用地。对农村集体建设用地使用权价格进行评估,应首先界定农村集体建设用地使用权价格的内涵,它是指集体建设用地,对应于不同用途和权能特征,在公开市场或特定市场条件下形成的使用权价格;无特殊说明时,均指公开市场条件下形成的,一定年期的权利价格。按照土地利用方式可区分为集体经营性建设用地使用权价格、宅基地使用权价格、其他建设用地使用权价格;按照权能特征可区分为出让土地使用权价格、作价出资(入股)土地使用权价格、租赁土地使用权价格等。

城市土地价格评估的市场比较法、收益还原法、成本逼近法、剩余法和基准地价系数修正法也同样适用于农村集体建设用地使用权价格的评估。

一、集体经营性建设用地使用权价格评估

(一)估价方法运用的技术要点

在运用各估价方法对集体经营性建设用地使用权价格进行评估时,除了要遵守各估价方法的原则和程序,还应该关注集体土地市场发育情况、集体土地空间分布特征等对地价形成的潜在影响。

1. 市场比较法

有集体经营性建设用地的可比交易实例时,才可使用市场比较法。如果同一区域或同一供需圈内,三年以内的可比实例不足3例时,可适当扩大实例搜寻范围,放宽时间选择年限;增加可比实例时,应按照先调整范围后调整时间的原则处理。当可比实例距评估期日的时间较长时,应关注不同时期集体土地市场环境的变化对价格的影响,并进行必要的修正。

在对区域因素修正时,除考虑常规因素外,还应关注体现集体经营性建设用地空间分布特征及影响其价值水平的特色因子,例如:在繁华程度因素中,考虑距中心城镇、乡村居民点的距离;在交通条件因素中,考虑公交线路、县道及乡村道路的影响;在基础公共设施因素中,考虑娱乐活动站所、乡村旅游设施、零售点、固定的物流配送中心等。

在对个别因素修正时,应充分考虑宗地的产权差异、利用方式差异等因素对地价的影响。

2. 收益还原法

在确定年总收益时,如果缺少经营收益资料,可采用具备可比性的当地类似产业的客观经营收益数据,经过必要的校核修正,测算待估宗地的收益水平。在确定年总费用时,应考虑各地执行的土地税费政策和标准的差异,按照当地相关规定计算。

在确定土地还原率时,如果有可比的集体建设用地交易资料,宜通过从交易资料中提取的土地纯收益与价格比率法测算土地还原率;因缺乏适用的市场交易资料而选择其他方法测算土地还原率时,考虑交易主体的市场风险偏好等影响,集体建设用地的还原率通常略高于同区域同类型的国有建设用地,一般上浮比例不超过 3 个百分点。

3. 成本逼近法

确定土地取得费时,应结合所处区域的用地结构,合理分析确定土地取得的客观方式。

对于通过农用地转用形成的新增集体建设用地,参照集体农用地价格评估方法确定土地取得费。对于通过旧村改造、土地整治、增减挂钩等调整后形成的新增集体建设用地,运用成本逼近法时应考虑建新区和拆旧复垦区与之直接相关的客观成本费用;各类涉地指标费用不应纳入。确需参照征地相关费用时,应注意分析集体建设用地与国有建设用地在成本构成上的差异,不应包括其中对土地所有权转移的补偿费和仅在征地环节发生的税费。

确定土地开发费时,在地价定义设定的开发程度范围内,由各方投资完成的区域客观开发费用均应计入;具体取值标准可借鉴或采用同区域土地开发费用客观水平。

确定相关税费时,应根据当地具体的政策规定确定税费项目及标准,对于从土地增值中提取的税费项目(例如:土地增值收益调节金、土地增值税等)不应计入相关税费。

测算利息时,利率的确定宜考虑土地开发领域金融政策的影响。

在确定土地增值时,应综合考虑土地用途的改变、土地开发后所能达到的基础设施水平、周边设施的完善程度、宗地的规划限制性条件、土地权利的限制性因素等。

4. 剩余法

利用剩余法评估农村集体经营性建设用地的价格时,应根据宗地所在区域的国土空间规划及相关专项规划、详细规划等所确定的规划条件,并结合估价对象实际可行的利用方式确定待估宗地最有效利用方式。开发周期原则上不超过三年。

测算开发成本各项税费时,应考虑集体经营性建设用地与国有建设用地的差异,税费项目和标准依据当地相关规定取值。在确定利润率时,应结合集体经营性建设用地区位及产业经营风险对利润率的影响客观确定。

5. 基准地价系数修正法

在制定并发布了集体基准地价的区域,可采用基准地价系数修正法进行评估。但不得采用国有建设用地公示地价体系直接修正评估集体建设用地的价格。

(二)不同目的下的评估要点

1. 出让或作价出资(入股)地价评估

以"为确定出让底价或补地价提供参考"为目的进行集体经营性建设用地价格评估时,除应遵循相关估价方法规定的技术原则外,还应考虑价值主导原则、审慎原则,以及公开市场原则。

评估方法运用过程中,应关注宗地供地方案(或出让要求)中约定的具体条件,结合相关法律政策要求,分析确定待估宗地可实现的权能及其对地价的影响,客观评估设定条件下的出让土地使用权价格。

2. 租赁地价评估

租赁地价评估宜结合使用市场比较法和收益还原法。采用先评估出让土地使用权价格,再通过年期修正测算租赁地价的技术路线时,估价师可根据市场参与各方可接受的水平,提供多种年期修正方案下的评估结果供参考。需注意,集体建设用地使用权价格对应的年期不得高于国有建设用地的法定最高年期。

在评估租赁地价时,应特别注意租赁契约中的租期、租金调整情况、租金缴纳方式等对租赁地价的影响。

3. 抵押评估

抵押评估应体现谨慎原则,按照合法合规的现状用途及其在谨慎预期下最可能实现的价值进行评估。还应特别关注待估宗地及地上建(构)筑物的权利状况,并在评估报告中予以全面、客观的披露。

二、宅基地使用权价格评估

(一)估价方法运用的技术要点

1. 市场比较法

市场比较法适用于相同或相邻流转区域内有宅基地使用权交易案例的情形。可参照集体经营性建设用地价格评估中市场比较法的技术要点适当扩大宅基地可比实例的来源。但应考虑不同类型的交易主体和不同交易方式对宅基地交易价格的影响,选择与待估宗地相似或可以修正为与待估宗地相同权利特征与市场特征情况下的交易实例。在选择可比实例时,应考察其与待估宗地的对应性和可比性,实地考察交易实例的区位条件、环境状况、公共设施状况、基础设施状况、庭院状况等影响宅基地状况的主要因素,并全面准确地描述。不得选择城镇住宅用地交易作为可比实例。

应结合宅基地制度改革的推进情况,考虑不同时期、不同区域内宅基地政策对可比实例和待估宗地价格的影响。

2. 收益还原法

收益还原法适用于宅基地及其地上建（构）筑物出租案例较多的区域。

在确定收益水平时，应深入调查出租对象的状况，判断其对租金水平的影响，如出租对象的构成及质量状况、使用状况等，并通过对周边区域的调查确定客观租金水平。当宅基地具备符合政策规定的农家乐、民宿、乡村旅游等经营性功能时，可根据实际情况考虑相关经营活动获取的客观经营性收益。在确定费用大小时，应依据当地有关政策规定和待估土地及地上建筑物的具体利用方式，明确费用的构成和标准。

3. 成本逼近法

适用于缺乏农村住房或宅基地交易和市场收益的地区。

确定土地取得费时，应根据宅基地取得前所在区域的土地总体利用形态（地类）评估确定，取得前是农用地的，依据农用地评估方法确定；是其他用地的，依据其他用地的评估方法确定。

确定土地开发费用时，应根据使该类土地具备建房条件所需各项客观费用确定。

当区位等客观条件对地价的影响未能充分体现时，可增加区位条件等其他修正。

根据待估宗地在利用方式转变、开发投资等方面的具体情况，以及估价目的和地价内涵的界定，合理分析确定增值收益。

4. 剩余法

剩余法适用于存在农村住房合法合规流转市场的地区。

待开发的宅基地，可采用市场比较法或者收益还原法评估开发完成后的农宅价格，开发成本测算要通过实地调查掌握当地的农房建设成本项目与标准，不宜直接采用当地城镇住房建设的成本取费标准。相关税费项目与标准依据当地农房建设的有关政策规定确定。

5. 基准地价系数修正法

在制定并发布了集体宅基地基准地价的区域，可采用基准地价系数修正法进行评估；评估中应注意识别公示地价内涵与待估宗地地价内涵的差异，对该方法的评估结果进行必要的修正。

不能采用国有住宅用地的公示地价直接修正评估集体宅基地的价格。

（二）不同目的下的价格评估

1. 宅基地使用权流转价格评估

合法持有宅基地使用权的集体经济组织成员向他人流转宅基地使用权，具体地价定义及价格水平应根据流转合同中约定的流转年期等条款及当地政策对转入方（需求方）范围限制的不同而有所差异。

在流转的过程中，应当根据流转合同中约定的流转年期进行年期修正；当宅基地可流转的范围发生变化时,应根据当地市场供需情况进行修正。流转合同中约定了其他直接或间接影响地价水平的内容时,应进行适当修正。

2.宅基地使用权抵押评估

涉及宅基地及地上房屋抵押评估时,应评估宅基地地价及地上房屋价值,地上房屋价值按建筑物重置成新价确定。宅基地抵押评估参照宅基地流转价格评估思路,并突出审慎原则,关注抵押权实现时,潜在购买人的范围限制、变现风险、是否存在优先受偿款等特殊因素对评估价格的影响。

三、其他建设用地价格评估

该类用地评估价格对应的权利特征应依据具体评估目的或经济行为设定,并符合相关法律政策规定。无明确规定或约定的情况下,该类用地评估价格对应的年期特征可参照相同或类似国有建设用地评估中的规则设定。

第六节 地价指数

一、地价指数概述

(一)地价指数的概念

地价指数主要是反映在不同时点的地价水平与某一时点地价水平比较的相对关系,以地价水平值比值的100倍表示[①]。具体来说,它是对某一地区不同时点上质量各异的地块的出让价格进行综合并计算得出的一组反映土地市场总体变化水平的相对数。地价指数的编制是城市地价动态监测的重要组成部分。在市场经济环境下,地价指数是显示土地市场供求关系的关键指标,反映了地价变动的过程和地产市场活动的规律,也是政府管理和调控土地市场的重要依据。

(二)地价指数的类型

按照不同的标准,地价指数有多种分类方式。

按照用途不同,地价指数分为商服地价指数、住宅地价指数、工业地价指数及表征城市整体地价水平相对关系的综合地价指数等。按照区域大小,地价指数分为地(市)级范围地价指数、省级范围地价指数、跨省区域地价指数和全国总体地价指数等;如环渤京津冀地价指数、长江三角洲地价指数、华北区地价指数、华东区地价指数、东部地价指数西部地价指数等。按照基期不同,地价指数分为定基地价指数和环比地价指

---

① 引自《城市地价动态监测技术规范》(TD/T 1009-2007)。

数。按照时间间隔的不同,地价指数可分为月度地价指数、季度地价指数和年度地价指数。按照对比的现象是否同期,分为动态地价指数和静态地价指数。按照反映市场的不同,地价指数可分为一级地价指数和二级地价指数。

在现实生活中,较为常用的是按照土地用途区分的地价指数。如:以 2000 年为基期,2020 年第二季度的重点城市综合、商服、住宅、工业平均地价指数分别为 311、299、393 和 229。[①]

(三)地价指数的特点

1. 异质性

土地的交易与一般商品的交易不同。一宗土地在一段时间内交易的频率非常小;而不同宗土地由于面积、位置、用途、收益能力等方面存在程度不同的差异,不同土地的交易价格往往没有直接的可比性。因此,为了考察地价的变化,就需要把市场上的交易客体按照一定的原则综合在一起,得出能够反映土地市场价格变化的指数。

2. 地域性

土地位置具有固定性,这决定了土地市场是一个分割的市场,不同地区的土地市场基本上不存在竞争。特别是我国地域辽阔,地区之间差异大,土地市场具有明显的地域性特征。因此,计算不同地区地价指数 的变化,对于政府的宏观调控具有重要意义。

3. 涨跌不同步性

城市土地具有 多种用途,不同用途土地价格的影响因素存在差异,各种土地的价格对各种影响因素的敏感性也不同,因此,各类土地价格的涨跌存在不同步性。其中,商业用地需求价格弹性大,地价的敏感程度高,地价指数的涨跌幅度比较大。

4. 总体趋升性

土地是一种稀缺资源,土地的自然供给是有限的,土地的经济供给弹性很小,而随着社会经济的发展和人口的增多,土地的需求不断增多。这从根本上造成了土地价格不断上涨的趋势,地价指数总体上表现出趋升性。

二、地价指数的编制

地价指数编制的过程中涉及大量的实地调查和计算工作,一个地区地价指数编制的程序基本如下:地价及其影响因素资料的收集→地价资料的修正和整理→地价指数的计算。城市地价指数的编制一般先测算区段分类地价指数,然后用加权的方法,从局部到整体,自下而上,由小到大测算出城市分类地价指数和城市整体地价指数。

---

① 数据源自中国地价监测网 http://www.landvalue.com.cn/。

(一)确定基期

基期作为地价对比的基础,是地价指数正确反映地价变化的规律的关键。对于基期的选择,应该注意以下几个问题:①所选基期应是能说明和反映对城市经济和土地市场发展有显著影响的时期。②所选的基期应该是国家政治经济体制比较平稳、土地市场发展相对稳定、供求基本正常的时期。③基期的选择原则上不应与报告期相隔太久。[1] 但由于我国土地市场发展较晚,各城市发展不平衡,因此,基年的选择应根据各城市的土地市场发展情况而定。目前我国国土勘测规划院城市地价动态监测组公布的全国主要城市地价检测报告以 2000 年为基期。

(二)划分地价区段

地价区段是指地价水平、土地利用条件、基础设施条件、环境条件等方面相近或一致的区段。[2] 在实际中,应根据土地分级及基准地价分区的结果,将城区分为若干地价区段。

(三)获取样点地价资料

地价指数通过样点地价资料计算得到,采集符合要求的样点地价数据是测算地价指数的基础,是地价指数计算的关键步骤。因此,收集样点地价资料应遵循一定的原则:①交易样点的位置应具有稳定性,基期与报告期的交易样点在位置上尽可能一致或相近,便于长期跟踪调查。②交易样点应具有代表性,在位置上均匀分布,且各级别、各用途土地的交易样本不少于必要的数量,以减小抽样的系统误差。③交易样点应当形状规则、长宽适中,使样点易于标准化。④应当剔除明显不合理的地价样点数据,以确保所选地价样点数据的代表性。⑤交易样点应具有替代性,如果样点退出,可以选用同一供需圈内同类的新的样点替代。⑥对于交易资料较少的地区,应采用全面调查的方法,收集整个城市的土地交易资料。[3]

获取样点地价资料的抽样方法有多种,包括简单随机抽样、分层抽样、整群抽样、等距抽样等。在实际的调查过程中,应根据调查区域的真实情况采取合适的方法。一般来说,可将交易样点先按土地级别、土地用途分组,再从各组中按随机原则和数理统计要求抽选足够数量的样点地价资料。

(四)样点地价资料的修正

不同的交易样点在土地使用年限、土地开发状况、容积率和交易时间上存在差异,因此这些交易样点的地价有着不同的经济内涵。在编制地价指数时,应将上述这些差别因素分别修正到一致的水平,使不同的样点地价具有统一的内涵。

---

[1] 罗真:《城市地价指数体系编制的再思考》,载《金融与经济》2006 年第 11 期,第 16-18 页。
[2] 引自《城市地价动态监测技术规范》(TD/T 1009-2007)。
[3] 罗真:《城市地价指数体系编制的再思考》,载《金融与经济》2006 年第 11 期,第 16-18 页。

(五)计算地价水平值[1]

计算地价水平值是计算地价指数的基础,地价水平值是通过修正后的样点地价计算得到。

1. 区段地价水平值的计算

某一时点、某一用途的区段地价水平值等于地价区段内该用途样本地价的算术平均值。

$$\bar{P}_k = \frac{\sum_{i=1}^{k} P_{ki}}{n} \tag{8-47}$$

——$\bar{P}_k$ 指第 k 个地价区段某一时点、某一用途的地价水平值

——$\bar{P}_{ki}$ 指第 k 个地价区段内某一时点、某一用途第 i 个样本地价

——n 指第 k 个地价区段内某一时点、某一用途的地价样本总数

2. 区域地价水平值的计算

某一时点、某一用途的区域(如级别)地价水平值等于区域内区段地价水平值的加权平均值。

$$\bar{P}_j = \frac{\sum_{j=1}^{m} \bar{P}_k \times S_k}{\sum_{k=1}^{m} S_k} \tag{8-48}$$

——$\bar{P}_j$ 表示第 j 级别某一时点、某一用途的区域地价水平值

——表示第 k 个区段某一时点、某一用途地价水平值

——表示第 k 个区段某一时点、某一用途实际土地面积

——表示第 j 区域内某一时点、某一用途地价区段的总数

3. 其他地价水平值的计算

利用区段、区域地价水平值,可以计算出内涵更为广泛的地价水平值。城市整体地价水平值等于城市范围内某一用途土地的区段或区域地价水平值的加权平均值。城市综合地价水平值等于各用途地价水平值按各用途实际土地面积的加权平均值。区域城市地价水平值等于各城市整体地价水平值的加权平均值。这些地价水平值都是计算各类地价指数的基础。

(六)计算地价指数[2]

地价指数按照基期不同可以分为定基地价指数和环比地价指数。定基地价指数

---

[1] 引自《城市地价动态监测技术规范》(TD/T 1009-2007)。
[2] 引自《城市地价动态监测技术规范》(TD/T 1009-2007)。

等于某一用途某年(季)度地价水平值与固定基期地价水平值的比率,基期地价指数设定为 100。计算公式如下:

$$I_y = \frac{\bar{P}_y}{\bar{P}_0} \times 100 \qquad (8-49)$$

式中,I_y 为某一区域某一用途的土地第 y 期的定基地价指数,$\bar{P}_y$ 为某一区域某一用途土地第 y 期年的地价水平值,$\bar{P}_0$ 为某一区域某一用途土地第 0 期(基期)的地价水平值。

环比地价指数等于某一用途某年(季)度地价水平值与上年(季)度地价水平值的比率。计算公式如下:

$$I_y = \frac{\bar{P}_y}{\bar{P}_{y-1}} \times 100 \qquad (8-50)$$

式中,I_y 为某一区域某一用途的土地第 y 期的环比地价指数,$\bar{P}_y$ 为某一区域某一用途土地第 y 期年的地价水平值,$\bar{P}_{y-1}$ 为某一区域某一用途土地第 $y-1$ 期(基期)的地价水平值。

各类地价指数应定期由各级地价管理部门向社会公布。一般为一年公布一次,也可一季度或半年公布一次。

第七节 土地价格的管理

一、土地价格管理概述

(一)土地价格管理概念[①]

土地价格管理又称地价管理,是政府为规范土地市场的交易行为,保持土地市场的稳定和健康发展,保护土地交易双方和国家等各方面的合法权益,根据一定时期内国家经济政策和土地市场状况等,制定的地价管理制度,以及为落实这些制度而采取的以土地价格调控为核心的各种调控、引导和管理措施。它包括以下三个方面的工作:①对土地价格及土地价格体系进行管理,调控地价水平;②对土地价格评估工作进行管理;③对土地市场中因土地价格引起的各种纠纷进行处理。

---

① 卢新海、黄善林:《土地估价》,复旦大学出版社 2010 年版,第 61 页。

(二)土地价格管理的目的[①]

地价管理是城市土地市场管理的核心内容,其主要目的就是通过对土地价格进行调控和引导,使土地价格保持在合理、稳定的水平上,既有利于国民经济的发展,又有利于土地市场繁荣。其目的主要包括以下几个方面。

1. 通过地价管理,促进土地的合理利用

通过实施地价管理政策,发挥土地最大潜力,避免土地利用的不合理,使土地价格合理化,发挥最大的经济效益。

2. 通过地价管理,防止国有土地收益流失

通过地价管理,可以有效防止目前各地普遍存在的国有土地收益的流失,逐步建立起规范、合法的土地使用制度,维护土地所有者和使用者的合法权益。

3. 通过地价管理,规范土地交易行为

在土地交易活动中,有的交易当事人可能采取虚报、瞒报地价的非法手段,逃避税收。为此,需要政府和有关部门通过制定和完善地价管理政策,特别是推行土地成交价格申报制度,可以防止规避税收、有效规范土地估价等中介行为,建立规范的土地市场秩序。

4. 通过地价管理,规范土地估价行为

通过制定地价管理政策,尤其是全面建立基准地价和标定地价定期公布制度、土地价格评估制度、土地成交价格申报制度、地价监测制度等项制度,可统一土地估价原则和方法,规范土地估价行为和土地估价方法,培养土地估价人才,不断提高估价水平,提高土地估价成果的精度和透明度,建立规范有序的土地估价市场。

5. 通过地价管理,减少土地投机

土地供求关系是指土地经济供给与人们对某些土地用途需求之间的关系。人们可以通过改变土地用途来增加某种用途的土地供给。土地的供求关系与一般商品的供求关系一样,在自由竞争情况下,供求关系决定土地的价格,土地价格影响土地的供求关系。通过地价管理,调节土地供求关系,抑制土地投机,保证土地市场均衡、平稳发展,并可以有效防止单位和个人对土地的无效占用,囤积土地获取暴利,造成土地闲置,形成不平等竞争,扰乱土地市场秩序。

6. 通过地价管理,防止地价暴涨

地价的暴涨,必将影响各地区的经济发展,出现土地投机行为,造成土地大量囤积和资产的浪费,给生产和生活等领域带来不利影响。因此,需要通过地价管理,通过制定相关的地价管理政策和制度,使土地价格在一定时期内保持稳定,防止地价暴涨,保

[①] 卢新海、黄善林:《土地估价》,复旦大学出版社2010年版,第61-63页。

持土地市场稳定和繁荣。

从宏观上看,地价管理是国民经济健康发展的保证;从中观上看,地价管理是土地市场管理的核心;从微观上看,地价管理直接关系到土地产权交易双方的切身利益。

二、中国土地价格体系

(一)中国土地价格体系概述

我国目前的地价体系是随着经济体制改革的深化形成的。根据我国土地管理制度的特点和《城市管理法》的有关规定,结合国内外土地估价与地价管理的成功经验,我国的地价体系主要包括以下几种价格形式。

(1)基准地价。基准地价是公示地价的一种。基准地价是指在土地利用总体规划确定的城镇建设用地范围内,对平均开发利用条件下,不同级别或不同均质地域的建设用地,,按照商服、住宅、工业等用途分别评估,并由政府确定的,某一估价日上法定最高使用年期土地权利的区域平均价格。[1]

①城镇土地基准地价。[2] 城镇土地基准地价是指在城镇规划区范围内,对现状利用条件下不同级别的土地或者土地条件相当的地域,按照商业、居住、工业等用途和政府管理需求,分别评估法定的某一时点的最高年期物权性质的土地使用权区域平均价格。在评估范围内的土地有的属于国家所有,有的属于农村集体所有,基准地价也分为国有建设用地基准地价和集体建设用地基准地价。

基准地价是某一时点的土地使用权价格,这一时点就是基准地价评估的基准日。基准地价的评估年期是各类土地使用权法定的最高使用年期。对于集体建设用地中的"宅基地"及"工业用地",其年期设定应与相关法律政策相衔接。基准地价是平均开发程度下的土地使用权价格。开发程度是市政基础设施依正常投资(宗地红线外的上水、下水、道路、供电、通信、供气、供暖等费用)按土地面积或建筑面积或对宗地价格的贡献程度分摊。正常投资是指该程度下的市政设施建设当时的社会平均投资水平。宗地内的基础设施投资一般为土地购买方投资,故不计入基准地价。宗地红线内的土地平整费用计入基准地价。

②农地基准地价。[3] 农地基准地价是指在农村范围内,以县域为单位对现状利用条件下不同级别的土地(主要是耕地),或者土地条件相当的地域,按照土地所有权、土地使用权等不同权利分别评估的某一时点的平均价格。农地所有权基准地价是农地在正常生产条件下未来无限年期土地纯收益、农地的农民社会保障年价值以及农地发

---

[1] 引自《城镇土地估价规程》(GB/T 18508-2014)。
[2] 毕宝德:《土地经济学》,中国人民大学出版社 2020 年版,第 320-321 页。
[3] 毕宝德:《土地经济学》,中国人民大学出版社 2020 年版,第 321 页。

展权年价值之和的资本化。它是某一时点的价格。农地使用权基准地价是农地在正常生产条件下未来有限年期土地纯收益的资本化。这一年期的长短一般与国家规定的农地承包期相符。

农地基准地价目前是以耕地为评估对象。林地、草地等不同用途的农地可以耕地基准地价为基准,确定各自的基准地价。

(2)标定地价。标定地价反映宗地在一般市场条件下的正常地价水平,可以作为政府对地价和地产市场进行具体管理的依据。标定地价是政府根据管理需要,评估的具体宗地在公开市场和正常经营管理条件下某一日期的土地使用权价格。标定地价也是公示地价的一种,由政府组织或委托评估,并被政府认可,作为土地市场管理的依据,其评估方法与一般宗地估价方法相同。标定地价与基准地价一样,由政府定期公布。

(3)交易底价。交易底价反映宗地在不同市场条件和不同交换形式下的地价水平,是供土地交易或交换各方作为交易最低价或期望参考价。

(4)成交价格。成交价格反映具体宗地在地产交易或交换等活动中的现实价格,是由土地交易双方认可并据此支付地价款的成交价格。

(5)其他由以上四种类型的地价衍生和派生的供抵押贷款、土地税收、资产核算、土地出让等方面使用的地价。

上述五个地价系列相互影响、相互联系,共同构成了我国的地价体系,同时这五个地价系列也在地价体系中起到不同的作用,具有不同的地位,显示出各自不同的特点。从地价的性质看,基准地价、标定地价、交易底价以及由此衍生的其他宗地地价,是根据过去成交地价及土地收益情况评估的地价;而成交地价则是在地产交易中直接实现的现实价格。从地价的特点看,基准地价属于区域平均地价的一种,是目前我国最常见的区域平均地价形式;标定地价、交易底价及其他派生的地价都是对于具体的宗地而言,故都属于宗地地价类型。若按各地价在地价体系中的作用和地位分析,基准地价和标定地价是政府为管理地价和地产市场而组织或委托评估的,对地价体系中的其他地价具有一定的导向控制作用,因而是我国地价体系的核心;标定地价、交易底价或交易评估价是地产中最常见、最大量发生的地价形式,因而是地价体系的主要成分;而成交地价反映的是地产市场的现实,故是地价体系内最关键的参照指标。整个地价体系的结构及相互关系如图8-4所示。

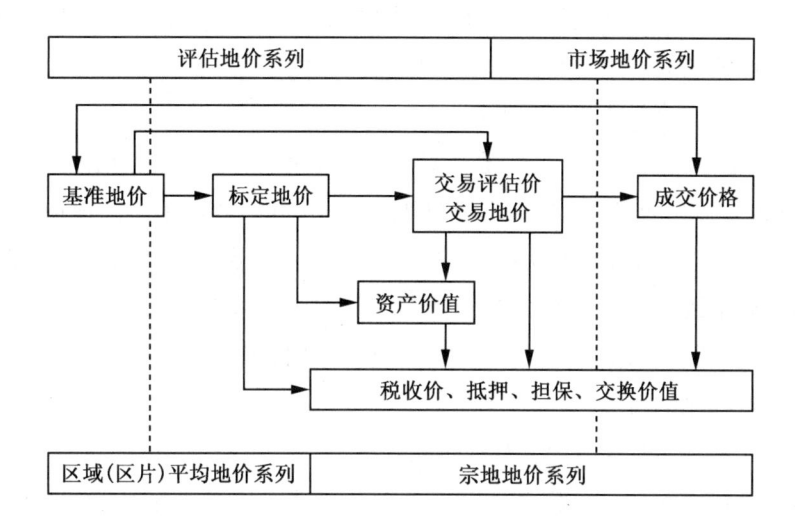

```
┌─────────────────────┬─────────────────────┐
│     评估地价系列    │    市场地价系列     │
└─────────────────────┴─────────────────────┘
        ↓       ↓         ↓           ↓
   ┌──────┐ ┌──────┐ ┌──────────┐ ┌──────┐
   │基准地价│→│标定地价│→│交易评估价│→│成交价格│
   │      │ │      │ │交易地价  │ │      │
   └──────┘ └──────┘ └──────────┘ └──────┘
              ↓         ↓
           ┌──────────┐
           │ 资产价值 │
           └──────────┘
              ↓         ↓        ↓
        ┌────────────────────────────┐
        │税收价、抵押、担保、交换价值│
        └────────────────────────────┘
┌─────────────────────┬─────────────────────┐
│ 区域(区片)平均地价系列│   宗地地价系列     │
└─────────────────────┴─────────────────────┘
```

资料来源：任志远、宋宝平、岳大鹏等，《中国西部城市土地定级估价——探索与实践》，科学出版社2000年版，第70页。

图 8-4 地价体系结构

(二)中国土地价格体系目前存在的主要问题[①]

1. 农用地价格管理环节薄弱

我国的地价管理主要集中在城镇范围内，对于农用地的价格管理还刚刚开始，造成当前我国各地区普遍存在的集体土地流转问题及其引发的各类矛盾和违法案件。

2. 监测制度不完善，地价动态监测范围小

目前，全国范围内的地价动态监测制度已经确立，一些省份也确立了适合本省情况的地价动态监测制度，但目前的地价动态监测与更新机制主要集中在有条件的大中城市，许多中小型城市尚未覆盖，这些大中城市的地价动态监测很难反映我国整体土地价格的分布和变动情况。这就需要建立起一套自上而下、范围全面、内容完整的地价动态监测系统。

3. 监测技术标准不够细化

我国开展城市地价动态监测比较晚，就相关的技术工作标准在技术规范中未能一一明确。如没有形成统一的数据格式，地价动态监测后相关数据更新存在操作上的困难等。

三、中国加强土地价格管理的制度及对策

根据建立社会主义市场经济体制的要求和我国已有的地价管理政策，我国政府在

---

① 蔡丝佳、勾美阳：《浅谈城市地价动态检测的问题及思考》，载《民营科技》2016年第6期，第8页。

解决土地价格管理实际问题的同时,借鉴国外的经验,进一步健全了我国土地价格管理制度和采取相应的对策。具体包括以下几个方面。

(一)实行土地价格评议书制度

自20世纪80年代后期,原国家土地管理局在全国范围内逐步建立土地估价制度,要求各城市必须开展土地定级和基准地价评估,并对政府出让土地使用权进行交易底价评估。为规范土地估价方法和程序,对土地估价要实行土地价格评议书制度。土地价格评议书的内容,包括利用各种测算方法对土地价格进行的测算及使用效益分析等。通过这一制度的实施,可以达到掌握地价动向、审核地价评估过程、规范地价资料管理和估价程序的目的。

(二)建立土地估价人员的资格认证制度

开展土地价格评估,必须由专门的机构和专业人员进行。为了确保土地估价结果的科学性,管理机关要求开展这一工作的机构和人员必须经过资格认证,估价人员要经过考试才能取得估价资格。估价人员必须在相当学历的基础上参加专业考试,合格者经注册后方可从事估价工作。

(三)设立土地投资档案

在土地评定等级和估价的基础上设立土地投资档案,这种投资档案将为以后土地流动提供科学的依据。

(四)建立市场地价分析制度

国家为了更好地了解市场地价状况,制定地价政策,自1999年开始,原国土资源部即着手在全国各城市建立地价监测体系。各级国土资源部门要将土地市场形成的地价信息及时进行整理,建立定期的市场地价分析制度。通过将各城市的地价变化情况及时通过该体系传输至原国土资源部,原国土资源部即可快捷准确地了解各城市的地价状况,及时制定相应的地价管理政策,提供地价变化的预测资料。同时,利用监测数据编制全国地价指数,并定期发布。

(五)建立土地供应计划制度和土地储备制度

利用供求规律,在宏观上调控土地价格,严格控制土地供应数量和区位。各级政府根据我国耕地少、房地产开发起步较晚的实际,建立了土地供应计划制度和土地储备制度,要求每年进入一级土地市场的土地数量和时机要在政府计划的控制之下确定。同时,各城市土地管理部门还建立了土地储备制度,以有效地调节土地供应。各级政府要制订出土地供应出让计划,使土地供需数量基本平衡,保证地价合理和稳定。

(六)制定地价标准,并将地价管理制度化、法律化

首先,各地应尽快评估和公布基准地价。建立基准地价和标定地价定期公布制度,使地价标准公开化,增加土地市场透明度。其次,建立土地交易最低限价制度,《房

地产管理法》及相关法律法规规定,土地交易价格不得低于城市政府规定的标定地价,否则,政府有优先购买的权利。最后,国家要根据地价标准及变化规律,制定相应的地价管理办法,使地价管理制度化、法律化。

(七)制定有关土地税收政策

为了收回应归国家的地价部分,避免地价流失,从1994年1月开始对转让国有土地使用权及房地产并取得收入的单位和个人开征土地增值税。另外,还征收空地费,即对应利用而逾期未利用或作低度利用的征收空地税。

(八)严格土地登记制度

采取有力措施,坚决制止炒卖土地行为。中国土地估价师与土地登记代理人协会定期举行土地登记代理人资格考试,规范土地登记制度和程序。土地使用权转让、出让必须到土地管理部门办理登记或过户登记。

(九)引入竞争机制

土地交易的真实价格应在制定的地价标准上,通过市场竞争来形成。因此,需要由现在的协议、招标、拍卖出让方式变为拍卖、招标、协议出让,即由现在的绝大多数实行协议方式出让转变为绝大多数实行招标、拍卖方式出让。

(十)成立土地估价委员会

地价管理涉及各行业,需要组织协调,要做大量的行政和技术工作。为将地价管理政策落到实处,全面反映各部门对土地价格的承受能力,各城市应组织各有关职能部门组成土地估价委员会,每年定期举行例会,研究、审议土地估价和地价管理的重大政策、技术问题。

本章小结

土地价格是土地经济作用的反映,是土地权利和预期收益的购买价格,即地租的资本化。土地价格的形成以马克思主义地价理论和西方经济学地价形成理论为切入点。在马克思主义地价形成理论中,总结了三个观点,即自然状态的土地虽然不是劳动产品,没有价值,但有使用价值,并存在价格;土地价格的实质是地租的资本化;土地租金是出租土地的资本化收入。在西方经济学地价形成理论中,有土地收益理论、土地供求理论、城市土地竞标理论和影子价格理论。

土地价格评估是专业人员按照一定的地价评估目的,遵循科学的土地估价原则、程序与方法,对土地市场价格的测定。其有助于土地交易的顺利进行,有助于体现赋税公平,有助于企业投融资决策,有助于国家征地的顺利进行,有助于土地市场的完善和管理。土地价格评估主要采用的方法有市场比较法、收益还原法、成本逼近法、剩余法、基准地价系数修正法和路线价法。市场比较法是房地产估价最重要、最常用的方法之一,也是一种技术上成熟、最贴切实际的估价方法;收益还原法是通过估算被评估资产的未来预期收益并折算成现值,借以确定被评估资产价值的一种资产评估方法;成本逼近法是以取得和开发土地所耗费的各项客观费用之和为主要依据,再加上一定的利润、利息、应缴纳的税金和土地增值收益来确定土地价格的估价方法;剩余法是在测算完成开发后的不动产正常交易价格的基础上,扣除预计的正常开发成本及有关专业费用、利息、利润和税费等,以价格余额来估算待估宗地价格的方法;基准地价系数修正法是指利用城镇基准地价和基准地价修正系数表等评估结果,将待估宗地区域条件和个别条件等与其所处区域的平均条件相比较,并选取相应的修正系数对基准地价进行修正,从而求取待估宗地在评估基准日的评估价格的方法;路线价法是依据路线价,配合深度指数和其他修正系数(宽度、容积率、朝向、宽深比率等),用数学方法算出其他宗地地价的方法。

《中华人民共和国土地管理法》(2019修订)允许农村集体建设用地使用权的流通,市场比较法、收益还原法、成本逼近法、剩余法、基准地价系数修正法等估价方法均适用于各类型的农村集体建设用地使用权价格的评估,但估价过程中需注意各估价方法的技术要点和评估要点。

地价指数的编制是城市地价动态监测的重要组成部分。地价指数按照不同的标准有多种分类方式,常用的分类方式是按土地用途分类、按区域大小分类和按照基期不同分类。地价指数的编制一般遵循从局部到整体,自下而上,由小到大的原则,先测算区段分类地价指数,再根据加权的方法测算城市分类地价指数和城市整体地价指数。

土地价格的管理是政府为规范土地市场的交易行为,保持土地市场的稳定和健康发展,保护土地交易双方和国家等各方面的合法权益,是城市土地市场管理的核心内容,其主要目的就是通过对土地价格进行调控和引导,使土地价格保持在合理、稳定的水平上,既有利于国民经济的发展,又有利于土地市场繁荣。

复习题

一、名词解释

土地价格　影子价格　市场比较法　收益还原法　成本逼近法　剩余法
基准地价　路线价法　土地价格评估

二、选择题

1. 下列四种商品中,商品需求价格弹性比较大的是(　　)。
   A. 面粉　　　　B. 大白菜　　　　C. 点心　　　　D. 金项链
2. 在下列条件中只有一种不是影响需求变动的因素,你认为是(　　)。
   A. 消费者收入变化　　　　B. 商品自身价格变化
   C. 消费者偏好变化　　　　D. 其他相关商品价格变化
3. 下列选项中不属于土地价格资本化的是(　　)。
   A. 绝对地租　　　　B. 级差地租
   C. 土地投资的折旧　　　　D. 土地投资的成本
4. 采用现行市价法进行资产评估的关键在于确定资产的(　　)。
   A. 重置成本　　　B. 市场价格　　　C. 变现价格　　　D. 收益现值
5. 土地价格的评估原则不包括(　　)。
   A. 合法原则　　　B. 相关替代原则　　　C. 预期收益原则　　　D. 可持续性原则
6. 对于城市土地价格评估的方法,下列说法中正确的是(　　)。
   A. 市场比较法就是通过对具有替代关系的类似土地的交易价格进行修正,求出的待估宗地价格
   B. 标准田法,先根据土地评估因子计算土地综合质量分值并划分土地级别,然后在各级别内选取相应的标准田,并采用一定的估价方法如收益还原法估算标准田的地价,将同级内各地块的综合质量分值与标准田比较,从而推算其地价
   C. 成本逼近法是以开发土地所耗费的各项客观费用之和为主要依据,一般用于收益型的、市场成交案例多的公建和公益用地评估
   D. 剩余法是根据土地价值的高低及其经营过程中可能出现的收益、成本等因素来评定土地价格的高低
7. 有基准地价的地区,协议出让最低价不得低于出让地块所在级别基准地价的(　　)。
   A. 40%　　　　B. 50%　　　　C. 60%　　　　D. 70%

三、判断题

1. 在马克思土地价格形成理论中,其认为土地不是劳动产品,从而没有任何价格。
(　　)
2. 在马克思主义地价理论中,土地价格的实质是地租的资本化。(　　)
3. 影响土地价格的变动因素有一般因素、区域因素、个别因素及社会因素。
(　　)
4. 土地权利主要是指土地所有权、使用权、抵押权等。(　　)

5. 土地价格是指土地的购买价格,即土地的所有权价格。(　　)

6. 土地供给决定土地的价格,土地价格影响土地需求关系。(　　)

7. 土地是一种公共资源,其价格水平必须受到政府管制,不得随意涨价或者降价,因此政府实行土地价格备案制度。(　　)

四、简答题

1. 简述马克思主义土地价格形成的理论环节。
2. 列举西方经济学地价形成的理论。
3. 简述影响土地价格变动的因素。
4. 简述土地价格的内涵及其城市土地价格的特点。

五、计算题

1. 现拟采用市场法评估某房地产价格,选取了甲、乙、丙三宗可比实例,有关资料如下表所示。

甲、乙、丙三宗可比实例的有关资料

项　目	可比实例甲	可比实例乙	可比实例丙
建筑面积	1 000 平方米	1 200 平方米	9 687.6 平方英尺
成交价格	240 万元人民币	300 美元/平方米	243 万元人民币
成交日期	2001 年 10 月初	2002 年 8 月初	2003 年 2 月初
交易情况	−5%	0%	0%
状况因素	0%	+2%	+5%

又知可比实例乙、丙的付款方式均一次付清;可比实例甲为分期付款,首期 96 万元,第一年年末 72 万元,月利率 1%,第二年年末 72 万元,月利率 1.05%。2002 年 8 月初人民币与美元的市场汇价为 1∶8.5,2003 年 8 月初的市场汇价为 1∶8.3。该类房地产人民币价格 2001 年逐月下降 0.8%,2002 年逐月上涨 1.0%,2003 年逐月上涨 1.2%。又知 1 平方米 = 10.764 平方英尺。试利用上述资料评估该房地产 2003 年 8 月初的正常单价(如需计算平均值,请采用简单算术平均值)。

2. 某公司于 2000 年 7 月 1 日经政府出让取得一块商业用地,土地面积 5 000 平方米,土地出让年限为 2000 年 7 月 1 日至 2040 年 6 月 30 日,共 40 年。该公司在该地块上建成一栋钢筋混凝土结构商业楼,总建筑面积为 15 000 平方米,于 2001 年 7 月 1 日竣工投入使用,该建筑物当时重置价值为 1 300 元/平方米。现该物业由业主自行经营,经营状况正常,年经营收入 6 000 万元,年销售成本及经营成本共 4 000 万元,管理费、财务费用为年经营收入的 6%,商品销售税金及附加为销售收入的 8.5%,经营利润为年经营收入的 10%,若 2005 年 7 月 1 日同类型建筑物重置价值为 1 500

元/平方米,房屋还原利率为8%,土地还原利率为6%,不考虑递增及物价因素,求该地块于2005年7月1日的价值。

六、论述题

分析并列举中国加强土地价格管理的制度及对策。

第九章 土地金融

学习目的

过对本章的学习,要求了解金融、土地金融的基本概念,理解土地金融的特点,土地金融的种类,掌握土地金融的作用,掌握我国土地金融的发展历程和国外土地金融的概况,理解抵押贷款证券化以及土地资本市场的相关知识。

关键概念

土地金融　农地金融　市地金融　房地产金融　抵押贷款证券化
土地资本市场

第一节　土地金融概论

一、金融的相关概念[①]

金融,从狭义上来说,是指货币流通以及与货币相联系的所有经济活动的总称,货币包括实体货币以及虚拟货币。从广义上来讲,金融泛指与信用货币发行、结算、兑换等相关的经济活动,甚至还涵盖了金银等重金属的买卖。而要全面透彻地了解金融,必须掌握几个与金融相关的基本概念,即:信用、金融市场、金融工具和金融机构。

所谓信用,是指存在并附着于在人与人之间、单位之间和商品交易之间形成的相互信任的生产关系和社会关系。而与金融相关的信用已经超越了传统信用的含义:金融信用是指债务人与债权人之间的相互信任的关系,即债务人基于对债权人偿还债务的信誉和能力的判断,双方达成协议的一种资金融通的方式。

---

① 郭靖华、刘建友、王平:《金融大辞典》,海潮出版社 2001 年版,第 145 页、151 页;赵加积:《信用是资本价值的核心成本》,载《前进》2004 年第 5 期,第 26－27 页;丁大卫:《新金融宣言——金融洪荒时代的混沌钟》,中国华侨出版社 2010 年版。

金融市场产生于商品经济发展的过程中,属于市场经济和商品经济的范畴,广义的金融市场是进行货币借贷、买卖各种有价证券、进行金融工具融通和中介服务的场所和领域。伴随着市场经济的迅速发展,传统的货币——商品交易已经无法满足企业融通资金的需求,为了应对企业扩大生产规模的融资需求,金融市场诞生了。金融市场除了具有一般市场的普遍特征外,还有其独特的特征:①金融市场是以资金交易为主的市场;②金融市场上的主要关系为借贷关系;③金融市场可以分为有形与无形市场、一级市场和二级市场。

金融工具是金融市场交易的对象,它是随信用关系的发展而诞生、发展起来的。现代意义上的金融市场不能仅靠交易双方的口头协议进行,必须要有规范的合同和交易流程,因此在金融市场上产生了股票、债权、期货等金融工具以满足现代金融交易的需要。随着中国金融市场的不断完善,金融工具也越发多样化、金融工具创新不仅扩大了中国金融市场的规模,而且为中国金融市场与国际接轨创造了条件。

金融机构是指从事金融业务活动的单位和机构,是金融市场活动的主体和参与者。

金融工具、金融市场、金融机构之间是相互联系、相互促进的:金融机构是金融市场的主体,由它们提供并创造各式各样的金融工具,金融市场则是这些金融工具活动的场所。因此一国金融业的发达程度,是由这三者共同决定的,金融工具的创新为金融市场注入了新的活力,也给金融机构带来了更加多样化的交易方式。

二、土地金融和几个相关概念

在了解关于金融的相关概念后,我们继续研究金融的一个分支——土地金融。

土地金融,顾名思义,是以土地为媒介的货币资金融通活动。土地和金融之间天然存在着许多的联系。土地具有所需开发资金量大、开发周期较长、位置固定、保值增值等特点。土地的这些独特性质决定了开发改造土地需要向其注入大量的资金,从拿地到"三通一平"再到建造建筑物,每一个环节都需要数额巨大的资金,而开发主体的资金是有限的,在短期很难完成大额资金的供给,因此就需要土地金融帮助开发主体完成大额资金的融通,以满足开发需求。与此同时,资金的贷出方出于谨慎考虑,通常要求大额资金的贷款有与之匹配的担保物,而土地具有位置固定、保值增值性等良好的特性,这使得土地天然就可以作为一个担保抵押物。从以上的分析我们可以得出结论:土地的开发方为了融通巨额资金,需要土地金融的支持;金融机构为了保证资金贷出的安全性,会需要与之匹配的担保抵押物,而土地正好可以作为完美的担保品进行抵押,因此土地和金融天然就具有联系。

土地金融最主要的任务是利用合法、有效的金融工具,向社会公众筹集资金,满足开发主体的资金需求,而土地具有良好的保值增值性,向土地的开发投入资金可以获得不错的收益,因此土地金融在我国发展的规模越来越大。

另外,本文所指的土地金融不仅指取得土地使用权本身的资金融通,而且包括土地上方的建造物、房地产等开发过程中与金融具有联系的环节,因为单纯的一处土地如果没有加以开发改造,这时土地本身也就没有任何价值,只有对土地加以改造,才能满足农业、工业、商业、居住等需求,此时土地才就有了价值。因此土地金融应该包括房地产开发环节的资金融通、后期房屋装修等所有的开发环节。

为了更好地了解土地金融,我们需要对与土地金融相关的几个概念进行介绍,其中房地产和不动产是两个十分重要的学术名词。房地产包括土地、地上建筑物以及土地附属物。不动产的范围是有形土地、建筑物、附属土地的改良工事,是内生于不动产所有权的法律权利和利润。

土地在美国通常称为"real estate",而在我国有时将其翻译为"房地产",有时翻译为"不动产",但两者包含的范围上还是存在某些差异的。房地产和不动产都包括了土地,从某种程度上说,房地产和不动产的概念有些类似。从美国的法律概念分析,房地产是指狭义上的不动产,仅指地产和依附于该地产之上的房产。广义上理解,不动产既指一组特定的权利又指一些有形之物,即土地、建筑物、附属物、地上权、采矿权、空域使用权和用水权等。

与土地金融相关的概念还有房地产金融和不动产金融,但三者存在明显的差异性:土地金融是以土地为担保,获得资金融通的各种信用行为的总称;房地产金融,从狭义来说指的是在房地产开发、建设、经营、管理、服务和消费过程中,通过货币资金流通和信用渠道筹资、融资以及相关金融服务的一系列活动的总称广义的房地产金融包括住房金融和土地金融,是指房地产业以及房地产相关部门的一系列金融活动。不动产金融与房地产金融类似,是不动产开发、建设、管理、服务和消费过程中一系列金融活动的总称。

三、土地金融的特点[①]

作为金融的一个分支,土地金融有着与其他部门金融相似的地方。同时,土地金融也具有自身独有的特点。因为土地金融是由土地商品与土地资金共同组成的,因此两者的特点共同决定了土地金融的性质。土地商品的特点有:可供给数量有限、保值增值性、稳定性等。土地一般不会被破坏、也不会凭空消失,因此具有稳定性。另外随

---

① 谢经荣、殷红、王玉玫:《房地产金融》,中国人民大学出版社 2012 年版,第 1-5 页;毕宝德:《土地经济学》,中国人民大学出版社 2020 年版,第 336-337 页;攀枝花市自然资源和规划局:《〈中华人民共和国土地管理法〉修正案解读》,2019-11-29。

着人口数量的不断上升,人地关系愈发地紧张起来。根据供求模型,需求增加而土地供给数量不变,供求关系的紧张导致土地的价格总体在不断上涨,从这个意义上来讲,土地具有保值增值性,适合作为投资的对象。土地资金的特点有:资金量大、灵活性、风险性。土地整个开发周期需要大量的资金投入,而完成资金的融通需要金融工具的支持,随着我国金融市场的不断完善,金融产品也越来越丰富,因此土地资金的来源也具有了较大的灵活性,不仅可以采取贷款、股票、债券等传统形式,而且可以使用信托、基金等新的金融工具。

虽然长期土地具有保值增值性,但是不排除个别年份,受到自然灾害、金融危机等影响,土地价值会有波动的风险,而巨额资金的随时通常也数额巨大,因此土地资金具有一定的风险性。土地商品与土地资金的特点决定了土地金融也具有价值量大、灵活性等特点,作为中国金融市场上极为重要的一环,土地金融还具有如下特点:

(一)土地金融担保物的安全性高

金融很多时候是与担保联系在一起的。担保的种类有两种,即人的担保和物的担保,其内容和特点如表9-1所示。

表9-1　　　　　　　　　　人的担保和物的担保

担保种类	人的担保	物的担保
内容	信誉良好或者资金雄厚的第三人(人或企业)为债务清偿提供担保,当债务人无法偿还债务的时候履行还贷的义务	用特定的财物为债务的清偿提供担保,当债务人无法偿还债务的时候,债权人获得担保物权,有优先获得清偿的权利
优点	操作简便,适合熟人亲朋之间	操作烦琐,通常需要中介以及契约
缺点	出现无法还贷的时候可能会有争议,有损债权人利益	出现债务人无法清偿债务的时候比较安全

土地金融是以土地为担保的资金融通活动。土地的位置固定,与其他抵押物相比,土地作为抵押物具有永久性、不易藏匿性、不易消耗性和保值增值性的特点。土地收入稳定,对农业用地来说有农业收入,对于城市用地来说有地租收入,因此其保值能力好。同时,土地还具有数量有限性,土地的总量不会增加,但是随着经济的发展对土地的需求越来越大,因此,从长期来看,土地具有很好的增值能力。作为抵押物的土地,增值的能力很好。因为土地是优良的抵押物,所以以土地为担保的土地金融就具有安全性的优点。

(二)土地金融有较强的政策性

土地在我国社会主义市场经济中有着特殊性。与西方国家不同,我国实行土地全民所有制和集体所有制相结合的土地所有政策。因此我国的土地金融与资本主义的土地完全市场化交易存在很大的差异。在农村,土地是"三农"(农村、农民、农业)的基础和核心；在城市，土地是房地产业的基础。土地有很强的公共性和外部性，因此，为了国家安定和国计民生的稳定，政府对土地金融的干预比较强。同时，由于土地的特殊重要性，土地金融获得国家的补贴也相对比较多。在农村，国家通过农业政策和相关金融机构以及非金融机构的调整，影响土地金融；在城市，国家通过房地产金融部门实现对土地金融的干预。有关土地金融的交易、监管等法案也在不断地修订，以适应新时期下我国国民经济和土地金融的发展。

2019年8月26日，十三届全国人大常委会第十二次会议审议通过了《中华人民共和国土地管理法》修正案，自2020年1月1日起施行。新版的《土地管理法》有以下几个亮点：破除集体经营性建设用地进入市场的法律障碍；改革土地征收制度；完善农村宅基地制度；为"多规合一"改革预留法律空间；将基本农田提升为永久基本农田；合理划分中央和地方土地审批权限；土地督察制度正式入法。

新《土地管理法》从制度方面完善了我国的土地管理，从这一方面来讲，体现了土地在我国的政策性，中央通过出台相关的政策，完善土地的交易方式，对土地金融进行监管，这一系列重大修改必将对我国土地管理制度乃至于国民经济和社会发展产生重大而深远的影响。

(三) 土地金融关联度高，带动的产业多

土地金融涉及部门非常多，每个部门和每个环节都需要的相关专业人才。土地金融不仅涉及建筑业、化工、金融等专业部门，法律、会计、土地估价、农业技术部门等也都有涉及，需要的专业技能比较高，操作程序和过程比较复杂。从拉动系数来说，建筑业对其他产业具有明显的带动作用，在土地金融发展过程中，促进了相关部门就业岗位的增加，在活跃金融市场的同时对促进我国第三产业的发展也有着特殊的重要作用。

房地产业是我国的支柱产业，我国有大量的资金积累在房地产业上，因此房地产业的发展好坏直接影响我国的经济情况，当房地产业处于上升阶段时，经济通常处于繁荣期，相反，当房地产业不景气，经济也就逐渐衰败，可从过去的经济周期分析论证。因此土地金融的发展会关联到各行各业，支持土地金融也就是发展我国的经济。

(四) 土地金融具有一定的脆弱性

长期来看，尽管土地具有良好的保值增值性，但是受到自然灾害、经济危机等影响，土地资金也会短期波动，而盲目地投资开发土地，也会导致房地产泡沫的产生。另外农业土地的贷款期限长、利率较低，若遇到不可抗力的影响，会导致贷款难以收回，此时风险加大，而房地产泡沫的爆炸，也会导致土地及房地产价值量的剧烈下降，此时房地产投资者会面临巨额的亏损。

四、土地金融的种类[①]

土地金融的种类按照不同的分类方法,有不同的种类。

(一)按照抵押物分类

按照抵押物分类,我们习惯上将土地金融分为农地金融和市地金融。

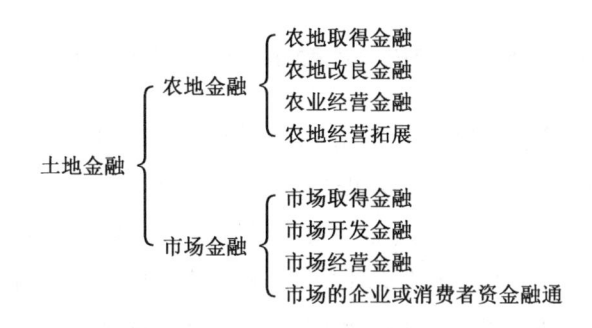

$$
\text{土地金融}\begin{cases}\text{农地金融}\begin{cases}\text{农地取得金融}\\\text{农地改良金融}\\\text{农业经营金融}\\\text{农地经营拓展}\end{cases}\\\text{市场金融}\begin{cases}\text{市场取得金融}\\\text{市场开发金融}\\\text{市场经营金融}\\\text{市场的企业或消费者资金融通}\end{cases}\end{cases}
$$

图 9-1 按照抵押物的不同对土地金融的分类

1. 农地金融

通常情况下,农地金融分为三类:农地取得金融、农地改良金融、农业经营金融,另外在我国土地经济发展的新时期还产生了农地经营扩展资金融通这一新的农地金融形式。

(1)农地取得金融:这一部分资金用于农地的取得,即农地的购买与租赁。

(2)农地改良金融:这一部分资金用于农地的改良,其中农地的改良包括农地的施肥、农地的平整、灌溉等。

(3)农地经营资金:这一部分资金用于农地的经营,主要包括购买牲畜、种子、化肥等,还包括机械、农具的购买。

(4)农地经营拓展金融:由于我国的土地属于国有或者集体所有,只有土地使用权可以交易,我们将凭借农地所有权或者使用权所从事的其他活动称为农地经营拓展,而其中所涉及的资金融通称为农地经营拓展金融。

(二)按照资金融通对象分类

按照资金融通的对象,可将房地产金融分为已建成房地产融资和计划项目融资。

已建成房地产融资和计划项目融资还可以继续细分,其中已建成房地产融资可以分为住宅房地产融资和收益房地产融资,计划项目融资可以分为项目开发融资以及土地开发融资。

[①] 毕宝德:《土地经济学》:中国人民大学出版社 2020 年版。

```
                    ┌─ 已建成房地产融资 ┬─ 住宅房地产融资
                    │                   └─ 收益房地产融资
房地产金融 ─────────┤
                    │                   ┌─ 项目开发融资
                    └─ 计划项目融资 ────┤
                                        └─ 土地开发融资
```

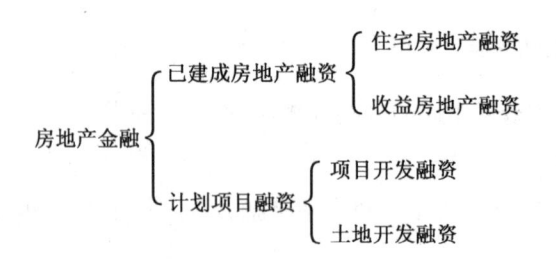

图9-2　按照资金融通对象对房地产金融的分类

(1)住宅房地产融资：这部分资金用于住宅的购买与投资，住宅类房地产是为了个人或者家庭提供住所的房地产，主要包括单户房地产以及多户房地产。

(2)收益房地产融资：这部分资金主要用于房地产的投资。由于房地产具有保值增值性，这一特点吸引了许多的投资者进行房地产方面的投资，无论是直接投资房地产还是对房地产相关的金融产品进行投资，都可以算入收益房地产融资。

(3)项目开发融资：在土地开发的初始阶段，开发主体需要大量的资金进行项目的开发，此时可以用融资的手段进行项目的开发融资，这部分资金用于项目的准备、项目的实施等开发环节。

(4)土地开发融资：这部分资金用于土地的开发环节，包括对土地使用权进行购买、租赁、"三通一平"、房屋的建造等土地开发。

五、土地金融的作用[①]

土地金融以土地为信用保证，充当抵押物，融通获取资金，为土地及其附着物开发、改造、利用、维护的各个环节提供资金的支持。其重要作用主要在以下几方面。

(一)加快农业科技化，促进农业建设和发展

西方发达国家通常运用土地作为抵押信用，多是为了农业的建设和发展。金融机构使土地证券化，然后向社会发行，募集社会上的闲散资金，向土地所有者和经营者提供贷款，用于生产和改良土地的各个方面，诸如修建农舍、水利灌溉、提高土地质量、加大农业的机械化投入等。我国现阶段制定的土地管理法，是为了加速城乡一体化建设、加快农村的经济发展而制定的。用土地作为抵押品，不仅可以为开发主体融通巨额资金满足城市的发展需要，还能为农村土地开发募集足够资金，加快农业的科技化进程，促进农业的建设与发展。

[①] 毕宝德：《土地经济学》，中国人民大学出版社2020年版，第359页；李泠烨：《土地使用的行政规制及其宪法解释》，载《华东政法大学学报》2015年第3期，第147页。

(二)国家实施土地政策,加快我国的现代化建设

土地在我国具有特殊性,主要体现在土地的所有权属于国家或集体,可以自由交易的是土地的使用权,国家对土地实施政策主要体现在土地使用权的转移流通,政府制定相关的土地政策,不仅可以满足不同个体对土地使用的需求,而且能拓宽土地使用权所有者的收入来源,有利于完善以按劳分配为主体,多种分配方式并存的社会主义分配方式,加快我国的现代化建设。

(三)提高居民购房能力,有助于人民生活水平的提高。

国际上比较常见的住房收入比(住房价格和年收入价格之比)通常是3~5倍。但是,我国却远远高于国际标准,部分城市的住房收入比达到了10倍以上。对于很多家庭来说,高昂的房价(而且还正在飞速上涨中)成为他们住房梦想的一个很大障碍。尤其是大城市的房价,已经超过普通家庭可以承受的金额,因此迫切需要相关的土地金融工具,满足购房者的需求。金融业可以筹集社会闲散的资金,为有购房欲望和具有还贷能力的居民提供住房贷款,提高居民的购房能力,可以使得更多的家庭有房住,实现"住有所居"的目标,有助于人民生活水平的提高。

西方大量的国家对家庭及企业会提供对应的房地产政策支持房地产的购买、租赁、转让,这些方式可以提高人民的生活水平,也有利于市场经济的发展。

参照新加坡等国家的住房政策,我国实行的是具有中国特色的住房公积金制度,采取国家、个人、单位三级基金管理。金融业对个人住房提供贷款、向各地经济适用房建设提供有力支持,为我国的住房制度改革的顺利进行作出了很大的贡献。

(四)拓宽金融渠道改善资产结构,分散金融市场风险

土地金融大大地拓宽了金融渠道,促进了金融业的发展。土地的良好信用基础决定了其可以广泛地吸收游资。同时,个人住房消费贷款也是银行效益很好的信贷品种。因此吸引了广大银行从事土地金融业务,商业银行也成为住房金融市场的贷款主要提供者。

土地金融的完善还提供了大量的金融衍生品,为金融市场上的投资者提供了更多的选择改善投资者的投资产品的结构,进一步分散市场的风险,提高市场的有效性。

第二节 中国土地金融的发展

关于我国土地金融的发展,通常都是分为三个阶段:第一个阶段是新中国成立前的土地金融,第二个阶段是新中国成立后的土地金融,第三个阶段是实行改革开放后的我国社会主义市场经济体制下的土地金融。

一、新中国成立前土地金融的发展情况[①]

房地产金融的发展与商品经济的发展密切相关,早在古代中国就有土地金融的萌芽诞生,但由于当时商品经济不发达,导致土地金融未被充分发展。到了1911年,天津建立了我国第一个土地金融机构——殖产银行。1914年,北洋政府仿照当时的日本的先例,成立了劝业银行。总体来说,新中国成立前的沿海大城市,以及长江沿岸比较发达的商业城市,都有一些金融机构以不同的形式从事房地产的开发和经营。很多银行、钱庄、信托投资公司或成立房地产信贷部,或成立房地产开发公司涉足房地产金融,但由于当时我国资产阶级未充分发展,土地金融市场没有得到有利的发展条件。

1911年在天津成立的殖产银行是中国第一家房产金融机构。殖产银行是一家股份制银行,在开创初期,股金72万两白银,并规定其发行的债券额为实收股金的5倍。殖产银行的经营项目是通过田地、房屋等不动产或者股票、债券这些动产为抵押,对工农业发放期限不等的贷款。贷款总额不超过抵押物价值的70%,最长30年还款。殖产银行有房地产金融机构的性质,而且其公布的条文具有土地金融机构的特点,但从实际操作来看是与普通的商业银行一样的,基本没有在农村的土地方面进行土地金融的活动。

清政府被推翻之后,1914年,北洋政府仿照当时日本的先例,成立了劝业银行,它是全国性的房地产金融机构。劝业银行资本总额为500万元,且政府规定劝业银行是全国性不动产金融机构,同时劝业银行还发布了劝业债券。之后,工农银行和中国实业银行都宣布可以用田契或者不动产为抵押,获得贷款。这些房地产金融措施都使得这些银行成为房地产金融机构。受制于当时中国资本主义经济刚刚发展,这些银行在土地金融领域并没有进行大量相关的活动,因此与一般的金融机构没有什么区别。

我国的台湾地区在1943年也成立了土地银行,其基本任务为:办理不动产及农业金融;配合台湾当局推行土地及农业政策,发展经济。

另外,上海的土地金融市场发展也较早,由于开埠时间较早,金融业和房地产业发展都比较成熟,所以银行业从事参与房地产的经营时间也较早。在上海房地产金融机构数量比较多,这些金融机构中比较值得提及的有两类:民族资本银行和外资银行。

(一)民族资本银行投资房地产

东南沿海地区民族资本银行由于开发时间早,开放程度高,资本集中度高,其中民族资本银行中实力比较雄厚的是人称"南三行"的浙江兴业银行、上海银行和浙江实业

---

① 刘书楷、张月蓉:《土地经济学原理》,江苏科学技术出版社1988年版,第315-340页;周诚:《土地经济学原理》,商务印书馆2003年版,第二十章。

银行,以及与"南三行"齐名的人称"北四行"的金城银行、盐业银行、中南银行、大陆银行。"南三行"与国民政府的关系比较密切,而"北四行"是民族资本与北洋政府的官僚资本相融合的产物。"北四行"曾经组织过"四行准备库"和"四行储蓄会",集合四家银行的力量进行投资(见表9-2)。"南三行"之间的一些董事、监事相互兼任,在业务上也有联合。这些民族资本银行在投资房地产方面是不遗余力的,将大量的资本注入了房地产投资方面。

表9-2　　　　　　　"四行储蓄会"1927—1937年房地产投资比例

年份	1927	1928	1929	1930	1931	1932	1933	1934	1935	1936	1937
百分比	0.15	0.24	0.87	2.66	7.57	8.96	9.89	8.78	7.18	8.93	7.74

资料来源:中国人民银行上海分行金融研究室,《金城银行史料》,上海人民出版社1983年版。

浙江兴业银行是直接经营房地产业务较早、规模较大的一家银行。1928年开始建造住宅出售,1930年设立"信托部"专营房地产业务,其业务迅速发展并最终成为金融业的房地产大王,到20世纪40年代末拥有房产上千套,占总资本的70%以上。[1]

1932年,上海商业银行在账面上的房地产投资达732万元,超过实收资本500万元的46.4%,此时房地产投资的规模在银行总资本的占比提升到了新的高度。

典型的房地产开发案例:上海第一座摩天大楼——上海国际饭店。上海国际饭店的建筑、装修历时三年零四个月,耗资420万元,这些资金基本上都是"四行储蓄会"提供。上海很多的办公楼、仓库、公寓都是"四行储蓄"会等民族资本银行投资兴建。

1932年和1933年各民族资本银行的房地产资金占用情况如表9-3所示。

表9-3　　　　　　　1932年和1933年各银行房地产资金占用情况

金融机构名称	1932年 房地产(千元)	1932年 房地产占资金运作比例(%)	1933年 房地产(千元)	1933年 房地产占资金运作比例(%)
信托公司储蓄部(合计)	579	32	588	21
万国储蓄会	7 682	14	7 682	12
四行储蓄会	7 143	12	7 143	11
储蓄银行储蓄部(合计)	6 669	11	10 419	10.4
浙江兴业银行	150	1	150	1

资料来源:石春贵、于永顺,《房地产金融》,中国金融出版社1995年版。

总体来说,房地产投资以及房地产资金的数额在各家民族资本银行所占的比例比较小,这主要受制于当时商品经济的规模较小,此外还与当时人们对土地金融这一新

---

[1] 熊月之:《上海通史》(第八卷),上海人民出版社1999年版,第267-290页。

生事物知之甚少,不愿意投资这一领域有关。

(二)外资银行积极投身房地产金融业务

新中国成立前,中国一直是一个半殖民地半封建国家,许多的外资银行通过殖民特权掌握着中国的大量资本,尽管民资也积极地投身房地产,但那些掌握着中国大量资本、实力雄厚同时有着政治特权的外资银行在房地产金融这项业务上占有绝对优势。在新中国成立前的房地产金融业务中,外资银行凭借种种优势,占据着垄断地位,但客观上来讲,外资银行尽管扼杀了许多的民族资本银行的发展机会,但是也带动了中国资本主义的发展。

外资银行的总部大多位于本国,在中国设立分行。在外资银行中,比较有代表性的是英国的汇丰银行(HSBC),并且汇丰银行是为数不多的总行位于中国的殖民地银行。1865年3月3日,汇丰银行在香港成立,总行设在香港,同年4月上海分行开业。在上海、天津等比较繁荣的大城市,以不动产为抵押的贷款业务是外资银行的主要业务,汇丰银行利用手中的贷款操纵当地房地产市场,大量买进各个地产公司的股票,在当时的房地产业界有着非同寻常的地位。

20世纪30年代初期的时候,外资银行对房地产金融的投资达到了高潮。这个时期,国内外各大银行都聚集资金投资房地产业。其余的外资银行对房地产的投资也很感兴趣。外资银行在中国吸收存款的范围很广,但是放款的范围很狭窄。不过,就房地产而言几乎所有的银行都有涉足。

(三)国民政府的垄断金融机构和土地金融政策

1933年4月1日,国民党政府拨款250万元,建立了豫鄂皖赣农民银行,总行位于汉口。两年后,1935年4月1日,在豫鄂皖赣农民银行的基础上改组,建立了中国农民银行。这就是国民政府四大银行"中中交农"中的"农"。

1940年,在国民党七中全会上,土地经济学家、国民党中央委员萧铮提交了"筹建中国土地银行办法纲要",提出"设立中国土地银行,促进土地改革,实现平均地权,活跃农村金融,改善土地利用案"。1941年4月1日,中国农民银行设立了土地金融处,专门办理土地金融业务(见表9-4)。同年9月5日,国民政府公布了《中国农民银行兼办土地金融业务条例》,确定了土地金融机构的法律地位。1942年3月又颁布了《中国农民银行土地债券法》。同年,中国农民银行发行了1亿元的土地债券。利率初定为年息六厘。偿还期限是五年,每年还本付息一次,自发行之日开始,两年后可以提前偿还。券额分5 000、1 000、500、100、50五种,鉴于地价高涨,拟多发大券额少发小券额。1946年2月,国民政府再次通过《中国农民银行发行绥靖地区土地债券办法》。①

表 9-4　　　　　　　　1941年中国农民银行资产负债平衡表　　　　　　　单位:元

资　产	金　额	负债及净值	金　额
现金	1 557 798 069.91	资本	60 000 000.00
存放同业	2 145 201 613.86	各项公积金准备	109 953 370.71
农放及投资	2 712 110 401.09	同业存款	1 635 174 196.86
土地金融放款	1 091 715 599.16	各项存款及储蓄	8 412 899 470.88
其他放款及透支	169 442 097.63	转贴现及质押	9 939 659.98
证券及投资	140 631 540.00	发行土地债券	60 000 000.00
交存储蓄保证准备金	952 686 147.05	应交储蓄保证准备	140 631 540.00
缴存黄金款项	470 362 500.00	代收黄金存款	505 202 500.00
其　他	6 449 273 966.35	其他负债	4 439 126 112.18
		全年总收益	316 295 084.44
合　计	15 689 221 935.05	合　计	15 689 221 935.05

资料来源:转引自中国人民银行金融研究所,《中国农民银行》,中国金融出版社1985年版,第355页。

二、新中国成立后房地产金融的发展

新中国成立后,我国逐步实现了城乡土地的国有化,在完成了三大改造之后,我国确立了社会主义公有制制度,土地私有制基本被完全消灭,此时我国的土地主要由国家以及农村集体所有,而到了1978年之后,在当时政府的鼓励下,以农户为单位的土地承包经营得到了逐步推广,这使得土地的所有权与土地的使用权得到分离,并且在中央的政策支持下,全国诞生了很多土地金融机构,专门处理土地金融的交易。1994年之后,中央为了进一步发展土地金融市场,出台了许多相关的政策与条例,在一系列配套政策的帮扶下,至2020年,我国的土地金融市场已经在国民金融业占据十分庞大的数额,对国民经济的发展起到了引领和支撑的作用。土地金融在新中国成立后可以细分为三个阶段:计划经济阶段(1949—1978年),房改金融阶段(1978—1994年),房地产金融阶段(1994年之后)。

(一)计划经济阶段(1949—1978年)

1949年至1978年,我国实行的是计划经济管理体制,国家把住房问题和企业建设一起考虑。在完成三大改造之后,我国确立了社会主义公有制,房地产行业主要实

---

① 中国人民银行金融研究所:《中国农民银行》,中国财政经济出版社1980年版,第165页。

行实物配给。当时的基本建设资金有生产性建设资金和非生产性建设资金两部分,生产性建设资金就是厂房、基础设施等,非生产性建设资金是修建住宅、休闲场所等为恢复劳动力生产修建的建筑。

当时住房采取的是福利住房、按需供给、实物配给制度,国家建设好住房然后再统一分配给有住房需求的居民。由于否认市场经济的存在,房地产在这一时期并没有被当成商品通过市场交易,房地产金融以及相关的金融工具无法发挥其原本的融资和投资作用。同时,由于人口大量增加,尽管住宅投资的绝对数值在不断上升,但住宅建设在整个基本建设资金中占有的比重开始下降,住房问题开始凸显。如表9-5所示。

表9-5　　　　　　1950—1955年住房建设投资占基础建设投资的比重

年　份	1950	1951	1952	1953	1954	1955
基建投资(亿元)	11.34	23.47	43.56	80.01	92.96	93.02
住房投资(亿元)	1.25	3.21	4.48	9.47	8.44	6.16
住房/基建(%)	11.02	13.68	10.28	11.84	9.08	6.62

资料来源:谢经荣等,《房地产金融》,中国人民大学出版社2002年版。

从以上的数据我们可以发现,尽管住房投资的数额在我国不断升高,但是住房投资占基建投资的比例却在下降,这一方面是由于政府实行实物分配住房制度,房屋的交易不存在完整的市场,住房投资无利可图,导致投资者对房地产的投资热情不足;另一方面是由于人口大量增加,但是房屋并没有匹配人口的数量剧烈增加,"重生产,轻生活"的现象愈发严重。

(二)房改金融阶段(1978—1994年)

"文革"结束后,1979年,西安、南宁等四个城市率先开始试点,不再采取国家分配房屋制度,而是全价向居民售房,到1982年,试点扩大到了50多个城市。但是,由于房价偏高,居民收入偏低,很多家庭都无法承受这样的房价,但通过承认房地产的商品属性,我国逐步开始形成了房地产开发与交易市场,人们也意识到房屋不再是一种实物福利,是一种可以交易的商品,这为之后房改金融的发展扫清了思想上的障碍。

在20世纪80年代初期,政府开始试行了"三三三"的售房原则,即国家、企业、个人,各出1/3的价格。这些价格可以被广大群众接受,而且与计划分房想必更市场化了,但是地方政府和企业的负担太重,一方面中央和地方政府的财政赤字增加,另一方面没法带动企业的积极性,房地产市场投资热情不足。

1984年,国务院在《关于基本建设和建筑业管理体制若干问题暂行规定》中提到,建立房地产综合开发公司,对城市建设综合开发,有偿转让。综合开发公司独立经营,自负盈亏,建设银行提供所需的资金。到了20世纪80年代后期,中央出台了相关的政策,对城市的国有土地逐步实行有偿使用制,城镇的职工住房制度也逐步完善发展。1988年,国务院在《关于在全国城镇分期分批推行住房制度改革的实施方案》提到了提出了三个重要的决策:增设房地产金融机构、官方开展信贷业务、发展房地产保险代理中介。另外根据国务院的要求,烟台、蚌埠先后成立了住房储蓄银行,专业银行成立房地产信贷部,为住房资金的筹集和融通提供金融服务,此时土地金融迎来了真正的发展黄金期,机构、个人、企业都参与到土地金融的交易当中,我国的土地金融市场得到了迅速的发展。

1991年,在仿效新加坡的先例基础上,上海开始试行住房公积金制度。1994年7月,国务院《关于深化城镇住房制度改革的决定》提出"全面推行住房公积金制度"。在1997年的住房改革会议上,国务院更是将住房公积金制度作为房改政策的重中之重。另外,在1999年,中国人民银行还下发了《关于开展个人消费信贷的指导意见》,鼓励各商业银行从事土地金融的相关活动。在鼓励土地金融发展的基础上,为了防范土地市场的投机现象,我国政府还进一步出台了相关规定,用以规范土地金融业务。

(三)房地产金融阶段(1994年之后)

我国房地产金融框架的形成,始于1995年财政部颁布的《政策性住房信贷业务管理暂行规定》和1995年中国人民银行颁布的《商业银行自营性住房贷款管理暂行规定》。

进入20世纪90年代,我国的住房市场和房地产金融市场发展速度很快,各大商业银行开始办理住房按揭业务并出台了一系列配套办法。1992年中国人民银行上海分行颁布了《房地产抵押贷款暂行办法》,同年中国建设银行总行颁布了《职工住房抵押贷款暂行办法》,这些办法的公布是我国现代化房地产金融的萌芽。

新中国成立以后第一个全国适用的房地产金融方面的部门规章是1997年中国人民银行颁布的《个人住房担保贷款管理试行办法》(以下简称《试行办法》)。1998年颁布的《个人住房贷款管理办法》是对《试行办法》的补充,对担保形式作了更加详细的规定。同年7月,国务院颁布《关于进一步深化城镇住房制度改革加快住房建设的通知》,该方案提出要停止住房实物分配,逐步实行住房分配货币化,建立和完善以经济适用住房为主的多层次城镇住房供应体系,发展住房金融培育和规范住房交易市场。该方案的出台标志着我国住房制度改革进入全面启动阶段。

到了1998年以后,为了扩大内需,中国人民银行进一步出台了鼓励土地开发与消费的政策,其中包括《中国人民银行关于加大住房信贷投入支持住房建设与消费的通知》《关于改进金融服务、支持国民经济发展的指导意见》等相关文件。

2001年,中国人民银行发出《关于规范住房金融业务的通知》、2003年6月发出了《关于进一步加强房地产信贷业务管理的通知》,标志着这我国政府从推动房地产市场的发展到规范房地产市场政策上的转变。2005年3月,对个人住房贷款的利率定价机制进行了市场化调整。2006年,中国银监会为了更好地支持新农村的金融建设下发了《关于调整放宽农村地区银行业金融机构准入政策,更好支持社会主义农村建设的若干意见》,该政策先行在吉林、四川等六省试点。2007年,《中华人民共和国土地储备管理办法》颁布,规定了土地储备机构可以储备土地设定抵押。2020年新的《中华人民共和国土地管理办法》公布,标志着我国土地金融的发展进入了一个新的历史时期。

三、中国房地产金融的特点

(一)各地区之间房地产金融发展存在较大差异

房地产开发所在地的经济水平高低会限制当地房地产金融市场的发展,尽管国家出台了大量相关的政策来鼓励房地产金融的发展,但是由于我国幅员辽阔,各省市的经济实力和文化背景存在较大差异,同样的政策在各个地区的实施效果也不尽相同。以住房个人贷款业务举例,上海、广东、浙江、江苏、福建等发达省市占到了全国贷款业务总量的50%以上,而中西部虽然发展较快,但是相比较而言还是落后于发达地区。未来我国在发展上海、广东等东南沿海地区的基础上,还需要统筹兼顾,发展落后地区,这样可以缩小地区的差异,更好地实现社会主义现代化的目标。

(二)住房金融市场竞争激烈,经营开始规范

近几年来,国家加快了土地金融支持、住房制度改革的步伐,并重点发展住宅产业,各商业银行逐渐认识到住房金融的重要性,以及住房金融的巨大发展潜力和广阔的发展前景。因此,商业银行纷纷从不同的角度且以不同的方式加入房地产的投资,并介入住房金融市场竞争。自1998年起,在国家产业政策和金融调控政策的引导下,各家商业银行都纷纷承诺提高信贷规模,支持住房建设和住房消费,各个方面的竞争都更趋激烈。住房市场涉及的资金量巨大,稍有不慎便会有巨大的连锁反应,在2008年次贷危机之后,中国政府出台了许多的应对房地产市场波动风险的政策。另外房地产专业人员越来越多,受过专业训练的投资分析师也越来越多,未来银行的住房信贷业务将更加理性、规范,防范贷款风险的意识将进一步增强,这有利于我国金融市场的稳定,更好更稳地发展社会主义市场经济。

(三)住房信贷结构发生很大变化,重点向住房消费贷款倾斜

随着我国经济实力的不断提升,为适应国家宏观经济形势和住房市场的客观发展需要,我国政府出台了相关政策,导致商业银行住房信贷结构发生了巨大变化,由过去重点支持住房开发贷款转为重点支持住房消费贷款。1999年,中国银行的自营性个人住房贷款余额占房地产贷款余额的70%以上。比重最小的农业银行也有21%,且

这些比重正在逐渐扩大。随着人民生活水平的提升，人均收入逐渐提高，越来越多的家庭愿意消费住宅、投资房地产领域，未来我国房地产金融的发展还会持续繁荣。

四、中国房地产金融存在的问题[①]

（一）房地产金融以传统银行信贷为主导，金融创新风险过于集中

我国的房地产金融市场发展并不平衡，传统的商业银行信贷业务承担了90%的房地产融资，这一方面使得房地产开发商的资金来源单一，资本过于集中，房地产市场的风险加大，另一方面也使得银行等机构的信贷资产化、债券化进展缓慢，导致市场上资金流动性不足。同时，我国部分的房地产金融产品的准入门槛较高，使得部分投资者只能望而兴叹，商业银行信贷规模与市场需求不匹配，进一步加大了金融风险的积累。

（二）住房贷款的额度低、期限短，不利于居民贷款

我国的房价收入比太高，但是金融机构提供的住房贷款存在额度低、期限短的特点，短的3~5年，最长也不过20~30年。同时，在部分地区的贷款优惠力度不够，个人住房贷款审核标准较严，不是所有居民都能获得。这些问题不仅不利于促进房地产的消费，而且会造成一些社会的不和谐问题。

（三）房地产金融一级市场与二级市场发展不平衡、不充分

我国的房地产金融市场分为一级和二级市场，其中一级市场为主要市场，一级市场的信用规模较小，而二级市场虽然有所发展，但市场容量非常小，与一级市场相比发展极不充分。缺乏市场信用的一级市场与发展不充分的二级市场，无法在投资与消费两方面同时满足房地产金融市场的需求，单一银行体系支撑的整个房地产金融极易导致风险的过度集聚，严重影响房地产金融市场发展的进程。

（四）与房地产金融相关的法律法规不够健全

住宅抵押贷款方面的规定不够详细。很多细节问题都没有得到法律保护，这些都给银行资金的安全流动带来了不利方面。此外我国关于促进房地产金融创新和市场化改革的政策、法规缺位，尚未形成一整套科学的房地产金融制度及法律法规体系。

由于房价高企，部门一线城市的房价不断攀升，房地产市场泡沫化愈发严重，房地产金融市场的监管问题也逐渐受到有关部门关注，及时出台有关的办法来解决房地产市场的过度投机与不规范交易已经迫在眉睫。

---

① 覃海维：《房地产金融市场的发展现状及趋势研究》，载《商情》2020年第1期，第55-56页；肖鲁赛汐：《我国房地产金融创新面临的突出问题及对策》，载《财经界》2020年第4期，第39-40页；胡飞：《关于我国房地产金融的发展趋势的研究》，载《时代金融（中旬）》2017年第11期，第68-69页。

(五)房地产金融创新中有关中介机构严重缺失

房地产金融市场不仅需要开发商、消费者以及政府共同参与,而且需要担保、信用、保险等中介机构,这些中介机构可以使信息可以充分地流通,减少信息不对称引发的逆向选择和道德风险。但我国房地产金融市场严重缺失中介机构,再加上部分金融创新设计的业务繁多、程序复杂,这使得我国房地产市场的信息不对称愈发严重。

随着房地产金融业在国家金融业领域的地位作用日益显得重要,加快我国房地产金融业在制度、机构、创新、机制方面的建设,尽快建立起适合我国住宅发展要求并能促进自身健康发展的住宅金融体系,是我国房地产金融业发展走向繁荣的战略选择。

五、中国土地金融健康发展持续发展的建议[①]

房地产金融和土地金融都是系统工程,要破解它的发展障碍,首先必须要立足于制度设计,按照"产权明晰、用途管制、节约集约、严格管理"的要求,对流转相关制度重新合理设计与安排,加快集体土地法律的"废、改、立",按照"同地、同权、同价"的原则建立城乡统一的土地流转市场,积极培育集体土地流转市场,并不断完善集体土地流转市场机制,以及相关的集体土地金融配套制度,促进集体土地金融健康持续发展。归纳起来,有以下几点对策建议。

(一)强化房地产金融产品创新,开发房地产金融避险工具

房地产金融市场不仅需要开发商、消费者以及政府共同参与,而且需要担保、信用、保险等中介机构的支持,这些中介机构可以使信息可以充分地流通,减少信息不对称引发的逆向选择和道德风险。但是我国的房地产金融市场严重缺失中介机构,再加上部分金融创新设计的业务繁多、程序复杂,这使得我国房地产市场的信息不对称愈发严重。随着房地产金融业在国家金融业领域的地位作用日益显得重要,加快我国房地产金融业在制度、机构、创新、机制方面的建设,尽快建立起适合我国住宅发展要求并能促进自身健康发展的住宅金融体系,是我国房地产金融业发展走向繁荣的战略选择。

(二)拓宽房地产融资渠道,分散金融创新风险

积极推进房地产投资权益证券化,加快推进住房抵押贷款二级市场的建设,将集中风险的分散化。重点推出房地产投资信托基金,分流房地产市场的投资性需求,为房地产业提供稳定的直接融资,减少银行信贷风险。注重研究将保险资金引入房地产融资市场,实现资金来源主体的多元化。改善住房公积金制度,规范住房公积金的使

---

① 本部分摘自郭连强、刘力臻、祝国平:《我国房地产金融创新面临的突出问题与对策》,载《经济纵横》2015年第3期,第103-108页。

用投向,提高资金的使用效率,扩大住房公积金的覆盖面。适当放宽房地产企业上市的条件,积极推进房地产企业股票和公司债券等融资方式,让更多符合条件的房地产企业实现从资本市场上的直接融资,扩大房地产企业直接融资渠道,通过股票交易市场上市发行和公司债券的发行,提高房地产企业从资本市场中直接融资的比重,降低其从银行间接融资的风险。

(三)建立多元化的房地产金融创新机构体系

借鉴国外成功经验,建立多元化房地产金融创新机构体系。一是由政府组建房地产贷款担保机构。目前,我国居民平均收入水平还不高,中低层群体的收入占较大比重,并且他们的收入水平是有波动性的,并不稳定。因此,需要由政府组建房地产贷款担保机构,为其提供担保。二是成立专门的房地产保险公司。房地产保险公司可开展房地产抵押贷款保险、工程保险等相关的房地产金融保险业务,既可降低房地产企业的金融风险,又有利于增加房地产金融市场的资金来源。三是成立房地产投资基金管理公司。让房地产投资基金管理公司通过发行抵押贷款凭证等方式,为没有投资经验和没有管理精力的投资者提供金融投资服务,以此促进房地产市场的资金流通。四是成立房地产财务公司。为房地产金融、银行及其他金融机构提供服务。

(四)完善房地产金融创新市场,促进金融资源优化配置

一个发达的房地产金融市场是由多层次的市场组成的,既要完善一级市场,也要大力发展二级市场。相对而言,我国房地产金融二级市场的发展处于不完全状态,两级市场发展很不平衡。为此,完善我国的房地产金融创新市场,要求一级市场必须加强住房抵押贷款市场、房地产开发信用借贷市场的建设;二级市场合理适度开发住房抵押贷款的相关证券,通过信用的再交易、再流通,将一级市场中的风险进行分散,对债权进行深加工和转移,并为房地产金融创新产品提供市场载体。通过房地产金融两级市场的创新,改善房地产金融资源的流向和配置效率,进一步优化房地产金融的量性扩张,同时促进房地产金融行为主体的塑造,促进房地产金融的质性成长。

第三节 国外土地金融概述

一、分国别的土地金融情况

纵观国外土地金融的发展史,不难发现,土地金融体系的核心问题是土地金融资金筹集、贷款发放、资产与负债的风险管理以及政府与市场的关系。在资本主义国家发展的过程中,逐渐诞生了不同的土地金融体系,分别是以德国、英国为代表的合同储蓄模式,新加坡、巴西的强制储蓄模式和美国、加拿大、丹麦为代表的资本市场模式。

(一)美国的资本市场模式

美国作为世界上最大的资本主义国家,其金融市场发展较为成熟,并且美国的房地产金融市场也是世界上最大的房地产金融市场。在美国,参与房地产金融的主要机构有节俭机构(储蓄信贷机构)、商业银行、人寿保险公司、抵押银行等。

1. 美国房地产金融的体系

美国的房地产金融系统是市场运作和政府干预相结合的。80%以上的住房贷款来自私人金融机构;政府既为居民住房贷款提供担保和保险,也发放抵押贷款。因此,美国的金融机构包括私人金融机构和政府房地产金融中介机构(如图9-3所示)。

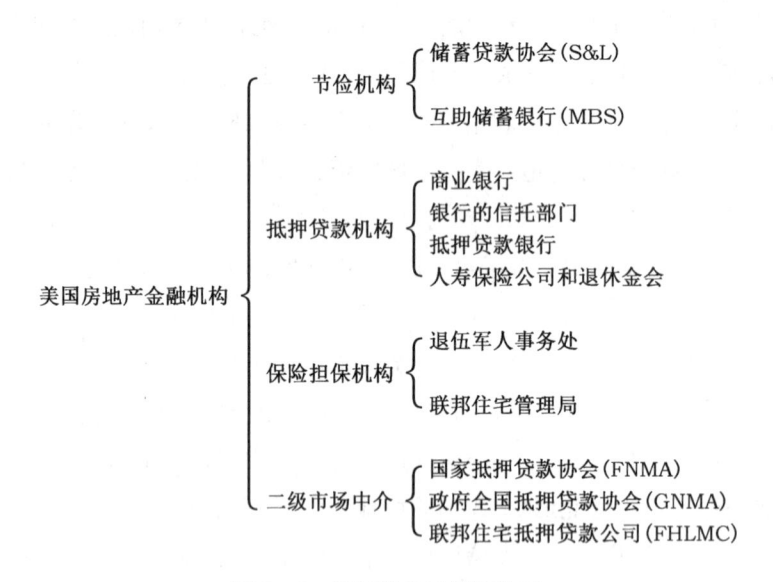

```
                          ┌ 节俭机构 ┬ 储蓄贷款协会(S&L)
                          │          └ 互助储蓄银行(MBS)
                          │
                          │          ┌ 商业银行
                          │ 抵押贷款  │ 银行的信托部门
                          │ 机构      │ 抵押贷款银行
美国房地产金融机构 ┤          └ 人寿保险公司和退休金会
                          │
                          │ 保险担保  ┌ 退伍军人事务处
                          │ 机构      └ 联邦住宅管理局
                          │
                          │          ┌ 国家抵押贷款协会(FNMA)
                          └ 二级市场中介 ┤ 政府全国抵押贷款协会(GNMA)
                                     └ 联邦住宅抵押贷款公司(FHLMC)
```

图 9-3 美国的金融机构体系

20世纪70年代末以前,节俭机构能保持占据抵押贷款市场50%的份额,而到了70年代末至80年代,节俭机构经历了经济危机,使得商业银行的抵押贷款业务逐渐超过节俭机构,二级抵押贷款市场余额超过一级贷款市场的余额。

美国房地产金融业最典型的特征是房地产抵押(见表9-6)。事实上,房地产抵押贷款就是房地产抵押的初级市场,它是由房地产抵押贷款形成的市场。投资者利用房屋作为自己获取贷款的保证。美国在拥有高度发达的房地产抵押初级市场的同时,房地产抵押的二级市场也相当完善。

美国房地产抵押市场的主要运作方式是:个人和企业在一级市场抵押贷款,以及抵押机构可以以借款人的房地产为担保,向二级抵押机构申请贷款;二级抵押机构以发行债券的方式向全社会募集资金。现在美国已经形成了一个统一的全国性抵押贷款市场,二级市场为房地产筹集了相当的资金,成为房地产金融业的主要资金来源。

表 9-6 美国常见的四种抵押贷款[①]

普通抵押贷款	借款人和贷款人协议达成
有保险的普通抵押贷款	借款人购买保险防止违约风险
联邦住宅管理局保险的抵押贷款	借款人购买的保险是联邦住宅管理局提供的
退伍军人管理局担保的抵押贷款	借款人是满足条件的退伍军人,VA给予担保

2. 美国房地产金融的特点

(1)美国房地产金融架构体系完善,专业分工度高。美国的房地产金融市场由一级市场和二级市场组成。在一级市场和二级市场中,有专门从事住宅金融业务的机构,也有专门从事商业房地产和写字楼房地产金融业务的机构。总体上讲,一级市场以商业性金融为主导,二级市场以政策性金融为主导,同时政府通过提供相关保险担保服务对住房金融体系实施了有力的间接干预。

(2)美国房地产金融市场竞争性与开放性并存。美国各类金融机构均可以参与房地产金融业务,并不存在一个由行政指派的、垄断某些住房信贷业务的金融机构。但是在长期的充分竞争中逐步形成了从事不同种类金融业务的分工。譬如从事商业房地产金融业务的机构逐步形成了专业从事写字楼、医院、学校、大型超市等金融业务的机构。总体来说,美国房地产金融市场上竞争性与开放性并存。

(3)美国房地产金融市场上的抵押贷款证券化程度很高。随着美国房地产金融市场的复苏,抵押贷款证券化在美国房地产金融市场中占据了越来越大的市场份额。目前,美国共有住房抵押贷款转手证券、多档抵押贷款转手证券、非机构担保多档抵押贷款转手证券、商业房地产抵押贷款支持证券、资产支持证券和债务抵押债券等六大类。

(4)美国房地产金融市场有比较健全的法律体系。在房地产抵押贷款证券化的过程中,美国政府出台了相当的法律法规。《复兴金融公司法》《国民住宅法》《住宅和城市发展法》《紧急住宅融资法》,这些法律都促进了市场规范发展。

(5)房地产融资工具多样化。美国是全球房地产金融市场最发达的国家。自2008年金融危机以来,随着美国宏观经济环境的变化以及美国的房地产金复苏,金融创新工具在美国的房地产金融市场上层出不穷,各种不同的房地产金融工具在不同的经济环境中应运而生,也为不同时期美国的房地产业发展起到了重要的支撑作用。

(二)德国的合同储蓄体系

德国的房地产金融机构包括商业银行、抵押银行、信用合作银行、储蓄银行、住房贷款协会。此外,保险公司和养老保险组织也提供房地产金融业务。商业银行是德国

---

① [美]查尔斯·H.温茨巴奇等:《现代不动产》,中国人民大学出版社 2001 年版,第 114-118 页。

房地产金融市场最重要的金融机构。

契约储蓄系统、存款储蓄系统、抵押银行系统三个系统组合在一起就构成了德国的房地产金融系统。

契约储蓄的定义是，借款人按照契约储存一定金额的存款，就可以被给予贷款，贷款金额相当于储蓄的金额。储蓄和贷款的利率都低于市场利率。德国是世界上运用契约储蓄系统最多的国家。契约存款主要是在建筑和贷款协会，该协会也负责发放个人住房贷款，而且占有相当多的比重。

存款储蓄和契约储蓄的不同之处在于：契约储蓄是一种专项储蓄，专为住宅而储蓄的；普通的存款储蓄并非如此。个人储蓄市场主要是储蓄银行占据的。抵押银行也提供相当一部分的住宅贷款。

德国的建房互助储蓄信贷社实行独立的契约储蓄-配贷机制，该机制分为两个阶段：第一步是储蓄阶段：居民与信贷社协商订立储蓄的合同，商定住房的储蓄金额。之后，按规定居民往信贷社进行有规律的存款；存款的利率根据合同设定，不受市场利率变化的影响通常低于市场的利率，政府还会对居民进行补贴和奖励。第二步是贷款阶段：当存款额达到合同金额的一半之后，信贷社会将合同规定的配贷给储蓄者，贷款的利率也是合同规定，不受市场利率变化的影响。

在德国的房地产金融发展过程中，德国的银行逐渐形成了混业型和全能化的制度特征。但是建房互助储蓄信贷社和抵押银行都不是独立的机构，大部分是商业银行或者储蓄银行的附属机构，也没有独立的监管体系，因此德国的房地产金融体系还没有达到相对独立的地步。近年来，受到政府补贴力度的下降以及外部经营环境的变化，信贷社在德国的住房贷款业务中比重下降，这些封闭式金融工具在德国的房地产金融中作用正越来越小。

（三）日本的住房金融体系

日本的房地产金融出现的时间较早，伴随日本第二次世界大战后经济的高速发展以及一度兴起的房地产热，房地产金融发展迅速。

日本的房地产金融机构有日本住房金融公库、日本住房公团、信托银行、长期信用银行、住房金融公司、日本住房贷款专门会社、商业银行、邮电局、劳动金库等，其中住宅金融公库和住房贷款专门会社占的比重相对较大。

日本的住宅金融公库是日本政府金融机构的组成部分，其诞生于第二次世界大战之后，设立的目的是对从其他金融机构融通住宅建设等资金有困难的个人或单位提供贷款。但是，住房金融公库并不直接向借款者发放贷款，而是将业务委托给民间金融机构和地方的公共团体。其自身也不吸收存款，而是通过政府的邮政储蓄系统吸纳资金。

日本房地产金融具有以下特点：私人金融机构和官方金融机构的活动并存，住宅信贷资金来源多样化。

日本的住房贷款专门会社是世界上最大的单一抵押贷款机构，也是日本住房贷款的主要放款者。值得注意的是，它并不直接从公众那里获得资金，而是从邮政储蓄系统获得。日本的邮政储蓄系统是世界上最大的储蓄巨头，拥有比英国建筑协会和美国储蓄贷款协会都大得多的个人储蓄额。

（四）新加坡的强制储蓄模式

新加坡的房地产金融是随着新加坡政府推行的住房计划共同成长起来的。1994年以后，我国全力推进的住房公积金制度正是借鉴了新加坡的成功经验。

新加坡房地产金融的支柱是建屋发展局、中央公积金局、邮政储蓄银行。资金来源包括个人储蓄、政府、银行及其他金融机构。

建屋发展局负责建造公共组屋，解决中低收入居民的住房问题。中央公积金局管理公积金，保证公积金制度的顺利进行。邮政储蓄银行负责向中高收入者和政府公务员发放个人住房贷款。

中央公积金制度事实上是一种强制性储蓄，也是一项全民保险。中央公积金局分别向住房建设和购买住房融资。并且它规定，国内每个雇员每月必须按照一定的比例扣除一部分工资，雇主和政府也同样每月拿出一笔钱，统一存在中央公积金局的雇员名下，作为雇员的公积金。公积金用来购买建屋发展局负责建造的公共组屋，或者是建造私人住宅；如果不够，可以向中央公积金局借款。

新加坡住宅金融市场，政府发挥主导作用。新加坡房地产金融是以基金（公积金）为后盾，公积金制度和住宅发展计划联系，解决了住房建设投资和住宅信贷来源。

（五）英国的房地产金融市场

英国作为老牌资本主义国家，也是开展房地产金融业务较早的一个资本主义国家，现在英国住宅金融系统中，引人注目的是建筑协会。

英国的金融机构包括建筑协会、住房金融公司、住房公司、商业银行、国民储蓄银行和信托投资银行。此外，财务公司、保险公司、养老基金和投资信托机构也为住房的修建、购置、租赁提供了各式各样的金融服务。其中，英国建筑协会为房屋购买提供的贷款，已经达到了全国住宅金融业务的 2/3 以上。

在 20 世纪 80 年代以前，英国施行的是公房制度——政府建造大量的公房，以低价租赁给居民。进入 20 世纪 80 年代以后，英国开始鼓励住房私有化。作为改革的一个重要环节，大力扶持民间的房地产金融机构。英国建筑协会在此期间得到了很大的发展。同时，政府也为房地产金融提供宽松的环境，如税收减免、贷款利率优惠等。在鼓励房地产金融业发展的同时，着手解决房地产金融可能遇到的问题。在这样的环境下,英国的房地产金融得到了长足的发展。

(六)法国的房地产金融市场

法国与其他国家一样,房地产金融市场主要是住宅金融市场。但是,法国的住宅金融市场相当复杂,贷款种类很多,金融机构的种类也很多。

法国的房地产金融机构主要是银行、金融公司、储蓄与信托机构(CDC)、Credit Foncier(私人公司,但与政府有着密切的关系,实施政府的有关住宅市场政策)等。

贷款的种类主要有:①资助贷款,是一种国家补贴贷款,通常有资格限制。②协议贷款,非国家补贴贷款,根据国家规定的条件发放,同时在抵押市场中被二次贷出。③住宅储蓄贷款,对于完成了储蓄计划的购房者的意向专门贷款。④其他贷款,贷给没有特别条件的贷款者。

银行的贷款在住房贷款市场中占据最为重要的位置。Credit Foncier 和 CDC 在其中也占有相当的份额。

在第二抵押市场中,抵押作为担保的票据是可以流通的。第二抵押市场的运行,为贷款筹集了大量的资金,使得住房贷款规模得以不断扩大。第二抵押贷款市场事实上是一种筹资形式。

二、国外土地金融的总体概况

(一)机构类型

国外土地金融机关:公营房地产金融机构、互助合作组织、私营房地产金融机构。

公营房地产金融机构包括国营银行、有关政府机构及有政府担保的私人金融机构。负责调控房地产金融市场,执行国家政策。美国的公营房地产金融机构是一个很好的例子。联邦住宅管理局(FHA)和退伍军人管理(VA)负责的是个人住房贷款的担保和保险,不直接对外贷款。美国土地金融机构的变化如图 9-4 所示。日本的住房金融公库是依据 1950 年《政府住房金融公库法》成立的公营房地产金融机构,以提供长期低息购建房贷款为职责。

合作互助组织也发挥着重要的作用。这些互助性的住房金融机构包括前面介绍过的英国建筑协会,德国储蓄银行,美国储蓄与贷款协会、储蓄银行等。英国的建筑协会目前在房地产市场上所占的份额超过了一半,合作互助组织在房地产金融领域的重要地位也不可忽视。

私营房地产金融机构包括商业银行、保险公司、私营储蓄银行。在不同的国家,私营房地产金融机构扮演着不同的角色。美国商业银行和保险公司、退休基金等机构在房地产金融市场上所占份额增长较为迅速。1985 年,储蓄机构(thrifts)占有 50% 比例,但近些年,私营房地产金融机构已逐渐取代储蓄机构居于主导地位,但日本商业银

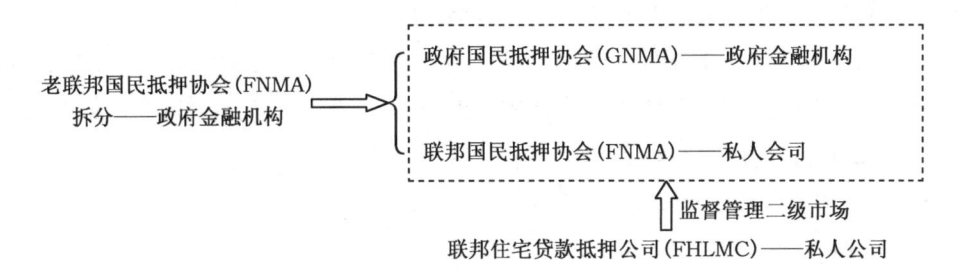

```
老联邦国民抵押协会(FNMA)     ┌─ 政府国民抵押协会(GNMA)——政府金融机构
      拆分——政府金融机构      │
                              └─ 联邦国民抵押协会(FNMA)——私人公司

                                          ↑ 监督管理二级市场
             联邦住宅贷款抵押公司(FHLMC)——私人公司
```

图 9-4　美国土地金融机构的变化

行的贷款总额比例却相对比较小。

(二)按融资类型划分房地产金融市场

根据英国马克·博利特(Mark Boleat)的理论,按融资类型可将房地产金融划分为四个组成部分:直接融资、契约融资、存款融资、证券融资。

直接融资形式是比较低级的融资方式,它属于非正式的融资方式。

契约融资是指借款人按照契约储存一定金额的存款,就可以被给予贷款,贷款金额相当于储蓄的金额。储蓄和贷款的利率都低于市场利率。该方式在德国较常见。

存款融资金融机构吸引中短期储蓄,然后给购房者长期贷款的融资制度。

证券融资房地产金融是指金融机构发行抵押证权,促进资金流动,为房地产市场筹集大量资金。这种证券通常由政府机构担保甚至持有。美国房地产抵押二级市场是世界上最为完善的市场,前面已描述。在欧洲,该形式的房地产金融也比较流行。

(三)国外房地产金融市场特点

1. 房地产金融市场以住房贷款市场为主

房地产金融市场以住房贷款市场为主。住房贷款又多是抵押贷款。土地和房屋的特性(位置固定、数量有限)决定了房地产价值稳定,增值能力好,这是与其他金融市场所不同的一个明显的标志。

2. 拥有健全的房地产金融一、二级市场,房地产金融市场完善

大多数发达国家的房地产金融市场都有发达的房地产一级市场,同时还配有规范、活跃的二级市场。一定规模的一级市场不仅能为住房市场的发展提供充足的资金来源,而且可以为建立和发展二级市场奠定基础。同时,多元化的一级市场有利于形成竞争性的资金供给格局,提高资源配置效率。二级市场的运作不仅使得一级市场有了稳定的资金来源,而且极大地增强了住房抵押贷款的安全性和流动性,能有效分散风险,促进一级市场发展,以房地产金融最发达的美国为例,其房地产抵押贷款市场上存在房地产抵押贷款一级市场和抵押贷款的二级市场,既保证了资金的流动性、安全性,同时又为房地产蓬勃发展提供了充足的资金来源。

3. 完善的房地产金融法律、法规是发展基石和保障

美国、英国等国家的房地产金融市场之所以可以健康平稳地运行,正是由于建立了一套完善的法律法规体系,规范市场主体的行为,支撑房地产金融市场的健康发展。比如美国的房地产金融在发展过程中制定了《复兴金融公司法》《国民住宅法》《住宅和城市发展法》《紧急住宅融资法》一系列的法律,规范了金融市场,保证了房地产金融机制的顺利运行。

4. 房地产金融经营管理的现代化

西方国家房地产金融业有着悠久的发展历史,目前已形成相对独立、较为完备的房地产金融体系。在长期的业务发展和激烈的市场竞争中,形成了日益成熟的经营管理方法。为适应市场的变化,金融工具不断创新,业务已形成程序化、标准化的运作方式。这不仅提高了运作效率,而且为抵押贷款的再出售准备了条件,同时有一套完整的预先介入机制、全程管理机制、科学决策机制、呆账坏账预警处理机制等。

5. 房地产抵押贷款证券化较为成熟

综观国外的土地市场,以储蓄为主的德国、以证券化融资为主的美国和以公积金政策为主的新加坡,房地产金融产品的发展重点就是提升流动性和资产的证券化,在这过程中产生了房地产商品的证券化不仅包括住房抵押贷款的证券化,而且涵盖房地产投资信托基金等投资证券化等。房地产抵押贷款证券化不仅为市场的投资者提供了丰富的投资产品,而且帮助分散了市场风险,提高了市场的有效性。

第四节 住房抵押贷款证券化

目前,住房抵押贷款证券化在我国是一个热点且复杂问题,这里进行专门介绍。

一、住房抵押贷款证券化的概念

住房抵押贷款证券化(mortgage-backed securitization,MBS)是资产证券化的一种,是指有关金融机构将自己所持有的流动性差、但具有较为稳定的可预期现金流的住房抵押贷款重组打包为抵押贷款群组,通过特殊机构(Special Purpose Vehicle,SPV)购入,由担保、信用增级等技术处理后以新的证券形式出售给投资者的融资过程。

抵押贷款证券化诞生于20世纪70年代的美国,当时美国经济面临滞胀的局面,经济停滞不前,通货膨胀加剧,大量的商业银行和储贷协会受到利率上限的限制,出现了资金流动性不足的问题,经营状况恶化。为了防止由于流动性不足导致的信贷危

机,金融机构出手了一部分债权,其中有大量的住房抵押贷款债权,其主要目的是寻求新的金融工具以改善自身的经营状况,渡过经济危机。

二、证券化过程

这里以金融市场最为成熟的美国为例。

美国在1938年成立了联邦国民抵押协会(FNMA),1970年成立了联邦住房贷款抵押协会,以及1968年成立了政府国民抵押协会,这三家机构在政府的鼓励和推动下,对自身所持有的住房抵押贷款进行证券化尝试。

首先,抵押贷款银行从FNMA、GNMA、FHLMC获得购买承诺或者保证银行所发放抵押贷款的承诺。也就是说,这些机构承诺将购买或者担保抵押贷款。有了二级市场机构(FNMA、GNMA、FHLMC)的承诺后,抵押贷款银行在一级市场发放符合二级市场机构要求的贷款。其次,当足够多的合适贷款被集中起来之后,贷款银行向二级市场机构递交相关的证明文书。再次,如果二级市场机构承诺购买,那么这些机构用现金购买这些贷款,由二级市场机构将这些贷款证券化;如果二级市场机构承诺担保,那么它们向贷款银行发放保证文件,贷款银行通过投资银行和相关机构将抵押贷款证券化。最后,投资银行把抵押贷款证券出售给投资者,贷款银行获得证券收入并给投资银行付手续费。整个过程如图9-5所示。

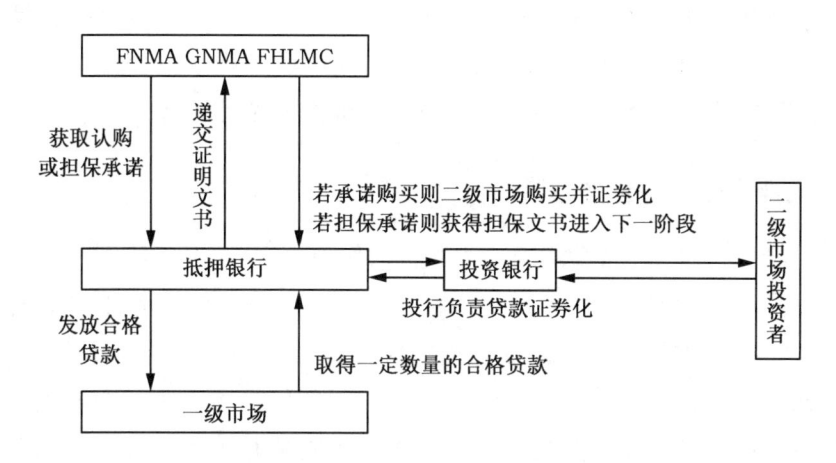

图9-5 抵押贷款的证券化过程

三、住房抵押贷款证券化的类型

对住房抵押贷款证券化最常见的分类是按照交易结构分类,可以分为以下三种类型的证券:转手证券、资产支持证券和转付证券,而其他的创新类型证券都是从这三种证券衍生出来的。

转手证券(Pass-through Securities)是证券化后的住房抵押贷款的所有权经过SPV的出售而转移,这些转移的住房抵押贷款从银行的资产负债表的资产项目移出。投资者拥有住房抵押贷款的所有权,SPV将住房抵押贷款产生的现金流扣除一定的费用后"转手"给投资者。从以上我们可知,转手证券的风险基本是由投资者承担的。目前美国市场上存在GNMA转手证券、FHLMC转手证券、FNMA转手证券和私人机构发行的转手证券,这些转手证券的交易过程中有联邦政府参与,因此受到政府的担保,对投资者的吸引力较大,占据了市场的较大份额。

资产支持证券(Asset-backed Securities,ABS)是发行人以住房抵押贷款组合为抵押物而发型的债券。与转手证券不同之处在于发起人仍是住房抵押贷款的所有者,其依然存在于发起人的资产负债表中,投资者虽然是债权人,但是不享有抵押贷款的所有权。ABS需要相当于ABS本金110%~200%价值的担保品进行超额担保,其对参与机构的信用级别要求也很高,通常被评为AAA级。

除了转手证券和资产支持证券外,还有转付证券(Pay-through Securities),转付证券是结合了转手证券和资产支持证券的优点诞生的新品种证券,转付证券用抵押贷款所产生的现金流量来向投资者支付本息,这一点与转手证券一致,另外它还像ABS一样由抵押贷款作为担保发行资产证券,抵押贷款的发行人依然是抵押贷款的所有者,该科目被保留在资产负债表中。目前被广泛应用的转付证券是担保抵押证券(Collateralized mortgage obligations CMO),CMO可以根据期限的不同对证券进行分档设计不同档级的证券,克服了市场上转手证券不足的问题。

四、抵押贷款证券化的条件

抵押贷款证券化对于活跃资金有着积极的作用。住房抵押贷款证券化可以增强金融机构的资产流动性,从而有助于金融机构贷款流向个人购房者,促进住房的有效需求形成,加快住房的商品化进程。另外抵押贷款证券化还可以提高资产的流动性,改善银行的资产负债结构,有效地分散和转移银行的信贷风险,提高银行的资本利用率。随着我国房地产金融的蓬勃兴起,对抵押贷款证券化的讨论也在激烈进行中。抵押贷款的证券化需要的条件如下。

(一)一级市场比较成熟

实行住房抵押贷款证券化必须建立住房抵押贷款的二级市场,而住房抵押贷款二级市场的建立要以完善的住房抵押贷款一级市场为基础。因此我国应该建立起一套覆盖广大地区、信息共享的征信体系,完善个人的信用信息,及时更新市场参与者的信用,这样才能在一级市场有效地控制风险,保证二级市场的健康发展。同时,一级市场必须完善贷款方式,进行金融创新,这样才能选取现金流稳定的贷款品种进行证券化。现有的贷款品种少而且现金流不够稳定,直接导致证券化风险过大。

(二)充足的专业人才

实行住房抵押贷款证券化不仅必须具备一定的内部条件,而且需要创造良好的外部环境,以保证住房抵押贷款证券化的有效实施。由于住房抵押贷款证券化专业程度高,对相关从业素质要求比较高。从美国的经验来看,首先一级市场必须拥有足够专业的估价、评估、法律、金融人才,在二级市场也需要相当熟悉抵押贷款业务的机构和专业人员。近几年,我国的房地产业虽然蓬勃发展,但是专业人员的欠缺和相关从业素质有待提高的矛盾已经开始成为该产业的一个发展"瓶颈"。

(三)健全的法律制度

诸如银行在抵押贷款方面权利和义务的保护、抵押贷款交易活动的规范、操作程序的统一、整个二级市场运作的监督管理等,都必须在相关法律中清楚地体现。应该努力形成一个涉及住宅业、银行业、证券保险及其他中介服务行业的法律法规体系,同时加强各有关部门的相互协调,为住房抵押贷款证券化的顺利实施和健康发展提供法律保障。目前,我国在金融方面的立法还不够成熟,对于私有财产的保护也只是近几年才写入《宪法》,在法律方面还有待完善。

(四)经验和案例的累积

美国的抵押贷款证券化时间比较早,在长时间的运作中,已经摸索和总结出了一套有效的风险防范、操作流程、人才培养以及法律法规。比如美国在住房抵押贷款证券化的发展过程中成立了专门的住房抵押证券公司——SPV。而我国房地产抵押贷款最近几年才开始大规模推广,在经验累积方面不足。而由于实际情况和国情的不同,又不能照搬美国的经验,因此我国在房地产抵押贷款证券化方面必须在实际中总结出适合国情的方案。

第五节 土地资本市场[①]

一、资本的概念

要弄清楚土地资本这一概念,必须先理解资本的概念。土地资本属于资本的一种表现形式,土地资本不仅具有资本的特性,还因土地本身的特性而具有其他独特性质。

[①] 原玉廷、彭邓民:《马克思土地资本理论与我国土地经济学创新》,载《太原师范学院学报:社会科学版》2013年第1期,第59-62页;桂山林:《简述中国资本市场的改革以及未来发展方向》,载《时代金融》2020年第3期,第4-5页。

奥地利经济学家庞巴维克(E. V. Böhm-Bawerk)在其巨著《资本主义论证》中对资本在不同历史时期进行了不同的阐释。据《资本主义论证》书中考证资本一词最早出现在休谟(David Hume)的《论利息》中，其给出了资本最原始的定义：资本是给所有者一切幸福的事物。但是限于当时的社会经济，这一概念并没有具体解释，只给出了一个模糊的定义。而法国经济学家杜尔阁在《关于财富的形成和分配的考察》一书中，指出"资本是储存的财货"，亚当·斯密则对杜尔阁的定义进行了修正，资本也成为财富的三大来源之一。在不同的历史时期，由于经济条件的不同，不同的经济学家对资本的定义也不相同。在总结历史上各位经济学家对资本的定义后，庞巴维克将资本归纳为："一般而言，我们将那些用来作为获得财货的手段的产品叫作资本。"

随着当今世界经济水平的飞快发展，人们对资本的理解也愈加深刻，出现了许多研究资本的经济学，他们在继承前人的基础上，重新对现在的资本进行了定义。比如传统的经济学认为，资本是投入(生产资料)的一部分，马克思主义政治经济学则认为，资本是一种可以带来剩余价值的价值，资本体现了资本家对工人的剥削关系。到现在，我们普遍认为，资本泛指一切投入再生产的货币。当然，我们还将资本分为有形资本和无形资本。有形资本常表现厂房、设备等，而无形资本体现为知识产权、专利等。

根据经济学当中的科布道格拉斯生产函数：$Y=AK^{\alpha}L^{\beta}$，我们可以发现一个经济体的发展程度是由三个变量决定的：技术水平、资本量、劳动量。从这一层面讲，资本在经济体发展过程中具有很强的影响力。

二、土地资本与土地资本市场

在讨论了资本的相关知识后，我们来分析土地资本和土地资本市场。

土地资本是指为了改良土地而投入土地并附着于土地上的资本，属于固定资本的范畴。在不增加土地面积的情形下，对土地投入资本，比如施化肥、提高土地耕作机械化水平等，可以使得土地的质量得到提升，增加单位面积土地的收入。在马克思的《资本论》中，对土地资本进行了定义，并对"土地物质"和"土地资本"进行了区分，当然马克思也指出两者密不可分。马克思指出：资本能够固定在土地上，即投入土地，……我们将这种投入土地以期取得收益的资本称为土地资本。马克思仅仅从价值形式方面对土地资本下了定义，因此这只是一个狭义的定义，广义的土地资本不仅是土地固定资产，还指当土地被投入流通，在运动状态中实现增值，给所有者带来预期收益的时候所形成的土地资本。

从以上分析我们可以看出，土地资本与土地实体物质的区别在于，土地本身不可以移动且数量固定，而土地资本具有流通性和增值性，这主要是由于土地资本化后，原本的土地流通变成货币流通，土地是一种不方便交易的商品，而货币实现了自由流通。

土地数量固定,但向土地投入资本后,会提升单位土地的收入,使土地实现增值。

当然,土地不是一步转化为土地资本的,要经过两个步骤才能顺利转化为土地资本。先是土地资源转化为土地资产,土地资产在一定条件下再转化为土地资本。

在原始社会,由于人口稀少、生产力低下,此时土地不是稀缺物品,也不存在关于土地的市场,这时土地只是一种自然资源而存在。随着人口的不断增加以及生产力的逐渐发展,人们对土地的需求也越来越大,越来越多的土地被作为私有财产占有,这时有一些土地可以通过交换获得,这时的土地转化为土地资产。

当土地资产被投入市场,并为所有者带来预期收益时,产生增值时,土地资产就转化为土地资本。土地资本的转化必须是在市场经济条件下,且土地资本是市场经济成熟到一定阶段的衍生品。

土地资本市场是土地资本进行交易流通的场所,土地资本市场是建立在高度发达的市场经济程度上的,土地资本市场上土地经过了两个转化:资本化与市场化。其中土地资产化的过程中土地主要体现为价值和使用价值,而土地市场化过程则是土地进入市场进行交易从而实现价值增值的过程,此时,土地则还具备了交换价值。土地资本市场的形成,这两步转化缺一不可。中国当前的土地资本市场并不完善,因为我国的市场经济形成才只有短短40多年的时间。我国最初实行的是家庭联产承包责任制,尽管一开始其发挥了明显的作用,但是随着我国经济社会的不断发展,总体实力的不断提升,土地细碎化、人地矛盾和农民种田积极性不高等弊端逐渐体现出来。因此迫切需要发展土地资本市场,发展一批对土地资本市场研究较为深刻的专家学者,实现土地资本市场的完善,这一方面有利于土地资源的合理利用,另一方面也能通过价格机制和供求机制,带动农民的积极性、土地效率提升,实现农业生产的现代化。

三、国外土地资本市场的发展[①]

(二)美国的土地资本市场

美国资本市场体系规模最大,体系最复杂也最合理,主要包括三个层次:①主板市场。②以纳斯达克(NASDAQ)为核心的二板市场。③遍布各地区的全国性和区域性市场及场外交易市场。在这三个市场中均有土地资本市场的存在,由于美国是世界最大的资本主义国家,其土地资本化程度深,在各级市场均形成了较为完善的土地资本市场,政府也出台了很多有关法案来支持土地资本市场的发展。

---

① 禹晋卿:《美国多层次资本市场发展的经验对我国产权市场改革的启示》,载《资料信息》2009年第1期;梁玮佳:《日韩资本市场开放启示》,载《开放导报》2020年第3期,第65-71页;袁春旺:《韩国证券市场的发展历程》,载《吉林金融研究》2014年第9期,第44-46页;万瑶华:《英国资本市场自律监管经验及对我国的启示》,载《前沿》2010年8期,第68-70页。

(二)日本的土地资本市场

日本的资本市场分为三个层次：全国性交易中心、地区性证券交易中心和场外交易市场。其资本市场体系的结构特点有：

(1)主板市场。东京证券交易所是日本证券市场的主板市场，具有全国中心市场的性质，在此上市的都是著名的大公司。

(2)二板市场。大阪、名古屋等7家交易所构成地区性证券交易中心，主要交易那些尚不具备条件到东京交易所上市的证券，这7家地区性市场构成二板市场。

(3)场外交易市场。场外交易市场包括店头证券市场和店头股票市场，交易的公司规模不大但很有发展前途，店头市场的债券交易市场占日本证券交易的绝大部分。

日本的土地资本市场发展也较为完善，其中政府及有关组织出台了一系列的法令来规范土地资本市场的规范运行。其中法律体系分为三个层次，第一层次是证券市场的综合性法律，日本资本市场以保护投资者利益．维护市场秩序为宗旨，该法对证券的发行、交易以及违反有关程序的惩罚都做出了规定。第二个层次是国家的宪法、民法、商法等关于证券市场的规定，它是日本资本市场的法律基础。第三个层次是证券交易所等自律组织自定的一套规则。这三个层次的法律法规此形成各司其职的法律、日本资本市场的法规体系。

(三)韩国的土地资本市场

韩国的资本市场发展是从第二次世界大战之后快速发展起来的，土地资本市场也在这一时期飞快地发展，总的来说，韩国的土地资本市场有以下几个特点：

1. 重视证券市场法制化建设

纵观韩国资本市场发展历程，每个阶段都十分重视资本市场的法制化建设，同时在实践中不断修改和完善相关法律制度，以适应不断变化的国内外经济局势。在资本市场的子市场土地资本市场中，也出台了详细的法令来适应土地资本市场的发展。

2. 重视土地资本市场的国际化进程

韩国资本市场发展历程中一个重要特征就是其对国际化的重视。韩国自1981年发布《资本市场国际化计划》，开启资本市场国际化进程后，又具体通过四个阶段实现。一是间接参与阶段(1981—1984年)，即允许外国投资者通过信托基金的形式进行间接投资；二是有限度的直接参与阶段(1985—1987年)，即有限度地允许外国投资者直接购买韩国股票，并允许韩国公司在国外证券市场发行可转化债券；三是进一步开发阶段(1988—1989年)，即允许外国投资者自由进行证券投资，允许国内基金在政府许可后在国外证券市场发行股票融资；四是完全开放阶段(1990年以后)，即无限制地走向国际化，允许国外公司在韩国证券市场上市及韩国企业在国外上市。这四个阶段的发展，不仅带动了资本市场的发展，还使得土地资本市场的资金来源由国内供给转向国际间资金融通,有利于韩国的土地资本市场进一步发展。

(四)英国的土地资本市场

英国作为老牌资本主义国家,资本市场的发展和演变相对漫长而平缓。土地资本市场的发展也相对比较成熟,相较于其他国家而言,英国资本市场的自律监管较为完善,形成了一套以自我约束、自我管理和操作发展为显著特点的自律机构(包括证券交易所和证券业协会)和以自律管理为主的监管体制。

除了自律性强之外,英国的资本市场还具有国际化程度深、专业化水平高、在国际资本市场影响程度大等特点,这些特点决定了英国的土地资本市场在发展和监管上都具有很强的国际特色。

四、我国土地资本市场目前的发展情况[①]

(一)中国土地资本市场在规模、结构、规则等方面仍存在着制度缺陷

随着我国资本市场逐步完善,资本市场筹资的功能也得到了进一步的发展,尤其是中小板的不断出现。我国经济增长方式改变了那种传统的经济增长实体化,转变为经济增长资本化,然而中国的土地资本市场由于发展时间短,其在规模、结构、规则等方面仍存在明显的制度缺陷,需要有相应的法令来规范土地资本市场的运行。

(二)中国经济增长方式的变化,土地资本市场没有及时适应并调整

在中国的资本市场刚刚成立时,它被认为是只为国有企业服务的,只是为国有企业筹备资金的。这些导致了中国资本市场功能的缺陷,只有管理层对国有企业的监管定位才能使市场功能正常化。随着中国资本市场的不断发展以及适应经济新常态的提出,土地资本市场需要不断适应并调整,以满足经济增长方式的变化。

(三)各地区的土地资本市场发展不平衡

中国地域辽阔,不同省份、地区,其资本市场的发展也不尽相同,一般而言东部沿海地区的资本市场发育较为完全,而西部地区稍微落后,而中国土地资本市场的发达程度是由各个地区共同决定的,在上交所、深证证券交易所所在的地方,其土地资本化程度较高,而一些证券市场发育还不完全的地区,土地的资本化率较低,发展不平衡。

五、当前土地资本市场发展的最新成果[②]

从国外典型发达国家来看,成熟的土地资本市场可以使得不动产证券化并在市场进行交易流通,当前我国为了支持基础设施领域的建设而重点推行的土地资本市场的

[①] 王蕊、李洋:《中国资本市场存在的制度缺陷》,载《时代金融(中旬)》2013年第2期,第35-37页。
[②] 曹建元:《房地产金融》,复旦大学出版社2021年版。

产品是基础设施领域不动产信托基金(REITs)。

(一)REITs的概念以及推行REITs的目的

REITs是一种信托基金,全称是房地产投资信托基金,是将房地产证券化的一种重要手段,是由专门投资机构进行房地产投资经营管理,并将投资综合收益按比例分配给投资者的一种信托基金。REITs的目的是将流动性较弱的商业地产转变为流动性较强的证券资产,而REITs的主要收益来源是不动产产生的现金流:租金以及未来资产增值的部分。

推行REITs的主要目的是针对存量领域进行有效开发,有效盘活存量资产,丰富当前资本证券化的产品,拓宽不动产开发的资金融通渠道,保持土地资本市场的规范健康发展,并带动我国城市基础设施建设,进一步激活城市发展潜力。

(二)REITs的主要优势[1]

(1)投资门槛低。当前部分城市房价高企,投资者直接投资房地产所需费用一般较高。这使得房地产市场的投资产品投资门槛较高,不利于吸收社会闲散资金。而REITs是按照认购份额进行投资,资金不够充足的投资者也可以实现投资,这降低了投资门槛,防止投资和因为资金不足而错失投资机会。

(2)分散投资风险。公募REITs与股票、债券等大类资产表现关联度低,是传统投资工具的差异化补充,帮助投资者实现资产配置的多元化,分散不同资产间的风险。同时,不同地区市场的REITs产品表现关联度也较低,亦可分散区域间风险,投资者可以根据自身偏好,通过购买不同REITs产品投资到不同地区的房地产项目,避免锁定在一处房产的情况,也实现了投资多元化配置。

(3)分红比例高。REITs有强制分红制度,根据监管要求,在符合分配条件的情况下公募REITs的分配每年不得少于1次,基础设施基金年度可供分配金额的90%以上分配给投资者。这和债券的利息差不多,但高于债券。

(4)流动性好。投资REITs不同于直接投资实物房地产,房地产可视为非流动性资产,投资周期长,买卖交易需要办理一系列手续,如果涉及房贷,可能长达数月,很难立刻成交。而通过投资REITs,投资者能将REITs像股票、基金、ETF一样在证券市场中卖出,提高了资产组合的流动性,降低投资风险。

(三)REITs的主要类型[2]

REITs主要为基础设施建设提供资金融通,这里所指的基础设施包括为社会生产和居民生活提供公共服务的物质工程设施以及社会服务载体。国内类REITs投资

---

[1] 新浪财经:《一文带你读懂:什么是REITs?》。
[2] 新浪财经:《一文读懂|REITs入门必备》。

标的已覆盖了写字楼、零售、产业园、仓储、酒店、租赁住房、高速公路等多个类别,这些资产以及其他权属明确、可产生稳定现金流的基础资产未来都可以成为公募 REITs 良好的投资标的。

从成熟的资本市场来看,REITs 主要投资于写字楼、商业零售、租赁住房、酒店公寓、高新技术产业园、物流园及工业厂房等能够产生稳定租金或经营现金流的优质物业,随着 REITS 产品设计的不断成熟创新,逐渐拓展至讯铁塔、数据中心、铁路、高速公路、港口、供水供热、供气、污水垃圾处理等其他能产生稳定收入的不动产资产。

(四)REITs 的结构

REITs 分为公司型 REITs 和契约型 REITs。

公司型 REITs 在法律意义上以公司形态而存在,有以下几个主要特点:

(1)通过发行股票、获取贷款等方式进行募资,其中 REITs 份额即为上市流通的公司股票;

(2)常采取伞形合伙式结构以获取税收及资本金补充优势;

(3)通常采取内部管理模式,由 REITs 聘用的内部管理团队进行资产管理。

契约型 REITs 以信托或基金为法律载体,其运作符合 REITs 条例并通过发行信托凭证或基金份额来募集资金。契约型 REITs 的典型交易架构有以下几个特点:

(1)由投资者和发起人持有 REITs 份额,信托份额持有人、信托人、资产管理人直接签署契约形成信托法律关系;

(2)底层资产通过 SPV 设立 REITs,发起人为保留相关资产的控制权、促进信托的发行通常保持一定比例的 REITs 份额;

(3)信托受托人以信托方式持有 REITs 内资产,是 REITs 资产的名义持有人;

(4)通常由外部第三方管理机构担任 REITs 的资产管理人,负责 REITs 资产的管理和运营,包括已有资产的管理、资产的收购与处置、现金管理与分红派息、资产相关的信贷等;

(5)由物业管理人进行 REITs 底层资产的日常运营与管理,如租赁推广、收取租金、建筑及设备管理维护、卫生安全等。

(五)REITs 在我国的发展前景

2021 年我国首批 9 只基础设施 REITs 正式上市,标志着我国在探索 REITs 领域取得重大突破,从 2005 年的 REITs 理论探索,再到 2014 年尝试发行类 REITs 类金融产品,再到 2021 年的首批 REITs 产品问世,标志着我国基础设施领域融资方式的巨大进步,尽管 REITs 已在我国取得了阶段性成功,但当前我国仍存在市场和制度瓶颈方面的阻碍,需要进一步深化资本市场领域的改革,破除 REITs 发展过程中的困难。

当前 REITs 的发展仍然面临以下几个问题:

(1)REITs 的产品结构上,采用"公募基金+ABS"契约型架构,可操作性强,但结构略显复杂,多层管理人权责有待进一步明确,易滋生委托代理问题;

(2)REITs 的底层资产,涉及产业园区、仓储物流、生态环保、高速公路四大板块,分布于三大都市群,底层资产准入门槛较高,未来存在优质资产供给意愿不足问题。

(3)REITs 发行后的市场表现上,一级市场发行顺利,二级市场整体平稳,但各类投资者准入标准不够明确,仍需进一步优化,REITs 产品的流动性有待提高。

(4)在 REITS 的税收制度设计上,资产划转涉及多项审批,需要税务部门与多部门的高度协同,尚未出台针对 REITs 的系统性税收制度。

未来随着我国基础设施领域政策的不断支持,REITs 会发挥资金融通的巨大作用,可以有力地带动城市发展,保持土地资本市场的健康协调发展。

六、对我国土地资本市场健康发展的政策建议[①]

(一)明确各层次土地资本市场的设计定位和功能

在现有我国土地资本市场的既定发展基础上,借鉴国外诸如英国、美国等发达资本主义国家的成熟资本市场体系的层次建设。我们应该首先明确我国土地资本市场的分层及各层次的功能,对各层次进行划分和合理发展。

首先,第一层的土地资本市场应当是由上海证券交易所和深圳证券交易所主板市场构成的全国主板市场,定位为成熟的大型国有、民营企业以及外国企业,借助股票、债券、股指期货等工具,完成土地的资本化、证券化,实现在全球土地资本市场上的核心化;其次,是深圳证券交易所中小企业板和创业板市场为主的第二层资本市场。与现有的定位相同,二板市场主要定位于成长性高、科技含量高、具有创新性的中小企业,这是解决当前中小企业融资难的重要渠道。由于现阶段我国中小企业板上市条件同主板相同,而创业板市场相对独立,出现两套机制针对相同的融资对象的矛盾,因此,二板市场的下一步应该是整合创业板市场和中小企业板市场的上市条件和交易机制等制度;再次,三板市场建立和完善可以在新旧三板的基础上通过市场整合、规模扩张,形成全国统一的门槛较低的场外交易市场为大量未能达到主板、二板市场上市条件,但拥有良好发展状况的中小企业提供融资服务。第四层则应建立区域性资本市场,在一定程度上弥补主板、二板和三板市场相对较高门槛所带来的对小企业的融资缺陷。

(二)完善相关法律法规、交易制度、信息披露制度

土地资本市场的发展离不开相关的法律法规、交易制度和信息披露制度。在法律

---

① 张文友;尹昊:《做市商制度概述》,载《福建质量管理》2020 年第 3 期,第 156 页;黄晓波、雷蔚:《上市公司的信用行为及其市场反应》,载《经济与管理研究》2014 年第 12 期,第 46-54 页。

法规方面,立法部门应该立足我国的资本市场实际,制定合理有效的法律法规来规范土地资本市场的运行、交易。对于违反法律法规的交易要进行惩罚。在交易制度方面,要针对不同层次市场的特点选择不同的交易制度。由于我国交易所市场,即主板市场、中小企业板市场和创业板市场的市场交易十分活跃,因此适合采用竞价交易制度,依靠价格完成交易,以降低交易成本。对于场外交易市场和区域性交易市场等市场交易不太活跃的低级市场而言,通过做市商制度或混合交易制度能够提高市场活跃度,从而提高交易的成功率。在信息披露制度方面,要通过不同的媒体进行信息披露,可以开设咨询服务热线、公众号等方面加快信息在市场上的流通速度,进一步提高信息的透明度,从而减少市场的信息不对称问题。

(三)提高土地资本市场运行的市场化水平,提升运行效率[①]

我国现阶段所形成的多层次土地资本市场体系采用政府行政强制的发展模式,通过政府强制性政策,对各级土地资本市场进行干预,市场在土地资本发展的过程中起到的作用还不是很明显,相较于美国、英国等自然演进的多层次土地资本市场而言,我国的资本市场的基础还比较薄弱,制度还不规范,政府在市场中的影响还很明显,而理应起到主导作用的市场的力量较为薄弱。市场的作用并没有完全发挥,我国的土地资本市场发展效率不高,参与的主体积极性得不到提升。因此我们应该处理好政府与市场的关系,合理地利用市场这只看不见的手,通过"政府+市场"的两只手管理模式,提高土地资本市场的运行效率。

本章小结

本章首先介绍金融和土地金融的相关概念、土地金融的特点和种类,概括了土地金融的作用,按时间点分新中国成立前和新中国成立后综述了我国土地金融的发展过程,将土地金融的特点融入我国现状,介绍我国房地产金融的特点,并指出我国房地产金融存在的问题。之后,分国家概述国外土地金融,包括美国、英国、德国、法国、日本和新加坡,对国外土地金融进行综述。土地金融对于活跃我国土地市场有着积极的作用,但是目前在我国的实践中仍存在一定的问题尚待解决,也需要引进或开发一些适合我国国情的金融工具,比如抵押贷款证券化。最后,介绍了土地金融市场,分析了国外土地资本市场以及我国的土地资本市场,针对我国当前土地资本市场存在的问题,对我国未来土地资本市场的发展提出了相关建议。

[①] 黄晓颖:《我国多层次资本市场的现状与发展》,载《特区经济》2014年第6期,第141-144页。

复习题

一、名词解释

土地金融　农地金融　市地金融　房地产金融　抵押贷款证券化　土地资本市场

二、选择题

1. 土地金融的特点有（　　）。

   A. 土地金融安全性高

   B. 土地的担保以抵押权为基础

   C. 土地金融有较强的政策性

   D. 土地金融关联度高，带动的产业多

2. 土地金融抵押物可分为（　　）。

   A. 农地金融　　　　　　　　B. 计划项目融资

   C. 已建成房地产融资　　　　D. 市地金融

3. 我国房地产金融的特点是（　　）。

   A. 向住房消费贷款倾斜　　　B. 竞争激烈

   C. 来源单一　　　　　　　　D. 发展迅速

4. 美国常见的抵押贷款形式有（　　）。

   A. 普通抵押贷款

   B. 有保险的普通抵押贷款

   C. 联邦住宅管理局保险的抵押贷款

   D. 退伍军人管理局担保的抵押贷款

5. 新加坡房地产金融的支柱有（　　）。

   A. 个人　　　　　　　　　　B. 建屋发展局

   C. 中央公积金局　　　　　　D. 邮政储蓄银行

6. 以下关于我国土地资本市场的说法错误的是（　　）。

   A. 中国土地资本市场在规模、结构、规则等方面仍存在着制度缺陷

   B. 我国已经形成了成熟的土地资本市场，不需要借鉴国外的经验

   C. 中国经济增长方式的变化，土地资本市场需要及时适应并调整

   D. 各地区的土地资本市场发展不平衡

三、判断题

1. 土地金融就是房地产金融，两者概念相同。（　　）

2. 用于教育、医疗、市政等公共福利事业的房地产，可以用作抵押用途。（　　）

3. 我国实行的住房公积金制度采取国家、个人、单位三级基金管理。（　　）

4. 我国土地金融政策有待进一步完善。（　　）

5. 英国的房地产金融市场是世界上最大的房地产金融市场。（　　）

6. 土地资本属于资本的一种，可以参与市场交易。（　　）

四、简答题

1. 简述土地金融的特点。

2. 简述土地金融的种类和作用。

3. 简述我国房地产金融存在的问题。

4. 对我国土地资本市场的未来发展提出相关建议。

第十章 土地税收

思维导图

学习目的

通过对本章的学习,要求掌握税收与土地税收的基本概念、特点和主要功能,了解我国土地税收的历史掌握我国现行各种土地税收税种的目的、意义及计算方法,比较耕地占用税、城镇土地使用税、土地增值税等主要税种的特征、我国港台地区及国外现行土地税制,了解我国土地税制存在的问题和改革路径。

关键概念

土地税收　土地税收特点　土地税收分类　土地税收职能　耕地占用税
城镇土地使用税　土地增值税　农业税　物业税　房产税

第一节　税收与土地税收

一、税收相关知识

(一)税收相关概念[①]

税收是指国家为了向社会提供公共产品、满足社会共同需要、按照法律的规定,参与社会产品的分配,强制、无偿取得财政收入的一种规范形式。税收是一种非常重要的政策工具。税收几乎与国家同时产生,一起发展。奴隶社会、封建社会、资本主义社会以及社会主义社会,都存在税收。

作为财政收入,税收具有强制性、无偿性和固定性。强制性是指政府凭借行政权力,以法律形式确定征税者和纳税者之间的权利与义务关系,并不是自愿行为。负有

---

① 华辉:《我国税收与价格动态的影响关系》,载《财经观察》2019年第11期,第115-116、118页;博锐百科:《政府税收的管理》,http://baike.boraid.cn/doc.php?id=76669;翟继光:《论我国新时代税收制度的基本特征》,载《税务研究》2020年第2期,第124-128页。

纳税义务的社会集团和社会成员,都必须遵守国家强制性的税收法令,在国家税法规定的限度内,纳税人必须依法纳税,否则就要受到法律的制裁,这是税收具有法律地位的体现。无偿性是指国家作为征税者和具体纳税者之间权利与义务不对等。无偿性体现在两个方面:一方面是指政府获得税收收入后无需向纳税人直接支付任何报酬;另一方面是指政府征得的税收收入不再直接返还给纳税人。税收无偿性是税收的本质体现,它反映的是一种社会产品所有权、支配权的单方面转移关系,而不是等价交换关系。固定性是指税收是按照国家法令规定的标准征收的,即纳税人、课税对象、税目、税率、计价办法和期限等,都是税收法令预先规定了的,有一个比较稳定的试用期间,是一种固定的连续收入。固定性也被我们称为规范性。这三种特性是相辅相成的,其中,强制性是实现税收无偿征收的强有力保证,无偿性是税收本质的体现,固定性是强制性和无偿性的必然要求。

按照主流的观点,税收的基本原则是效率、公平、稳定。效率原则是指税收的征收应该使社会的资源分配达到效率准则的要求。公平原则是指税收对国民收入的再分配达到公平要求。稳定原则是指税收的经济影响、政治影响不能干扰社会的正常秩序,税收的征收应保证社会稳定,包括减少经济波动和平衡经济增长。

(二)税收分类

税收要素指构成税收制度的基本因素。税收包括税基、税率、纳税人三要素。税基是明确征税对象、确定计税依据、划分税收类型的主要依据,狭义的税基指的是计税依据。税率指的是税额和税基的比率,也可以认为是应征税额占征税对象的比例。

税收的分类是指从一定目的出发,按照一定标准对税收进行划分种类。具体而言,我国对税收从课税对象、计算依据、税收与价格的关系、征收形态等方面进行划分。

1. 按课税对象进行划分

(1)流转税:是以商品生产流转额和非生产流转额为课税对象征收的一类税。

(2)所得税:是以各种所得额为课税对象的一类税,是我国税制结构中的主体税类,包括企业所得税、个人所得税等。

(3)财产税:是以纳税人所拥有或支配的财产为课税对象的一类税。

(4)行为税:是以纳税人的某些特定行为为课税对象的一类税。目前我国的行为税主要有城市维护建设税、印花税、屠宰税等。

(5)资源税:是对在我国境内从事资源开发的单位和个人征收的一类税。目前我国的资源税包括土地增值税、耕地占用税和城镇土地使用税等。

2. 按计算依据进行划分

(1)从量税:是以课税对象的数量(重量、面积、件数)为依据,按固定税额计征的一类税。从量税实行定额税率,具有计算简便等优点。如我国现行的资源税、车船使用税和土地使用税等。

(2)从价税:是以课税对象的价格为依据,按一定比例计征的一类税。从价税实行比例税率和累进税率,税收负担比较合理。如我国现行的增值税、营业税、关税和各种所得税等。

3. 按税收的征收形态划分

(1)实物税:是纳税人以各种实物充当税款缴纳的一类税,如我国的农业税。

(2)货币税:是纳税人以货币形式缴纳的一类税。在现代社会里,几乎所有的税种都是货币税。

4. 按税收与价格的关系进行划分

(1)价内税:是税款在应税商品价格内,作为商品价格一个组成部分的一类税。如我国现行的消费税、营业税和关税等。

(2)价外税:是税款不在商品价格之内,不作为商品价格的一个组成部分的一类税。如我国现行的增值税(商品的价税合一并不能否认增值税的价外税性质)。

5. 按税率的变化进行划分

(1)累进税率:随着税基的扩大,税率相应上升。

(2)比例税率:随着税基的扩大,税率保持不变。

(3)定额税率:按照课税对象计量单位直接规定固定的征收数额。

累进税率、比例税率、定额税率的具体划分如图 10-1 所示。

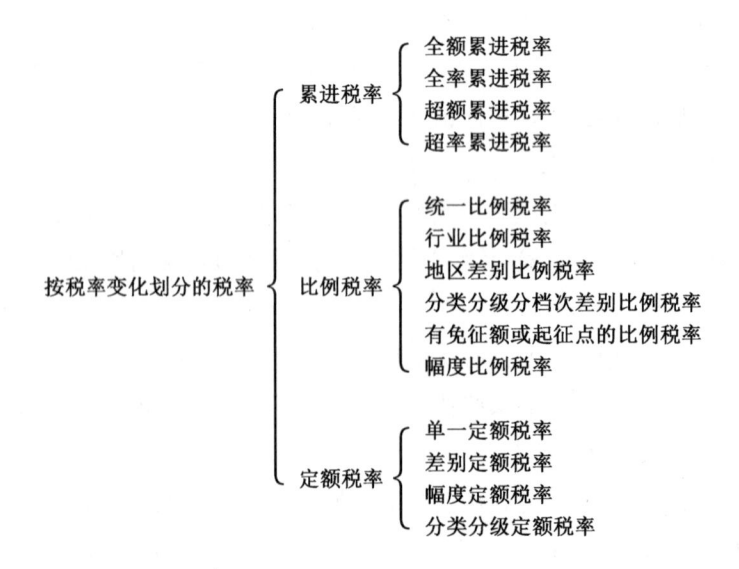

按税率变化划分的税率
- 累进税率
  - 全额累进税率
  - 全率累进税率
  - 超额累进税率
  - 超率累进税率
- 比例税率
  - 统一比例税率
  - 行业比例税率
  - 地区差别比例税率
  - 分类分级分档次差别比例税率
  - 有免征额或起征点的比例税率
  - 幅度比例税率
- 定额税率
  - 单一定额税率
  - 差别定额税率
  - 幅度定额税率
  - 分类分级定额税率

图 10-1 税率详细分类

（三）税收职能[①]

税收对政府的作用从宏观的角度来看有两点：为政府活动提供资金；政府实现其职能的一种工具。一般来说，税收具有以下几种重要的职能：组织财政、调节经济、监督经济、资源配置、收入分配。

1. 组织财政职能

政府需要财政资金向社会公众提供公共品，但公共品的特征使得公共品无法通过价格实现补偿，政府是社会公共品的提供者，只能依靠税收进行价值补偿，以保证政府向社会提供必要的公共品以及公共服务。因此政府可以通过税收的强制性参与社会分配，获得税收以补偿公共品的价值。

2. 调节经济职能

政府凭借国家强制力参与社会分配，必然改变社会各集团及其成员在国民收入分配中占有的份额，减少了他们可支配的收入，但是这种减少不是均等的，这种利益得失将影响纳税人的经济活动能力和行为，进而对社会经济结构产生影响。

3. 监督经济职能

国家在征收取得收入过程中，必然要建立在日常深入细致的税务管理基础上，具体掌握税源，了解情况，发现问题，监督纳税人依法纳税，并同违反税收法令的行为进行斗争，从而监督社会经济活动方向，维护社会生活秩序。

4. 资源配置职能

在现实世界中，由于信息不对称因素的存在，导致市场并不是完全有效率的，资源的配置并没有达到帕累托最有状态，这时需要政府介入市场的运行，有力地调控资源的流向，从而解决资源配置不合理的问题，达到资源配置的帕累托均衡状态。

5. 收入分配职能

由于市场经济的局限性，会出现贫富差距过大等社会问题，这时政府可以通过设定累进税率等税收方法，对高收入人群征收高税收，减少低收入人群的税负压力，从而实现收入的再分配。

二、土地税收

土地税收是指国家以土地作为征税对象，凭借政治权力，运用法律手段，从土地所有者或土地使用者手中，固定、无偿、强制地取得部分土地收益的一种税收。具体而言土地税收是以土地或者土地改良物的财产价值或财产收益或自然增值为征税对象。

[①] 董晓燕：《财政税收对市场经济发展的作用》，载《经济学》2020年第2期，第6页。

(一)土地税收的特点

1. 税基稳定,税源广泛

土地具有位置的固定性和永续利用的特性,因此,土地作为征税客体,税源比较稳定。从古至今,土地税收收入都在整个国家的财政收入中占有很重要的地位。

2. 历史最为悠久的税种之一

土地税收是税收中最悠久的税种。在古代,由于当时工商业还没有发展起来,基于土地的最主要的产业就是农业,因而有收入而且能成为税收对象的几乎只有农业,于是农地税成为人类税制史上最古老的税种。

3. 土地税收建立在土地制度之上

在不同社会制度下,因土地制度不同,土地税收的性质、征收方式办法也不一样。

4. 土地税收的可转嫁性

由于土地是固定的资产,不经常流动,许多经济学家认为,土地税是不能转嫁的,即土地税不能像普通商品税那样,通过加价,转嫁税收负担。另外如果土地用于某项生产,依据地租理论,经济地租不影响生产成本不影响产品价格,地主也很难将土地税转嫁。因此,生产者不能把产品加价出售,从而转嫁土地税。英国的约翰·穆勒和美国的亨利·乔治(Henry George)都提倡征收土地税,以减少贫富差距,减轻购买者的负担。

然而,事实上许多生产用地,如矿业用地、农业用地、工商业用地以及用于房屋出租的地基等,都可以通过多种方式将所负担的土地税转嫁给他人。转嫁的多少,取决于当时当地的政治经济环境和所运用的转嫁手段。

(二)我国土地税收的分类[①]

我国现行的税制中与土地税收相关的税种为房产税和土地税,其中直接将房产和地产作为征税对象的税种共有 14 种,见图 10-2。

土地税收从本质上来看,可以将其分为财产税形式、收益税形式和所得税形式。

(1)财产税形式,将土地看成财产,并对之征税。有从量和从价计征两种形式。

①从量征税。古罗马曾经采取过按照面积征税的方法,其做法是:不分土地肥沃程度的差异、产量的大小、地租的高低,以土地面积大小为征税标准的一种最原始的农地征税方法,其税率通常采用单一税率。约旦、埃塞俄比亚现在也采取一种按照土地等级征税的方法,即按照土质的肥瘠、水利灌溉的条件、收获量的多寡、距离市场的远近等,对土地进行分级,对优等土地课以重税,劣等土地课以轻税。

②从价征税。这种方法征的税收也被称为地价税。以土地的价格为征税标准,我

---

① 《详解:什么是土地税?》,http://www.tdzyw.com/2013/0529/29033.html。

$$\text{按税率变化划分的税率}\begin{cases}\text{耕地占用税}\\\text{固定资产投资方向调节税}\\\text{城镇土地使用税}\\\text{房产税}\\\text{城市房地产税}\\\text{企业所得税}\\\text{外商投资企业和外国企业所得税}\\\text{个人所得税}\\\text{教育费附加}\\\text{土地增值税}\\\text{印花税}\\\text{契税}\\\text{城市维护建设税}\end{cases}$$

图 10-2 直接将房产和地产作为征税对象的税种

国在国民政府时期就采取地价税。根据地价的确定方法有两种：一类是由税务人员按照预先确定的土地分类标准及评估程序，将各级土地依平均年收益的资本化值估算；另一类是依据土地买卖价格，或用已定的估价标准加以比较确定地价。例如，美国各州的财产税、日本的固定资产税均按价格征收。

(2) 收益税形式，根据土地收益征收土地税有以下四种形式：

①按照总收益征税。这是大部分古代国家的做法。古代埃及按照耕地的总产品收税，古代中国收取土地税收通常是从土地总产品中抽取 1/10。现在的宗教团体仍然沿用这种方法。

②按照纯收益征税。从总收益中间除去生产产品的耗用，对剩下的纯收入征税。法国在 1917 年之前的 100 多年间曾经采取过这样的做法。

③按照估计收益征税。政府于一定时间估定的收益，这种方法是按土地生产能力征税，并不是按收获期间实际调查的产量。我国台湾地区的田赋就是这种类型。

④按照租赁价格征税。按照出租人和承租人约定的地租征税。英国现在就是这种类型的税收。

(3) 所得税形式。即把从土地获得的纯收益作为一种所得，而课以所得税。英国、法国、意大利、芬兰等国实行这种税制。

三种形式的土地税的优劣比较表 10-4 所示。

表 10-1　　　　　　　　　三种形式土地税优劣比较

收税形式	公平角度	征收难易	征税标准的长久性	趋　势
财产税形式	差	好	好（面积形式最好，价格次之）	好（主张按地价形式）

续表

收税形式	公平角度	征收难易	征税标准的长久性	趋　势
收益税形式	中	中	中	中
所得税形式	好	差	差	好(但手续繁杂)

(三)土地税收的职能

前文已经叙述过税收有着"组织财政、调节经济、监督经济、资源配置、收入分配"这五方面的职能。土地税收作为税收的分税种，其职能和作用也具有双重特性，既是国家资金来源的一个重要方面，又是国家履行职能的一个有力工具。土地税收的职能具体表现在以下方面：

1. 保障政府的财政收入，筹集公共设施建设资金

土地的位置固定，无法移动，无法藏匿，是一个很稳定良好的税源。同时，由于长期来说的供需不足，土地价值有增值的潜力。因此，土地税收是长期、广泛、收入增加有保障的国家税收来源。世界各国都十分重视土地税收的征管，中国历来所进行的大规模的地籍调查，基本上都是以征收土地税服务的。

2. 抑制投机行为，促进土地资源合理利用

土地市场的独特性在于，从长期来看供给有限，然而人口不断的增长对土地的需求越来越大。地价上涨过快的基本原因是土地供不应求。土地税收政策应当以抑制土地需求、增加土地供给为目标。但对不同的用地需求应当区别对待。对此，政府可以对需要发展的土地利用减免税，对于投机危害市场交易的行为，在取得、持有、转让、使用方面课税，增加成本，缓解和抑制投机行为，促使经营者更有效、更集约地利用土地，从而实现土地资源合理利用的目的。

3. 调节级差收入，维护公平竞争

土地由于各种原因存在较大的差异性，这是土地的一个特性，因此土地存在级差收入。这种级差收入是有悖于公平竞争原则的。通过征收土地税，对不同的部门实行不一样的土地税率，可以将较高的级差地租收归国家，再以各种形式分配给缺乏资金、需要特别支持的地区或部门，以促进国民经济地区间平衡协调地发展。

4. 引导土地的利用流向，合理利用自然资源

土地市场上的出让者通常处于一个垄断的地位，因此土地市场并不是一个完全竞争市场，完全依靠市场这只"看不见的手"并不现实，需要土地税收的调控。合理的土地税收作为一种经济杠杆，具有引导土地利用方向的功能。对不同的土地利用方向确定不同的税率，促使土地经营者调整土地利用方向，如征收荒地税和空地税会驱使土地占用者集约和节约利用土地。

5. 实现耕地保护、促进农业发展

伴随我国工业化和城市化的发展,土地需求高涨,耕地流失问题日益突出,耕地保护面临极大压力和严峻挑战,国务院提出要坚守18亿亩耕地总量底线,实施严格的耕地保护制度,保护耕地已经上升到基本国策的地位。自1987年4月1日我国开始征收耕地占用税,由于税收具有强制性的特点,征收耕地占用税可以提高土地非农建设成本、有效引导土地的用途,进而促进土地资源优化配置、实现耕地保护的目标。

第二节 中国土地税制的演变与发展

一、中国土地税收的历史

税收是同国家相对应的,所以与国家的概念一样是一个历史范畴。我国土地税基的评估最早可以追溯到中国的古代殷商时期。中国在漫长的时期里都是一个农业国家,与农业息息相关的土地税收就在整个国家的财政收入体系中占据了非常重要的地位。恩格斯指出:"为了维持这种公共权力,就需要公民缴纳费用——捐税。捐税是以前的氏族公社完全没有的。"[1]

(一)古代的土地税制

夏、商、周在历史上被称为上古时代。这期间的土地税制,孟子曾概括为:"夏后氏五十而贡,殷人七十而助,周人百亩而彻。"夏代的土地税准确的说法不是贡而是"赋",根据最近几年的收获求出一个平均数,这个平均收获量的1/10作为"赋"上缴,不分丰年凶年,是一种定额税。商代采用井田制,被分成的九块田地每块70亩,周围八块地私人耕作,中间的土地为公地,八家人共同耕作以代替赋税,这被称为"助",是一种劳役地租。周代的土地税是"彻",也是建立在井田的基础上,九块地每块100亩,均由私人耕作,按照实际收获量征收,税率大致是1/10,实质上是一种比例税。[2] 表10-2对夏商周的土地税收进行了比较。

表10-2　　　　　　　　夏、商、周的土地税收比较

朝代	税赋名称	税基	税收实质
夏	赋	国家估计平均收获量,1/10,不分大小年	定额税

---

[1] 《马克思恩格斯全集》(第4卷),人民出版社1958年版,第167页。
[2] 孙翊刚:《中国赋税史》,中国财政经济出版社1996年版,第5-12、26-29、52-67、81-91、156-157页;吴俏俏:《浅析一条鞭法在财税史上的承上启下作用》,载《商情》2012年第20期,第38页;李三谋:《清代"摊丁入亩"制度》,载《古今农业》2001年第3期,第51-55页。

续表

朝代	税赋名称	税基	税收实质
商	助	井田，共同耕作公地	劳役税
周	彻	井田，按照实际收获量1/10左右	比例税

秦代的田赋称为田租，同时征收人头税，税负极重。到了西汉时期，房地产税与各种财产税一起合并为"算缗"，为了防止瞒报，汉武帝还颁布了"告缗令"，用以鼓励并监督税基的真实性。然而受到当时的技术限制，"算缗"的真实性无法得到保证，因此很难准确评估出每户百姓的真实税赋。另外汉代还提倡对土地轻税，汉初的土地税率是"什五税一"，在汉帝时期达到了"三十而税一"，在战乱之际，国家入不敷出之时，才征收1/10的土地税。一旦国家财政情况得到改善马上又恢复到1/15或者1/30。两汉的轻税政策有力地促进了封建经济的恢复和发展。

汉朝实行土地私有制，而国家的税赋以人口税为主，土地税收所占的比例不大，由于土地轻税，导致地主进行大规模的土地兼并，社会矛盾激化。为了缓解社会矛盾，三国两晋南北朝时期在田制上以"曹魏屯田制""西晋占田制""北魏均田制"为代表。与屯田制相对应的是曹魏的田租，这是定额田租，增产不增税实行低税率征收。与占田制对应的是课田制的税收，对适龄的男女青年规定一个纳税的下限，即固定亩数征收，超出部分（如自行拓荒之类）免税。均田制产生之前采取的是按户征收，两晋之后，大户很多（如我们熟知的王谢两族）都是超过一百家人的大户，但是按照税制缴纳的税收却不多，很不公平。在北魏时期，采取了按照丁口纳税的政策，采用低税率。与均田制相配套的赋税制度是"租、调、庸"税法，"有田则有租，有家则有调，有身则有庸"，租即为田赋，调即为事税，而庸为劳役。均田制保证了人民平均地占有土地，租调庸法保证了人民负担的均衡。

唐代税收制度沿用的是从南北朝时期发展出来的租庸调制，田制采用的是均田制。时至中唐，土地兼并严重，户籍管理混乱，农民负担过重，已经无法采取以前的做法，取而代之的是土地私有制。唐代中期田赋制度发生重大变化，杨炎宰相在全国推行"两税法"，即将"租、调、庸"三税合一。具体做法是：财政原则"量出为入"，估计政府支出再收取税收；纳税标准"按照土地大小和资产多少来征税"，废除了对人课征的调、庸，不以人丁为根据；纳税物品"钱粮并收"。"两税制"的好处在于：各种税收合在一起征收，简化了税制；按照贫富程度征收税款，扩大了纳税面，按照土地占有多少和贫富程度纳税，平均了负担。由于"两税法"建立在土地私有制的基础上，土地私有制会造成农民与地主阶级的矛盾，因此必定有各种弊端。

宋、元、明各朝，财政困难，税收紊乱、复杂，是当时各种社会矛盾的根源。

明代最值得一提的是宰相张居正在 1581 年推行的"一条鞭法",即把向百姓征收的夏税、秋粮、银差、力差以及各种土贡、劳役等各项,综合计为一个总额,然后按亩分配,征收银两。其基本精神是:"赋役统一、正杂统筹、计亩征银。"手续简便,易于实行,赋役制度向以物课税的租税制转化,征收货币代替实物,扩大了货币的流通范围。"一条鞭法"上承唐代的两税法下启清代的"摊丁入亩",是中国历史上具有深远历史影响的一次社会变革,既是明代社会矛盾激化的被动之举,也是中国古代商品经济发展到一定程度的主动选择。但是由于"一条鞭法"触及封建地主阶级的利益,受到了封建地主阶级的抵触和反抗,并没有实行太久便被废除了。

$$T_k = \frac{\sum_i X_i}{\sum_k S_k} \tag{10-1}$$

式中,X_i 为各项杂税,S_k 为每块土地的面积,T_k 为分摊到各块土地的税收。

清代早期值得注意的是"更名田"。1669 年,康熙皇帝宣布明朝藩王的土地归当时耕种的农民所有,大批的佃农不用缴纳租金只需要负担税赋。地赋丁赋同时征收,地赋有等级差异,各地并不一致。到了 1712 年,康熙皇帝开始实行"摊丁入亩"政策,即把丁税平均摊入田赋中,征收统一的地丁银,这简化了税收手续;公平了税赋,田多者多交,田少者少纳;"滋生人丁,永不加税"。在实行"摊丁入亩"政策的同时,清政府废除了工匠的服役制度。这种税赋制度对促进农业、手工业发展起到了积极的作用。

(二)民国时期的土地税制

由于国民党中央政府无力控制土地税赋的征收且无征收的标准,各地政府自定税率,导致土地税收制度混乱,无法统一征收。另外,古代延续下来的地籍制度遭到严重破坏,载明了土地面积大小、肥沃程度的"鱼鳞图册"都破坏殆尽,无法对土地进行准确的评估。征税人可以私自编造粮册对农民的土地进行征税。鉴于主观因素的影响,农民的税负压力变得格外巨大。尽管民国时期的土地税收制度混乱,但依然存在三种主要的税种,分别为田赋、地价税和土地增值税。

1. 田赋

田赋是对农村土地(田地)征税的税款。早在春秋战国时期,中央便根据土地上种植的粮食作物产量作为税基进行征税,发展到后期各省开始根据土地的肥沃程度划定税率,按亩征收。各省的税率都不一样(见表 10-3)。田赋征收的时间一年两次,夏、秋各一次。辛亥革命后,政府又将漕粮、户课和各种官田租课统称四赋。到国民党政府统治时期按土地所征的各种税收统称四赋。田赋虽然以土地为课税对象,但封建地主所缴纳的是从农民身上榨取得来的地租,属于农民剩余劳动或必要劳动产品的转化形式,农民是田赋的实际负担者。在国民党统治早期田赋的缴纳方式是银元,在 1935

年法定货币发行之后,就是以货币的形式上缴。

表 10-3　　　　　　　　　　各省田赋所占比重　　　　　　　　　　单位:%

省份	山东	宁夏	山西	江苏	河南	新疆	浙江	湖南	福建	广东	广西
田赋所占比重	60.8	56.1	55.3	45.6	45.7	44.7	37.3	19.4	13.9	20.5	18.4

资料来源:章有义:《中国近代农业史资料》(第三辑),三联书店 1957 年版,第 12 页。

1928 年,国民政府确认了国家财政收支系统和地方财政收支系统的划分,田赋属于地方财政收支系统,是地方税,是地方财政收入的主要来源,在地方的财政收入中占有很高的比例。由于抗战原因,国家财政入不敷出,1941 年,第三次全国财政会议把田赋划归中央,并且将田赋从货币征收改征实物。1946 年,抗战胜利后,国民政府再次改革财政,将田赋重新划归地方。

田赋有几个相关的概念,如正税、附加、预征。正税是田赋由法律确定下来应该缴纳的税收。附加是地方在正税之外另行收取的税赋,并无一定的标准,完全由地方确定,附加税往往比正税要高出许多倍。预征,是国民政府延续北洋政府的一种做法,提前征收下一年乃至下几年的田赋,在以后年份中抵扣。附加和预征的相关数据如表 10-4、表 10-5 所示。

表 10-4　　　　　　　　　　田赋附加对正税的比例　　　　　　　　　　单位:%

省　份	最低比例	最高比例	备　注
江苏	119.69	2 603.45	
浙江	134.2	384.9	
安徽	48.1	287.9	大多在 1∶1 之上
江西	27.0	958.2	大多在 1∶1 之上
湖南	24.0	1 280.4	1∶1 以下的仅有 5 县
湖北	9.2	8 600	1∶1 以下的县仅占 1/6
河南	15.7	1 019.4	1∶1 以下的县仅占 1/6

资料来源:《苛捐杂税报告》《农村复兴委员会会报》,12 号,1934 年 5 月。

表 10-5　　　　　　　　　　四川省 1935 年预征情况

驻军(当地军阀)	预征到年份	一年征收次数
21 军	1964	6
28 军	1980	6
29 军	1967	7
23 师	1960	8

续表

驻军(当地军阀)	预征到年份	一年征收次数
新6师	1954	5

资料来源：章有义：《中国近代农业史资料》(第三辑)，三联书店 1957 年版，第 41 页。

2. 地价税和土地增值税

地价税是按照土地价格所课征的税收，一般分为土地原价税和土地增值税，其中土地原价税是按土地的原始价格征税，不包括土地改良价格，土地原价税是对未被利用的土地征收的"未改良地价税"；土地增值税是按土地价格增加数额征税。1948 年 9 月 1 日，上海市率先开征土地增值税，对土地总登记区域内的土地，在所有权移转时，须依法缴纳土地增值税。各国的土地制度不同，土地税收制度也不尽相同，如日本的地价税是 1991 年税制改革的产物，主要目的是抑制土地的投机行为，对土地市场进行降温，而到了 1998 年又暂停征收地价税，主要原因是 20 世纪 90 年代以来日本经济的萧条、土地价格的急剧下降。我国的地价税和土地增值税产生于半殖民地半封建的社会，1898 年德国占领青岛后，在青岛开始推行地价税和土地增值税。1926 年广州国民政府公布了《广州市土地登记及征税条例》，规定按地价征收地价税。1930 年国民政府颁布《土地法》，规定征收地价税及土地增值税。土地增值税采取的是累进税制：地价税的基本税率是地价的 1.5%，超过累进起点的加征 0.2%～0.5%，一直累进到 5% 为止。地价税和土地增值税的划分与田赋一样，1941 年被划归于中央，但是在 1946 年又重新划归地方管理。由此可见，地价税和土地增值税作为税收手段，会根据当时的社会经济条件及时地调整，税收手段广泛地被国内外运用，成为经济的调节器。

3. 新中国成立前上海的土地税收情况

上海与其他省市的不同在于，农业用地占的比重不大，城市土地面积比较大。据不完全统计，20 世纪 30 年代的田赋占全市政府收入的比重仅为 6.8%。上海最早的土地税是租界时期的地捐。国民政府在 1930 年颁布了《土地法》，于 1936 年施行并给出了施行细则。上海市特别政府规定了地价税的税率为 6%，1936 年调高为 7%。抗日战争中，汪伪政府的地价税税率为 35%。抗战爆发后，后方土地价格暴涨，而农村土地负担沉重。为均衡土地负担，国民政府有加速推行土地税的意愿。1941 年底，国民党五届九中全会通过了《土地政策战时实施纲要》。抗战胜利后，国民政府把土地税改为累进税率。上海市特别政府于 1946 年整理地籍，开征地价税，税率为 15%，暂时不实行累进税率。[1]

---

[1] 张薰华、俞健：《土地经济学》，上海人民出版社 1987 年版，第 344-349 页。

(三)新中国成立后土地税收的发展[①]

新中国成立初期,在很多新的规章制度尚未确定下来之前,沿用国民政府时期的地价税、土地增值税。由于国民政府时期各地的税目、税率、征收方式都不一样,因此全国的地价税、土地增值税显得比较混乱。为了统一全国的税收征收,在1950年1月,国家政务院公布了《全国税政实施要则》,该要则规定全国统一征收房产税、地产税两个税种,并于同年6月,将房产税与地产税合并为"房地产税"。1951年,第三届全国税务会议制定《城市房地产税暂行条例》,该条例规定,房地产税由产权所有人交纳;产权出典者,由承典人交纳;产权所有人、承典人不在当地或产权未确定及租典纠纷未解决者,均由代管人或使用人代为报交。同时,条例对房地产税的计征依据、税率、房地产标准价格的评定方法、减免税、征收管理及违章处罚作了规定。同年8月8日报政务院批准后公布。1973年,原来缴纳房地产税的单位,并入工商税加以缴纳。

党的十一届三中全会以后,为了响应经济体制改革和对外开放的政策,我国的税制也进行了一系列的改革。第二步利改税的过程中,我国政府于1986年9月颁布《房产税暂行条例》,于1988年9月出台《城镇土地使用税暂行条例》,这两个条例对土地改良物和土地资源分别立税。

我国是一个农业大国,也是一个人口大国,农业耕地在国家的土地占用中有很重要的基础地位。随着房地产市场发展得如火如荼,工业、商业得到了迅速发展,许多耕地的用途发生了变化,导致农业耕地逐年减少,非农业占用农业耕地的情况也越来越严重。为了保护耕地,促进资源的合理利用,我国于1987年4月颁布了《耕地占用税暂行条例》,决定开征耕地占用税,用以引导土地的合理利用。

改革开放以来,我国逐渐恢复了房地产的商品属性,并且土地长期增值的特性逐渐显现出来,房地产市场有了长足的发展。但由于我国政府和民众对国有土地的价值还没有充分认识,没有设立相关税种采取相应措施,在一定的时期内,房地产开发过程中的无序操作和炒作之风盛行。为了加强国家的宏观调控,抑制炒买炒卖土地获取暴利的行为,我国于1993年12月颁布实施了《土地增值税暂行条例》,对土地资源的增值开征了相应的土地资源税。至此,我国基本上建立了一套关于土地在取得、使用、转让时课税比较完整的土地税收体系。

二、我国现行的土地税制

作为国家调控社会经济发展的重要工具和手段,土地税收在组织财政收入的同时,还发挥了调节土地资源配置利用、监督落实土地税收政策运行的作用。科学合理

---

① 中华人民共和国房产税暂行条例实施细则最新调整,2010-03-12。

的土地税政策不仅能为地方政府带来稳定的财政资金,而且可以促进土地的合理利用、优化土地资源配置,从而保护有限的耕地资源,实现土地资源的节约、集约利用。在现阶段,我国有关土地的税收构成大体上是:农业税、耕地占用税、城镇土地使用税、土地增值税、契税、房地产税等。①

(一)农业税②

农业税是指国家利用法律规定,对一切从事农业活动、并从农业活动中有所收益的个人和单位所收取的一种税,俗称"公粮"。农业税是一种收益税,与真正意义上的土地税有本质的区别。但是,土地作为农业的主要资源,国家并没有对其课征相应的税收,因此,农业用地的土地税是由农业税来体现的。

中国历史上出现过"两税法""一条鞭法""摊丁入亩"等不同的农业税制度,但这些都是建立在封建制度上的土地税收制度,税负的最终承担者都是农民。随着新中国的成立,农业税的征收对象发生了改变。目前列入应征农业税的农业收入包括:粮食作物和薯类作物的收入,棉花、麻类、烟叶、油料、糖料和其他经济作物收入,园艺作物的收入,以及经国务院规定或批准征收农业税的其他收入。上述农业收入中的"其他经济作物收入""园艺作物收入""经国务院规定或批准征收农业税的其他收入",习惯上称为农林特产收入。农业税的纳税人主要是从事农业生产、有农业收入的单位和个人,具体包括:农业生产合作社和兼营农业的其他合作社;国有农场、地方国有农场和公私合营农场;有农业收入的企业、机关、部门、学校、团体和寺庙;农民和有农业收入的其他公民等。

农业收入的计算标准有两种:一种是按农作物的常年产量计算;另一种是按农产品的产品收入计算。目前我国农业税的计税依据是常年产量,即用规定的税率乘以常年产量计算出应纳农业税,且农业税实行比例税制,采取自下而上规定平均税率,根据平均税率规定纳税人适用税率的办法。平均税率一般是指在一定地区范围内的全部纳税人应缴纳农业税税额与计税收入的比例。国务院根据《农业税条例》第十条规定,对各省、自治区、直辖市的农业税平均税率分别规定为:北京15%、上海17%、河北15%、山西15%、内蒙古16%、辽宁18%、吉林18.5%、黑龙江19%、陕西14%、甘肃13.5%、宁夏13.5%、青海13.5%、新疆13%、山东15%、江苏16%、安徽15%、浙江16%、福建15%、河南15%。湖北16%、湖南16%、江西15.5%、广东15.5%、广西14%、四川16%、贵州14%、云南14%。西藏地区征收农业税的办法由西藏自治区自行规定。各省、自治区、直辖市根据国务院规定的平均税率,结合本地实际,分别规定

---

① 刘佐:《中国税制概览》,经济科学出版社2004年版。
② 王文涛:《取消农业税后乡镇财政的困境与出路》,载《中国集体经济》2015年第13期,第84-85页。

所属各地区的税率,各县市可以根据上级规定的平均税率,分别规定所属乡镇的税率,报请上一级政府批准后执行。

[例10-1] 农民A种植小麦10亩,核定常年产量200千克/亩,计税价格每千克1.2元,当地规定的农业税税率为6%,试计算应缴纳的农业税税额。

农业税 = $10 \times 200 \times 1.2 \times 6\% = 144$(元)

随着农村税费改革的进行,2000年开始中央在安徽省率先开展农村税费改革试点,并且逐步扩大了改革试点范围。2004年,国务院开始在北京实行减征或免征农业税,农业税占各项税收的比例进一步降至1%。2005年12月,十届全国人大常委会第十九次会议以法律的形式免除农业税,2006年1月1日起,我国全面取消农业税,实行了2600年的农业税退出历史舞台,农民缴纳"皇粮国税"的历史就此终结。

(二)耕地占用税

耕地占用税是国家对占用耕地建房或者从事其他非农业建设的单位和个人征收的一种税。耕地占用税的征收目的是合理利用土地资源、加强土地管理、保护农业用地,它兼具资源税和行为税的双重特性,在占用耕地环节一次性征收,不同地区实行差别幅度较大的税率,税款专用于耕地开发和改良。我国是农业大国,尽管农业用地总面积较大,但是由于人口众多,人均耕地面积很小,并且随着第二产业和第三产业的不断发展,非农建设占用耕地情况越来越严重。1987年4月1日,国务院发布了《耕地占用税暂行条例》,决定对建房或者从事其他非农业建设的单位和个人征收耕地占用税,限制非农业建设占用耕地,建立发展农业专项资金,促进农业生产的全面协调发展。经过20多年的改革和发展,该条例的耕地保护作用日趋弱化,各种问题日益突出,因此国务院于2007年12月1日批准了新条例,加强税收调节职能,缓解我国耕地资源紧缺问题。调整前后的耕地占用税条例比较如表10-6所示。

表10-6　　　　　　　　　　耕地占用税条例改革内容

类　别	旧条例	新条例
耕地概念	占用前3年曾用于种植农作物的土地被视为耕地	删除
比照范围	占用鱼塘、园地、菜地等其他农用地	占用林地、牧草地、农田水利用地、养殖水面以及渔业水域滩涂等其他农用地
纳税人范围	不适用于外商投资企业	删除

续表

类　别	旧条例	新条例
税额标准	人均耕地不超过1亩的地区每平方米2～10元 人均耕地超过1～2亩的地区每平方米1.6～8元 人均耕地超过2～3亩的地区每平方米1.3～6.5元 人均耕地超过3亩的地区每平方米1～5元	人均耕地不超过1亩的地区每平方米10～50元 人均耕地超过1～2亩的地区每平方米8～40元 人均耕地超过2～3亩的地区每平方米6～30元 人均耕地超过3亩的地区每平方米5～25元
免税范围	铁路线路、飞机场跑道、停机坪、炸药库占地免税	删除
追征与退税	退还耕地已纳税不予退还	纳税人改变占地用途,不再属于免税或减税情形的,应自改变用途之日起30日内按改变用途的实际占用耕地面积和当地适用税额补缴税款
征收机关	财政	地税
纳税程序	批准用地在前纳税在后	先纳税后批地
滞纳金加收	0.5%	0.5‰
征纳争议解决程序	缴税、复议、起诉	处罚决定可直接起诉

调整后的各省、自治区和直辖市耕地占用税平均税额如表10-7所示。

表10-7　　　　　各省、自治区和直辖市耕地占用税平均税额　　　　　单位:元

地　区	每平方米平均税额
上海	45
北京	40
天津	35
江苏、浙江、福建、广东	30
辽宁、湖北、湖南	25
河北、安徽、江西、山东、河南、重庆、四川	22.5
广西、海南、贵州、云南、山西	20
山西、吉林、黑龙江	17.5
内蒙古、西藏、甘肃、青海、宁夏、新疆	12.5

资料来源:http://www.chinatax.gov.cn/n8136506/n8136608/n8138877/n8139027/8357242.html。

为进一步规范和加强征收管理,提高耕地占用税管理水平,国家税务总局制定了《耕地占用税管理规程(试行)》,自2016年1月15日起施行。该规程在2007年条例的基础上,进一步规范管理、加强征管、转变管理方式、指导部门协作,标志着我国对耕

地占用税的管理达到了新的时期。

[例 10-2] 某企业占用 8 000 平方米建设厂房,当地政府规定耕地占用税使用的税率是每平方米 6 元,该企业应该缴纳的耕地占用税税额多少?

解:耕地占用税税额=8 000×6=48 000(元)

如果纳税人在获准征用耕地超过两年仍然没有使用,征税机关将按照耕地占用税税额标准加收 2 倍以下的罚款。

(三)城镇土地使用税

城镇土地使用税,是指国家在城市、县城、建制镇、工矿区范围内,对使用土地的单位和个人,以其实际占用的土地面积为计税依据,按照规定的税额计算征收的一种税。城镇土地使用税在实质上是一种行为税,是对我国境内使用土地的行为所征的税。它的开征,有利于通过经济手段,加强对土地的管理,促进合理节约地使用土地,有利于调节土地级差收益,促进企业公平竞争;有利于理顺国家与土地使用者之间的分配关系;并为建立地方税体系、增加国家财政收入创造了条件。

城镇土地使用税是对占用土地的行为进行征税,征税的范围有所限定,并且对不同个体、不同地区实行差别幅度的税额。我国在 2007 年 1 月 1 日开始实施新修订的《城镇土地使用税暂行条例》,对城镇土地使用税的税额幅度进行了提升,并明确征税对象包括外商投资企业、外国企业和在华机构。自 2008 年 3 月 1 日起,个人出租住房不区分用途免征土地使用税。自 2010 年 9 月 27 日起 3 年内,公共租赁住房(简称"公租房")建设用地和公租房建成以后占地可以免征城镇土地使用税;在其他住房项目中配套建设公租房,根据政府部门出具的相关材料,可以按照公租房建筑面积占总建筑面积的比例免征建造、管理公租房涉及的城镇土地使用税。另外城镇土地使用税在征收过程中可以有两大类的税收优惠:①国家预算收支单位的自用地免税;②国有重点扶植项目免税。城镇土地使用税和耕地占用税尽管都是对土地的征税,但是两者还是存在明显的差异,如表 10-8 所示。

表 10-8　　　　　　　　城镇土地使用税与耕地占用税的对比

税收	城镇土地使用税	耕地占用税
实质	对占用土地行为征税	兼具资源税与特定行为
征税范围	有所限定	占用耕地环节一次性课税
税收特点	差别幅度税额	地区差别税率

城镇土地使用税根据不同地区和各地经济发展情况实行等级幅度税额标准,每平方米应税土地的税额标准如下:大城市每年 1.5~30 元;中等城市每年 1.2~24 元;小

城市每年 0.9～18 元；县城、建制镇、工矿区每年 0.6～12 元。① 经过批准，落后地区的税额标准可以适当降低，发达地区的税额标准可以适当提高，但是提高的部分最高不得超过上述规定的当地适用税额的 50%。

城镇土地使用税的应纳税额按照纳税人实际占用的土地面积和规定的适用税额标准计算。应纳税额计算公式为：

$$应纳税额＝纳税人实际占用的土地面积×适用税额标准 \quad (10-2)$$

[例 10-3] 某企业实际占用土地面积 1 万平方米，当地政府规定城镇土地使用税税率为每平方米 5 元，该企业全年应缴纳城镇土地使用税多少？

解：城镇土地使用税＝10 000×5＝50 000（元）

省、自治区、直辖市人民政府，在上述税额幅度内，根据市政建设状况、经济繁华程度等条件，确定所辖地区的适用税额幅度。市、县人民政府根据实际情况，将本地区土地划分若干等级，在省、自治区、直辖市人民政府确定的税额幅度内，制定相应的适用税额标准，报省级人民政府批准执行。采用幅度税额并分等级的做法，主要是为了调节不同地区、不同地段之间的级差收益，尽可能地平衡税负。比如在上海市使用土地建设厂房的企业，必须要每年度缴纳土地使用税，这是土地使用人的法定义务。按照上海市城镇土地使用税条例规定，上海市根据区域不同，税率分为六个等级。以上海的中心地区来说，土地使用税的纳税税率上达到了每平方米 30 元。但如果距离上海市中心较远，郊区地区的土地使用税税率就是 1.5 元左右。国家把同类地区幅度税额的差距规定为 20 倍，这样选择余地较大，便于地方根据本地区情况确定适当的税额标准。

（四）土地增值税

土地增值税是指转让国有土地使用权、地上的建筑物及其附着物并取得收入的单位和个人，以转让所取得的收入包括货币收入、实物收入和其他收入减去法定扣除项目金额后的增值额为计税依据向国家缴纳的一种税赋。土地增值税又被称为反房地产暴利税，是对房地产经营企业等单位和个人，有偿转让土地使用权和房屋的销售过程中取得的收入，扣除开发成本后的增值部分进行税费的征收。1993 年 12 月 13 日，国务院正式颁布《土地增值税暂行条例》，并从 1994 年 1 月 1 日起施行。1999 年以后深圳开始试点土地增值税预征制度。2006 年 12 月 26 日，国家税务总局明确将土地增值税由预征改为清算，加强了该税的可操作性。②

新中国成立到改革开放时期以来，我国对国有土地一直采取行政划拨的无偿占用方式。随着土地市场的建立和发展，出现了房地产公司炒买炒卖土地的做法，大量房

---

① http://www.chinatax.gov.cn/n8136506/n8136608/n8138877/n8139027/8357248.html。
② http://www.chinatax.gov.cn/n8136506/n8136608/n8138877/n8139027/8357236.html。

地产开发企业获得暴利,造成土地资源的浪费和国有资产的流失。开征土地增值税,主要目的是加强宏观调控、完善税制、增加财政收入、抑制房地产投机、防止国有土地收益流失。

土地增值税以纳税人转让房地产取得的增值额为计税依据,实行四级超率累进税率,如表10-9所示。

表10-9　　　　　　　　　土地增值税税率

级数	计税依据	税率	速算扣除
1	增值额未超过扣除项目金额50%的部分	30%	0
2	增值额超过扣除项目金额50%、未超过100%的部分	40%	5%
3	增值额超过扣除项目金额100%、未超过200%的部分	50%	15%
4	增值额超过扣除项目金额200%的部分	60%	35%

$$应纳税额=\sum(每一级增值额×适用税率) \quad (10-3)$$
$$=土地增值额×适用税率-扣除金额×速算扣除$$

[例10-4] 某房地产开发公司取得转让房地产的收入1 000万元,其扣除项目的金额为400万元,计算应缴纳的土地增值税。

第一步:土地增值额=1 000-400=600(万元)

第二步:计算增值额和扣除金额比值=$\frac{600}{400}×100\%=150\%$

第三步:对照土地增值税税率表,税率是50%,速算扣除数15%。

第四步:土地增值税税额=600×50%-400×15%=240(万元)

建造普通标准住宅出售,增值额未超过各项规定扣除项目金额20%的,因城市实施规划、国家建设需要依法征用、收回的房地产,可以免税。另外土地增值税还有以下几种情况可以免税:①法律规定的免税事项;②转让房地产免税;③转让自用住房免税;④房地产入股免税;⑤合作建自用房免税;⑥房地产转让免税;⑦个人转让普通住宅免税;⑧赠与房地产不征税;⑨房产捐赠不征税;⑩资产管理公司转让房地产免税等。[①]

(五)契税[②]

契税是指不动产(土地、房屋)产权发生转移变动时,就当事人所订契约按产价的一定比例向新业主(产权承受人)征收的一次性税收。契税名义上是财产税,实质上是一种对行为课税的税种。

新中国成立后颁布的第一个税法就是《契税暂行条例》。《契税暂行条例》实施40多

---

① 律图:《转让土地使用权免税》,http://www.64365.com/zs/918285.aspx。
② https://baike.baidu.com/item/%E5%A5%91%E7%A8%8E/577946?fr=aladdin。

年来,在加强土地和房屋权属转移的管理、增加财政收入、调节收入分配等方面发挥了积极作用。改革开放的深入使得原有的条例已不适合形式的需要。国务院对《契税暂行条例》进行了修订,于 1997 年 7 月 7 日重新颁布了《契税暂行条例》,并于 1997 年 10 月 1 日起实施。2020 年 8 月 11 日第十三届全国人民代表大会常务委员会第二十一次会议通过《中华人民共和国契税法》,规定从 2021 年 9 月 1 日起,《中华人民共和国契税法》施行,同时 1997 年 7 月 7 日国务院发布的《中华人民共和国契税暂行条例》废止。

契税的纳税人是在中国境内转移土地、房屋,承受的各类企业、单位、个体经营者和其他个人。契税的征税对象是境内转移的土地、房屋权属。买卖契税指房屋买卖行为发生后,由房屋产权承受人凭当事人双方订立的合同,办理缴纳契税和房屋变更登记手续的行为。

契税的计税依据分为三种:国有土地使用权出售、房屋买卖,为成交价格;土地使用权和房屋赠与,由征收机关参照土地使用权出售、房屋买卖的市场价格核定;土地使用权和房屋交换,为所交换的土地使用权和房屋的价格的差额。契税的几种征税情况如表 10-10 所示。

表 10-10　　　　　　　　契税的几种征税情况

计税情况	计税依据
国有土地使用权出售、房屋买卖	成交价格
土地使用权和房屋赠与	征收机关核定
土地使用权和房屋交换	所交换的土地使用权和房屋价格的差额

契税使用 3%～5% 的幅度比例税率。各省、自治区、直辖市的具体适用税率,由当地省级人民政府在上述幅度之内确定。如上海市目前的住房契税税率为 1.5%,商业用房的契税税率为 3%。应纳税额计算公式为:

$$应纳税额 = 计税依据 \times 适用税率 \qquad (10-4)$$

契税的税收优惠主要包括:①国家机关、事业单位、社会团体、军事单位承受土地、房屋,用于办公、教学、医疗、科研和军事设施的;②城镇职工按照规定第一次购买公有住房的;承受荒山、荒沟、荒丘、荒滩土地使用权,用于农业、林业、牧业、渔业的;③自 2000 年 11 月 29 日起,对各类公有制单位为解决职工住房而采取集资建房方式建成的普通住房,或由单位购买的普通商品住房,经当地县以上人民政府房改部门批准、按照国家房改政策出售给本单位职工的,如属职工首次购买住房,均可免征契税;④因不可抗力灭失住房而重新购买住房的,可以酌情减税或者免税;⑤由外交部确认或根据相关法律法规,应当予以免税的外国驻华使馆、领事馆、联合国驻华机构及其外交代表、领事官员和其他外交人员承受土地、房屋权属。

(六)房产税[①]

房产税是以房屋为征税对象,按房屋的计税余值或租金收入为计税依据,向产权所有人征收的一种财产税。我国现行的房产税是第二步利改税以后开征的,1986年9月15日,国务院正式发布了《中华人民共和国房产税暂行条例》,从1986年10月1日开始实施,条例规定了产权属于全民所有的,由经营管理的单位缴纳;产权出典的,由承典人缴纳。产权所有人、承典人不在房产所在地的,或者产权未确定及租典纠纷未解决的,由房产代管人或者使用人缴纳。2010年7月22日,在财政部举行的地方税改革研讨会上,相关人士表示,房产税试点将于2012年开始推行。但鉴于全国推行难度较大,试点将从个别城市开始。

各国房产税的名称不尽相同,奥地利、波兰等称为"不动产税",德国、美国、智利等称"财产税",新西兰、英国、马来西亚等称"地方税"或"差饷",中国香港则直接称"物业税"。并且不同国家对房产税的规定也不一样,从征税对象到征税的范围都存在较大的差异。

对房产征税的目的是运用税收杠杆,加强对房产的管理,提高房产使用效率,引导住房消费,有效配置房地产资源,控制固定资产投资规模和配合国家房产政策的调整,调节房产所有人和经营人的收入。

房产税征收标准分从价和从租两种情况,采用比例税率。从价计税依据房产余值,即房产原值一次性减除10%～30%的折旧后的余额,扣除比例由省、自治区、直辖市人民政府在税法规定的减除幅度内自行确定。这样规定,既有利于各地区根据本地情况,因地制宜地确定计税余值,又有利于平衡各地税收负担,简化计算手续,提高征管效率。原值包括与房屋不可分割的各种附属设备,年税率为1.2%。从租计税依据房产租金收入,年税率为12%,对投资联营的房产,在计征房产税时应予以区别对待。共担风险的,按房产余值作为计税依据,计征房产税;对收取固定收入,应由出租方按租金收入计缴房产税。房产税应纳税额的两种计算分别为:

(1)以房产原值计税:

应纳税额=应税房产原值×(1-扣除比例)×税率(即1.2%)

(2)以房产租金收入计税:

应纳税额=房产租金收入×税率(即12%)

我国开征房产税始于1986年《房产税暂行条例》,由于当时城镇居民收入水平普遍较低,该条例对个人所有的非营业用房产免税。随着1998年我国住房制度改革和不断深化,以及居民收入水平大幅提高,商品房市场日益活跃,恢复征收房产税是必要

[①] 谢九、陈茂辉:《房产税的中国博弈》,载《经济周刊》2011年第33期,第47-49页。

的。2008年12月31日，国务院公布了第546号令，自2009年1月1日起外商投资企业、外国企业和组织以及外籍个人，依照《房产税暂行条例》缴纳房产税。我国现行房产税政策如表10-11所示。

表10-11　　　　　　　　　我国现行房产税政策

项目	内容
征收对象	在城市、县城、建制镇和工矿区征收，由产权所有人缴纳
税基	房产税依照房产原值一次减除10%～30%后的余值计算缴纳。具体减除幅度，由省、自治区、直辖市人民政府规定 房产出租的，以房产租金收入为房产税的计税依据
税率	依照房产余值计算缴纳的，税率为1.2%；依照房产租金收入计算缴纳的，税率税率为12%
免纳情况	1. 国家机关、人民团体、军队自用的房产 2. 由国家财政部门拨付事业经费的单位自用的房产 3. 宗教寺庙、公园、名胜古迹自用的房产 4. 个人所有非营业用的房产 5. 经财政部批准免税的其他房产

2010年以来，房产税改革一直是业内外热议的焦点。2011年1月，重庆和上海先后针对个人住房试点房产税。试点办法比较如表10-12所示。

表10-12　　　　　　　　　重庆和上海试点的房产税比较

	重庆	上海
征税对象	独栋别墅存量房增量房均要征税	自办法施行之日起新购的住房
适用税率	税率0.5%～1.2%	适用税率暂定为0.6%
征税基数	目前以房产交易价为征税基数	人均免税住房面积60平方米
税收管理	用于公租房建设	用于保障性住房建设等方面支出

对于试点城市来说，房产税试点带来的利大还是弊大，曾引起不少争论。但是随着房产税在地方实行带来的社会效益逐渐得到凸显，未来有望全国范围内实行房产税。

(七)其他和土地转让有关的税收

纳税人是销售不动产的单位和个人，税率为5%。纳税人转让土地使用权或者销售不动产，采用预收款项的方式。纳税人转让土地使用权，应当向土地所在地主管税务机关申报纳税。纳税人销售不动产，应当向不动产所在地主管机关申报纳税。《个人所得税法》规定，个人转让中国境内的土地使用权取得的所得，必须缴纳个人所得税，税率为20%。《印花税法》规定，办理土地使用证还必须缴纳印花税。

第三节 中国港台地区以及国外现行的土地税制

一、中国台湾地区的土地税制[①]

中国台湾地区的土地税收立法起初都散见于所谓的"土地法施行法""土地法""平均地权条例""田赋征收条例"等十余种法规中,法规的数量繁多,且在实际实行的过程中操作较为麻烦。为使得制定的土地税法推行,实现土地政策与行政法规相分离,达到有利征收,便利纳税的目的,台湾地区于1977年将十余种法规中有关土地税的规定,整合成为一部完整而统一的所谓的"台湾土地税法"。[②] 台湾现行的土地税制最重要的税种为地价税和土地增值税。

台湾地区的土地相关的税收有:地价税、田赋、土地增值税、空地税和荒地税、契税、工程受益费、遗产税、赠与税、财产交易所得税及印花税等。台湾地区的土地税大部分为地方税,占地方政府总税收收入的70%以上,仅次于所得税和营业税收入。

（一）地价税

地价税是台湾地区最基本的土地税,以土地的价格为依据征收的一种税。

纳税对象是规定了地价的土地,按土地所有权人的地价总额征收的一种税。但不是所有规定了地价的土地都征收。例如,都市土地分为农业区和保护区,限作农业用地时征收田赋,而不收地价税。

纳税人通常情况下是土地所有者,出典时为典权人,政府放领土地时是承领人以及承垦人,土地如果公有则由管理机关纳税。

税率为累进税率,如表10-13、表10-14所示。

表 10-13　　　　　　　　　　　　台湾地区地价税

地　价	税　率
未超过起征点部分	1.0%
超过起征点,但不到500%部分	1.5%
500%～1 000%	2.5%
1 000%～1 500%	3.5%

[①] 刘植才:《我国土地增值税制度的回顾、评价与展望——基于与中国台湾地区税制比较研究的视角》,载《财政经济评论》2014年第2期,第67-79页;杜雪君、吴次芳、黄忠华:《台湾土地税制及其对大陆的借鉴》,载《台湾研究》2008年第5期,第42-47页。

[②] 林英彦:《土地经济学通论》,文笙书局1999年版,第200-247页。

续表

地　价	税　率
1 500‰～2 000‰	4.5‰
2 000‰～2 500‰	5.5‰
2 500‰以上	6.5‰

表 10-14　　　　　　　　　　　地价税总结

征税对象	有地价的土地,有特例
纳税人	一般是产权所有人,有特例
税率	累进税率

(二)田赋

田赋应该与地价税联系起来考虑。地价税是对有地价的土地征收的税,田赋是当土地限作农业用地的时候对土地征收的税。田赋的征税对象是限作农业用地的土地。台湾地区的土地一般都没有规定地价(只有少数情况下才存在把有地价的都市土地用作农用征收田赋的),田赋和地价税正好是相互关联的。田赋的纳税义务人和地价税大致相同,如表 10-15 所示。

表 10-15　　　　　　　　　　地价税与田赋的区别

类　别	地价税	田　赋
征税对象	一般是有地价的土地,有特例	一般是没有地价的农业用地,有特例
纳税人	一般为土地所有者,有特例	一般为土地所有者,有特例
税率	累进税率	有等级差异

田赋在台湾地区是历史很悠久的一个税种。现在台湾地区的田赋很轻,台湾地区当局还会根据各地土地税的负担情况,对田赋进行减免。台湾地区征收的田赋税额只是其税收收入的很小一部分。1987 年 8 月开始,台湾地区停止征收田赋。

(三)土地增值税

已经规定地价的土地,在权属转移的时候用实际成交价格减去原先规定的地价,再去掉土地所有者为改良土地而投入的费用,剩下的余额就是土地自然涨价的部分,征收土地增值税。土地增值税的征收依据是孙中山先生的"涨价归公"的思想,它的征收可以抑制土地投机。土地增值税和地价税所依据的地价有所区别,地价税以公告地价为准,每三年重新公告地价一次;而土地增值税以公告现值为准,每年公告一次。

土地无偿转移时,土地的取得人是纳税人;土地有偿转移时,土地原来的所有人是纳税人；土地设定典权时，出典人是纳税人。税率为累进税率，分为40%、50%、60%三个档次。纳税人和税率如表10-16所示。

表10-16　土地增值税的纳税人和税率（根据1986年《平均地权条例》修正条文）

纳税人	土地无偿转移	土地获得者
	土地有偿转移	土地原有人
	土地设定典权	出典人
税率（累进）	涨价没有超过100%的部分	40%
	涨价100%~200%	50%
	涨价在200%之上	60%

（四）空地税和荒地税

空地税是对应地价税而言的。空地是城市用地，有地价的，已经完成"三通一平"但是没有进行建设，或者已经建设但该建筑改良价值不到原来申报地价10%的。应该征收空地税的土地，在原来的地价税的基础上加收2~5倍的空地税。

荒地税是对应田赋而言的。荒地是农业用地，没有地价，是已经归为农业用地但没有合法使用。应该征收荒地税的土地，在原来田赋的税额基础上加收3倍。

空地税和荒地税的征收是特殊目的税，征收的初衷是希望土地能够得到合理的利用，不至于白白荒废。

（五）契税

台湾地区的契税也是在土地的权属发生转移时，根据订立的契约征收的一种税。

契税纳税人：买卖时是买方，典权契约时是典权人，交换契约时是交换人，赠与时是受赠人，分割契约时是分割人，占有契约时是占有人。计税依据：一般依照申报契约的价格，但是当申报不合标准时，必须按照评价价格课。契税税率如表10-17所示。

表10-17　契税税率

税　种	税　率
买卖契约	7.5%
典权契约	5.0%
交换契约	2.5%
赠与契约	7.5%
分割契约	2.5%
占有契约	7.5%

二、中国香港地区的土地税制①

在香港,房产税被称为差饷。香港早于 1845 年就开始征收差饷,每季缴一次,一年缴四次,税额不固定。现在差饷收入用于各种公共服务,譬如路灯、路面、消防设施等。香港物业大致分为两种,一种是私人物业,另一种为政府提供的公共房屋。两种物业都需要缴差饷。

(一)物业税

物业税是在香港地区拥有土地和房屋的所有人按照应纳税额缴纳的一种税收。

物业税的征税对象是香港地区的土地和建筑物。纳税人是土地和建筑物的所有者,如果土地和建筑物不是一个人的,那么对他们分别征税。物业税的标准税率为 15%。对于自住物业,差饷由业主缴纳;对于出租的物业,差饷则是由业主和租客之间订立的合约而定。

(二)差饷

差饷是对房屋和物业征的一种税收。香港差饷物业估价署负责相关房屋的估价。纳税人是房屋或者物业的所有者,计税依据是香港差饷物业估价署给出的房屋的估价。香港的差饷约占香港政府收入的 5%,而且港府不少年份都宽免应缴差饷。税率有逐渐降低的趋势。20 世纪 80 年代为 10% 以上,1998 年为 5%。

(三)遗产税

遗产税是对死亡人士遗留给他人的财产征收的税收。遗产税的纳税人是遗嘱执行人和转让财产的管理人或者取得人。征税对象是死亡人士遗留给他人的财产。遗产税采用的是全额累进税率。

(四)印花税

印花税是对房地产转让、租用和股票转让征收的税收。纳税人通常是签盖凭证文件的人士。计税依据是物业价值,税率是累进税率。香港地区的税法还规定了关于转让土地和房产的时候,获取的利得应该缴纳利得税。

三、日本的土地税制②

作为亚洲经济发展程度较高的国家,日本的房产税制度均较为完善。现行的日本土地税制对土地的持有、转让、取得等各环节都进行了征税。在日本,税收系统有国税和地方税两套体系。与土地相关的税收有地价税、固定资产税、城市规划税、特别土地

---

① 朱广俊:《中国香港税收制度》,中国税务出版社 1997 年版。
② 顾红:《日本税收制度》,经济科学出版社 2003 年版,第 30 - 34 页;阮阳:《房产税征收的国际比较与借鉴》,载《上海金融》2014 年第 6 期,第 116 - 118 页。

持有税(如图10-3所示)。

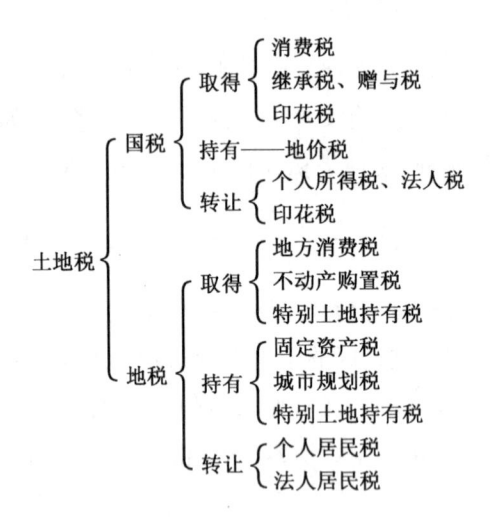

```
土地税 ┬ 国税 ┬ 取得 ┬ 消费税
       │      │      ├ 继承税、赠与税
       │      │      └ 印花税
       │      ├ 持有 —— 地价税
       │      └ 转让 ┬ 个人所得税、法人税
       │              └ 印花税
       └ 地税 ┬ 取得 ┬ 地方消费税
              │      ├ 不动产购置税
              │      └ 特别土地持有税
              ├ 持有 ┬ 固定资产税
              │      ├ 城市规划税
              │      └ 特别土地持有税
              └ 转让 ┬ 个人居民税
                     └ 法人居民税
```

资料来源:樱井良治:《日本的土地税制》,税务会计学会。

图10-3 日本土地税

(一)地价税

地价税是为了抑制土地投机而设定的。纳税人是土地所有者,纳税对象是个人和法人在1月1日持有的土地,纳税依据是纳税人持有的土地的全部价格。

地价税税率为0.15%。由于日本经济低迷,为了促进市场活跃,1998年税制改革的时候暂停征收地价税。

(二)固定资产税

日本将房产税称为固定资产税,固定资产税是针对土地、房屋和折旧资产征收的税收,属于地方。

固定资产税的纳税人是固定资产的所有者,包括个人和法人。计税依据是固定资产的价格,这个价格按照合理时价计算。

标准税率为1.4%,税率的上限为2.1%。

(三)城市规划税

城市规划税是为了城市规划而缴纳的税收,与固定资产税一样,也是地方税。

纳税人是城市规划法规定范围内的城市土地和房屋的所有人。计税依据和固定资产税一样,原则上与固定资产税一起征收。

税率的上限为0.3%。

(四)特别土地持有税

特别土地持有税是持有和购置土地而必须缴纳的税款,是地方税的一种。

纳税人在考虑土地持有时,是土地持有人;在考虑土地购置时,是土地购置人。计税依据是土地的购置价格。对于土地的持有按照1.4%征税,对于土地的购置按照3%征收。

(五)环境税

为了响应联合国保护环境的号召,日本政府在2012年之后对房地产开发等环节征收环境税以限制房地产的过度开发。所征环境税将主要用于节能环保产品补助、可再生能源普及等。

其他还有一些税种与土地相关,分别是消费税、继承税、赠与税、所得税、法人税、印花税等。

四、韩国的土地税制[①]

韩国有一套相对比较成熟的土地税收体系,相关的税种主要包括所得税、遗产税和赠与税、土地综合税、土地增值税等一系列税收种类。如图10-4所示。韩国对土地税收采用单独征收的模式,即该税种不对其他财产只针对房产进行课税,并不对土地进行征税。

韩国土地税收体系
- 土地的取得：遗产税和赠与税、印花税
- 土地的持有：土地综合税、土地增值税、土地持有税
- 土地的转让：个人所得税、公司所得税、印花税

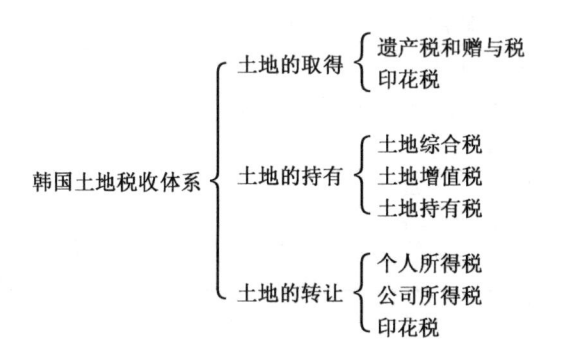

图 10-4 韩国土地税

(一)所得税

所得税是就居民或者非居民的所得征收的税。在韩国分为综合所得税和分类所得税两种。土地和房产的交易以及租赁的收入要缴纳所得税。纳税人是韩国的居民或者在韩国有收益所得的非居民。税率就综合所得和分类所得是有区别的,如表10-18所示。

---

① 财政部《税收制度国际比较》课题组:《韩国税制》,中国财政经济出版社2000年版,第11-13、74-75、200-202、219-222页;赵心刚:《房产税改革的国际经验借鉴与政策启示》,载《税务筹划》2013年1月,总第220期,第201页。

表 10-18　　　　　　　　　　　　　所得税税率

综合所得		分类所得(资本收益)		
10 000 韩元以下	10%	拥有土地 2 年以上	小于 3 000 万韩元	30%
10 000~40 000 韩元	20%		3 000 万~8 000 万韩元	40%
40 000~80 000 韩元	30%		8 000 万以上	50%
80 000 韩元以上	40%	拥有土地不到 2 年	无论多少	50%

(二)土地综合税

韩国对持有土地征收土地综合税。土地综合税的征税对象是土地的在册所有人，计税依据是土地的价格，税率为累进的(如表 10-19 所示)。

表 10-19　　　　　　　　　　　　土地综合税税率

计税依据	税率
2 万韩元以下	0.2%
2 万~5 万韩元	0.3%
5 万~10 万韩元	0.5%
10 万~30 万韩元	0.7%
30 万~50 万韩元	1.0%
50 万~100 万韩元	1.5%
100 万~300 万韩元	2.0%
300 万~500 万韩元	5.0%
500 万韩元以上	5%

(三)土地增值税

韩国的土地增值税的纳税人与土地综合税一样，是土地的在册所有人。征税依据是土地的增值额也就是现在价格扣去买入价格再扣除为了让土地增值而进行的投入的差额。税率有两级，如表 10-20 所示。

表 10-20　　　　　　　　　　　土地增值税两级税率

计税依据	税　率
土地增值额小于 1 000 万韩元	30%
土地增值额大于 1 000 万韩元	50%

(四)遗产税和赠与税

得到土地的方式有两种：有偿和无偿。有偿的方式就是通过市场买卖；无偿的方式则是靠遗产和赠与。遗产税和赠与税有很多相似之处。首先,征税对象都是接受的财产,也就是受益的物品。其次,纳税人都是受益人。最后,税率相同,都是累进税,以20万韩元为起征点,参见表10-21。

表10-21　　　　　　　　　　遗产税和赠与税税率

计税依据	税率
20万~50万韩元	10%
50万~500万韩元	20%
500万~1 000万韩元	30%
1 000万~5 000万韩元	40%
5 000万韩元以上	50%

其他还有一些在交易过程中需要缴纳的城市规划税、印花税等,在此不一一详述。

(五)环境税[①]

韩国目前尚未形成称为环境税收的税种。但从20世纪90年代初以来除在现行税制中有几种与环境保护有关的税收外,还额外征收了很多的税收以鼓励保护环境。为了抑制环境的污染,韩国政府采取的税收措施主要是政府对造成环境污染的房地产开发企业征收一定的费用,从而使房地产开发的环节减轻污染,节约公用资源。目前韩国的房地产开发环境税主要是地区开发税。地区开发税的征收主要是为了确保对地区的均衡开发和水质改善以及水资源保护等所需的资金,对发电用水、地下水、地下资源等征收地区开发税。

五、美国的土地税制[②]

美国的土地税与很多国家不大一样。美国房产税征收原则是"宽税基、少税种"。宽税基是指房产税的税基非常广泛,除公共、宗教、慈善等机构的不动产免征外,其他一律征税,从而保证了税收来源的稳定。从表面上看,没有任何与土地直接相关的税收在里边。事实上,美国的土地被当作是私人财产,因此是作为财产税来征收的。土地由于其固定、不可移动、不易藏匿,因此土地税收来源稳定,税基广泛,是美国地方政府征收的财产税的主要来源。财产税税率各地不同,总体来说在3%~10%。

在美国,与土地相关的税收有所得税、财产税、遗产税、赠与税和环境税。如图

[①] 阎卫兵:《美国、OECD国家、韩国环境税的比较及对我国征收的借鉴》,载《经营管理者》2009年第24期,第240-241页。

[②] 财政部:《税收制度国际比较》课题组:《美国税制》,中国财政经济出版社2000年版,第108页;阎卫兵:《美国、OECD国家、韩国环境税的比较及对我国征收的借鉴》,载《经营管理者》2009年第24期,第240-241页。

10-5所示。

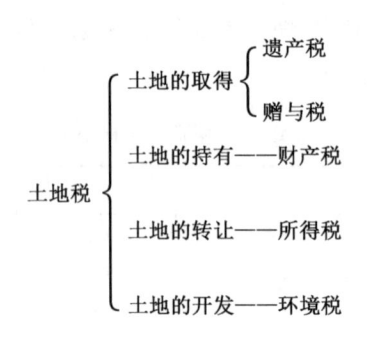

```
           ┌ 土地的取得 ┬ 遗产税
           │          └ 赠与税
   土地税 ─┤ 土地的持有——财产税
           │ 土地的转让——所得税
           └ 土地的开发——环境税
```

图 10-5　美国土地税

所得税是美国最重要的一项税收。土地在转移过程中给所有权人带来的收益是要征收所得税的。所得税税率比较烦琐,简要介绍如表10-22所示。

表 10-22　　　　　　　　美国所得税税率(1999年)

单身		已婚,夫妻俩		作为户主申报	
0～25 750 美元	15%	0～43 050 美元	15%	0～34 550 美元	15%
25 750～62 450 美元	28%	43 050～104 050 美元	28%	34 550～89 150 美元	28%
62 450～130 250 美元	31%	104 050～158 550 美元	31%	89 150～144 400 美元	31%
130 250～283 150 美元	36%	158 550～283 150 美元	36%	144 400～283 150 美元	36%
283 150 美元以上	39.6%	283 150 美元以上	39.6%	283 150 美元以上	39.6%

遗产和赠与,也是取得土地以及土地附着物的方式之一。纳税人为受益人,就其得到的财产为计税依据,缴纳遗产税或者赠与税。

美国的环境税自20世纪80年代初政府开征,目前已形成一套相对完善的环境税收体系。现行的与房地产领域相关的税收主要是环境收费。一是水费和下水道费,此费为水污染的治理等集资金。自来水和下水道按水表计量收费。二是固体废弃物收费,其按体积收费,以此抑制家庭产生过多的固体废弃物。

六、法国的土地税制[①]

法国的税制复杂,税种多达50多种,主要的税种也有十几种。法国为中央和地方分税制。与土地相关的税收有登记税、遗产税和赠与税、已开发房地产税、未开发房地产税等。法国房产在持有的过程中,需要交房产税。无论是自住,还是投资,业主都无

---

① 财政部《税收制度国际比较》课题组:《法国税制》,中国财政经济出版社2000年版,第111-112、132-147、173-175页。

法回避房产税(如图10-6所示)。

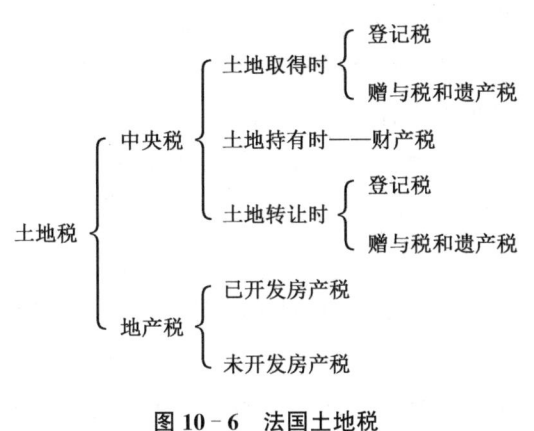

图10-6 法国土地税

```
        ┌ 中央税 ┌ 土地取得时 ┌ 登记税
        │        │            └ 赠与税和遗产税
土地税 ┤        ├ 土地持有时——财产税
        │        └ 土地转让时 ┌ 登记税
        │                     └ 赠与税和遗产税
        └ 地产税 ┌ 已开发房产税
                 └ 未开发房产税
```

(一)登记税

登记税是伴随正式的转让契约时履行的纳税义务。它是契约办理的一个程序,对中央来说也有税收的意思。登记税的纳税人是签订契约的双方。按照买卖和出租有不同的税率。买卖时,计税依据是契约规定价格或者是成交当天的实际价格。1998年的标准税率为15.4%,但是房屋或者住宅的税率一般为4.2%~5%。如果是租赁,一般按照契约规定租赁价格的2.5%征收。

(二)遗产税和赠与税

法国与其他国家一样也征收赠与税和遗产税,由受益人根据接受的财产缴纳税收。土地往往包括在这些转移的财产中。

遗产税的税率很复杂,具体如表10-23所示。

表10-23　　　　　　　　　法国遗产税税率

直系亲属		其 他	
小于50 000法郎	5%	兄弟姐妹	
50 000~75 000法郎	10%	少于150 000法郎	35%
75 000~100 000法郎	15%	多于150 000法郎	15%
10 000~3 400 000法郎	20%	四代以内亲属	
3 400 000~5 600 000法郎	30%	无论价值多少	55%
5 600 000~11 200 000法郎	35%	远亲或者无关系	
大于11 200 000法郎	40%	无论价值多少	60%

(三)已开发房地产税和未开发房地产税

这两个税种都是地方税,由地方政府征收。

已开发房产税的计税依据是注册租赁价值的50%,每年会有所调整。纳税人是不动产所有人。税率各地方都有自己的标准。

未开发房产税的计税依据是注册租赁价值的80%,每年都会有所调整。纳税人是不动产所有人,税率也是各地不一。

(四)环境税[1]

20世纪70年代到80年代初,法国这个时期环境税主要体现为补偿成本的收费,即基于污染者负担原则,要求房地产开发商等排污者承担监控、治理排污行为的成本,这是对房地产征收环境税的雏形;到了20世纪80年代至90年代中期,这个时期的房地产开发环境税日益增多,如排污税、产品税、能源税、碳税和硫税等,其功能综合考虑了调节和财政两方面;20世纪90年代中期以来,法国推行绿色开发、税收政策,生态税收迅速发展,业已形成较完善的环境税收体系。

第四节 中国内地的土地税制改革

一、中国内地土地税制存在的问题[2]

我国的房地产市场处于不断发展的阶段,尤其是经济较为发达的大城市,伴随着房地产市场的进一步发展完善,房价上涨现象愈加明显。我国在房地产市场的发展过程中,多次对税收机制进行相应的调整以适应市场经济的发展,而且针对房地产的保有环节及使用权转让问题,设置众多税收环节。总体而言,我国目前的土地税制较为适合当前发展趋势,但是随着经济的发展,城市土地的有限性决定了对农地的需求量大大增加,大量的农地将非农化。因此我国的土地税制仍需进一步改革,存在的问题亟待解决。当前我国土地税制存在以下几个问题:①保有阶段与流转阶段税收分配不合理;②房地产税制征收范围相对有限;③外资房地产企业承担的税负过重。

保有阶段的土地税收偏低,容易造成土地不合理开发,同时更助长土地投机。另外,由于我国现阶段实施的税率等级比较宽泛,进而形成了税收空间过小现象。比如目前,能对农地保护发挥一定作用的土地税种只有耕地占用税,但是目前的耕地占用

---

[1] 阎卫兵:《美国、OECD国家、韩国环境税的比较及对我国征收的借鉴》,载《经营管理者》2009年第24期,第240-241页。

[2] 李芊、周兴荣、梁琦:《我国房地产税制存在的问题及改革建议》,载《财会月刊:理论版(下)》2009年第11期,第34-35页。

税最高税额只有每平方米15元,最低税额仅为每平方米1元,且该税率多年未作调整。同时,该税的课税范围过于狭窄,该税所指的耕地是指用于种植农作物(包括菜地、园地)的土地,对林地、草地、养殖水面等非耕地则没有明确的规定。因此,对占用农地但又未占用耕地的行为无税收上的约束,不利于农地资源的保护。

过去,我国并没有专门的农村土地税,它是包括在农业税中的。随着加入WTO,农业产业面临国外的竞争,在这种情况下,降低农业税税率势在必行。然而,随着农业税的取消,我国在农业用地的税收方面就无法进行相应的调整和改革。城镇有城镇土地使用税,但是在农村,只剩下了耕地占用税。此外我国城镇土地使用税覆盖范围相对有限,主要在城市、县城、工业矿区等地进行征收,一部分农村地区的纳税人并不需要依法进行纳税,该政策制定无法满足税收科学性公平性的要求。

同时,我国土地的浪费也是很惊人的,大量土地并没有被合理利用。农村进城打工的人越来越多;不少农民因为地价的不断上涨,持地观望,不耕作也不交还土地给集体,荒废着土地等着土地升值。我国拥有14.1亿人口,并不是一个人均耕地资源很丰富的国家,同时非农产业对农村土地不断侵占,耕地资源流失严重。对于引进外资合理开发土地,我国目前对外资企业的税负较重,导致外资企业没有动力进入中国土地市场,为了达到良好的外资引进效果,政府对外资房地产企业应该制定相应的税收优惠政策,避免其承担相对较高税收压力。

另外,房价的走势是城市居民关心的一件大事。越来越高的房价不仅仅是因为开发商的炒作,地价越来越高也是一个不容忽视的事实。但是目前对于城市地价,暂时还缺乏相对应的税收进行调整。

二、中国内地土地税制改革应该坚持的原则

(一)土地税收政策要响应宏观经济形势

正确地判定宏观经济是土地税制改革最根本的基础,因此我国在进行土地税收改革过程中,必须选择正确的发展机遇,避免土地税制与宏观经济发展趋势背道而驰的问题。在土地税制改革的整个过程中,需要重点关注税收政策条件的可行及稳定性。一方面,土地税收政策制定后要及时实施,避免经济周期效应影响整体税收对经济的影响效果;另一方面,充分考虑政策调控的连续性及政策之后衍生的培训性需求,不断进行相关经验总结,广泛进行试点。从发展状况看,国内税务机制调整必须注重时效性与稳定性,周期过长会严重影响实施效率。

(二)明确土地税制改革方向

我国土地税制应该从民生的角度出发,易其田畴,薄其税敛,民可使富也。减轻税负,调节民生,做到藏富于民。合理制定税率标准,从而引导土地资源的合理利用,增

强房地产市场的活力。简税制,使税制满足简单化要求,厘清税收征纳关系,避免自身承担较大纳税成本压力。

(三)合理制定税收减免政策

房地产市场开发,归根到底是要满足全体公民的居住需求,将税收公平性原则体现在高收入人群体系内,避免社会出现较为严重的贫富差距现象。全面参照房产税制的优惠政策,完成对应减免制度设计。对传统税务机制进行调整,将投机行为发生概率控制在最低范围内,避免出现较为严重的市场泡沫问题。

三、中国内地土地税制改革设想

中国的土地税制改革,应该从农村和城市两方面入手。树立科学的发展观是我国下一阶段的经济发展的重要任务,在土地利用方面,对于土地的利用也应该科学合理。我们必须遵循"合理利用每一寸土地"这一指导思想。我国房地产税改革应抓住关键时机有序推进,依据不同时期合理定位其功能。近期应以市场调控功能为主,先解决社会公众反应最为强烈的改善住房的需求,同时兼具公平分配的功能。待取得经验后,再逐步将房地产税培育成地方主体税种。

(一)抓住关键时机有序推进

中共十九大报告强调:"坚持房子是用来住的、不是用来炒的定位,……让全体人民住有所居。""房住不炒"这一目标定位要求房子回归其居住属性。"让全体人民住有所居"是房地产业宏观调控的主要目标和未来房地产业发展的主导方向,也是"房住不炒"的最终目标。因此要抓住关键时机和环节积极而又稳妥地推进制度创新,充分发挥税收在住房资源分配中的积极作用。

(二)逐步将房地产税培育成地方主体税种[①]

房地产税改革是直接税制度建设的关键一环,也是健全地方税体系的重要内容。从较长时期看,房地产税可为地方涵养税源、优化结构,为地方税收入可持续增长提供内生动力。由于房地产的非流动性特点,使得房地产税税基稳定、税源丰实,可以为地方政府,尤其是县、乡基层政府提供一个充足的、可预期的收入来源。

(三)构建各环节统筹协调的房地产税收体系

在土地税收改革的过程中,不仅要简化税收征收的手续,而且要避免重复征税,并逐步减少不动产开发和转让环节的税费,将土地税收的计征重点尽量转向保有环节。充分研究我国的房地产市场,构建一个在取得、保有、转让等各环节统筹协调、合理搭配、税负平衡的房地产税收体系。

---

① 王珂:《房地产税成为地方主体税种的可行性研究》,载《焦作大学学报》2020年第2期,第71—74页。

(四)土地税收改革需注意的问题

税收改革过程中应该重点关注农民增收问题,开征农村土地税不是为了国家财政的增收,而是针对国家的土地产权设定的税收,体现了对产权的认定和保护,也具有比农业税更广泛的税基。应该做到不增加农民的负担,不是减了一个税然后再增加一个税,而是将以往农村关于土地不合理的费用统一用土地税收来体现。

土地税制的改革应该与其他税收的改革相配套。土地税收并不是孤立的,是税制体系的组成部分,与其他税相互联系、相互影响,共同配合政府的宏观政策,保证经济持续快速平稳发展的同时,合理地利用土地资源。推进依法立税,给予地方政府较大的法律权限,增强地方政府社会治理的自主性。

将土地税收和环境目标相联系。长期以来,我国土地税收在国民经济中占的比重不是很高,其作用往往被忽略。在环境问题越来越得到关注的今天,土地税收调整的对象——土地,也被提上了日程。土地由于其用途总量有限性、不可再生性,更加需要合理集约的利用,以往大规模粗放经营不适应现在的需求。土地税收应该配合其他政策措施调整这一方面的生产关系。"十分珍惜每寸土地,合理利用每寸土地,切实保护耕地"是我国的基本国策,也是土地税收最终要达到的目标。同时,严厉打击不法炒地、囤地等投机行为,促进房地产市场健康、有序、良性发展。

本章小结

土地税收是指国家以土地为征税对象,凭借政治权力从土地所有者或土地使用者手中无偿地、强制地取得部分土地收益的一种税收。它以土地制度为基础,历史悠久,其本质是财产税、收益税或所得税。土地作为征税客体,因土地本身的固定性使得该税种具有税基稳定、税源广泛的特征,但土地的不可流动性不能否认土地税收存在转嫁的事实。土地税收在国家财政体系中占有重要地位,具有保证国家财政收入,促进土地资源合理利用,调整土地利用方向,保护耕地和调整土地收益分配的重要职能。在我国现阶段,土地税收主要包括耕地占用税、城镇土地使用税和土地增值税。中国的土地税制改革,应该从农村和城市两方面入手。树立科学的发展观是我国下一阶段的经济发展的重要任务,在土地利用方面,对于土地的利用也应该科学合理。我们必须遵循"合理利用每一寸土地"这一指导思想。

复习题

一、名词解释

土地税收　物业税　地价税　房产税

二、选择题

1. 耕地占用税、城镇土地使用税和土地增值税分别属于(　　)。

    A. 资源税　　　　B. 行为税　　　　C. 财产税　　　　D. 所得税

    E. 流转税

2. 正在试点房产税的城市有(　　)。

    A. 深圳　　　　　B. 上海　　　　　C. 广州　　　　　D. 重庆

3. 我国现行的土地税种有(　　)。

    A. 房产税　　　　B. 物业税　　　　C. 契税　　　　　D. 农业税

4. 我国耕地占用税的征收机关是(　　)。

    A. 财政　　　　　B. 国税　　　　　C. 地税

5. 下列土地税收出现最早的是(　　)。

    A. 摊丁入亩　　　B. 租庸调制　　　C. 一条鞭法　　　D. 初税亩

三、计算题

1. 房地产开发企业经土地管理部门批准征用耕地1.1万平方米用于房地产开发，当地省级人民政府规定的耕地占用税适用税额为21元/平方米，请问该企业应纳耕地占用税为多少？

2. 房地产开发公司转让一块已开发的土地使用权，取得转让收入1 600万元，为取得土地使用权支付金额320万元，开发土地成本65万元，开发土地的费用21万元，应缴纳的有关税费77.7万元。请计算应纳税额。

四、简答题

1. 简述土地税收职能。

2. 国民政府时期土地税收有哪些税种？

五、论述题

试论述我国现行主要土地税种特征、目的及意义。

第十一章　土地可持续发展的利用与承载力和耕地保护

学习目的

通过对本章的学习,了解认识可持续发展的定义与内涵,学习土地如何实现可持续利用与用途管制,了解土地人口承载力、资源环境承载力和国土空间开发适宜性评价的内容,明确耕地保护的必要性,认识怎样达到耕地总量动态平衡。

关键概念

可持续发展　土地可持续利用　国土空间用途管制　土地整治　土地人口承载力
土地资源的生产潜力　资源环境承载力　土地用途管制　耕地总量动态平衡
永久基本农田

第一节　可持续发展理论概述

一、可持续发展理论

自18世纪工业革命以来,由于受"人类中心主义"思想的支配以及技术的滥用,致使人类盲目地追求经济的高速增长,忽视了经济发展与资源、环境的协调,对自然界造成了严重破坏。随着世界人口的急剧膨胀,人类对资源的需求越来越大,资源的耗竭越来越严重。20世纪30年代以来,世界各地相继出现了严重的环境污染事件,其中有震惊世界的八大公害事件:1930年在比利时发生的马斯河谷烟雾事件,20世纪40年代初期美国洛杉矶光化学烟雾事件,1948年美国多诺拉烟雾事件,1952年伦敦烟雾事件,1953—1956年日本水俣病事件,1955—1972年日本富山县骨痛病事件,1961年日本四日市哮喘事件,1968年日本米糠油事件。这些事件的发生,引起了人们对环境的重视,并产生了第一次环境革命。

到20世纪70年代,人类面临食物匮乏、资源短缺、环境恶化、生态危机等一系列问题,人们开始对工业文明进行反思。1972年,以梅多斯(D. L. Meadows)为首的西方科学家组成的罗马俱乐部提出了关于世界趋势的研究报告《增长的极限》,报告从人口增长、粮食供应、资本投入、资源耗竭和环境污染等重大问题出发,提出如果按照目前的人口和资本的快速增长模式继续下去,在2100年到来之前人类就会面临一场"灾难性的崩溃"。该报告在全世界引起了强烈反响,各国的政治家、经济学家都纷纷关注起经济增长与环境、资源的关系问题。

进入20世纪80年代中期以来,这些问题不但没有得到解决,反而出现了进一步恶化的趋势,严重制约了各国和世界经济的发展。1980年,世界自然保护联盟发表了《世界自然保护战略》,首次提出可持续发展的概念:"发展和保护环境对我们的生存,对我们履行作为后代自然资源托管人的责任是同等必要的。"1983年成立的世界环境与发展委员会(WCED)对可持续发展理论的形成和发展起了关键性的作用。该组织在前挪威首相布兰特兰夫人(Gro Harlem Brauntland)的领导下,组织21个国家的环境与发展问题的著名专家,经过不懈地努力工作,于1987年向联合国提出了一份著名报告——《我们共同的未来》(Our Common Future),该报告对可持续发展的内涵做了界定,并做了详尽的理论阐述。这标志着可持续发展理论的正式形成。

20世纪90年代,可持续发展理论为全世界所普遍接受,并由理论探讨转为社会实践。联合国于1992年召开了由各国政府首脑参加的环境与发展大会,提出了具有划时代意义的《21世纪议程》,期望通过政府行为来实现可持续发展战略思想。[1] 在生态与环境质量日益恶化的今天,资源的可持续利用受到国际社会的普遍重视,其中尤其突出的是土地资源的持续开发利用问题。[2] 中国根据其会议,编制了适合本国国情的《中国21世纪议程》,涉及与可持续发展相关的经济、社会问题,并且提出了促进中国人口、资源、环境可持续发展的战略、对策和行动方案。2015年9月,联合国可持续发展峰会成功举行,与会的193个联合国成员国共同通过了《变革我们的世界——2030年可持续发展议程》(以下简称《议程》),开启了全球可持续发展事业的新纪元。《议程》是联合国可持续发展事业的最新成果与世界各国的重要共识,具有权威性和广泛认同度。《议程》的核心部分是可持续发展目标,这些目标涉及发达国家和发展中国家人民的需求并强调不会落下任何一个人。新议程范围涉及可持续发展的三个层面:社会、经济和环境,以及与和平、正义和高效机构相关的重要方面,并首次确认调动执行手

---

[1] 毕宝德:《土地经济学》,中国人民大学出版社2020年版,第98页。
[2] 张裕凤:《土地经济学》,科学出版社2019年版,第351页。

二、可持续发展的定义

可持续发展作为一种新的概念、新的理论和新的发展战略引起了学术界广泛而深刻的讨论,站的角度不同,对可持续发展可以有不同的定义。到目前为止,关于可持续发展的概括和总结,有从生态环境、社会学和经济学等角度来进行的,也有综合性的定义。

(一)侧重于从自然方面定义可持续发展

所谓生态持续性,旨在说明自然资源及其开发利用程度间的生态平衡,以满足社会经济发展所带来的生态环境资源不断增长的需求。1911年11月,国际生态学联合会和国际生物学联合会联合举行的可持续发展问题专题研讨会上将可持续发展定义为"保护和加强环境系统的生产和更新能力"。可持续发展要以保护自然为基础,与资源和环境的承载能力相协调。因此,发展的同时必须保护环境,包括控制环境污染,改善环境质量,保护生物多样性,保持地球生态的完整性,保证以持续的方式使用可再生资源,使人类的发展保持在地球承载能力之内。

(二)侧重于从社会方面定义可持续发展

1991年由世界自然保护同盟、联合国环境规划署和世界野生生物基金会共同发表《保护地球:可持续生存战略》,将可持续发展定义为"在生存不超出维持生态系统承载能力情况下,改善人类的生活品质",着重指出可持续发展的最终落脚点是人类社会,即改善人类的生活质量,创造美好的生活环境。这一可持续发展思想强调社会公平是可持续发展战略得以实现的机制和目标。因此,可持续发展的内涵应包括改善人类生活质量,提高人类健康水平,并创造一个保障人们享有平等、自由、教育、人权和免受暴力的社会环境。

(三)侧重于从经济方面定义可持续发展

可持续发展鼓励经济增长,而不是以生态环境保护为名制约经济增长,因为经济发展是国家实力和社会财富的基础。可持续发展要求不仅注重经济的数量增长,更要注重经济质量的增长,实现经济发展与生态环境要素的协调统一。爱德华·B.巴比尔(Edward B. Barbier)在《经济、自然资源:不足和发展》中,把可持续发展定义为:"在保护自然资源的质量和其所提供服务的前提下,使经济发展的净利益增加到最大限度。"

(四)综合性定义

1989年5月举行的第15届联合国环境署理事会期间,通过了《关于可持续的发

---

① 《2030年可持续发展议程》,https://baike.so.com/doc/24367281-25183785.html;常远、王建平:《中国落实〈2030年可持续发展议程〉进展与展望》,载《水利发展研究》2018年第18卷第11期,第69-73页。

展的声明》,该声明指出:"可持续的发展,是指满足当前需要而又不削弱子孙后代满足需要之能力的发展,而且绝不包括侵犯国家主权的含义。"

目前,影响最大、流传最广的定义是《我们共同的未来》中对可持续发展的定义:"可持续发展是既满足当代人的需求,又不对后代人满足其自身需求的能力构成危害的发展。"这一定义具有很强的综合性和概括性,因此为大多数专家所认可。①

总之,可持续发展就是建立在社会、经济、人口、资源、环境相互协调和共同发展的基础上的一种既能相对满足当代人的需求,又不能对后代人的发展构成危害的发展。

三、可持续发展理论的内涵

可持续发展理论有丰富的内涵,主要包括以下方面:

第一,可持续发展是发展与可持续的统一,两者相辅相成,不可分割。发展是可持续发展的核心,通过发展来提高当代人福利水平,必须具有长远发展眼光。可持续发展战略追求的是近期目标与长远目标、近期利益与长远利益的兼顾,经济、社会、人口、资源、环境的全面协调发展。

第二,可持续发展不能仅仅考虑到经济的"量"的增长,还要考虑到"质"的发展;不仅要考虑到经济的因素,还要考虑到经济以外的社会因素;不仅要考虑到经济社会内部的因素,还要考虑经济社会与生态环境、自然资源的和谐关系问题。可持续发展是经济、社会、环境的全方位的发展,如果仅仅理解为经济发展,是不完善的、不全面的,盲目的经济发展可能破坏人类的生存环境。

第三,可持续发展的终极目标应是社会-经济-自然(生态)复合系统的协调,即实现经济繁荣、社会公平、生态稳健。这三者相互依存、紧密相连,反映出社会-经济-自然复合系统的共生性。可持续发展系统是动态的,系统内部的子系统之间互为依存、协同演化。社会-经济-自然(生态)复合系统的协调不能自动地进行,需要人来控制和管理,因此,在使系统协调、可持续发展目标实现的同时,必然使人得到全面的发展,从这个意义上来讲,人的全面发展才是可持续发展的终极目标。

第四,可持续发展应体现当代人之间的协调,此地区发展不应以损害其他地区的发展为代价,应重视资源在各地区、各部门和每个人之间的合理分配。从全球范围看,26%的富有人口消费了80%的能源和原料,他们在很大程度上对全球环境负有责任。工业化国家不能仅站在自身的立场上寻找发展中国家的生态和社会问题,甚至抱怨发展中国家"人口爆炸"、暴力冲突或政府管理不当,而应负担起治理污染的主要责任,帮助发展中国家消除贫困。

---

① 毕宝德:《土地经济学》,中国人民大学出版社2020年版,第98页。

第五,可持续发展也包括代际之间的协调,这就必须解决好资源在当代人与后代人之间的合理配置,既要保证当代人的合理需求,又要为后代人留下较好的生存与发展条件。可持续发展就是指既要考虑当前发展的需要,又要考虑未来发展的需要,不以牺牲后代人的利益为代价来满足当代人的利益。资源可持续利用的核心是协同和公平。协同即土地资源的利用应考虑社会进步、经济增长和环境保护三者之间的协同,只有这样才能体现出土地利用的目的——满足人类长期的需要。[1]

四、可持续发展的原则

可持续发展的原则具体包括公平性原则、持续性原则和共同性原则。这些原则目前已经得到世界各国的广泛认同。

(一)公平性原则

可持续发展的公平性是指机会选择的平等性。它包括两个方面:一是本代人的公平即代内之间的横向公平。代内公平要求满足全体人民的基本需求以及给全体人民机会以满足他们要求较好生活的愿望,还要求给世界各国以公平的发展权、公平的资源使用权。二是代际间的公平即世代的纵向公平。人类赖以生存的自然资源是有限的,当代人不能因为自己的发展与需求而损害后代人满足其需要的能力,要给后代人以公平利用自然资源的权力。

(二)持续性原则

资源与环境是人类生存与发展的基础条件,资源的永续利用和生态环境的可持续性是可持续发展的重要保证。一方面,可持续发展要求人们根据可持续性的要求调整自己的生活方式,在生态可能的范围内确定自己的消耗目标;另一方面,人们通过实践活动可以认识和掌握人类与自然和谐共生的规律,通过决策作出理性的选择,从而实现可持续发展。

(三)共同性原则

可持续发展关系到全球的发展。尽管不同国家的历史、经济、文化和发展水平不同,可持续发展的具体目标、政策和实施步骤也各有差异,但是可持续发展作为全球发展的总目标,所体现的公平性和持续性原则是共同的。坚持可持续发展的全局观念,反对只注重单纯的、片面的或局部的发展,要从大的方面考虑,并赋予其现代化观念——全人类的发展。[2]

---

[1] 张裕凤:《土地经济学》,中国农业大学出版社2019年版,第352页。
[2] 毕宝德:《土地经济学》,中国人民大学出版社2020年版,第99页。

五、我国可持续发展的战略

我国属于发展中国家,我国人口约占世界人口的 1/5,可持续发展对我国极其重要。我国非常重视可持续发展,积极实行可持续发展战略。

(一)《中国 21 世纪议程》

1994 年 3 月中国政府正式批准了《中国 21 世纪议程——中国 21 世纪人口、环境与发展白皮书》,从中国的具体国情和环境与发展的总体出发,提出了促进经济、社会、资源、环境以及人口、教育相互协调、可持续发展的总体战略和政策措施方案。

(二)中国可持续发展的指导思想和原则

1. 指导思想

根据新的形势和可持续发展的新要求,2003 年 7 月国家发展和改革委员会发布了《中国 21 世纪初可持续发展行动纲要》。该纲要总结了 10 年来中国实施可持续发展的成就与问题,提出了可持续发展的指导思想、目标与原则,规定了可持续发展的重点领域,提出了实现可持续发展目标的保障措施。2012 年 6 月国家发改委、外交部、科技部、财政部和环保部发布了《2012 中华人民共和国可持续发展国家报告》,该报告重点是总结 2001 年以来中国实施可持续发展战略付出的努力和取得的进展,客观分析存在的差距和面临的挑战,明确提出今后的战略举措。同时,中国科学院的《2012 中国可持续发展战略报告》也提出"全球视野下的中国可持续发展"的主题,重点探讨了在新的全球化背景下中国与世界的关系,阐述了中国可持续发展的全球意义。[①]

我国实施可持续发展战略的指导思想是:坚持以人为本,以人与自然和谐为主线,以经济发展为核心,以提高人民群众生活质量为根本出发点,以科技和体制创新为突破口,坚持不懈地全面推进经济社会与人口、资源和生态环境的协调,不断提高我国的综合国力和竞争力,为实现第三步战略目标奠定坚实的基础。

2. 基本原则

我国实施可持续发展战略应坚持以下基本原则:

(1)持续发展、重视协调的原则。以经济建设为中心,在推进经济发展的过程中,促进人与自然的和谐,重视解决人口、资源和环境问题,坚持经济、社会与生态环境的持续协调发展。

(2)科教兴国、不断创新的原则。充分发挥科技作为第一生产力和教育的先导性、全局性和基础性作用,加快科技创新步伐,大力发展各类教育,促进可持续发展战略与科教兴国战略的紧密结合。

---

① 《中国 21 世纪初可持续发展行动纲要》,http://business.sohu.com/53/01/article212400153.shtml.

(3)政府调控、市场调节的原则。充分发挥政府、企业、社会组织和公众四方面的积极性,政府要加大投入,强化监管,发挥主导作用,提供良好的政策环境和公共服务,充分运用市场机制,调动企业、社会组织和公众参与可持续发展。

(4)积极参与、广泛合作的原则。加强对外开放与国际合作,参与经济全球化,利用国际、国内两个市场和两种资源,在更大的空间范围内推进可持续发展。

(5)重点突破、全面推进的原则。统筹规划,突出重点,分步实施;集中人力、物力和财力,选择重点领域和重点区域,进行突破,在此基础上,全面推进可持续发展战略的实施。[1]

第二节 土地可持续利用

一、土地可持续利用的含义

土地可持续利用是指当前土地利用不会对后代的持续发展构成危害,即土地利用既要满足当代人的需求,又不影响人类今后的长远需要。土地可持续利用就是实现土地生产力的持续增长和稳定性,保证土地资源潜力和防止土地退化达到生态合理性、经济有效性和社会可承受性。进入20世纪90年代,国际上一些土壤学家和土地评价专家将可持续发展的概念引申到土地利用,提出了可持续土地利用管理(sustainable land management)的概念。

土地持续利用的思想是1990年由印度农业研究会、美国农业部和美国Rodale研究中心共同组织的首次国际可持续土地利用系统研讨会(新德里,1990年2月)上正式提出的。该会议主要讨论了不同地区的可持续土地利用系统的现状和问题,并建议建立全球可持续土地利用系统研究网络。目前国际上普遍接受的是联合国粮农组织在《持续土地管理评价大纲》中的定义:"持续土地管理是将技术、政策和能够使社会经济原则和环境考虑融为一体的行为结合起来,以便同时实现保持或提高生产力与服务(生产力,productivity)、降低生产风险(安全性,security)、保护自然资源潜力及防止土壤退化(保护性,protection)、经济上可行(可行性,viability)和社会可接受(可接受性,acceptability)""如果预测到一种土地利用在未来相当长的一段时期内不会引起土地适宜性的退化,则认为这样的土地利用是可持续的。"[2]

---

[1] 《中国21世纪初可持续发展行动纲要》,http://business.sohu.com/53/01/article212400153.shtml。
[2] 宋戈、黄善林、赵可:《土地经济学研究》,中国农业出版社2018年版,第107页。

二、我国土地资源可持续利用的制约因素

(一)土地资源紧缺,人均占有量少

人口数量对土地利用的影响是从总量层次上来研究人地关系与土地可持续利用问题。土地资源是有限的,在一定时空范围内,人口数量越多,人均土地面积就越少,对土地资源的需求越大,人地矛盾越激烈,客观上制约了土地的可持续利用。世界人口在工业革命后神话般地增长起来,从19世纪初的5亿增加到2000年的近60亿,增长12倍。人口的大量增加使得土地资源消耗量剧增,因此从根本上讲,人口数量的增加是造成资源消费量增加的主要原因。根据第二次全国土地调查主要数据资源成果的公报,从人均耕地看,全国人均耕地0.101公顷(1.52亩),较1996年第一次调查时的人均耕地0.106公顷(1.59亩)有所下降,不到世界人均水平的一半。

总体来看,我国各类型土地的人均占有量远远低于世界平均水平(见表11-1)。而更为严重的是,我国人口每年以10‰左右的速度在增长,耕地则每年以2.0%左右的速度在减少。由于土地资源短缺,受人口与生产发展的压力,土地处于严重超负荷利用状态。[①]

表11-1　　　　1999年中国人均土地资源与世界一些国家的比较　　　　单位:公顷/人

类　型	世　界	中　国	俄罗斯	美　国	印　度	加拿大	法　国
人均土地总面积	2.200	0.740	11.400	3.350	0.310	30.540	0.937
人均耕地面积	0.247	0.076	0.898	0.686	0.174	1.507	0.330
人均森林面积	0.583	0.106	5.154	0.776	0.067	8.100	0.256
人均草原面积	0.575	0.319	0.586	0.874	0.012	0.924	0.184

资料来源:赵学涛、张安录,《土地整理与土地资源可持续利用》,http://house.people.com.cn/dichan/article_03_12_17_4605.html。

(二)土地生态环境恶化

我国土地生态环境恶化严重,主要表现在以下几个方面:

1. 土地荒漠化

土地荒漠化和沙化造成土壤结构破坏,有机质和细粒物质流失,土壤抗风蚀能力降低,土壤养分含量降低,加速土壤的贫瘠化,对农业和牧业的减产、对生态环境和一些生产基本设施都有显著影响。我国目前荒漠化和沙化土地面积分别占国土面积的1/4以上和1/6以上。第五次全国荒漠化、沙化土地监测结果显示,截至2014年,全

---

① 赵学涛、张安录:《土地整理与土地资源可持续利用》,http://house.people.com.cn/dichan/article_03_12_17_4605.html。

国荒漠化土地面积2.61亿公顷,占国土面积的27.20%;沙化土地面积1.72亿公顷,占国土总面积的17.93%。尽管与第四次监测相比,5年间荒漠化土地减少了121.20万公顷,沙化土地减少了99.02万公顷,但由于荒漠化和沙化面积较大,未来防治任务仍较为艰巨。[1]

2. 水土流失严重

水土流失不仅造成肥沃的表土流失,土壤肥力下降,土壤养分越来越贫瘠,而且导致土层越来越薄,土壤的蓄水能力下降,下游农田受泥沙淤埋,大量的坡面泥沙沉积下游河道,淤积湖泊水库,增加洪水的发生频率和洪灾危害,严重影响区域生态环境。受山地面积广大、降水不均,以及长期放牧垦殖、城市化发展等因素影响,我国水土流失问题严重。水利部2010年至2012年开展的第一次全国水利普查结果显示:我国水土流失面积为2.95亿公顷,占国土总面积的30.72%,因水土流失,全国年均损失耕地6.67万公顷,黄土高原严重区每年流失表土1厘米以上,东北黑土地变薄。[2]

3. 土地盐渍化

土地盐碱化不仅影响作物对水分和养分的吸收,甚至使作物产生生理毒害,特别是碱化后土壤结构契坏,土壤养分的有效性降低,使土地地力退化,给农业可持续发展造成危害。我国盐渍土地总面积9 900万公顷,其中现代盐渍土壤3 693万公顷,潜在盐渍化土壤1 733万公顷;全国受盐碱化危害的耕地933万公顷,主要分布在新疆、河西走廊、柴达木盆地、河套平原、银川平原、黄淮海平原、东北平原西部以及滨海地区。在我国的盐碱耕地中27%为中强度盐碱化,对农业生产影响较大。[3]

4. 土壤污染

进入21世纪以来,中国的经济发展取得了巨大成就,但是环境也遭到了前所未有的破坏。在土地资源开发利用的过程中不可避免地出现土地资源被污染的情况,必须引起相关部门的重视。土地资源被污染,主要分为以下类型:

(1)重金属污染。重金属污染指土壤中的重金属离子含量超标,最终会破坏土壤的结构,使土壤肥力下降。重金属污染主要通过矿山开采、大气中的重金属沉降、污水灌溉、塑料膜等农业投入品的使用、一些固体废弃物的农用等途径进入土壤,而且重金

---

[1] 陈瑜琦、郭旭东、吕春艳:《我国国土资源面临的主要生态问题及对策探讨》,载《国土资源情报》2017年第8期,第10-14页;国务院新闻办公室:举行第五次全国荒漠化和沙化土地监测情况发布会,http://www.scio.gov.cn/xwfbh/xwbfbh/wqfbh/2015/33953/wz33955/Document/1460407/1460407.htm。

[2] 陈瑜琦、郭旭东、吕春艳:《我国国土资源面临的主要生态问题及对策探讨》,载《国土资源情报》2017年第8期,第10-14页;我国水土流失面积占国土3成[EB/OL].http://www.china.com.cn/guoqing/2015-11/03/content_36962625.htm。

[3] 陈瑜琦、郭旭东、吕春艳:《我国国土资源面临的主要生态问题及对策探讨》,载《国土资源情报》2017年第8期,第10-14页;邓英淘:《我国土地资源的基本状况》,http://www.haijiangzx.com/html/print/3897_t2.html。

属污染在土壤中呈现垂直递减分布,随着时间的推移,污染程度会越来越深,很难从根本上治理。据统计,我国超过10%的耕地受到重金属污染,直接导致每年粮食产量减少约1 000万吨,不仅造成了严重的经济损失,而且对人民的身体健康造成很大的威胁。

(2)化学污染。化学污染又分为两种不同的情况,一种是农业化肥、农药等的使用对土壤造成的污染;一种是化工企业的污水排放,导致土壤中的化学元素增加。这两种情况都会改变土壤的酸碱度,影响土地资源的可持续利用。[①]

(三)土地利用效率不高

我国农村土地利用历史悠久,但一直以来经营规模狭小,存在着农业土地利用效率低的问题;对于非农业用地也存在着土地利用浪费和利用效率不高的问题,如空心村、城中村、土地闲置问题。所以一方面要立足内涵挖潜、提高建设用地的利用率,另一方面要提高土地占用成本,以促进土地集约利用水平,提高土地利用率,使土地合理持续利用成为可能。[②] 城市土地使用过程中浪费现象也十分突出,长期以来地产无偿划拨与无偿使用、多征少用、早征迟用,甚至征而不用的现象时有发生。近年来的"房地产热"和"开发区热"也造成了大量的耕地被占有和闲置。许多城市的旧城区内普遍存在着建筑陈旧、基础设施落后、土地产出率低等问题,土地长期处于低效利用状态,而新城区也由于在规划上存在着一些不合理,土地利用率和产出率大多也处在较低水平。根据国土资源部公布的数据,由于城市的发展,全国开发区规划面积已达3.5万平方千米,圈占的耕地有43%闲置,造成耕地严重浪费,土地利用效率不高。

(四)耕地减少严重

中国城市处于一个高速扩张时期,城市扩大、工业发展、道路建设、农村建房乱占土地等使大量耕地被占用。近十几年来,在中国因为非农建设占用而减少的耕地大约占耕地净减少面积的40%,耕地面积大量减少直接威胁农业发展和粮食安全。更为严重的是,城市扩展占用的城市边缘区耕地常常是质量最为优良的耕地,大量高质量农用土地的丧失导致了耕地质量下降。

从历年的《中国国土资源公报》搜集并整理2006—2015年全国耕地面积的数据,2006—2015年,除了2009年和2013年分别净增加耕地面积8.18×10^4公顷和0.49×10^4公顷外,其余每年耕地均因建设占用、灾毁、生态退耕等原因在减少。10年间,共减少367.36×10^4公顷,平均每年减少耕地面积36.74×10^4公顷,因生态退耕减少现象每年都发生;相应地,2006—2015年,耕地面积因土地整治、农业结构调整等共增

---

① 张婉怡:《土地资源开发利用中的生态环境保护问题》,载《智库时代》2019年第26期,第263、275页。
② 张裕凤:《土地经济学》,中国农业大学出版社2019年版,第354页。

加了 300.28×10⁴ 公顷,平均每年增加 30.03×10⁴ 公顷,是平均每年减少耕地面积的 81.74%。因此,总体来说,我国增加的耕地面积难以弥补因各种原因减少的耕地面积,其主要原因是城市空间挤压和高强度农业生产模式,一方面是城市建设用地大量占用耕地,而后备资源有限,很难及时做到"占一补一,占优补优",另一方面不可持续的耕地利用方式,导致耕地退化面积加大,截至 2014 年年底,由于水土流失和地力下降,我国耕地退化面积已高达总面积的 40%,可见我国耕地数量保护压力日益加大。①

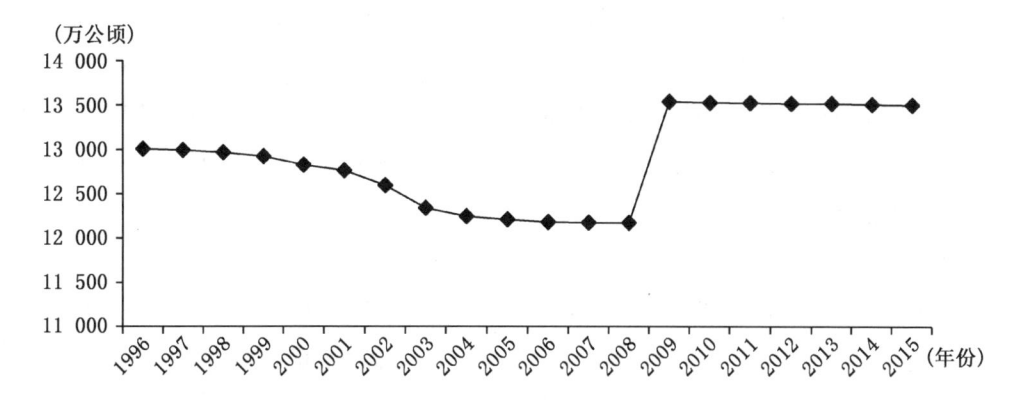

注:数据来源于各年中国国土资源公报。

图 11-1 我国耕地总量变化情况

国务院第三次全国国土调查领导小组办公室、自然资源部、国家统计局发布《第三次全国国土调查主要数据公报》显示,2019 年年末全国耕地 19.18 亿亩。从"三调"数据看,"二调"以来的 10 年间,全国耕地地类减少了 1.13 亿亩,在非农建设占用耕地严格落实了占补平衡的情况下,耕地地类减少的主要原因是农业结构调整和国土绿化。过去 10 年的地类转换中,既有耕地流向林地、园地的情况,也有林地、园地流向耕地的情况,耕地净流向林地 1.12 亿亩,净流向园地 0.63 亿亩。因此,必须坚持最严格的耕地保护制度。

(五)园地、林地、牧草地减少

近年来,大量的毁林、超坡开荒和森林的过量采伐,大大削弱了林地的水源涵养能力,使水土流失不断加剧,严重破坏了生态平衡,减弱了抵御自然灾害的能力。更为严重的是城市扩展占用了优良的林地、园地及牧草地,土地浪费的现象比比皆是。据中国土地矿产海洋资源统计公报,2008 年至 2016 年 8 年间,我国林地面积由 25 290.81

---

① 祖健、郝晋珉、陈丽等:《耕地数量、质量、生态三位一体保护内涵及路径探析》,载《中国农业大学学报》2018 年第 23 卷第七期,第 84-95 页。

万公顷降至 23 609 万公顷,8 年减少 1 681.81 万公顷,年均减少 210.23 万公顷,我国牧草地面积由 26 183.5 万公顷降至 21 935.92 万公顷,8 年减少 4 247.58 万公顷,年均减少 530.95 万公顷,我国园地面积已由 1 179.1 万公顷增至 1 426.63 万公顷,8 年增加了 247.53 万公顷,年均增加 30.94 万公顷。

三、我国土地可持续利用对策

(一)我国农村土地可持续利用对策

中国大多数人口分布在广大的农村,因此中国的这一特殊国情决定了农村是中国土地利用中的重点与难点,合理利用和有效保护农村土地资源是关系到子孙后代生存与发展的大问题,我们必须采取有力的措施,控制农村土地的非农占用,增加土地有效使用面积,确保耕地总量动态平衡,防止农村土地质量退化,提高土地资源的生产能力,保护和改善生态环境,逐步实现农村土地的稳产高产和永续利用。

1. 引导人口合理有序增长

当前,我国耕地以每年 2‰ 的速度在下降,人口却以每年 10‰ 的速度在增长。在土地资源难以增加的情况下,控制人口增长是缓解人地矛盾的根本措施。我国土地人口承载力的研究表明,我国土地资源的人口最大承载力为 16 亿人口左右,而我国人口预计 2050 年将达到 16 亿,我国土地承载力将面临严峻考验。引导人口合理有序增长,逐步调整人口结构,促进合理有效地利用土地,提升土地利用率和产出率,以保障我国持续稳步发展。

2. 广泛开展国土空间综合整治和生态修复工作

土地整理就是在一定区域内,依据国土空间规划,采取行政、经济、法律和技术手段,对田、水、路、林等进行综合治理,调整土地关系,改善土地利用结构和生产、生活条件,增加可利用土地面积,提高土地利用率和产出率。

自然资源部成立后下设国土空间生态修复司,承担国土空间生态修复政策研究工作,拟订国土空间生态修复规划,指导地方国土空间生态修复工作。[①] 旨在强化土地整理整治意识,提升土地利用率,开展基本农田建设,提升农业产出率;对农村建设用地进行综合整治,改善农村风貌,对闲置地、废弃地进行复垦整治,增加耕地数量,提升耕地质量。通过土地整理开发和复垦,不仅可以增加耕地,补充建设用地,保持耕地占补平衡,而且可改善生产条件、城乡建设布局和生态环境,促进土地资源可持续利用和发展。[②]

[①] http://www.mnr.gov.cn/jg/jgsz/nsjg/201809/t20180912_2188288.html。
[②] 张裕凤:《土地经济学》,中国农业大学出版社 2019 年版,第 354 页。

3. 优化土地利用结构

土地资源持续利用的重点是遵循生态规律,立足适宜性,调整土地利用结构和空间布局,根据自然条件和社会发展水平,按照土地的适宜性、生态规律,统筹安排各业用地,对不合理的土地利用结构和布局进行调整,使自然资源的多样性充分、合理、有效的挖掘利用。在国土空间规划的指导下,搞好农用地结构调整。调整农业生产结构要因地制宜,保护和合理利用土地资源,促进农业可持续发展。

4. 改善土地生态环境

改善生态环境,对我国当前和长远发展都具有极其重要的意义,我们既要金山银山,又要绿水青山,绿水青山就是金山银山。改善土地生态环境,可从以下几个方面入手:(1)重点维护和恢复以耕地为主体的农田生态系统健康,提升系统生态功能和景观功能,包括防止耕地污染、耕地沙漠化与水土流失等耕地退化现象的发生;

(2)加大农业基础设施建设的资金投入力度,大力开展土地整治,建设高标准农田,建设农业生产基础设施如兴修和维护排灌工程设施;

(3)提高农业生产科学技术水平,配置具有先进作业能力的新技术装备,建设可以节约化生产的农业设施,增加有机肥数量,提高肥料质量,用污染少的生态型农药或生物技术防治病虫害和杂草等,还可以培养一批能熟练使用新技术的农业生产者,建立农业科技生产基地,提高区域农业生产技术水平。[①]

5. 划定永久基本农田

根据《中华人民共和国土地管理法》(2019年),将以下五类耕地划为永久基本农田:

(1)经国务院农业农村主管部门或者县级以上地方人民政府批准确定的粮、棉、油、糖等重要农产品生产基地内的耕地;

(2)有良好的水利与水土保持设施的耕地,正在实施改造计划以及可以改造的中、低产田和已建成的高标准农田;

(3)蔬菜生产基地;

(4)农业科研、教学试验田;

(5)国务院规定应当划为永久基本农田的其他耕地。

各省、自治区、直辖市划定的永久基本农田一般应当占本行政区域内耕地的百分之八十以上,具体比例由国务院根据各省、自治区、直辖市耕地实际情况规定。

永久基本农田经依法划定后,任何单位和个人不得擅自占用或者改变其用途。国

---

① 杨庆媛:《土地经济学》,科学出版社2018年版,第192-193页;祖健、郝晋珉、陈丽等:《耕地数量、质量、生态三位一体保护内涵及路径探析》,载《中国农业大学学报》2018年第23卷第7期,第84-95页。

家能源、交通、水利、军事设施等重点建设项目选址确实难以避让永久基本农田,涉及农用地转用或者土地征收的,必须经国务院批准。

6. 土地资源安全战略

贯彻落实国家粮食安全战略、经济社会持续稳定发展战略、生态文明战略,根据土地科技创新发展战略定位,战略目标应围绕"精确感知、精明利用、精细整治、智能管控",全面实现耕地资源安全、土地高效利用、土地生态安全,按照"全产业链、全创新链"原则整体设计,系统提供支撑土地资源安全的解决方案,向土地资源要生存、要保障、要安全,最终保障人民福利不断提升,支撑国家持续发展。[①]

7. 严格控制耕地转用,建立耕地保护补偿制度

非农业建设必须节约使用土地,可以利用荒地的,不得占用耕地;可以利用劣地的,不得占用好地。禁止占用耕地建窑、建坟或者擅自在耕地上建房、挖砂、采石、采矿、取土等。禁止占用永久基本农田发展林果业和挖塘养鱼。耕地应当主要用于粮食和棉、油、糖、蔬菜等农产品生产。按照国家有关规定需要将耕地转为林地、草地、园地等其他农用地的,应当优先使用难以长期稳定利用的耕地。对耕地特别是永久基本农田实行特殊保护,永久基本农田按粮田管理。严格用途管制,坚决遏制耕地"非农化"、严格管控"非粮化",从严控制耕地转为其他农用地。规范完善耕地占补平衡,确保补充耕地数量相等、质量相当。

(二)我国城市土地可持续利用对策

外延扩张型的开发模式,造成了耕地被大量侵占土地资源浪费、土地资产流失。事实证明,这一开发模式已不适应现时期土地开发的要求。土地开发必须向内涵挖潜模式转变。要把握内涵挖潜型开发模式的实质,真正推广城市土地集约化开发进程。建设项目需要使用土地的,应当符合国土空间规划、土地利用年度计划和用途管制以及节约资源、保护生态环境的要求,并严格执行建设用地标准,优先使用存量建设用地,提高建设用地使用效率。

1. 严格控制城市规模

城市规模的适度性,直接影响着城市土地的利用效益。随着我国城市化水平的不断提高,城市占用农地规模越来越大,许多城市在发展过程中盲目扩大城市用地规模,以"摊大饼"方式扩展,城市土地开发呈外延平面式扩张趋势,占用了大量的土地特别是耕地资源,而且城市土地浪费严重,使用效率低。因此,必须严格控制城市用地规模,必须严禁城市以"摊大饼"方式无休止向外延伸。城市不能一味追求规模的无限制

---

① 孙九林:《土地资源安全战略——认知、目标、研究方向与关键技术》,载《中国发展》2019年第4期,第71—75页。

扩张,而应该通过集约利用土地、挖潜城市内涵来提高城市化水平。

2. 合理制定并严格实施国土空间规划

国土空间规划是对各级各类土地进行合理组织与协调的行为。只有严格按规划控制土地供应,实行土地用途管制和土地督察制度才能有效发挥市场配置土地资源的基础性作用,提高土地资源利用效率;只有通过规划合理配置土地资源,才能促进城乡建设合理有序进行,达到城乡统筹、区域统筹、人与自然和谐共生的目标。国土空间规划,关系到土地资源的利用和保护,关系到区域经济的协调发展,是国家调控经济社会协调发展的一个重要手段。城市土地开发应严格遵循国土空间规划,充分发挥并强化国土空间规划的作用和维护国土空间规划的权威,形成城市土地集约化开发的约束机制。规划编制过程应重视民主化,强调公开编制规划,强调专家咨询和公众参与,推进国土空间规划的制定和实施。

3. 通过城市土地置换,合理调整城市用地结构

城市土地置换是指按照城市产业结构调整的需求,依据城市土地价值规律,以通过转变城市土地使用机制,调整城市用地结构和空间布局,转换城市土地功能,达到改善城市环境,更新城市空间,提高城市土地利用综合效率,实现城市土地利用可持续发展的目标。应该把那些占地面积大、污染严重、经济效益相对较低的工业从城市繁华区与商业区搬迁到地价较低、空间广阔的城市边缘地带,有利于城市土地集约利用和单位面积效益的提高,有利于盘活城市存量土地并改善市区环境。

4. 充分利用城市空间,并加强低效用地再开发

为防止城市过度扩张,侵占农田和生态用地,压缩城市内部用地,提升城市土地容积率和利用率,着力挖掘存量土地,严格限制城市扩张成为城市发展的新方向。据调查资料显示,我国城市建成区内现有闲置土地约占建成区面积的17%。从目前的技术水平来看,我国城市土地的容积率普遍偏低,高层建筑所占的比例较小,老城区低矮破旧的建筑比比皆是,城市土地的空间资源没有得到充分的利用。在城市土地利用中,要盘活存量土地,挖掘土地资源的潜力,向空中要地,向地下要地,充分发挥土地资源的空间价值。本着节约、集约利用土地的原则,将重点集中于盘活城市存量土地上。旧城改造可充分挖掘老旧城区存量土地的利用潜力,提高城市土地利用率,置换低效的工业用地,提高单位土地产出率。逐宗调查、核实批而未供土地和限制土地情况,采取有效措施清理批而未供或未用土地,处置或回收城市内部闲置土地。[1]

---

[1] 胡诗薇、刘庆:《我国城市土地利用中存在的问题及解决对策》,载《城市住宅》2019年第7期,第100-102页。

5. 城镇开发边界内用途管制

城镇开发边界内主要以建设用地总规模为数量红线,统筹融合发展规划、土地规划和城乡规划建设用地范围,以现有适宜建设区、限制建设区、禁止建设区以及绿线、紫线、黄线和蓝线"三区四线"的空间管控为依据,以建设项目选址意见书、建设用地规划许可证、建设工程规划许可证"三证"审批为管控方法,实施城镇开发边界内的建设用地用途管控。针对城镇开发边界附近易受扰动的其他空间区域,必须"管住总量、严控增量、盘活存量",严格执行人均用地标准,充分利用现有建设用地,不占或者尽量少占农用地,切实提高土地利用效率。[①] 城市中具有重要生态功能的未利用地应当依法划入生态保护红线,实施严格保护。

(三)美丽中国——生态文明建设

中共十八大报告提出"把生态文明建设放在突出地位,融入经济建设、政治建设、文化建设、社会建设各方面和全过程,努力建设美丽中国,实现中华民族永续发展",发出"建设美丽中国"的伟大号召。其内涵是对十六大提出走新型工业化发展道路,发展低碳经济、循环经济,建立资源节约型、环境友好型社会,建设创新型国家,建设生态文明等新的发展理念和战略举措的补充和延续。尊重土地利用、保护自然的生态文明理念,把生态文明建设放在突出位置,实现土地利用的可持续发展,努力建设美丽中国。十八大以来,生态文明建设成效显著,党的十九大报告也提出"人与自然是生命共同体,人类必须尊重自然、顺应自然、保护自然"。建设生态文明是中华民族永续发展的千年大计。必须树立和践行绿水青山就是金山银山的理念,坚持节约资源和保护环境的基本国策,像对待生命一样对待生态环境,统筹山水林田湖草系统治理,实行最严格的生态环境保护制度,形成绿色发展方式和生活方式,坚定走生产发展、生活富裕、生态良好的文明发展道路,建设美丽中国,为人民创造良好生产生活环境,为全球生态安全作出贡献。

"美丽中国"首先强调生态文明之美。党的执政理念越来越尊重自然,越来越尊重人民感受。改革发展让我们摆脱贫困,努力建设美丽中国,是中华民族永续发展的新路径,也是当代中国文明的发展潮流。这就必须解决好资源在当代人与后代人之间的合理配置,既要保证当代人的合理需求,又要给后代人留下较好的生存与发展条件。当前,中国社会正步入一个特殊的环境保护时期,在一些地方,涉及环境问题的信访量居高不下,由环境问题引发的群体性事件也不断增多,时刻影响着经济发展和社会和谐。建设美丽中国,就是坚持科学发展,着力满足人民群众生态需求,维护人民群众生

---

① 沈悦、刘天科、周璞:《自然生态空间用途管制理论分析及管制策略研究》,载《中国土地科学》2017年第31卷第12期,第17—24页。

态利益。

把建设"美丽中国"作为未来生态文明建设的宏伟目标,在土地利用方式方面,实现由粗放型向集约型的转变,改革创新,与时俱进,努力实现土地可持续发展目标。按照规划,运用市场手段优化配置数量庞大的存量建设用地和土地资源,这是满足我国建设用地需求的根本途径,是保护耕地的根本性措施,是推进城镇化进程、实现我国城市土地可持续利用的根本出路。[1]

第三节 土地人口承载力

一、土地人口承载力的概念

土地是人类赖以生存和发展的物质基础,在一定的社会经济技术条件下,土地资源的生产能力是有限的,其承载的人口数量也是一定的。人口的无限增长一旦超过土地单位面积承载力,就会引起土地退化、生态失衡,生物圈中的某一食物链断裂,将引起连锁反应,人类可能因缺少食物而面临灭顶之灾。随着人口骤增,土地资源与人口间的矛盾日益突出。全球土地资源究竟能生产多少食物供养多少人口,某一国家的土地资源能否为未来的本国人口实现食物的自给,成为当今世界最受关注的问题之一。

土地人口承载力也叫土地资源的人口承载潜力(或能力),是指一定面积土地的食物生产潜力所能供养的一定消费水平的人口数量。土地人口承载力研究是一项复杂的、多因素的、多层次的系统工程,核心在于研究维持人类生活所需要的粮食(包括饲料)的生产用地的潜力。[2]

资源环境承载力的思想最早可追溯至马尔萨斯时代,在《人口原理》中,马尔萨斯指出资源有限并影响着人口的增长。[3] 1921 年生态学家帕克(R. E. Park)和伯吉斯(E. W. Burges)将承载力拓展至生态学领域,并明确提出了承载力的概念,即特定环境条件下某种类个体存在数量上限。[4] 资源环境承载力从起源到发展过程中,其概念一直处于不断发展和变化中。20 世纪 80 年代,联合国教科文组织(UNESCO)提出的资源人口承载力概念被更广泛认可和接受:某一国家或地区资源人口承载力是指在

---

[1] 汪应宏:《土地经济学》,矿业大学出版社 2008 年版。
[2] 毕宝德:《土地经济学》,中国人民大学出版社 2016 年版,第 106 页。
[3] T. H. Malthus: *An Essay on the Principle of Population*. Pickering, 1798.
[4] PARK R E. BURGOSS E W: *Introduction to the Science of Sociolo-gy*, The University of Chicago Press, 1921.

可以预见的时期内,利用本地能源及其他自然资源和智力、技术等条件,在保证符合其社会文化准则的物质生活水平下,所能持续供养的人口数量。[①]

最早提到土地承载力的是美国学者威廉·福格特(Willam Vogt)。早在20世纪40年代,他就提出土地的承载力是有限的,在生态系统不受破坏的条件下,为居民提供食物从而健康地供养最多人口的能力。福格特认为:"每块土地的承载力都有一个上限,它由该土地的生产能力和环境阻力所决定。"[②]

土地人口承载力包含四个缺一不可的要素:其一,承载力是相对于一定区域的土地资源而言的;其二,承载力必须相对于特定的技术条件,以及与该技术水平对应的合理的人类作用于支撑要素的方式;其三,承载力必须相对于特定的消费习惯或消费水平;其四,承载力必须包含可持续性的要求,不能为了暂时维持人口而破坏土地资源。它综合地反映了区域土地、人口与粮食及社会经济状况间的关系。开展土地人口承载能力研究,对制定适宜的土地政策与人口政策,实现区域耕地、粮食、人口的综合平衡具有十分重要的意义。

二、土地人口承载潜力的研究内容

$$土地人口承载潜力(PSCL)=f[R(t),P(t),C(t)] \quad (11-1)$$

式中,$R(t)$为农业自然资源,$P(t)$为生产技术和管理水平,$C(t)$为人口生活消费水平。

由公式(11-1)可以看出,土地人口承载力研究面对着包括人口、资源、环境在内的纷繁复杂的大系统,在这个系统内既有自然因素的影响,又有经济、社会、文化等因素的影响。农业自然资源是承载人口的基础,土地资源与气候、水资源等相互作用、相互制约,它们的数量和质量对土地承载力起着决定性作用。生产技术和管理水平制约着农业自然资源开发利用程度,是一个关键性的作用因子。人口生活消费水平不仅受生产力水平的制约,还与人们的生活习惯、文化习俗等有关。农业自然资源、生产技术和管理水平、人口生活消费水平都是时间的函数,具有明显的动态性,所以进行人口承载力的研究也要考虑到时间因素的影响,进行动态的研究。土地人口承载潜力的研究可以分为土地生产潜力研究和人口承载力研究两部分,既要研究土地资源的生产潜力,又要研究人口的粮食需求。

---

① UNESCO,FAO:*Carrying Capacity Assessment with a Pilot Study of Kenya:A Resource Accounting Methodology for Exploring National Options for Sustainable Development*. Food and Agricul-ture Organization of the United Nations,1985.

② 孙曰珊、宗树森:《黑龙江省土地的人口承载潜力》,黑龙江科学技术出版社1993年版,第14页。

(一)土地资源生产潜力的研究内容

土地资源的生产潜力是指土地能提供各种农副产品的潜在能力,包括土地提供的第一性生物产量和经济产量以及第二性食物产量的能力,也就是土地在一定条件下能够持续生产人类所需物的内在能力。土地资源的生产潜力研究,包括:①作物的单产潜力研究;②作物的适宜性评价;③种植业生产潜力评定;④畜、禽业生产潜力的估算;⑤土地生产潜力的估算。

(二)人口承载潜力的研究内容

人口承载潜力是指未来一定时间内,用于食品生产的土地上的各项产品所能养活的人口数量。人口承载潜力的研究内容包括:①人口发展趋势预测;②人口营养水平探讨;③食物总需求量估算;④土地的供给量与人口需求量的匹配;⑤对策。[①]

三、土地资源生产潜力的计算模型

土地资源的生产潜力的计算模型很多,这些模型在构模的方法、所适应的范围、模型结构和参数等方面都不尽相同,大致分为三类:机理型模型、统计型模型、混合型模型和较为常用的农业生态区法(AEZ)。

(一)机理型模型

具有代表性的机理型模型是瓦赫宁根(Wageningen)模型。

机理型模型是按一定生物生理、生态机理建立的生物干物质积累动态模型,以实验手段获取各种与生物干物质形成有关的生理和物理参数,其要求的参数多,测定较为复杂。

瓦赫宁根模型是 20 世纪 60 年代由荷兰瓦赫宁根大学提出的一种植物生产力的动态模拟模型。通过模拟作物的光合、呼吸作用、叶和根生长量等的日变化以及碳水化合物的变化过程,来模拟在水分和营养充足条件下的作物光温生产力。其总的计算公式为:

$$Y = Y_0 \cdot ET_m/(e_a - e_d) \cdot K \cdot CT \cdot CH \cdot G \tag{11-2}$$

式中,Y 为光温生产潜力,Y_0 为标准作物干物质产量,$ET_m/(e_a - e_d)$ 为气候影响订正,ET 为生育期内日平均最大蒸散量,e_a 为生育期内平均饱和水气压,e_d 为实际水气压,K 为作物种类订正系数,CT 为温度订正系数,CH 为经济订正系数,G 为总生长期。

(二)统计型模型

具有代表性的统计型模型有迈阿密模型和桑斯维特纪念模型。

[①] 毕宝德:《土地经济学》,中国人民大学出版社 2020 年版,第 104-105 页。

通过广泛布点,反复采样,用数理统计方法,建立起给定区域生物生产力与某一自然因子的相关统计模型,被用来粗略计算区域总的第一性生物生产力或对区域内某种作物生产力进行估计。

1. 迈阿密模型

迈阿密模型是以年平均降水量和年平均温度作为预测生物生产力的一种模型。其表达式为:

$$y_1 = 3\,000/(1+e^{-1.315-0.119t}) \tag{11-3}$$

$$y_2 = 3\,000/(1-e^{-0.000\,64r}) \tag{11-4}$$

式中,y_1 为根据年平均温度计算的生物生产量,y_2 为根据年降水量计算的生物生产量,t 为年平均温度,r 为年平均降雨量。该模型的优点是可利用常规气象资料进行估算,方便易行,但由于认为生物量取决于降水或温度中的单一因子,难以反映生物生产力的本质。

2. 桑斯维特纪念模型

桑斯维特纪念模型是通过蒸发量模拟陆地生物生产量的一种模型。其表达式为:

$$y = 3\,000[1-e^{-0.009\,695(E-20)}] \tag{11-5}$$

式中,y 为生物生产量,E 为实际蒸发量。

虽然该模型只考虑了年实际蒸散量一个因子,但由于蒸散量是太阳辐射、温度、降水、饱和差、风等环境因子综合作用的结果,所以桑斯维特纪念模型比迈阿密模型精确。

(三)混合型模型

这是一种对影响生物生产力的主要因素,如光、温度、水分、农业、投入水平分别用订正系数代表,各系数相乘得到五个层次的模型,即光合、温度、气候、农业、投入水平生产力模型。这类模型有一定的机理性,也有一些相关统计的结果,适合于一定区域范围和各生产力层次的应用。其总的表达式为:

$$\begin{aligned}
Y &= Yp \cdot f(T) \cdot f(w) \cdot f(s) \cdot f(I) \\
&= Yt \cdot f(w) \cdot f(s) \cdot f(I) \\
&= Yw \cdot f(s) \cdot f(I) \\
&= Ys \cdot f(I) \tag{11-6}
\end{aligned}$$

式中,Y 为一定投入水平的作物生产潜力,Yp 为光合生产潜力,$f(T)$、$f(w)$、$f(s)$、$f(I)$ 分别为温度、水分、土壤、投入水平订正系数,Yt、Yw、Ys 分别为光温生产潜力、光温水生产潜力、光温水土生产潜力。[1]

---

[1] 陈百明:《土地资源学概论》,中国环境科学出版社1996年版,第198-208、228-239页。

(四)农业生态区法

耕地生产潜力采用农业生态区域法对某一地区耕地生产潜力进行计算,并通过以下几个步骤进行修正:光合生产潜力—光温生产潜力—气候生产潜力—耕地生产潜力。模型形式为:

$$Y(Q,T,W,S)=Y(Q)\cdot f(T)\cdot f(W)\cdot f(S) \qquad (11-7)$$

式中:$Y(Q,T,W,S)$ 为作物生产潜力;$Y(Q)$ 为光合生产潜力;$Y(T)$ 为温度因子;$Y(W)$ 为水分因子;$Y(S)$ 为土壤因子。

农业生态区域法模型建立在植物生理学和环境生态学基础上,着重从影响作物生产潜力的光能生产潜力、光温生产潜力和气候生产潜力角度进行综合分析。除具有一般综合模式的优点外,还加入了影响作物生长发育的气候因子,所用气候指标为常规气象观测数据(地表热量、地表植被温度、降水等),参数可以根据作物的特点进行调整,因此在用于计算不同气候条件的大面积地区植物生产潜力方面比较符合实际情况。此外,近年来对模型加入了社会经济因素,改进后的模型在植被生产潜力上的估算更加科学全面。[①]

四、我国土地人口承载力研究

耕地资源短缺与锐减及其导致的粮食资源不足问题,已经成为制约全球特别是发展中国家社会和经济发展的重要因素。我国人均耕地资源占有量仅为世界平均水平的29%,未来耕地粮食生产潜力和人口承载力问题是我们亟待深入研究的重大课题。自20世纪80年代后期以来,中国科学院和原国家土地管理局都先后组织力量对我国的土地人口承载力进行了研究,并取得了大量的成果数据。

1986年全国农业区划委员会委托中国科学院自然资源综合考察委员会主持的"中国土地资源生产能力及人口承载量研究"项目,对中国土地承载能力进行了系统的研究。该研究着重从资源可能性出发回答:全国及不同类型地区的土地资源在不同时期能够生产多少农、林、牧、渔产品(包括粮食、棉花、油料、糖料、饲料、肉、蛋、奶、木材、淡水产品),能够养活多少人口,人均占有上述产品的数量是多少,生活水平可以达到什么程度,合理的人口承载量是多少;与此同时,分析能源投入水平、投入产出关系、环境状况等问题。通过对全国和各大区及各省的土地生产能力和承载能力的全面研究,到21世纪20年代中期,在较高水平投入或丰产年的情况下,中国能生产粮食6 960亿~7 000亿千克,按人均450千克计算,能供养约15.48亿人口;中等投入或平产年,

---

① 张霞、石宁卓、王树东、陈晓宁:《土地资源承载力研究方法及发展趋势》,载《桂林理工大学学报》2015年第35卷第2期,第280-287页。

粮食产量能达到 6 660 亿～6 750 亿千克,能供养 14.8 亿人口;在低投入或歉收年,粮食产量在 6 390 亿～6 480 亿千克,只能供养 14.2 亿人口。因此,必须重视对农业的投入和控制人口的增长。在投入不足或歉收年的条件下,粮食缺口可能达 500 亿千克,对此要做好准备。中国农业资源最大可能生产量的估计是在假设以播种面积为 1.9 亿公顷、粮食播种面积为 1.4 亿公顷、水浇地 0.7 亿公顷的条件下,单产 6 660 千克/公顷,粮食产量可能达到 8 400 亿千克,以人均拥有粮食 500 千克计算,可承载 16.6 亿人。这个数字,我们可以相对地理解为中国资源最大承载力。因此,中国人口最高峰不宜超过 16 亿人。[①]

第四节 资源环境承载能力和国土空间开发适宜性评价

近年来,我国经济的快速发展和城市化水平的迅速提高,经济发展与资源环境承载力的矛盾日益加剧,我国的资源环境形势相当严峻不容乐观。十九大报告中指出,人与自然是生命共同体,人类必须尊重自然、顺应自然、保护自然。如何解决以上矛盾和问题,优化国土空间开发格局,合理布局人类建设空间,提高城市经济社会环境综合效益,已成为亟待解决的重要命题。

2018 年,中共中央、国务院印发《乡村振兴战略规划(2018—2022 年)》,提到统筹城乡发展空间。按照主体功能定位,对国土空间的开发、保护和整治进行全面安排和总体布局,推进"多规合一",加快形成城乡融合发展的空间格局。强化空间用途管制,强化国土空间规划对各专项规划的指导约束作用,统筹自然资源开发利用、保护和修复,按照不同主体功能定位和陆海统筹原则,提出要开展资源环境承载能力和国土空间开发适宜性评价,简称"双评价"。

一、资源环境承载力评价

资源环境承载力一般指某特定时期和地区范围内,区域的资源和环境系统在满足人类社会长期可持续发展需求的同时,结构仍能维持一定时期内的稳态效应条件下,该区域能够承受一定数量人口的各类社会、经济活动能力。国家自然资源部 2019 年出台的《资源环境承载能力和国土空间开发适宜性评价技术指南(征求意见稿)》中将资源环境承载力定义为:一定国土/海洋空间内自然资源、环境容量和生态服务功能对人类活动的综合支撑水平。

---

① 陈百明:《中国土地资源生产能力及人口承载量研究》,中国人民大学出版社 1991 年版,第 1-12 页。

资源环境承载力评价是开展国土空间规划的基础,识别区域发展限制性"短板"要素、明确资源环境承载压力大小,并对未来承载状况作出预警是国土空间布局优化决策的基本前提。十八大以来,党中央和国务院在多个重要文件中先后强调必须要在承载力评价的基础上,开展国土空间规划。联合国教科文组织总结为"在可预见的时期内,利用该国家或地区的能源和其他自然资源以及智力、技术等条件,在保证符合其社会文化准则的物质生活水平下所能持续供养的人口数量"。随着研究深度与广度的拓展,国内外学者将承载力的物理内涵、生物内涵深化为社会内涵,明确了承载力是衡量资源环境系统(承载主体)同人类社会经济生活(承载客体)之间协调关系的指标,即两者相互作用的结果,相继提出了土地资源承载力、水资源承载力等细化的资源环境承载力概念,同时,大多数学者肯定了资源环境承载力的存在性、可知性和可度性,深化了资源环境承载力研究范式和度量方法的探索。

二、国土空间开发适宜性评价

首先,所谓适宜性,普遍认为是指"一定条件下一定范围内的土地对某种用途的适宜程度"。自20世纪80年代起,土地适宜性评价、建设用地适宜性评价、生态适宜性评价等各类适宜性评价就成为土地、地理、生态学者研究的热门话题之一。土地适宜性评价最初适用于评价土地的宜农功能,并以此为基础划分相应的土地质量等级。建设用地适宜性评价是考察一定地块上的土地利用是否适宜转换为建设用地的评价。

从当前国土空间规划的要求来看,国土空间开发适宜性评价服务于"三区三线"的划定,是面向于国土空间用途管制的综合评价。因此,国土空间开发适宜性评价具有以下特点:一是评价尺度大,不同于建设用地适宜性评价只是针对有开发利用计划土地的评价,国土空间开发适宜性评价以整个行政区为范围,包括省域、市域等大尺度范围,是侧重于宏观尺度的评价;二是评价目标多,国土空间开发适宜性评价不同于农业用地适宜性评价、建设用地适宜性评价、生态适宜性评价等单一目标的评价,而是对全域国土空间的多种用途的综合性评价。

三、评价原则

(1)尊重自然规律。坚持尊重自然、顺应自然、保护自然的生态文明理念,充分考虑资源环境的客观约束,始终坚守自然资源供给上限和生态环境安全的基本底线,把区域生态安全、环境安全、粮食安全放在首要位置。

(2)突出针对性。应根据生态、农业、建设等不同功能指向和承载对象,遴选差异化评价指标,设置能够凸显地理区位特征、资源环境禀赋等差异化指标,因地制宜地确定指标算法和分级阈值。

（3）把握整体性。应系统考虑区域资源环境构成要素，统筹把握自然整体性和系统性，综合反映要素间相互作用关系，客观全面地评价资源环境本底状况，提出与之相适应的开发利用方式。

（4）注重可操作性。各地在实际工作中，可在遵循本指南框架结构和基本思路的基础上，探索更适合工作区域的指标体系和方法，合理确定弹性空间，与相关部门工作基础充分衔接，确保评价数据可获取、评价方法可操作、评价结果可检验。

四、评价内容

资源环境承载能力和国土空间开发适宜性评价的主要内容包括：

（1）开展资源环境承载能力单要素本底评价。从生态环境、土地资源、水资源、自然灾害四个要素方面开展单要素本底评价，评价内容为生态重要性和敏感性、土地资源可利用程度、水资源可利用程度、自然灾害危险性。

（2）开展资源环境承载能力集成评价。根据单要素评价结果，集成评价生态、农业、建设功能指向下的资源环境承载等级，综合反映国土空间自然条件对人类生产活动的支撑能力，评价内容为生态保护等级评价、农业功能指向的承载等级评价、建设功能指向的承载等级评价。

（3）在资源环境承载能力评价的基础上，开展农业开发适宜性评价和建设开发适宜性评价，评价国土空间对农业开发和建设开发的适宜性程度。

（4）综合分析。刻画区域资源环境禀赋，识别优势和短板因素；分析区域生态保护优势和短板因素；分析区域生态保护、农业生产建设开发的空间、农业生产建设开发的空间格局特征，提出格局特征；提出"三区"划定、空间结构等相关建议。

五、评价流程

资源环境承载能力评价是对自然资源禀赋和生态环境本底的综合评价，确定国土空间在生态保护、农业生产、建设开发等功能指向下的承载能力等级，分为单要素评价、集成评价。国土空间开发适宜性评价包括生态保护重要性评价、农业开发适宜性评价和建设开发适宜性评价。对历史文化保护需求突出的区域，可增加文态空间评价。具体评价流程如图11-2所示。

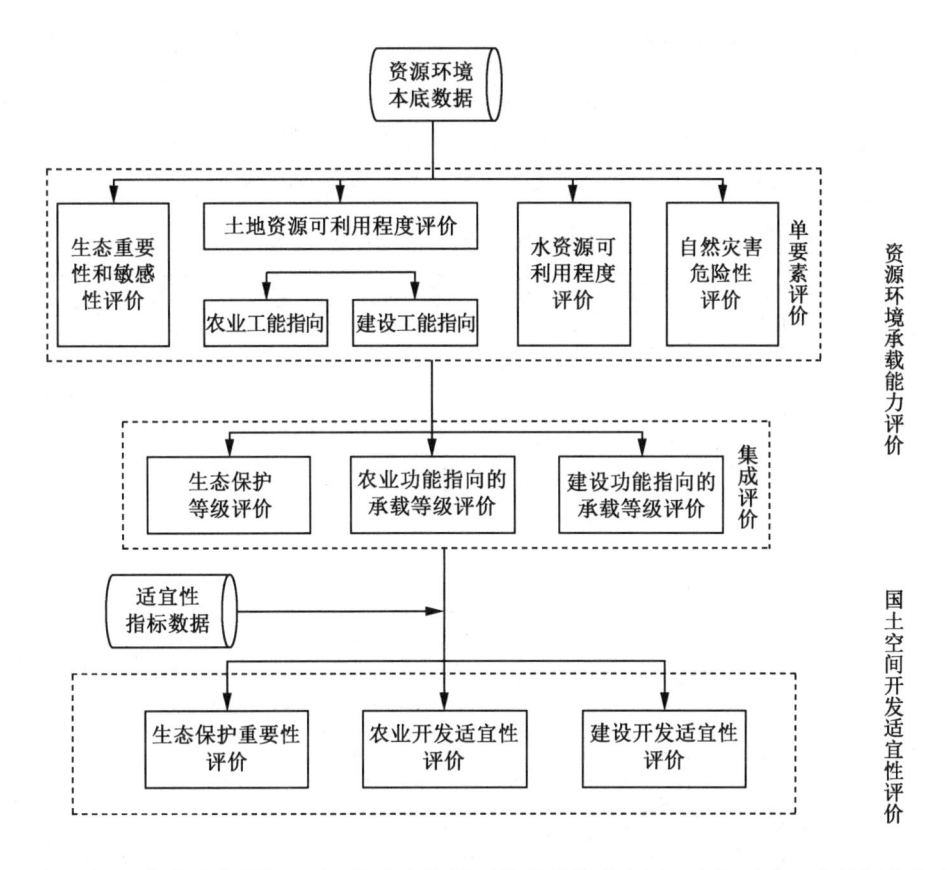

资料来源：湖南省自然资源厅，《湖南省资源环境承载能力和国土空间开发适宜性评价技术指南（实行）》，2019年4月。

图 11-2　资源环境承载能力和国土空间开发适宜性评价流程

第五节　耕地的保护

一、保护耕地的必要性

耕地是人类赖以生存和发展的基础性资源，是粮食安全的保障，我国耕地资源呈现"一多三少"的特征：一是耕地资源总量多。世界各国耕地面积排行榜显示，中国耕地总量居世界第4位，仅次于美国、印度和俄罗斯。二是人均耕地面积少。中国耕地面积仅约占国土面积的14.05%，人均耕地面积不足世界平均水平的51.27%。三是耕地后备资源少。全国具有一定规模的耕地后备资源仅约为533.33万公顷，且大多分布在生态脆弱区，补充耕地成本高、难度大。四是高质量耕地数量少。《2016中国国土资源公报》统计数据显示，2015年中国耕地平均质量等别为9.96等，优等地仅占耕地总量的2.9%，而低等地占比达到了17.7%。[①] 多年来，我国对粮食安全问题高度重视，在我国人口高峰年尚未来临、农业生物技术创新尚未取得重大突破、中国粮食需求的波动可能对国际粮食贸易产生重大影响等情况下，坚守耕地数量和质量红线，确保谷物基本自给、口粮绝对安全，是实现国家长治久安的重要保障。[②]

表11-3　　　　　　1997—2021年我国耕地、人口和粮食产量情况

年份	耕地面积（万公顷）	播种面积（万公顷）	粮食总产量（万吨）	粮食平均产量（千克/公顷）	人口总数（万人）	人均占有量
1997	12 993	11 291	49 417	4 377	123 626	0.399 73
1998	12 964	11 379	51 230	4 502	124 761	0.410 625
1999	12 921	11 316	50 539	4 466	125 786	0.401 786
2000	12 824	10 846	46 218	4 261	126 743	0.364 659
2001	12 762	10 608	45 264	4 267	127 627	0.354 658
2002	12 593	10 389	45 706	4 399	128 453	0.355 819
2003	12 334	9 941	43 067	4 322	129 227	0.333 266
2004	12 113	8 635	42 157	4 415	129 988	0.324 315
2005	12 342	9 925	45 864	4 531	130 756	0.350 76
2006	13 004	10 538	49 746	4 720.63	131 448	0.378 446
2007	13 004	10 553	50 150	4 752.203	132 129	0.379 553
2008	12 172	10 670	52 850	4 953.14	132 802	0.397 961
2009	13 538	10 897	53 082	4 871.249	133 474	0.397 695
2010	13 527	10 987	54 641	4 973.241	133 972	0.407 854
2011	13 524	11 057	57 121	5 166.049	134 735	0.423 951
2012	13 516	11 437	61 223	5 353.12	135 404	0.452 151
2013	13 516	11 591	63 048	5 439.52	136 072	0.463 343
2014	13 506	11 746	63 964	5 445.89	136 782	0.467 635
2015	13 500	11 896	66 060	5 553.02	137 462	0.480 569
2016	13 492	11 923	66 043	5 539.17	138 271	0.477 635
2017	13 495	11 222	61 791	5 506.24	139 008	0.444 514
2018	13 462	11 703	65 789	5 621.55	139 538	0.471 477
2019	12 786	11 606	66 348	5 716.69	140 005	0.473 897

---

① 刘丹、巩前文、杨文杰：《改革开放40年来中国耕地保护政策演变及优化路径》，载《中国农村经济》2018年第12期，第37-51页。
② 林坚、唐辉栋：《加强耕地管控性保护制度建设》，载《中国土地》2017年第4期，第10-11页。

续表

年份	耕地面积（万公顷）	播种面积（万公顷）	粮食总产量（万吨）	粮食平均产量（千克/公顷）	人口总数（万人）	人均占有量
2020	12 340	11 677	66 949	5 733.41	144 349	0.463 799
2021	12 800	11 763	68 285	5 805.07	141 260	0.483 399

资料来源：根据中华人民共和国国家统计局统计公报数据整理，http://www.stats.gov.cn。

二、耕地总量动态平衡

我国实行占用耕地补偿制度。非农业建设经批准占用耕地的，按照"占多少，垦多少"的原则，由占用耕地的单位负责开垦与所占用耕地的数量和质量相当的耕地；没有条件开垦或者开垦的耕地不符合要求的，应当按照省、自治区、直辖市的规定缴纳耕地开垦费，专款用于开垦新的耕地。省、自治区、直辖市人民政府应当组织自然资源主管部门、农业农村主管部门对开垦的耕地进行验收，确保开垦的耕地落实到地块。

耕地总量的动态平衡不仅局限于耕地数量的平衡，而且应该包括耕地质量的平衡和耕地生态环境的改善。耕地总量动态平衡是一个由数量、质量和生态环境三个相互关联的方面组成的系统的概念。对耕地总量动态平衡与否的监测与评价不能单纯地着眼于数量，而应运用系统的观念，从数量、质量和生态环境三个方面综合来分析从可持续发展角度来看，这种平衡应包括以下内容：

(一)耕地总量动态平衡应以人口对食物的持续供求平衡为目标

可持续发展战略的核心是谋求人口、资源、环境的综合协调，其根本目的在于在良好的环境条件下对资源进行可持续利用，以满足人类生存和发展的需要，其中最关键的是食物的供需平衡。我们要生存，更要发展，所以既保证人口对食物的持续需求，又保证经济社会的健康、稳步和有序发展，这才是耕地总量动态平衡的根本目的。

(二)耕地总量动态平衡应建立在区域平衡的基础上

耕地总量动态平衡强调"自我平衡"，即以中国的耕地养活中国人。在政策实施过程中，主要是通过省内平衡来实现，同时又适当顾及地区间的差异与平衡。

(三)耕地总量动态平衡要有长远性

耕地总量动态平衡是可持续发展的客观要求，应保证每年都要实现耕地供求平衡，即使在人口高峰期，也能满足粮食生产对耕地的需求。

(四)耕地总量动态平衡要考虑环境的适宜性

在现有农业生产技术条件下，要保证人口持续增长对食物的刚性需求，开发利用后备资源、增加耕地面积是一条重要的途径。但后备土地资源的开发，要统筹规划，充分考虑生态环境的适宜性，以增加符合生态建设要求的新耕地，而绝不能通过毁林开荒、围湖造田等破坏生态环境的方式增加耕地。

(五)耕地总量动态平衡特别要追求质量的平衡

耕地总量动态平衡仅有数量的平衡是不够的,一般新开发耕地的质量远远赶不上已利用的耕地。如果一方面大量占用好的耕地,另一方面以新开发耕地来补充耕地面积,虽然耕地面积从绝对量上保持了平衡,但实际生产效益降低了,等于减少了耕地面积。因而不仅要求实现耕地数量动态平衡,更要实现耕地质量的平衡,从而实现耕地产量平衡,保障粮食安全。[1]

三、用途管制制度

土地用途管制的重点是非农建设用地的用途管制,主要包括增量非农业建设用地的用途管制和存量非农业建设用地的用途管制,其中增量非农业建设用地的用途管制与农用地许可转移管制密不可分。存量土地的用途管制是指存量建设用地土地利用结构调整和土地利用方式置换的管制。存量建设用地主要指非农业建设闲置或低效利用,在现有经济技术条件下,可挖潜利用的土地包括破产、停产、半停产企业用地、征而未用、占而未用闲置土地以及城镇内部因规划调整可挖潜改造利用的土地等。

国土规划侧重国土资源综合开发、利用和保护,旨在提高经济发展和社会福利水平。空间规划则侧重空间均衡,旨在影响公共部门的空间活动,形成一个更合理的地域组织,实现可持续发展目标。综合性和政策性较强的国土空间规划是进行土地利用结构和布局调整的依据。[2] 十八届三中全会《关于全面深化改革若干重大问题的决定》首次明确提出"建立空间规划体系,划定生产、生活、生态空间开发管制界限,落实用途管制"和"完善自然资源监管体制,统一行使所有国土空间用途管制职责"的总体要求。2015年4月中共中央国务院出台《关于加快推进生态文明建设的意见》,强调要"健全自然资源资产产权制度和用途管制制度";9月进一步出台《生态文明体制改革总体方案》,将"构建以空间规划为基础、以用途管制为手段的国土空间开发保护制度"作为八大改革目标之一。[3][4]

2017年3月,原国土资源部印发了《自然生态空间用途管制办法(试行)》(国土资发〔2017〕33号),明确要求市县级及以上地方人民政府系统开展资源环境承载能

---

[1] 毕宝德:《土地经济学》,中国人民大学出版社2016年版,第108-109页。
[2] 张建平:《我国国土空间用途管制制度建设》,载《中国土地》2018年第4期,第12-15页。
[3] 周璞、刘天科、靳利飞:《健全国土空间用途管制制度的几点思考》,载《生态经济》2016年第32卷第6期,第201-204页。
[4] 黄征学、祁帆:《从土地用途管制到空间用途管制:问题与对策》,载《中国土地》2018年第6期,第22-24页。

力和国土空间开发适宜性评价。[①] 在建立不同国土空间功能评价的基础上，与相关规划进行充分协调，划定功能主导的城镇空间、农业空间和生态空间。然后以适宜性评价为基础，在城镇空间内划定城镇扩展边界线，在农业空间内划定基本农田保护线，在生态空间内划定生态保护红线。以此为基础划分用途管制分区，进而建立由功能主导的空间、管制主导的线、用途主导的区构成的国土空间管控体系。[②]

党的十九大报告首次明确实行"空间用途管制"，标志着用途管制从平面的土地正式走向立体的空间、从割裂的单要素管制迈向"山水田林湖草"生命共同体的综合管制、从耕地和林地保护通向生态空间管制。[③] 随着经济社会发展，对资源的管理理念和方式也进一步改进，自然资源部的成立标志着我国进入了自然资源一体化管理阶段，从二维的土地管理，转化到立体的国土空间管理，土地用途管制也转向国土空间用途管制。

四、基本农田保护

所谓基本农田，是指按照一定时期人口和社会经济发展对农产品的需求，依据国土空间规划确定的不得占用的耕地。基本农田保护区，是指为对基本农田实行特殊保护而依据国土空间和依照法定程序确定的特定保护区域。2019年修订的《土地管理法》规定国家实行永久基本农田保护制度，划定永久基本农田，实行严格保护。限制基本农田转为非农用地，从源头上控制耕地资源的流失，使"耕地总量动态平衡"走出"为平衡而平衡"的被动境地。

各省、自治区、直辖市划定的永久基本农田一般应当占本行政区域内耕地的百分之八十以上，具体比例由国务院根据各省、自治区、直辖市耕地实际情况规定。永久基本农田划定以乡（镇）为单位进行，由县级人民政府自然资源主管部门会同同级农业农村主管部门组织实施。永久基本农田应当落实到地块，纳入国家永久基本农田数据库严格管理。乡（镇）人民政府应当将永久基本农田的位置、范围向社会公告，并设立保护标志。

永久基本农田经依法划定后，任何单位和个人不得擅自占用或者改变其用途。国家能源、交通、水利、军事设施等重点建设项目选址确实难以避让永久基本农田，涉及农用地转用或者土地征收的，必须经国务院批准。

---

① 何常清：《国土空间开发适宜性评价的若干思考》，载《江苏城市规划》2019年第4期，第44－45页。
② 张建平：《我国国土空间用途管制制度建设》，载《中国土地》2018年第4期，第12－15页。
③ 黄征学、祁帆：《从土地用途管制到空间用途管制：问题与对策》；载《中国土地》2018年第6期，第22－24页。

本章小结

本章对可持续发展理论、土地可持续利用、土地人口承载力、耕地的保护进行深入阐述。由于生态环境破坏、土地利用率较低,因此,实现可持续发展刻不容缓,本章阐述了可持续发展的定义、内涵、原则,并对我国可持续发展的战略以及我国实施可持续发展战略应坚持的基本原则做了详细的说明。对于土地的可持续利用,分别从土地可持续利用的含义、我国土地资源可持续利用的制约因素、我国土地可持续利用对策进行了充分说明,并从我国农村土地可持续利用对策和我国城市土地可持续利用对策两个角度阐述了我国土地可持续利用对策。对于人口承载力则从其基本概念、研究内容和计算模型等方面做了解释和说明。在耕地保护方面,系统阐述了保护耕地的必要性、耕地总量动态平衡、土地用途管制和永久基本农田建设。

复习题

一、名词解释

土地可持续利用　土地人口承载力　土地资源的生产潜力　耕地总量动态平衡　资源环境承载力　国土空间用途管制　永久基本农田

二、填空题

1. 第一次把可持续发展由理论推向行动的两个纲领性文件是_____、_____。

2. 可持续发展主要从三个方面定义,即_____、_____、_____。

3. 我国土地生态环境恶化严重,主要表现为_____、_____、_____。

4. 在耕地总量动态平衡中,我国实行_____。

5. 土地可持续发展的五大基本原则是_____、_____、_____、_____、_____。

6. 国土空间开发适宜性评价的特点是_____、_____、_____。

三、选择题

1. 下面不属于我国城市土地可持续利用对策的是(　　)。

A. 严格控制城市规模

B. 合理制定并严格实施城市规划

C. 充分利用城市空间,并加强旧城改造

D. 控制城市化步伐

2. 在土地资源生产潜力的计算模型中,以年平均降水量和年平均温度作为预测生物生产力的模型是(　　)。
   A. 瓦赫宁根(Wageningen)模型　　B. 迈阿密模型
   C. 桑斯维特纪念模型　　D. 混合型模型

3. 下面不属于我国土地资源可持续利用的制约因素的是(　　)。
   A. 土地资源紧缺,人均占有量少　　B. 土地利用率不高
   C. 土地人口承载力低　　D. 耕地减少严重

4. 通过土地利用规划引导合理利用土地,促进区域经济、社会和环境的协调发展,依据土地利用规划对土地用途转变实行严格控制的制度属于(　　)。
   A. 土地用途管制制度　　B. 基本农田保护制度
   C. 占用耕地补偿制度　　D. 耕地总量动态平衡制度

5. 对于基本农田保护,下列说法不正确的是(　　)。
   A. 不准占用基本农田进行植树造林、发展林果业和搞林粮间作以及超标准建设农田林网
   B. 不准以农业结构调整为名,在基本农田内挖塘养鱼、建设用于畜禽养殖的建筑物等
   C. 严重破坏耕作层的生产经营活动
   D. 严禁向基本农田保护区排放有害、有毒的工业废水、堆放废弃物,污染基本农田

无论什么情况,都不准非农建设项目占用基本农田

四、简答题

1. 简述可持续发展的原则。
2. 简述土地可持续利用的五个原则。
3. 如何实现耕地总量动态平衡?
4. 土地资源生产潜力的计算模型有哪些?并写出其代表性的机理型模型。

五、论述题

1. 什么是土地利用可持续利用?在我国应怎样实现土地可持续利用?
2. 当前影响土地可持续利用的因素主要有哪些?在中国的具体表现是什么?
3. 耕地保护在土地可持续利用中有什么特殊意义?中国如何实现耕地可持续利用?

参考文献

[1]《马克思恩格斯全集》(第4卷),人民出版社1958年版。
[2]《马克思恩格斯全集》(第1卷),人民出版社1972年版。
[3]《马克思恩格斯全集》(第23卷),人民出版社1972年版。
[4]《马克思恩格斯全集》(第25卷),人民出版社1972年版。
[5]《马克思恩格斯全集》第27卷,人民出版社1972年版。
[6]《马克思恩格斯选集》(第2卷),人民出版社1995年版。
[7][德]马克思:《资本论》(第3卷),人民出版社1976年版。
[8][美]H. 范里安:《微观经济学现代观点》,格致出版社、上海三联书店、上海人民出版社2015年版。
[9][美]保罗·萨缪尔森、[美]威廉·诺德豪斯:《经济学》,商务印书馆2017年版。
[10][美]查尔斯·H. 温茨巴奇等:《现代不动产》,中国人民大学出版社2001年版。
[11][美]理查德·T. 伊利、[美]爱德华·W. 莫尔豪斯:《土地经济学原理》,商务印书馆2024年版。
[12][美]伊利等:《土地经济学原理》,商务印书馆1982年版。
[13][美]约翰·贝茨·克拉克:《财富的分配》,商务印书馆1959年版。
[14][日]野口悠纪雄:《土地经济学》,商务印书馆1997年版。
[15][英]A. 马歇尔:《经济学原理》,商务印书馆1991年版。
[16][英]埃里克·罗尔:《经济思想史》,商务印书馆2021年版。
[17][英]罗杰·E. 巴克豪斯:《西方经济学史:从古希腊到21世纪初的经济大历史》,海南出版社、三环出版社2007年版。
[18][英]马尔萨斯:《人口原理》,商务印书馆1961年版。
[19]毕宝德:《土地经济学》,中国人民大学出版社2020年版。
[20]毕宝德:《中国地产市场研究》,中国人民大学出版社1994年版。
[21]财政部《税收制度国际比较》课题组:《法国税制》,中国财政经济出版社2000

年版。

[22]蔡文柳、赵艳霞、张晓凤等:《土地经济学》,哈尔滨工程大学出版社2022年版.

[23]蔡育天:《市场化改革与房地产业》,上海人民出版社2003年版。

[24]曹建元:《房地产金融》,复旦大学出版社2021年版。

[25]曹振良:《房地产经济通论》,北京大学出版社2003年版。

[26]柴强:《各国(地区)土地制度与政策》,北京经济学院出版社1993年版。

[27]陈百明、向平南、封志明等:《中国土地资源生产能力及人口承载量研究》,中国人民大学出版社1991年版。

[28]陈百明:《土地资源学概论》,中国环境科学出版社1996年版。

[29]陈征:《社会主义城市地租研究》,山东人民出版社1996年版。

[30]崔太康:《土地经济学》,中国广播电视出版社1991年版。

[31]董德显、雷国平:《土地利用规划学》,科学出版社2010年版。

[32]董藩、徐青、刘德英、秦凤伟:《土地经济学》,北京师范大学出版集团、北京师范大学出版社2010年版。

[33]傅玳:《房地产估价方法与操作实务》,华中科技大学出版社2023年版。

[34]高敏雪、许健、周景博:《资源环境统计》,中国统计出版社2004年版。

[35]顾红:《日本税收制度》,经济科学出版社2003年版。

[36]关小克、任圆圆等:《土地管理学》,中国农业出版社2022年版

[37]郭鸿懋:《城市空间经济学》,经济科学出版社2002年版。

[38]郭靖华、刘建友、王平:《金融大辞典》,海潮出版社2001年版。

[39]郭裕凤:《土地经济学》,科学出版社2019年版。

[40]韩立英:《土地使用权评估》,中国人民大学出版社2003年版。

[41]华伟:《房地产经济学》,复旦大学出版社2004年版。

[42]黄桐城、黄碧云:《城市土地经济学》,上海交通大学出版社1998年版。

[43]黄贤金、张安录:《土地经济学》,中国农业大学出版社2016年版。

[44]江平、巫昌祯:《现代实用民法词典》,北京出版社1988年版。

[45]蒋满元:《农村土地产权交易市场建设研究》,中南大学出版社2024年版。

[46]靳共元、陈建设:《中国城市土地使用制度探索》,中国财政经济出版社2004年版。

[47]冷宏志、朱道林:《土地资产管理理论与实务》,中国财政经济出版社2008年版。

[48]李德华:《城市规划原理》,中国建筑工业出版社2001年版。

[49]李嘉图:《政治经济学及赋税原理》,《李嘉图著作和通信集》(第1卷),商务印书馆1977年版。

[50]李梓旗:《农村土地产权、农业生产方式与乡村振兴》,经济科学出版社2024年版。

[51]列宁:《土地问题和"马克思"的批评家》,《列宁全集》(第5卷),人民出版社1986年版。

[52]林英彦:《土地经济学通论》,文笙书局1999年版。

[53]刘红梅、王克强、贺俊刚等:《资源会计与财务问题研究》,中国石化出版社2017年版。

[54]刘胜华:《土地管理学》,武汉大学出版社2020年版。

[55]刘西文:《房地产估价理论与方法探究》,吉林出版集团股份2024年版。

[56]刘新卫、张丽君:《中国土地资源集约利用研究》,地质出版社2006年版。

[57]刘佐:《中国税制概览》,经济科学出版社2004年版。

[58]卢新海、黄善林:《土地估价》,复旦大学出版社2010年版。

[59]牛凤瑞:《中国房地产发展报告》,社会科学文献出版社2004年版。

[60]钱忠好:《中国农村土地制度变迁和创新研究4》,中国农业出版社2014年版。

[61]秦中春:《新土地经济学:以现代国家和土地公有制为背景》,中国发展出版社2022年版。

[62]丘金峰:《房地产法辞典》,法律出版社1992年版。

[63]任志远、宋宝平、岳大鹏等:《中国西部城市土地定级估价——探索与实践》,科学出版社2000年版。

[64]宋戈、黄善林、赵可:《土地经济学研究》,中国农业出版社2018年版。

[65]苏迅:《国土资源资产与市场》,中国大地出版社2004年版。

[66]孙弘:《中国土地发展权研究:土地开发与资源保护的新视角》,中国人民大学出版社2004年版。

[67]孙翊刚:《中国赋税史》,中国财政经济出版社1996年版。

[68]谭峻、吴庆玲:《房地产产权产籍管理》,中国人民大学出版社2010年版。

[69]汪应宏:《土地经济学》,中国矿业大学出版社2008年版。

[70]王克强、刘红梅、姚玲珍:《房地产估价》,上海财经大学出版社2019年版。

[71]王克强、石忆邵、刘红梅等:《城市规划原理》,上海财经大学出版社2021年版。

[72]王克强、王洪卫、刘红梅等:《土地经济学》,上海财经大学出版社2014年版。

[73]王克强等:《上海国土空间规划与土地资源管理优秀成果选编》,复旦大学出版社2019年版。

[74]王玥、田珅:《土地管理学》,中国农业大学出版社2018年版。

[75]王直民:《房地产估价理论与实务》,清华大学出版社2023年版。

[76]王琢、许滨:《中国农村土地产权制度论》,经济管理出版社1996年版。

[77]吴次芳、叶艳妹、吴宇哲等:《国土空间规划》,地质出版社2019年版。

[78]吴殿廷、丛东来、杜霞:《区域地理学原理》,东南大学出版社2016年版。

[79]吴利:《土地估价理论与方法》,北京工业大学出版社2020年版。

[80]肖梦:《城市微观宏观经济学》,人民出版社1993年版。

[81]谢高地:《农业资源高效利用评价模型与决策支持》,科学出版社2002年版。

[82]谢经荣、吕萍、乔志敏:《房地产经济学》,中国人民大学出版社2002年版。

[83]熊月之:《上海通史》(第八卷),上海人民出版社1999年版。

[84]严金明:《土地法学》,中国人民大学出版社2020年版。

[85]晏智杰:《西方经济学说史教程》,北京大学出版社2013年版。

[86]杨朝现等:《地籍管理》,中国农业出版社2021年版。

[87]杨庆媛等.《土地经济学》,科学出版社2018年版。

[88]杨重光、吴次芳等:《中国土地使用制度改革10年》,中国大地出版社1996年版。

[89]袁绪亚:《土地市场运行理论研究》,复旦大学出版社1999年版。

[90]张军涛、刘锋:《区域地理学》,青岛出版社2000年版。

[91]张文忠:《经济区位论》,科学出版社2000年版。

[92]张薰华、俞健:《土地经济学》,上海人民出版社1987年版。

[93]张裕凤:《土地经济学》,科学出版社2019年版。

[94]赵金龙、胡建、许月明:《中国农村土地产权制度改革探索》,中国农业出版社2023年版。

[95]赵艳霞、蔡文柳、张晓凤:《土地经济学》,哈尔滨工业大学出版社2015年。

[96]周诚:《土地经济学原理》,商务印书馆2003年版。

[97]周立三:《中国农业地理》,科学出版社2000年版。

[98]朱道林:《土地经济学论纲》,商务印书馆2023年版。

[99]朱道林等:《土地管理学》,中国农业大学出版社2022年版。

[100]朱广俊:《中国香港税收制度》,中国税务出版社1997年版。

[101]邹秀清:《土地经济学》,复旦大学出版社2021年版。